Siegfried Lamnek · Jens Luedtke · Ralf Ottermann

Tatort Familie

Siegfried Lamnek ·
Jens Luedtke · Ralf Ottermann

Tatort Familie

Häusliche Gewalt im gesellschaftlichen Kontext

2., erweiterte Auflage

VS VERLAG FÜR SOZIALWISSENSCHAFTEN

Bibliografische Information Der Deutschen Nationalbibliothek
Die Deutsche Nationalbibliothek verzeichnet diese Publikation in der Deutschen Nationalbibliografie; detaillierte bibliografische Daten sind im Internet über <http://dnb.d-nb.de> abrufbar.

1. Auflage 2004
2., erweiterte Auflage September 2006

Lektorat: Frank Engelhardt

Der VS Verlag für Sozialwissenschaften ist ein Unternehmen von Springer Science+Business Media.
www.vs-verlag.de

Umschlaggestaltung: KünkelLopka Medienentwicklung, Heidelberg
Druck und buchbinderische Verarbeitung: Krips b.v., Meppel
Gedruckt auf säurefreiem und chlorfrei gebleichtem Papier
Printed in the Netherlands

ISBN-10 3-531-15140-1
ISBN-13 978-3-531-15140-3

Inhaltsverzeichnis

1. Einleitung

Diese zweite erweiterte Auflage der Monografie von 2004 behandelt Gewalt in der Familie, auch familiale oder häusliche Gewalt genannt. Das Phänomen wird mittels soziologischer Kategorien erfasst und mit Hilfe sozialwissenschaftlicher Modelle einer Erklärung näher gebracht. Es wird auf der Basis vielfältiger theoretischer Erklärungsansätze und empirischer Befunde in ein einheitliches soziologisches Analyseschema eingeordnet. Gewalt in der Familie wird aus soziologischer Sicht analysiert: theoretisch mit dem Makro-Mikro-Makro-Modell der soziologischen Erklärung, empirisch unter Rückgriff auf vorhandene Studien und selbst erhobene Daten. Letztere stammen aus einer telefonischen Befragung von Familienhaushalten mit Kindern im Alter von 14 bis 18 Jahren in Bayern im Jahre 2002 im Rahmen eines Forschungsprojekts zum Gegenstand „Intrafamiliale Konflikte in der Gegenwartsgesellschaft“. Dabei wurden Partnergewalt, also Mann-Frau- und Frau-Mann-Gewalt, sowie Eltern-Kind-Gewalt thematisiert. Wir gehen auf diese Studie aber nur deskriptiv und eher illustrierend sowie nur gelegentlich ein, weil einerseits nicht alle Bereiche intrafamilialer Gewalt durch sie abgedeckt wurden und andererseits weiter gehende Analysen anderen Veröffentlichungen vorbehalten waren, zumal es uns hier dominant um eine eher theoretische Durchdringung des Phänomens geht.

Die Lage von Problemfamilien wird u. a. ressourcentheoretisch sowie unter Einbezug des Norm- und Wertewandels behandelt und das (Gewalt-) Handeln mit Differenz-, Defizit- und Belastung-Bewältigungs-Modellen aus der Sozialisationstheorie erörtert. Zudem werden Problemlösungsversuche auf gesellschaftlicher Ebene diskutiert, auch hinsichtlich möglicher unbeabsichtigter Nebenfolgen. Theoretisches Ziel ist es, die vorliegenden, vielfältigen soziologischen Erklärungsansätze häuslicher Gewalt aus den Bereichen der Familien- und der Geschlechtersoziologie, der Soziologie des sozialen Wandels, sozialer Probleme, sozialer Bewegungen, abweichenden Verhaltens und der Kriminalität, sozialer Kontrolle, der Erziehung und Sozialisation einem metatheoretischen Mehrebenen-Analyseschema zu subsumieren, sie zueinander in Beziehung zu setzen (theoretische Integration) und – so weit wie möglich – auf einen gemeinsamen Nenner zu bringen (theoretische Reduktion). Wir sind uns natürlich der Tatsache bewusst, dass diese Intention ein ausgesprochen ehrgeiziges Unterfangen ist, dessen (perfekte) Realisierung wohl kaum zu leisten ist. Gleichwohl lohnt der Versuch, die Heterogenität der Ansätze und Befunde zu den heterogenen Phänomenen der Gewalt in der Familie zu einer metatheoretischen Gesamtschau zu bringen, ohne auf die gebotene Differenziertheit bei entsprechender Komplexität zu verzichten. Dass eine zweite Auflage erforderlich wurde, spricht dafür, dass der Versuch nicht ganz misslungen ist.

2. Begrifflicher, geschichtlicher und theoretischer Rahmen

Familien sind nach Nave-Herz kultur*un*abhängig durch (1) „die Übernahme der Reproduktions- und Sozialisationsfunktion“, (2) „die Generationsdifferenzierung“ und (3) „ein spezifisches Kooperations- und Solidaritätsverhältnis zwischen ihren Mitgliedern“ gekennzeichnet. Von der Familie wird die „Nachwuchssicherung (Geburt, Pflege und Erziehung von Kindern)“, die „physische Stabilisierung“ und „psychische Regeneration“ erwartet (Nave-Herz 2001: 207, 214). In dem Bemühen um die Realisierung dieser Funktionen kommt es offenbar auch zu gewaltförmigen Handlungen.

Mit *familialer* oder – sofern sich die Betrachtung auf jene (erwachsenen) Personen beschränkt, die ständig oder zyklisch zusammen leb(t)en – *häuslicher Gewalt*, sind *physische, sexuelle, psychische, verbale* und auch *gegen Sachen* gerichtete Aggressionen gemeint, die nach gesellschaftlichen Vorstellungen jener auf (gegenseitige) Sorge und Unterstützung ausgerichteten Erwartungshaltung zuwiderlaufen (Schneider 1990: 508). Im Unterschied etwa zu Erziehungs- und Kontrollmaßnahmen, die ebenfalls auf Gewalt(androhungen) beruhen können, oder spielerischen Auseinandersetzungen einschließlich bestimmter Sexualpraktiken, die bei Außenstehenden durchaus auf Ablehnung stoßen oder Befremden auslösen mögen, handelt es sich bei häuslicher Gewalt im heutigen Verständnis nicht nur um ein *abweichendes Verhalten*, das die normativen Erwartungen der Familienmitglieder bzw. Ehe- oder Intimpartner enttäuscht, sondern vor allem auch um ein *soziales Problem*, wenn man darunter „das mehr oder minder öffentliche Bewusstsein von einer Diskrepanz zwischen sozialen Fakten und Normvorstellungen bzw. Wertmaßstäben“ (Ottermann 2000: 13) versteht. Häusliche Gewalt unterliegt deshalb nicht nur informell-privater, sondern auch formell-öffentlicher *sozialer Kontrolle*, mithin der Androhung und Ergreifung legalisierter sowie als mehr oder minder legitim empfundener Gewaltmaßnahmen von Seiten offizieller Kontrollagenten.

In modernen Gesellschaften gelten zumindest schwerere Formen von Gewalt in Familien und Partnerschaften („körperliche Misshandlungen“, „sexueller Missbrauch“ etc.) weithin als soziales Problem. Die formelle soziale Kontrolle familialer bzw. häuslicher Gewalt durch Polizei, Rechtspflege, Jugendämter etc. hält sich indessen in Grenzen. Denn das, was nach heutigem Verständnis Familie bzw. Partnerschaft ausmacht, ist nach Nave-Herz/Onnen-Isemann (2001) zugleich das, was sie gefährdet. Ein wesentlicher „Auslöser“ familialer Gewalt sei gerade der stark emotionale und intime Charakter der familialen bzw. häuslichen Beziehungen. Heutige Familien bzw. Partnerschaften seien relativ geschlossene soziale Systeme, die kaum noch äußeren sozialen Kontrollen formeller und informeller Art unterworfen seien. Der einzige anerkannte Heiratsgrund in unserer Gesellschaft sei – sieht man einmal vom bäuerlichen Milieu und vom Adel ab – die sog. romantische Liebe, aus der dann auch Kinder erwachsen dürfen, falls erwünscht. Dieser Legitimationsgrund von Partnerwahl, Eheschließung und Familiengründung – aber auch außerfamiliäre Belastungen – stünde indes teils in Widerspruch zu den alltäglichen Anforderungen der Organisation des gemeinsamen Haushalts, Ehe- und Familienlebens, was zu Spannungen und Konflikten führe. Auch die Auflockerung der Geschlechtsrollenerwartungen, die Institutionalisierung der Doppelbelastung (der Frau) durch Familie und Beruf sowie der soziale Wandel von Pflichtwert- zu Selbstwert-Orientierungen (Klages 2001, 1992, 1984; Inglehart 1979), die Ersetzung der Erwartung von Selbstaufopferung und gesellschaftlichen Standards durch die Hoffnung auf privates Glück und individuelle Autonomie, stellten Ehe und Familie auf eine harte Probe.

Die extreme Privatheit, die soziale Isolierung und die heute üblichen Wohnverhältnisse bzw. -formen senken tendenziell die familiale Gewaltschwelle, da häusliche Gewalt dadurch weniger sichtbar und von außen kontrollierbar sei. „Wegen der hohen Wertschätzung der Privatsphäre der Familie greifen noch nicht einmal Nachbarn oder Freunde, selten Behörden ein" (Nave-Herz/Onnen-Isemann 2001: 305). Letztere werden nach Böhnisch (2001) vor allem bei Vorkommnissen in desorganisierten und dissozialen Familien tätig, wenn diese nach außen ihre gesellschaftlich erwarteten Funktionen etwa im Erziehungsbereich nicht erfüllen können. Dann wird durchaus öffentlich sanktioniert. „Je institutionell besorgter sich die gesellschaftlichen Kontrollinstanzen den dissozialen, von der durchschnittlichen Familiennorm abweichenden Familien annehmen, desto unantastbarer wird das Bild der ‚intakten' Familie" (Böhnisch 2001: 24 f.).

Das heutige Verständnis von Familie bzw. das, was von ihr normativ erwartet wird, läuft nach Habermehl (1999) auf eine realitätsfremde Idealisierung der Familie hinaus: „Gewalt spielt sich zu einem großen Teil in der Familie ab. Von niemandem sonst werden Kinder, Frauen und Männer so oft geschlagen wie von ihren nächsten Angehörigen [...] Die Gesellschaft hebt die Familie kontrafaktisch als Institution hervor, in der die Familienmitglieder Liebe, Sicherheit, Geborgenheit und vor allem Schutz vor der bedrohlichen Außenwelt finden" (Habermehl 1999: 419 f.). Die häufigsten Opfer familialer Gewalt seien Kinder und die meisten Gewalttaten an Kindern würden von Angehörigen verübt. Die Kinder selbst seien es, die Gewalt gegen Kinder am stärksten billigten. Und immerhin werde Gewalt in der Partnerschaft sowohl gegen Frauen als auch Männer von jedem fünften Bundesbürger gebilligt (Habermehl 1999: 419). „In der Tat akzeptieren wir Gewalt in der Familie in höherem Maße als in anderen sozialen Gruppen. So halten es viele Deutsche noch immer für normal, dass Brüder sich prügeln, für verständlich, dass ein Mann im Zorn seine Frau schlägt, und für notwendig, das Eltern ihre Kinder züchtigen" (Nave-Herz/Onnen-Isemann 2001: 305).

Kinder wiederum lernen nach Böhnisch (2001) die „Normalität" gewaltförmiger Praktiken, indem sie beobachten, wer sich in der Familie mit welchen Mitteln durchsetzt. Gewalt werde in der Familie gelernt, wenn sie als Mittel der Problembewältigung erfahren wird („dann hat Vater auf den Tisch gehauen") und kommunikative Verständigungsversuche desavouiert werden („die Mutter geht mir mit ihrem Gelaber auf die Nerven"). Da die Familie ein privater Taburaum sei, erführen gewalttätige Mittel keine soziale Ächtung oder Ausgrenzung, sondern würden von den Beteiligten – vor allem von Kindern – als etwas Selbstverständliches erlebt (Böhnisch 2001: 62).

Nach Peters (1995a) bzw. Honig (1986) lassen sich häusliche Gewalttätigkeiten nicht in gleicher Weise wie außerhäusliche Formen der Gewalt erklären (die ohnehin gemäß kriminalsoziologischer Befunde überwiegend „reine Männersache" sind) bzw. Thesen zu häuslicher Gewalt nicht auf den außerhäuslichen Bereich übertragen. Die Erwartung von Fürsorge und Intimität gelte als konstitutiv nur für die familiale Gewalt. Offenkundig wird häusliche Gewalt nicht (mehr) von allen Mitgliedern unserer Gesellschaft als normaler Bestandteil des Familienlebens hingenommen. Durch Frauen- und Kinderschutzbewegung ist das Private vielmehr öffentlich geworden und das Recht des Stärkeren in Frage gestellt. Und wie jeder „Revolution" scheint auch in diesem Fall dem Aufstand die relative Schwäche der bekämpften Institution – im Falle der Familie dem Egalitarismus das Bröckeln des Patriarchats – entgegenzukommen. „Als Gewalt oder Aggression erscheint Schmerzzufügung, wenn die Ungleichheit und Abhängigkeit sich verringert, die Chance, gefahrlos oder mit gewisser Aussicht auf Erfolg zu protestieren, sich vergrößert hat und wenn sich Individualisierung und Emotionalisierung in Familien so entwickelt haben, dass die Mitglieder Fürsorge und Intimität voneinander erwarten dürfen. ‚Gewalt' und ‚Aggression' wären dann eine Enttäuschung dieser Erwartung [...] Dies mag ein Hinweis auf die Frage sein, weshalb heute weit mehr als in früheren Zeiten über Gewalt in der Familie geredet wird und sich die Annahme verbreitet, Gewalt und Aggression in Familien nähmen zu" (Peters 1995a: 106 f.).

2.1 Gewalt zwischen Normalität und Abweichung

Nach Heitmeyer und Hagan (2002) birgt der kommunikative Umgang mit Gewaltphänomenen, die Rede von Gewalt bzw. der Gebrauch des Gewaltbegriffs in gesellschaftlichen Diskursen, Gefahren für die wissenschaftliche Analyse, die Heitmeyer und Hagan als *Thematisierungsfallen* bezeichnen (Heitmeyer/Hagan 2002: 21). Diese lassen sich unterscheiden in:

- *Umdeutungsfallen:* Gewaltphänomene werden personalisiert, pathologisiert oder gar biologisiert, so dass gesellschaftliche Rahmenbedingungen, der soziale Kontext und die Ubiquität von Gewalt, beispielsweise zwecks

Aufrechterhaltung von Recht und Ordnung, nicht thematisiert (zu) werden (brauchen).

- *Skandalisierungsfallen:* Im gesellschaftlichen Diskurs wird auf ein spektakuläres Gewaltvokabular zurückgegriffen, um besser oder schneller Gehör zu finden.

- *Inflationsfallen:* Der Gewaltbegriff sowie der Gewaltdiskurs werden so weit ausgedehnt, dass der Eindruck entsteht, es gebe keine gewaltfreien oder zumindest gewaltarmen Zonen.

- *Moralisierungsfallen:* Diese beruhen auf Betroffenheitsdiskursen und simplifizierendem Täter-Opfer-Denken sowie einseitigen Unterscheidungen in Gut und Böse.

- *Normalitätsfallen:* Gewalt wird nicht nur als natürliches bzw. unvermeidbares Entwicklungs- oder Durchgangsstadium z.B. von Kindern und Jugendlichen begriffen, sondern darüber hinaus auch und vor allem verharmlost.

- *Reduktionsfallen:* Es werden übertrieben einfache Erklärungsschemata oder Kausalattributionen auf persönliche Eigenschaften angeboten, die der Komplexität des Gewaltphänomens nicht gerecht werden.

Offenkundig gibt es Überschneidungen, aber auch Unterschiede zwischen den verschiedenen Thematisierungsfallen. Tatsächlich ist keine dieser Fallen im wissenschaftlichen Diskurs über familiale bzw. häusliche Gewalt ausgelassen worden. Je nachdem, wie, von wem und für welchen Zweck Gewalt definiert wird, kommt es zu reduktionistischer Personalisierung bzw. Dekontextualisierung, Skandalisierung oder Bagatellisierung, Moralisierung oder Inflation des Gewaltbegriffs oder -phänomens.

„Gewalt" ist ein problematischer Begriff, denn aller scheinbaren Offensichtlichkeit zum Trotz ist er sehr unscharf: „Die einzige Gemeinsamkeit der vielfältigen Formen der Gewalt liegt wohl darin, dass sie zur Verletzung der physischen und psychischen Integrität der Personen führt" (Scherr 2004: 204). Ansonsten variieren die Vorstellungen über die Zeit, zwischen Kulturen oder Teilkulturen, aber auch im wissenschaftlichen Diskurs. „Gewaltdefinitionen sind Werturteile" (Godenzi 1994: 34) und damit politischer Natur.

Auch und gerade für den Forschungsbereich familiale bzw. häusliche Gewalt gilt, was auf die Gewaltforschung insgesamt zutrifft: Es gibt keinen einheitlichen Gewaltbegriff. Seit der sozialen Entdeckung des Phänomens familialer Gewalt besteht vielmehr Uneinigkeit über dessen adäquate Definition. Der Gewaltbegriff ist potenziell inflationär, denn, wenn wir wollen, können wir beinahe alles zur Gewalt erklären. Das hängt zunächst mit der Abgrenzung zusammen: Verwenden wir einen sog. „engen“ Begriff, der sich auf die körperlichen Formen beschränkt oder einen „weiten“ Begriff, der darüber hinaus die psychischen und verbalen Formen oder sogar noch weitere Handlungsweisen mit einbezieht? Nach Gelles (2002) beispielsweise wollen die einen unter häuslicher Gewalt jeglichen Akt verstanden wissen, der dem Opfer schadet, wobei Schaden als Folge von Handlungen und Unterlassungen definiert wird, „die eine Person daran hindern, ihr Entwicklungspotenzial zu realisieren“ (Gelles 2002: 1044).

Das Risiko beim engen Gewaltbegriff, der auf bestimmte Handlungsmotive (Schädigungsvorsatz, Machtdurchsetzung) und zumeist körperliche Praktiken beschränkt wird, ist die mögliche Untererfassung: Subtilere Formen werden nicht einbezogen, relevante Handlungen bleiben ausgeblendet (Popp 1997). Formen verbaler Gewalt, wie etwa Lügen über jemanden verbreiten, werden in ihrer Auswirkung auf die Person z. T. ähnlich gravierend bewertet wie Stockschläge. Außerdem entsteht eine Scheineindeutigkeit, denn auch die „körperlichen“ Formen umfassen ein weites Spektrum heterogener Handlungen, das von der Ohrfeige bis zur Tötung z. B. des Partners oder der Partnerin reicht (Dubet 2002). Die Problematik zeigt sich auch beim Erfassen von körperlicher Gewalt in der Partnerschaft: Wenn körperliche Gewalt wie in den „Conflict Tactics Scale“ (siehe 2.5) weiter gefasst wurde und auch die weniger schweren Formen einschloss, dominierten Frauen als Täterinnen, wurden nur schwere, strafrechtlich Formen erhoben, war der Täteranteil bei Männern größer (Krahé 2003).

Das Risiko des weiten Begriffs liegt in der Übererfassung, wenn auch Bagatellhandlungen oder – wie bei der strukturellen Gewalt – die gesellschaftlichen Verhältnisse zur Gewalt werden können. So definiert Galtung Gewalt als „Diskrepanz zwischen möglicher persönlicher Entfaltung und Verwirklichung und der tatsächlichen, soweit letztere durch die Beeinflussung Dritter verursacht wird“ (Reinhold 1992: 211). Mit der Rede von struktureller Gewalt weitet Galtung (1975) darüber hinaus den Gewaltbegriff nicht nur auf Phänomene sozialer Ungleichheit aus, sondern setzt diese auch mit sozialer Ungerechtigkeit gleich, nimmt also eine Bewertung vor, wie sie bereits in der Schadensdefinition angelegt ist. Zudem wird mit dem Begriff der strukturellen Gewalt das Phänomen Gewalt entpersonalisiert, täterlos und zum überall vorhandenen Dauerzustand (Tillmann 1995: 10 ff.).

Das Modell der strukturellen Gewalt greift eine Vielzahl von Phänomenen wie Zwang, Macht oder Herrschaft auf, die durchaus im Zusammenhang mit Gewalt stehen (können), überfrachtet jedoch den Gewaltbegriff, sofern jene mit diesem gleichgesetzt werden und aufgrund der Ubiquität von Macht und Herrschaft „gewaltfreie“ Räume kaum noch vorstellbar sind (Inflationsfalle). Eine solche „Entgrenzung des Gewaltbegriffs” wird von Neidhardt kritisiert, indem er sie zu den „Gummidefinitionen der Praxis, für die der Umgang mit dem Gewaltbegriff in vielerlei Konfliktlagen eine vor allem strategische Bedeutung besitzt" (Neidhardt 1997: 19), zählt.

Jedoch darf die „Gewinnträchtigkeit" (Trotha 2001) eines weiten Gewaltbegriffs nicht vergessen werden: Er ist instrumentalisierbar für Politik, Verwaltung, Justiz und politische bzw. soziale Bewegungen und erlaubt Skandalisierungen. Ganz besonders gilt dies für das unscharfe Konzept der strukturellen Gewalt von Galtung. Gerade das problematische Verhältnis der Geschlechter und die relative gesellschaftliche Schlechterstellung von Frauen bieten vielfältige Ansatzpunkte für begriffliche Unschärfen und Ausweitungen des Phänomens Gewalt. So sehen Appelt et al. „die gesellschaftliche Benachteiligung und Diskriminierung von Frauen und Mädchen als (strukturelle) Gewalt" (Appelt et al. 2001: 9), denn die Kluft zwischen möglicher und realer Verwirklichung entspringt einem Hierarchieverhältnis der Geschlechter, das mit Grundwerten modernen Denkens – der formalen Gleichheit der Personen – nicht vereinbar ist.

Eine weitere Unschärfe hängt mit der Wahrnehmung von „neuen" Gewaltthemen zusammen, ganz besonders, wenn die Sensibilisierung der Gesellschaft zunimmt. Auch Gewalt in Partnerschaften ist eine solche „neue" Form von Gewalt, die aber nur insofern „neu" ist, als sie erst seit knapp zwei Jahrzehnten als solche wahrgenommen, diskutiert und untersucht wird. „Neue" Gewaltformen sind Gegenstand und Produkt von öffentlich-politischen Diskurszyklen und damit abhängig von Medien, Interessengruppen und jeweils aktuellen politischen Strömungen. Das bedeutet aber auch: Die Phänomene werden öffentlich nur in dem Umfang diskutiert, der den Interessen der jeweiligen sozialmoralischen Meinungsführer dient. Dies gilt ganz besonders für die Gewalt in der Partnerschaft, vor allem für körperliche Gewalt, weil hier die Rollenverteilungen von Tätern und Opfern prädeterminiert sind bzw. zumindest lange Zeit waren: Der Mann ist der Gewalttäter, die Frau das Gewaltopfer.

Wird Gewalt aber nicht nur als Definitionsmacht, als „gesellschaftliche Konstruktion der Wirklichkeit" (Berger/Luckmann 1971), sondern auch und vor allem als „Aktionsmacht" (Popitz 1992: 44 ff.) begriffen, verlieren derart weit gefasste Gewaltbegriffe, wie etwa strukturelle Gewalt (Galtung 1975), jedwede Erklärungskraft: „In jenem Maße, in dem der Gewaltbegriff konturenlos wird, wird dementsprechend jede Erscheinung nachrangig und bedarf keiner weiteren Analyse, die jedoch im Mittelpunkt jeder Gewaltanalyse stehen muss und zu den folgenreichsten (und furchtbarsten) Erscheinungen gehört: die Gewalt als körperliche Verletzung und vor allem als Töten von anderen Menschen" (Trotha 1997: 14).

Die weite Fassung familialer Gewalt schließt nach Gelles (2002) neben physischer Gewalt und/oder deren Androhung auch psychische und sexuelle Gewalt und/oder deren Androhung sowie Vernachlässigung und Verhaltensweisen mit ein, die darauf abzielen, das Gegenüber zu beherrschen. Die enger gefasste Definition familialer bzw. häuslicher Gewalt beschränkt sich auf physische Übergriffe (Gelles 2002: 1044). Auch in diesem Fall werden als Gewalt wahrgenommene und benannte Phänomene im Zusammenhang mit Fragen von Macht und Herrschaft thematisiert und mit Schädigungsvorstellungen verknüpft, wenn Gewalt beispielsweise definiert wird als „Machtaktion, die zur absichtlichen körperlichen Verletzung anderer führt“ (Popitz 1992: 48).

Im Hinblick auf familiale bzw. häusliche Gewalt bietet es sich allerdings an, sowohl physische als auch psychische Ausübung bzw. Androhung von Zwang und entsprechende Verletzungen bzw. Schäden zu thematisieren, nicht nur weil jene nicht selten gemeinsam auftreten, sondern auch weil psychischer Zwang bisweilen als gravierender empfunden wird und psychische Verletzungen langfristigere Auswirkungen auf die Befindlichkeit und das Sozialverhalten der Betroffenen haben können als physische. Zur physischen Gewalt sind auch sexuelle Gewalt (Vergewaltigung) und Gewalt gegen „Sachen“ (z.B. Kleidungsstücke, Andenken, Spielzeug oder auch Haustiere) zu zählen, die für den Geschädigten einen Wert haben. Psychische Gewalt schließt verbale Gewalt (z. B. Beschimpfen, Anschreien) mit ein. Sowohl im Hinblick auf „Sachbeschädigung“ und „Psychoterror“ oder „seelische Grausamkeit“ fällt die Popitzsche Definition von Gewalt zu eng aus. Die „absichtliche körperliche Verletzung anderer“ stellt im Hinblick auf häusliche bzw. familiale Gewalt, wie sie im Folgenden verstanden wird, jedenfalls nicht den „unverzichtbaren Kern“ eines jeden Gewaltbegriffes dar (Trotha 1997: 14).

Die Annahme, dass es sich bei Gewalt um eine Art Macht-durch-Zwang-Aktion handelt, ist nicht nur in der makrosoziologischen, sondern auch in der mikrosoziologischen bzw. sozialpsychologischen Literatur weit verbreitet. Es wird aber bei der wertneutralen Fassung des Begriffs offen gelassen, ob eine Schädigung eintreten bzw. eine Schädigungsabsicht vorliegen muss, auch wenn das Zielobjekt gewaltförmigen Handelns nicht auf diese Art behandelt werden will, diese Behandlung aber akzeptieren könnte, wenn es sie als rechtmäßig bzw. angemessene Reaktion auf eigenes Verhalten empfindet. Auf diese Art und Weise wird es möglich, beispielsweise gewaltförmige soziale Kontrollpraktiken (negative Sanktionen), wie sie im Rahmen der Erziehung, der Therapie oder Rechtspflege auftreten können, als Gewalt im neutralen Sinne des Wortes, wenn nicht sogar als eufunktionale Handlungspraxis zu thematisieren.

Darüber hinaus kann Gewalt durch Einbezug der unterschiedlichen Perspektiven von Gewaltakteur („Täter“) und Zielobjekt („Opfer“) als soziale Interaktion verstanden und mit Bezug auf den gesellschaftlichen Kontext, in dem sie stattfindet und von den Interaktionspartnern interpretiert bzw. gedeutet und bewertet werden muss, analysiert und somit eine personalisierende Dekontextualisierung des Gewaltgeschehens vermieden werden (Mummendey 1992, 1994). Zumindest die Rede von häuslicher Gewalt als von normativen Erwartungen abweichendem Verhalten bzw. als sozialem Problem ist ohne Bezug auf soziokulturelle Deutungsmuster bzw. kollektive Orientierungsrahmen nicht möglich. Selbst bei dem engen Gewaltbegriff von Popitz (1992) „verbirgt sich im Leitgedanken der Aktionsmacht und in der Bedingung einer Absicht eine zu leistende Interpretation der je konkreten Situation. Bei dem weiteren Begriff von Misshandlung, der aus den Erfahrungen des ersten Frauenhauses hervorging, fließt der Kontext explizit ein: Sie meint ‚jeden Angriff auf die körperliche und seelische Integrität eines Menschen unter Ausnutzung einer gesellschaftlich vorgeprägten relativen Machtposition'" (Hagemann-White 2002: 127). Hinsichtlich der Feststellung eines Tatbestandes „sexuelle Gewalt" kann beispielsweise die „Tatsache eines körperlichen Zugriffs [...] nicht zur Unterscheidung zwischen Gewalt und Intimität dienen, es werden Fragen des Willens und der kulturellen Normalität unvermeidbar" (Hagemann-White 2002: 128).

Auch kulturelle Unterschiede scheinbar vergleichbarer Gesellschaften sind zu bedenken. Das amerikanische Ritual des „dating" beispielsweise bestimmt die Abwehrmöglichkeiten und deren Fehlen anders als das deutsche „Miteinander gehen". So halten gemäß mehrfach replizierter US-Studien amerikanische Jugendliche sexuelle Nötigung für „berechtigt", „wenn der Mann die Frau entsprechend den Regeln von Dating regelmäßig ausgeführt und die Geldausgaben bestritten hat" (Hagemann-White 2002: 128). Und je unterschiedlicher die kulturellen Praktiken, desto unverständlicher sind sie für Kulturfremde: „So mögen beispielsweise Menschen aus nicht westlichen Kulturen die amerikanische Praxis, Eltern und Neugeborene in separaten Schlafzimmern unterzubringen, als Vernachlässigung einschätzen, während die meisten Amerikaner ein solches Arrangement als Versuch ansehen, die Selbständigkeit des Kindes zu fördern" (Garbarino/Bradshaw 2002: 912).

Godenzi (1994) erklärt das Fehlen eines einheitlichen Gewaltbegriffes in der Wissenschaft damit, dass Gewalt in erster Linie politisch definiert wird (Kaselitz/Lercher 2002: 9): „Wer welche Handlung, welches Ereignis, welche Institution als gewalttätig definiert, hängt entscheidend vom sozialen Ort der evaluierenden Person ab. Gewaltdefinitionen sind Werturteile" (Godenzi 1994: 34). Wie gesehen, muss dies aber nicht der Fall sein.

Im Hinblick auf die Diskussion der verschiedenen Daten und Statistiken über Inzidenz und Prävalenz von Gewalt in der Familie ist aber zu beachten, dass die zugrunde liegenden unterschiedlichen Definitionen von (häuslicher) Gewalt eine Vergleichbarkeit nur bedingt zulassen. Wegen unterschiedlicher Definitionen und Ansätze ergeben sich uneinheitliche und inkonsistente, teilweise einander widersprechende Forschungsergebnisse (Cizek/Buchner 2001: 34). „Theorien und empirische Daten müssen auf die ihnen zu Grunde liegenden Gewaltdefinitionen befragt werden. Nur auf diese Weise kann einigermaßen beurteilt werden, wie weit miteinander zu vergleichende Forschungsergebnisse sich auf einen gemeinsamen Begriff beziehen und ob die jeweiligen Konstrukte ‚Gewalt' reale Bezugspunkte haben" (Godenzi 1996: 38). Die Definition dessen, was unter Gewalt verstanden wird, „hat grundlegende Bedeutung für die Ermittlung ihrer Häufigkeit, ihrer gesellschaftlichen Verteilung und ihrer Erscheinungsformen sowie für die Analyse ihrer Ursachen und die Erarbeitung problembezogener Vorbeugungs- und Behandlungsprogramme" (Schneider 1990: 506 f.). Gewaltdefinitionen unterscheiden sich jedenfalls, je nachdem von welchen sozialen Kreisen, Institutionen oder Organisationen sie ausgehen. Die teilkulturellen bzw. milieutypischen Definitionen unterscheiden sich beispielsweise sowohl in Art und Ausmaß der Vergeschlechtlichung von Gewalt als auch in der Weise, welche Gewaltformen (physisch, psychisch, sexuell, männlich, weiblich etc.) von ihnen besonders skandalisiert bzw. bagatellisiert werden.

Der Begriff „Gewalt" lässt sich vom altdeutschen Wort „waltan" bis zu seiner indogermanischen Wurzel zurückverfolgen. Laut Herkunftswörterbuch steht die indogermanische Wurzel „ual-dh-" für „stark sein, beherrschen". Das altdeutsche Wort „waltan" bezeichnet das spezifische Merkmal eines Herrschenden. Das heißt, Gewalt dient zur Machtausübung, zum Gefügigmachen und wird bei Ungehorsam zur Bestrafung und zur Unterdrückung angewandt (Kapella/Cizek 2001a: 16). Ein Grundproblem im deutschsprachigen Gewaltdiskurs besteht nach Imbusch darin, dass das Wort „Gewalt" im internationalen Vergleich „die im Laufe der Jahrhunderte sich durchsetzende Unterscheidung von direkter persönlicher Gewalt einerseits und legitimer institutioneller Gewalt andererseits – zwischen violentia und potestas – nicht mitvollzogen hat. Nur im deutschsprachigen Raum steht das Wort Gewalt sowohl für den körperlichen Angriff als auch für die behördliche Amts- bzw. Staatsgewalt" (Imbusch 2002: 28 f.).

Allerdings wird der Legitimitätsglaube in modernen, zumal multikulturellen Gesellschaften kaum ungebrochen von sämtlichen Bevölkerungskreisen übernommen, sondern die Legitimität legalisierter Staatsgewalt mittels milieutypischer, teil- bzw. subkultureller Deutungsmuster sehr wohl auch in Frage gestellt. Gesellschaftlicher Konsens hinsichtlich des staatlichen Gewaltmonopols, geltender Norm- und Wertvorstellungen bzw. der sozialen Ordnung ist weithin eine herrschaftsdienliche soziale Fiktion. „Angesichts der Vielgestaltigkeit und unterschiedlichen Qualität staatlicher Gewaltformen erscheint eine positive Voreingenommenheit gegenüber der im Staat verkörperten Gewalt, wie sie sich etwa in konservativen Staatsverständnissen findet, einseitig, weil [...] die Monopolisierung der legitimen Gewalt beim Staat die Gewalt nicht abgeschafft, sondern nur umverteilt hat" (Imbusch 2002: 50). Oder anders formuliert: die Kontrollfunktion, die in vormodernen Gesellschaften von Familie und Gemeinde wahrgenommen wurde, hat sich zu einem besonderen (welt-) gesellschaftlichen Teilsystem bzw. Funktionsbereich (mit „Gewaltlizenz") entwickelt (Peters 1995a: 167). So wurde etwa das traditionelle Hausrecht des Hausherrn vorindustrieller Zeit, das dem Familienoberhaupt Verfügungsgewalt über sein Eigentum (Frauen, Kinder, Gesinde) einräumte und selbst Tötungen zuließ, inzwischen auf staatliche, teils sogar überstaatliche Instanzen der Rechtspflege übertragen. Gerade die Forderungen von transnational tätigen Menschenrechtsorganisationen, die sich hinsichtlich häuslicher bzw. familialer Gewalt vorrangig auf die Durchsetzung von Kinder- und Frauenrechten konzentrieren, kollidieren bisweilen mit überkommenen traditionellen Rollenerwartungen bzw. patriarchalischen Vorstellungen (etwa vom „Herr im Haus" im Unterschied zum „Pantoffelhelden") und kulturellen Praktiken (wie z.B. Beschneidungen von Frauen, deren Tötung bei Ehebruch etc.).

Sobald es zu Zwangsmaßnahmen oder deren Androhung von Seiten (über-) staatlicher Kontrollagenten kommt, ist durchaus so etwas wie Gewalt gegeben, wenn man dieses Phänomen begrifflich nicht vorab auf illegale bzw. illegitime Verhaltensweisen reduziert, dadurch aber vielleicht, aufgrund der Ubiquität von Macht und Herrschaft, inflationär gebraucht. „Gewalt ist, wie bereits Hannah Arendt (1970) gesehen hat, (auch) eine Tätigkeit, mit der soziale Ordnung hergestellt wird. Sie ist zugleich ein Ordnungsproblem und eine Form sozialer Ordnung" (Meuser 2003: 47). Ohne Zweifel gewinnt die Rede von Gewalt im Hinblick auf das Verhalten von staatlichen Kontrollagenten dann an Plausibilität, wenn Legalität und Legitimität staatlichen bzw. staatlich geduldeten Handelns in den Augen der davon Betroffenen auseinander fallen. Polizeiliche Eingriffe in die Familie etwa können zwar legal sein, aber von den Familienmitgliedern als Verletzung ihrer Privatsphäre begriffen werden. Umgekehrt greifen soziale Bewegungen auf aus ihrer Perspektive legitime, zugleich aber bisweilen illegale Praktiken zurück, um legale, aber aus ihrer Sicht illegitime Zwangsordnungen zu bekämpfen.

Ein historisches Beispiel hierfür sind jene Moralunternehmer, die die ursprünglich institutionalisierte und noch nicht in allen Gesellschaften überwundene rechtmäßige „Gewalt" bzw. patriarchalische Herrschaft von Männern über ihre Kinder und Frauen u. a. mittels verbaler Gewalt gegen Männer (einschließlich der Androhung von Kastration) und propagandistischer Überzeichnung durchbrachen. „Wenn Gewalt wahrgenommen und benannt wird, werden implizit oder explizit Fragen nach sozialer Ordnung und nach Machtverhältnissen gestellt. Dies im Geschlechterverhältnis zu tun, war in den 1970er Jahren selbst schon ein Verstoß gegen die soziale Ordnung, auch in den Sozialwissenschaften. In der Familiensoziologie hatte zwar William Goode (1971/1975) Gewalt in der Familie benannt und ressourcentheoretisch erklärt, dabei aber eine heute kaum noch vorstellbare Selbstverständlichkeit des männlichen Machtanspruchs über Frau und Kinder einfließen lassen; er ging von einer nicht hinterfragbaren Ordnung im Geschlechterverhältnis aus. Dem sprach die feministische Bewegung mit ihrem Schlagwort ‚Das Private ist politisch!' jede Legitimität ab. Gewaltanwendung in der Heterosexualität und in der Ehe entlarvten das Beziehungsgefüge zwischen Frauen und Männern als Regelungssystem für Machtverhältnisse, die nicht mehr hinzunehmen seien. Der politischen Herausforderung folgte ein breiter Bewusstseinswandel, der die Praxis, aber auch die Forschung zu Gewalt spezifisch prägte" (Hagemann-White 2002: 124).

Allerdings darf die in derartigen Zusammenhängen und den damit verbundenen gesellschaftlichen Gewaltdiskursen nahezu unausweichliche moralisierende und skandalisierende Sichtweise der Betroffenen nicht unreflektiert in den wissenschaftlichen Diskurs übernommen, sondern muss selbst zum Gegenstand der Analyse gemacht werden, zumal es sich bei der Rede von Gewalt um politisch-rhetorische Manöver von Konfliktakteuren (Moralunternehmern, Stigmamanagern) handeln kann. Nicht zufällig wurde 1979 im deutschen Zivilrecht der Terminus „elterliche Gewalt" durch „elterliche Sorge" ersetzt. Denn Gewalt ist nicht nur ein strafrechtliches Tatbestandsmerkmal, sondern inzwischen auch ein gesellschaftspolitischer Kampfbegriff: „Wird nämlich etwas Gewalt genannt, was zuvor harmloser etikettiert wurde, lässt sich eine Skandalisierung von Sachverhalten erzielen, mit der nicht nur eine Diskreditierung der Gegner verbunden ist, sondern möglicherweise auch eine Rechtfertigung von Gegengewalt. Der Erfolg der Durchsetzung eines Tatbestandes als Gewalt hängt dabei wesentlich von gesamtgesellschaftlichen Kräfteverhältnissen ab" (Imbusch 2002: 52).

Gewalt als Handeln jedenfalls geht von individuellen oder kollektiven Akteuren aus und Gewalthandeln kann, je nach akzeptierter Breite der Definition oder Perspektive, institutionalisiert oder nicht institutionalisiert, legal oder illegal, legitim oder illegitim sein (vgl. auch Boatcă/Lamnek 2003). Zum politischen Kampfbegriff wird das Wort Gewalt erst, wenn es illegale und/ oder illegitime Verhaltensweisen bezeichnet. Wissenschaftliche Forschung, die den Aspekt von Illegalität und/oder Illegitimität a priori als konstitutives Merkmal in die Gewaltdefinition einbezieht, läuft deshalb Gefahr, politisch instrumentalisiert zu werden bzw. selbst Partei zu ergreifen. So gesehen ist der deutsche Gewaltbegriff, gerade weil er *nicht* vorab zwischen potestas und violentia unterscheidet, anderen Gewaltbegriffen, die diese Unterscheidung unreflektiert übernehmen, sogar überlegen.

Es macht also einen Unterschied, ob z.B. von „häuslicher Gewalt", die legal und legitim sein kann, oder von „domestic violence" die Rede ist, die die Diskussion von vornherein in bestimmte Bahnen lenkt und damit vor allem den Blick auf makrosoziale Zusammenhänge, nämlich auf *häusliche Gewalt im gesellschaftlichen Kontext*, erschwert. Zugleich aber findet häusliche bzw. familiale Gewalt, unabhängig davon, ob sie als illegal bzw. illegitim begriffen wird oder nicht, als gewaltförmiges Verhalten in einem näher zu konkretisierenden sozialen Kontext statt. Ein und dasselbe Verhalten meint je nach normativem Kontext und je nach gesellschaftlichen Wert- und Normvorstellungen völlig Unterschiedliches. Die Tötung eines Ehegatten im familialen Kontext (Hausrecht oder Mord) beispielsweise unterscheidet sich von der Tötung des Ehegatten im strafrechtlichen Kontext (Todesstrafe oder Menschenrechtsverletzung). Der *Tatort* häuslicher Gewalt ist die *Familie*, die Ehe oder ein familien- bzw. eheähnliches Gebilde, wobei die Vielfalt diesbezüglicher Lebensformen und der Struktur- bzw. Funktionswandel von Familie und Partnerschaft zu berücksichtigen sind. Gegenstand sind also

(1) gewaltförmige Verhaltensweisen in einer
(2) sozialen Institution familialer bzw. häuslicher Art unter Berücksichtigung ihrer
(3) gesellschaftlichen Einbettung und Bedeutung für die Interaktionspartner und Dritte als vergesellschafteten Individuen.

Aus soziologischer Sicht kann (häusliche, staatliche etc.) Gewalt deshalb als eine Form sozialen Handelns im Weber'schen Sinne verstanden werden, das

(1) durch die Motivation des (individuellen oder kollektiven) Akteurs,
(2) durch die soziale Situation, in der er sich befindet, sowie
(3) durch kulturelle (Norm- und Wert-) Vorstellungen bzw. Praktiken bestimmt wird.

In der Psychologie wird Gewalt synonym mit sozialer Aggression gebraucht und zwischen instrumenteller und impulsiver Aggression unterschieden. Laut Bierhoff (1998) stellt instrumentelle Aggression „ein schädigendes Verhalten dar, das durch den Wunsch nach Bereicherung [im weitesten Sinne des Wortes, Anm. d. Verf.] motiviert ist", im Gegensatz zur „impulsiven Aggression", die durch Ärger und Frustration ausgelöst wird (Kapella/Cizek 2001a: 16). Dem subjektiven Sinn nach und in der Weber'schen Terminologie handelt es sich demnach entweder um zweckrationales oder affektuelles Handeln. Nach Zillmann (1979) ist eine Aktivität dann als „Aggression zu definieren, wenn von der handelnden Person versucht wird, einer anderen Person körperlichen Schaden oder psychischen Schmerz zuzufügen, und wenn das Opfer gleichzeitig danach strebt, eine solche Behandlung zu vermeiden" (Bierhoff 1998: 6; Kapella/Cizek 2001a: 16). Die Rede von Schaden und Schmerz reduziert indessen den Gewaltbegriff unnötig auf als antisozial versus prosozial bewertetes Verhalten.

Bach (1993) definiert Gewalt neutraler als „eine bestimmte Art der Durchsetzung eines Willens gegenüber anderen Personen, Sachen und Situationen" („Und bist du nicht willig, so brauch' ich Gewalt!") und hebt als ein konstitutives Merkmal dieser Durchsetzungsart die Nichtzustimmung der durch die Einflussnahme Betroffenen hervor (Kapella/Cizek 2001a: 17).

Das bedeutet einmal: Gewalt ist eine Form des Zwangs und (in den meisten Fällen) ein Element der Macht: Ich setze meinen Willen mit Gewalt gegen den Willlen eines Anderen durch (Weber 1980) und versuche, dadurch mein Ziel zu erreichen (Parsons 1980) – durchaus auch mit Schädigungsabsicht. „Gewalt" als Ressource zur Konfliktbearbeitung dient in dem Zusammenhang gerade dazu, die Austragung von Konflikten zu verhindern (Appelt et al. 2001) – auch bei Konflikten in Partnerschaften. Sie konstituiert eine asymmetrische Form der Interaktion und erzwingt damit eine Hierarchie: Es gibt einen scheinbar überlegenen Part, den Täter, und einen unterlegenen, das Opfer.

Der Machtaspekt trifft aber nicht für alle Ausprägungen der Gewalt zu (Sutterlüty 2004), doch wenn sie mit Blick auf das Ziel, Überlegenheit gegenüber einem Anderen herzustellen, entweder geplant ist oder als bewährte Praxis dazu in einer gerade entstandenen Handlungssituation eingesetzt wird, hat sie diesen Machtcharakter. Wenn es jedoch „intrinsisch motivierte Gewalt" ist, die mit einem Rauscherleben verbunden ist, entfällt der rationale Machtcharakter (Sutterlüty 2004: 110).

Weiterhin bedeutet das normalerweise fehlende Einverständnis des von Gewalt Betroffenen umgekehrt: Nicht alles, was dem Gegenüber einen Schaden zufügt, führt automatisch zur Zuschreibung der Qualität „Gewalt". Bei sadomasochistischen Sexualpraktiken etwa kann es durchaus zu Verletzungen und damit zu einem „objektiven" Körperschaden kommen. Erfolgt dies aber nach vorher festgelegten Regeln und unter Beachtung von „Stoppcodes", werden die Akteure dies nicht as Gewalt wahrnehmen (Eckert et al. 2001).

In ähnlicher Weise lassen sich auch Auseinandersetzungen zwischen rivalisierenden Hooligans interpretieren: Die jungen Männer, die sich auf diese Form ritualisierter körperlicher Auseinandersetzungen einlassen, geben damit implizit und vorab ihr Einverständnis zu einem potenziellen Körperschaden, der ihnen entstehen kann (Luedtke 2003a). (Das verweist auch auf die Funktionalität von Handlungen, die als Gewalt klassifiziert werden können; sie können gemeinschaftsstiftend wirken). Die Grenze für die Zuschreibung von (Il-) Legitimität zum (Täter-) Handeln liegt bei der Frage, inwieweit das spätere „Opfer" handlungsfähig bei der Definition und Kontrolle einer (gemeinsamen) Situation war.

Dieser Bezug auf Macht bzw. Ohnmacht wird auch in soziologischen Lexika hergestellt. Aus soziologischer Sicht ist Zwang das konstitutive Element von Gewalt. Nach Hartfiel und Hillmann (1982) handelt es sich bei Gewalt um die Anwendung von physischem oder psychischem Zwang „entweder als legitimes oder als unrechtmäßiges Mittel zur Begründung, zur Aufrechterhaltung oder zur Zerstörung von Macht- bzw. Herrschaftsverhältnissen" (Hartfiel/Hillmann 1982: 264). Besonders die wertebegründete Zuschreibung von Illegitimität zieht dabei die Grenze: Nach Bauman (2000) bildet in einer Gesellschaft, in der ausschließlich der Staat das legitime Recht auf körperlichen Zwang für sich in Anspruch nimmt hat, die Anwendung illegitmen Zwangs durch den dazu nicht berechtigten Bürger den Kern dessen, was als „Gewalt" diskutiert wird.

Lamnek rekurriert dagegen nicht handlungstheoretisch auf den Täter und den subjektiven Sinn, den er mit seinem Handeln verbindet, sondern hebt auf die Opferperspektive ab: Gewalt liegt dann vor, wenn das Opfer „zu einer Handlung oder zur Duldung einer solchen gezwungen wird, die es nicht freiwillig durchführen würde“ (Lamnek in Reinhold 1992: 211). Er vermeidet dadurch, Gewalthandeln auf einen bestimmten Sinn und Zweck festzulegen. – Kurz, (familiale, staatliche etc.) *Gewalt als Handeln meint die Beeinflussung des Verhaltens anderer* (Familien-, Gesellschaftsmitglieder etc.) *mittels* (der Androhung oder Anwendung von) physischem oder psychischem *Zwang* (Ottermann 2003d). Gewalt ist damit eine Jedermann-Handlungsressource (Trotha 1997) – bzw. auch eine „Jederfrau-Handlungsressource – eine Option, die jeder Person prinzipiell in jeder Situation zur Verfügung steht.

Wird (häusliche, staatliche etc.) Gewalt wertneutral definiert als (der Versuch der) Beeinflussung des inneren oder äußeren Verhaltens (Denkens, Fühlens, Handelns) anderer mittels (der Androhung oder Anwendung von) physischem oder psychischem Zwang, dann umfasst sie auch bestimmte Erziehungs-, Kontroll- und Sozialisationsmaßnahmen, die der Sozialintegration bzw. der Herstellung oder Aufrechterhaltung sozialer Ordnung (auf Mikro- oder Makroebene) dienen. Legt man diese Perspektive an, dann zeigt sich die Begrenztheit des vorherrschenden Gewaltdiskurses, in dem Gewalt fast ausschließlich in Defizitkategorien gefasst wird (Meuser 2003). Nicht nur unproblematisch, sondern geradezu als prosoziales Verhalten erscheint ein Macht-durch-Zwang-Handeln, wenn es dem Zielobjekt offenkundig nützen soll, selbst wenn es diesen Nutzen im Augenblick der gewaltförmigen Interaktion (noch) nicht einsieht. Im Gegenteil: Ein Elter, der sein Kleinkind im wahrsten Sinne des Wortes nicht davon „abhält“, in die Steckdose zu greifen oder über die Straße zu laufen, verstößt gegen die normative Erwartung „elterlicher Sorge“ (die einst „elterliche Gewalt“ hieß). Kinder und Jugendliche mittels Androhung oder Anwendung von physischen oder psychischen Zwangsmaßnahmen, wie beispielsweise Liebesentzug, Hausarrest, Fernsehverbot etc., dazu anzuhalten, etwa ihrer Schulpflicht nachzukommen, wird zumindest von Dritten als im Sinne des Kindes bzw. Jugendlichen und auch der Gesellschaft gesehen, wenn der Schule eine zentrale Sozialisationsfunktion zugeschrieben wird. In diesem Sinne wird auch die Herstellung bzw. Aufrechterhaltung sozialer Ordnung mittels der Androhung oder Erteilung negativer Sanktionen seitens offizieller Kontrollagenten wenigstens von diesen oder Dritten als legitim betrachtet. Entscheidend für die Reaktion auf Gewalt ist, ob diese als *legitime negative Sanktion* oder aber als *illegitime soziale Aggression* interpretiert wird (Ottermann 2003d). Zumindest hinsichtlich einer möglichen Eskalation von Gewalt genügt es nicht, dass Aggressor und Beobachter einen gewaltförmigen Beeinflussungsversuch als legitim begreifen; vielmehr muss das Zielobjekt der Zwangsmaßnahme diese ebenfalls als legitime negative Sanktion bzw. als etwas sehen, das zumindest auch zu seinem „Besten“ geschieht oder im Rahmen des „Normalen“ oder „Gerechten“ liegt. Kleinkinder wehren sich indes mit Händen und Füßen, wenn sie von etwas abgehalten werden, sofern sie den Sinn gewisser Maßnahmen ihrer Eltern (noch) nicht einsehen (können); und Eltern können hierauf wiederum gewaltförmig reagieren, wenn sie sich anders nicht (mehr) zu helfen wissen. In ähnlicher Weise läuft (zwischen-/über-) staatliche Gewalt dann Gefahr, zur Triebfeder einer Gewaltspirale zu werden, wenn lediglich Anwender und Dritte, nicht aber die Zielobjekte (zwischen-/über-) staatlicher Gewalt deren Legitimität anerkennen. Die Legitimität von Gewalt ist aus soziologischer Sicht jedenfalls keine Frage, die sich unabhängig von Raum und Zeit beantworten lässt („Gibt es einen gerechten Krieg?", „Ist gewaltfreie Erziehung möglich?" etc.), sondern liegt im Auge des jeweiligen Betrachters, d.h. der in Gewaltdramen direkt oder indirekt involvierten Akteure (Anwender, Zielobjekte, Beobachter von Gewalt). Die Interpretationen von (häuslicher, staatlicher etc.) Gewalt als legitim versus illegitim, als zweckrational oder irrational etc. sind abhängig von den sozialbiografisch, interaktiv, institutionell und soziokulturell bzw. sozialhistorisch vermittelten Positionen der Interpreten im sozialen Raum, also eine Frage standortgebundener Perspektiven (Ottermann 2003d).

Neben zweckrationalen und affektuellen Bestimmungründen von (häuslichem) Gewalthandeln lassen sich (nicht nur) historisch auch wertrationale und traditionale (bzw. habituelle) Formen häuslicher und familialer Gewalt nachweisen. Ein Blick in die Geschichte der Gewalt in Familien zeigt darüber hinaus, dass Gewaltformen, die heute als schändlich und schädlich betrachtet werden, in früheren Zeiten normativ erwartet wurden und als nützlich galten. Die Legitimität resp. Illegitimität des mit Gewalthandeln verbundenen subjektiven Sinns ist jedenfalls abhängig von herrschenden kollektiven Deutungsmustern, z. B. die Kindeserziehung oder das Geschlechterverhältnis betreffend, und die Legalität bzw. Illegalität gewaltförmiger Praktiken ist eine Frage des je geltenden Rechts. Das Auseinanderfallen von Legalität und Legitimität ermöglicht zudem die Gleichzeitigkeit des Ungleichzeitigen, was die Bewertung bestimmter gewaltförmiger Praktiken betrifft, also gesellschaftlichen Dissens. Im Vorgriff auf die folgenden Ausführungen über die (Problematisierungs-) Geschichte häuslicher Gewalt (vgl. v. a. 2.3) soll ein Schaubild bezüglich häuslicher Züchtigung und Vergewaltigung das Spektrum möglicher Motivationen und Legitimationen von Gewalt in der Familie umreißen.

Tab. 1: Bestimmungsgründe häuslicher Gewalt

Gewalthandeln:	***Züchtigung***	***Vergewaltigung***
Traditional	Erziehung	Recht
Wertrational	Strafe	Demonstration
Zweckrational	Unterwerfung	Befriedigung
Affektuell	Reaktion	Trieb

Bis ins zwanzigste Jahrhundert war die körperliche Züchtigung ein selbstverständliches Mittel der Erziehung (traditionales Gewalthandeln). Darüber hinaus musste Strafe in den Augen vergesellschafteter Individuen sein; nicht selten war sie sowohl religiös geboten als auch juristisch legitimiert und folgte als Selbstzweck auf Ungehorsam oder sonstige Verfehlungen des Sozialisanden auch ohne Berücksichtung von Folgen und Nebenfolgen (wertrationales Gewalthandeln). Sie wurde aber auch immer schon gezielt eingesetzt, um Gehorsam zu erlangen bzw. den eigenen Willen auch gegen Widerstreben durchzusetzen (zweckrationales Gewalthandeln). Als Reaktion auf Provokation oder aus Verzweiflung ist häusliche bzw. familiale Gewalt selbst dem heutigen Denken nicht fremd (affektuelles Gewalthandeln). Häusliche Züchtigung war und ist zumindest im Sinne elterlicher Gewalt gegen ihre Kinder keineswegs ausschließlich eine Domäne der Männer. Allerdings hatten die Männer im Hinblick auf die eheliche Züchtigung ihrer Frauen kulturelle Wert- und Normvorstellungen sowie geltendes Recht bis ins zwanzigste Jahrhundert überwiegend auf ihrer Seite.

Vergewaltigung in der Ehe ist erst seit kurzem ein Straftatbestand und ließ sich auch nur gegen Widerstände durchsetzen, weil lange Zeit Vorstellungen sexueller Ehepflichten und -rechte dominierten, nach denen Ehefrauen ihren Männern sexuell gefügig zu sein hatten, ob ihnen das nun passte oder nicht (traditionales Gewalthandeln). Im Übrigen galt auch die Verheimlichung männlicher Impotenz vom 16. bis ins 18. Jahrhundert als Straftat und war einer der wenigen, den Frauen rechtlich eingeräumten, Scheidungsgründe. Da Männer den Gegenbeweis vor Kirchenvertretern und anderen Gutachtern entweder mittels Masturbation oder Geschlechtsverkehr mit der Klägerin zu erbringen hatten, handelte es sich um ein recht probates Mittel, ungeliebte Ehemänner loszuwerden (Ottermann 2000: 262; Schneider 1994: 377 ff.).

Vergewaltigung dient auch heute noch, zumindest in bestimmten Subkulturen oder Milieus (Smaus 2003), der Demonstration von Männlichkeit (wertrationales Gewalthandeln), nicht notwendig also der Befriedigung sexueller Bedürfnisse (zweckrationales Handeln). Sowohl Geschlechtsrollenerwartungen (Männlichkeit beweisen zu müssen) als auch quasi-biologische Geschlechtsstereotype („Man(n) kann es sich ja nicht aus den Rippen schwitzen!") machen Vergewaltigung in der Ehe zumindest wahrscheinlicher, als wenn es sie nicht gäbe. Problematisch ist, dass auch Frauen Männer bei der Ehre packen, um sexuell bedient (nicht vergewaltigt) zu werden, und damit zur Reproduktion von Geschlechtsrollenstereotypen beitragen. Dass selbst Affekthandlungen (auch dem subjektiven Sinn der Täter nach) von kulturellen Vorstellungen bzw. kollektiven Deutungsmustern abhängig sind, zeigt die gesellschaftlich weit verbreitete Annahme (also auch der Opfer und Dritter), dass es so etwas wie Triebtäter gibt, die also nur bedingt für ihr Tun verantwortlich zu machen, da sie eher Getriebene als Handelnde sind (affektuelles Gewalthandeln). Allerdings haben sowohl Kinderschutz- als auch Frauenbewegung, indem sie sexuelle Gewalt als Machthandeln definierten, dazu beigetragen, dass die Kriminalisierung von Vergewaltigern inzwischen mindestens ebenso wahrscheinlich ist wie ihre Pathologisierung. Es gab aber auch Zeiten, in denen selbst sexuelle Gewalt an Kindern legal und legitim war, was heute, aufgrund fehlenden Zugangs zu damaligen Deutungsmustern, kaum noch nachzuvollziehen ist.

2.2 (Häusliche) Gewalt als Mittel zur Konstruktion von Geschlecht

Relevant für eine Betrachtung von „häuslicher Gewalt“ bzw. „Gewalt in Familie und Partnerschaft“ ist die Rekonstruktion der verschiedenen Gewaltdiskurse. Ein zentraler Diskurs bei „häuslicher Gewalt“ dreht sich um eindeutige Rollenzuschreibungen bzw. -fixierungen, die auch im Rahmen von Auseinandersetzungen um Macht herangezogen werden können. Letztlich geht es um die Frage nach der Produktion, Konstruktion – und im Rahmen des Konflikts auch um die Stigmatisierung – von Geschlecht über Gewalt.

Wir betrachten die Zweigeschlechtlichkeit gerne als natürliche, selbstverständliche, eindeutige und letztlich nicht anzweifelbare Tatsache (und versuchen auch, diese Binärität zu erhalten (Butler 2002: 7): Es gibt Männer und es gibt Frauen. Wir übersehen dabei gerne, dass diese Zweigeschlechtlichkeit nicht selbstverständlich ist und dass die Eindeutigkeit nur in unserer Vorstellung existiert. Zweigeschlechtlichkeit ist vielmehr eine soziale Konstruktion, die es uns erlaubt, unsere Welt in typischer Weise zu ordnen, indem wir ihr eine dichotome Struktur geben:

In dieser Welt gibt es eine „Männerwelt“ und es gibt eine „Frauenwelt“. Damit es beide gibt, brauchen wir ein Symbolsystem, das es uns ermöglicht, jedes Verhalten, jede Eigenschaft, jedes Sein in einer dieser Welten eindeutig zu verorten. Dazu bedienen wir uns stereotyper Zuschreibungen von „männlich“ oder „weiblich“. Diese umfassen Tätigkeiten – wie z. B. den Haushalt bewerkstelligen oder das Auto reparieren –, Verhalten, Eigenschaften, Körperlichkeiten und reichen damit bis zur Zuschreibung und Reproduktion von Identitäten als „Mann“ oder als „Frau“. Die Stereotype für Männer umfassen körperliche Kraft, Durchsetzungsfähigkeit, Kompetenz, Unabhängigkeit, Aktivität, Sachlichkeit, Dominanz, bei Frauen umgekehrt entsprechend Emotionalität, Unterordnung, Abhängigkeit, Kommunikativität, Passivität, Ängstlichkeit – und dies erstaunlicherweise über die Zeit und die Kulturen hinweg relativ unverändert (Popp 2003; Eckes 2004). Mann und Frau bzw. männlich und weiblich drücken hierarchisierte Positionen im Geschlechterverhältnis aus, die Auswirkung auf Körper, Kultur und Persönlichkeit haben (Connell 1999: 91). Ziel ist es demnach, die männliche Dominanz sicherzustellen, wobei die jeweilige Variante des Patriarchats zur Legitimation verwendet wird (Connell 1999).

Handlungen und Einstellungen zu erwarten, heißt, soziale Identitäten vorzuschreiben Goffman (1973). Begegnen wir einer Person, versuchen wir, diese auf Grundlage eben dieses dichotomen Symbolsystems „eindeutig" als „Mann" oder als „Frau" zu identifizieren. Wir erzwingen die Gültigkeit dieser zweipoligen Ordnung im Alltag, indem wir von den Akteuren jeweils Handlungen, Einstellungen, Körperlichkeiten erwarten, die ihrem sozialen Geschlecht und damit ihrer Rolle als Mann bzw. als Frau „angemessen" sind, wir erwarten ein sozial konformes „doing gender". Allerdings werden diese Stereotype auch bestimmend für die Geschlechtsrollen und damit für die normativen Verhaltenserwartungen an Personen, die Mann bzw. Frau sind oder dies werden wollen bzw. sollen (Popp 2003). Rollen sind aber an Werte rückgebunden, also an Vorstellungen über das Wünschenswerte, das Anzustrebende.

Die traditionellen Rollenstereotype schreiben „dem" Mann einen hohen sozialen Status und Durchsetzungsfähigkeit zu, der Frau einen niedrigen Status, der Folge und Grund für ein kooperatives, sich unterordnendes Verhalten sei. Diese patriarchale Hierarchisierung reicht immer noch bis in die Paarbeziehungen und das dort gelebte Verhalten hinein. So wird die Funktion des Haushalts- und Familienvorstandes wie selbstverständlich dem Mann zugeschrieben. Daneben existiert das Bild vom sog. „Familienernährer" als Ausdruck der männlichen Form von Sorge. Männer können diese Hierarchie auch durch ihr Heiratsverhalten erzwingen, wenn sie eine statusniedrigere Frau heiraten (dies wird zunehmend seltener, nicht zuletzt durch das steigende Bildungsniveau der Frauen). Bei allen Bildungsgruppen heiratet die Mehrheit der Männer zunehmend eine Partnerin gleichen Bildungsniveaus. Allerdings orientiert sich unter hoch Gebildeten ein Drittel der Männer abwärts. Frauen leisten diesem Muster möglicherweise implizit Vorschub, wenn sie aus unterschiedlichen Motiven einen statushöheren Mann heiraten.

Die Geschlechterhierarchie in Gesellschaft und Partnerschaft wird gesellschaftlich unterstützt durch die Vergeschlechtlichung der Berufsarbeit, die Männern höhere Positionen beschert als Frauen und Männern im Gegensatz zu Frauen Familie *und* Karriere ermöglicht. Dieser sozial bedingte Vorsprung der Männer setzt erst ab der mittleren Erwerbsaltersgruppe (zwischen 30 und 45 Jahren) ein, dann nämlich, wenn die Frauen den „Karriereknick" durch die Kinderphase bekommen. Bei kinderlosen Frauen dagegen ist der Unterschied zu den altersgleichen Männern relativ gering (weniger Führungskräfte, aber deutlich mehr in gehobener Position) (Statistisches Bundesamt 2005).

Zwei aus dem 19. Jahrhundert überlieferte Bilder stützen die Geschlechterhierarchie, nämlich einmal das Bild vom „mächtigen Mann", zum andern das vom „Arbeitsmann" (Döge 2000). Der „Arbeitsmann" ist der leistungsstarke, Vollzeit erwerbstätige Familienernährer; er reproduziert die Geschlechterhierarchie über die Erwerbsarbeit. Für den „mächtigen Mann", das „heroische männliche Subjekt" (Keupp 1990) des 19. Jahrhunderts, ist dagegen das sich Durchsetzen, das sich Bewähren, die Dominanz ein zentrales

Thema – und das, wenn es sein muss, auch mit Gewalt gegen Frauen, gegen andere Männer, gegen sich selber. So dient sexuelle Gewalt gerade dazu, eine Unterwerfung zu bekräftigen, gleich, ob die Opfer Frauen oder Männer sind. Sexuelle Gewalt gegen andere Männer erfolgt gerade im Gefängnis. Sie dient dazu, einem anderen Mann die Eigenschaft „Mann" zu rauben: Der Mann wird „Sklave" bzw. „Frau" (Smaus 2003: 107). Der Machtmann ist aber gleichermaßen gewalttätig gegen sich selber, sei es durch Vernachlässigung, Unfälle, Krankheiten oder Suizid.

Die männliche Hegemonie wurde in modernen Gesellschaften erreicht durch die Fixierung der physiologischen, sozialen und moralischen Zweigeschlechtlichkeit (Stoff 1999). Das „bürgerliche" 19. Jahrhundert machte die Frau über die Medizin zum „Naturwesen": Ihre Funktion wurde über die inneren Geschlechtsorgane im „Natürlichen" fixiert, in der Reproduktion und damit im Haus. Der Mann dagegen kann heraustreten aus dem Haus und sich Identität über das Draußen, über die Arbeit erwerben. Eine philosophische Legitimation erfuhr dieses Modell der bürgerlichen Ehe und Kleinfamilie in der Rechtsphilosophie von Hegel (1989): Er setzte die Frau mit dem Moment des „Unmittelbaren", des Ungetrennten gleich, den Mann dagegen mit dem Moment des „Für sich". Die hierarchische Geschlechterordnung wurde auf diesem Weg als eine „natürliche" Ordnung erklärt, die auch zur Legitimation der „Arbeitsteilung der Geschlechter" herangezogen wurde. Damit einher ging – wie bereits erwähnt – die Vorstellung von einem „heroischen männlichen Subjekt" (Keupp 1990), dessen Identität darauf beruhte, sich bzw. seine Interessen gegen die Widrigkeiten der natürlichen und die Hindernisse der sozialen Welt durchzusetzen – und, wenn es sein musste, auch mit Gewalt und auch mit Gewalt gegen die eigene Partnerin.

Obgleich seitdem mehr als ein Jahrhundert verstrichen ist und diese Konstruktionen durch den sozialen Wandel eigentlich überlebt wären, bestehen diese Positionen zumindest in Teilen weiter fort, wobei dies ja nach Milieu unterschiedlich ausgeprägt ist. Steuerliche Regelungen und sozialstaatliche Konstruktionsprinzipien – z. B. Ehegattensplitting, Ausrichtung am Vollzeiterwerbstätigen, soziale Absicherung über den Ehemann, Einrichtung von „Mutterschutz", „Erziehungsurlaub" bzw. (aktuell) „Elternzeit", ebenso wie fehlende oder unzureichende Möglichkeiten der Kinderbetreuung – stützen ebenfalls weiter das Muster vom „male breadwinner" und der weiblichen „Zuverdienerin" – der „deutsche Ernährer" ist „uralt, aber immer noch rüstig" (Pinl 2003: 6). Andererseits haben sich real durchaus Veränderungen ergeben, am ausgeprägtesten bei der Bildungsbeteiligung, etwas weniger bei der Erwerbsarbeit, am wenigsten bei der typischen Zeitverwendung (Erwerbs- vs. Hausarbeit), bei den Männern am deutlichsten auf der Einstellungsebene.

Das bedeutet: die Konstruktionen von Geschlecht können möglicherweise mächtiger sein als das gelebte Verhalten, wenn es um die Identifikation von „Mann" und „Frau" geht. Dies wirkt sich auch auf die Frage nach der Gewalt der Geschlechter aus. Die Wahrnehmung und Definition von Gewalt dient mit dazu, die soziale Konstruktion der Zweigeschlechtlichkeit zu unterstützen (Popp 2003). Gewalt, vor allem die „eigentliche“, d. h. die körperliche Gewalt, gilt in der allgemeinen Wahrnehmung als „männlich“. In diesem Punkt begegnen sich Feministinnen und Vertreter eines traditionalen Geschlechterbildes durchaus – nur nicht in der Bewertung. Gewalt wird zum Bestandteil einer Logik des Mannseins. Die „eigentliche“ Gewalt ist deshalb „männlich“, da mit ihr eine ordnungsstiftende Funktion verbunden ist. Der Einsatz körperlicher Gewalt als Zwangsmittel bedeutet, schnell eine Hierarchie und damit eine Ordnung herstellen zu können. Eine Ordnung herstellen und durchsetzen zu können, heißt aber, Macht zu haben und auszuüben. Die dem Mann exklusiv zugeschriebene körperliche Gewalt bedeutet mithin, ihm das Herstellen von Ordnung und Macht zuzugestehen und damit eine „natürliche“ Ordnung der Geschlechter aufrecht zu erhalten. Gewalt von Männern, auch in Intimpartnerschaften, ist auf der einen Seite illegal und sie ist als private Gewalt auf gesamtgesellschaftlicher Ebene auch illegitim, während sie durchaus auf der Mesoebene milieuspezifisch oder auf der Mikroebene gruppenspezifisch legitim sein kann. Auf der anderen Seite spiegelt sie ein Geschlechter- und Gesellschaftsbild, das von einer unhinterfragbaren, gleichsam „natürlichen“ Dominanz des Mannes ausgeht.

Wenn es also im aktuellen Diskurs über Gewalt im Geschlechterverhältnis und gerade um körperliche Gewalt in der Partnerschaft geht, dann spielen dort neben dem empirisch Nachweisbaren stets die sozialen Konstruktionen von Geschlecht bzw. vom Geschlechterverhältnis mit hinein. Häusliche Gewalt zur fast alleinigen Angelegenheit männlicher Täter zu erklären, wie es im feministischen Diskurs erfolgt, knüpft ebenso an dieser Haltung an, nur wendet es sie gegen den „Machtmann“. In den Ergebnissen empirischer Studien und in den Polizeilichen Kriminalstatistiken überwiegen männliche Gewaltakteure, wobei dies weniger für die verbal-psychischen, sondern besonders für die physischen Formen gilt; empirische Studien z. B. zur Gewalt in der Schule zeigen, dass Mädchen und junge Frauen, die körperlich gewaltaktiv werden, sich in Häufigkeit und Intensität nur wenig von ihren männlichen Pendants unterscheiden (Fuchs et al. 2005, 2001; Fuchs/Luedtke 2003). Aktuelle Untersuchungen zur Gewalt von jungen Frauen in gemischtgeschlechtlichen, gewaltbereiten Gruppen (Bruhns 2003; Bruhns/Wittmann 2000) belegen für diese Klientel ebenfalls ein erhebliches Gewaltpotenzial.

2.3 Häusliche Gewalt als soziales Problem

Unter einem sozialen Problem ist „das mehr oder minder öffentliche Bewusstsein von einer Diskrepanz zwischen sozialen Fakten und Normvorstellungen bzw. Wertmaßstäben zu verstehen“ (Ottermann 2000: 13). Das soziale Faktum bzw. Phänomen häuslicher Gewalt ist als solches noch kein soziales Problem. Hierzu bedarf es vielmehr der öffentlichen Thematisierung des Faktums bzw. Phänomens unter Rekurs auf gesellschaftliche Norm- und Wertvorstellungen, die bekanntlich sozialem Wandel unterliegen. Tatsächlich wandelte sich das Thema „Gewalt in der Familie" erst im letzten Viertel des 20. Jahrhunderts „von einer privaten Frage, die sich zudem infolge selektiver Nichtbeachtung als wenig bekannt erwies, zu einem sozialen Problem, das verstärkt in den Blickpunkt der Fachwelt, der Öffentlichkeit und der Politik geriet" (Gelles 2002: 1043).

Ein soziales Faktum bzw. Phänomen muss folgende Kriterien erfüllen, um als soziales Problem anerkannt zu werden (Appelt et al. 2001: 385):

- Es muss für eine wichtige Institution oder interessierte Kreise einer Gesellschaft (vermeintlich oder tatsächlich) bedeutsam sein.
- Es muss (vermeintlich oder tatsächlich) wichtige Normen der Gesellschaft verletzen bzw. Verhaltensweisen betreffen, die als nicht erwünscht bzw. von normativen Erwartungen abweichend identifiziert werden können.
- Es muss (vermeintlich oder tatsächlich) ein signifikantes Ausmaß haben und der Gesellschaft materielle oder symbolische Kosten verursachen.
- Es muss als etwas erscheinen, das durch verschiedene Maßnahmen minimiert oder gar eliminiert werden kann.

Gemäß diesen Kriterien ist die Anerkennung eines Phänomens als soziales Problem eine politische Angelegenheit. „Wichtige und mit Macht ausgestattete Menschen müssen sich seiner annehmen" (Appelt et al. 2001: 384). Im Folgenden geht es um die Frage, wie häusliche Gewalt zu einem sozialen Problem (gemacht) wurde.

Häusliche Gewalt ist ein gesellschaftspolitisches Thema, das mit der öffentlichen Thematisierung und Problematisierung des Phänomens beginnt („Enttabuisierung") und sich in der Professionalisierung seiner Analyse und Bekämpfung fortsetzt. Gewalt in der Familie wird heute in vielen Ländern als gesamtgesellschaftliches Problem begriffen. Dazu musste das Problem familialer Gewalt allerdings erst einmal aus dem „Dunstkreis der Privatsphäre" ins „Rampenlicht der Öffentlichkeit" gerückt werden. Verschiedene Formen von Gewalt im familialen Kontext wurden lange Zeit gesellschaftlich legitimiert. Erst im 19. und verstärkt im 20. Jahrhundert ist ein gesellschaftlich einschneidender Einstellungswandel im Zusammenhang mit familialer Gewalt an Kindern und Frauen zu identifizieren (Cizek/Buchner 2001: 34).

Im Zusammenhang mit der Gewalt im familialen Kontext setz(t)en sich vor allem Kinderschutz- und Frauenbewegung für die öffentliche Diskussion und Behandlung der Thematik ein. In den 60er Jahren wurde die US-amerikanische Öffentlichkeit erstmals nachdrücklich auf die Misshandlung von Kindern aufmerksam gemacht, während die Frauen(haus)bewegung ebenso eindrucksvoll – wenn auch erst etwas später – mit der öffentlichen Thematisierung häuslicher Gewalt gegen Frauen begann. Seitdem widmete sich eine Reihe von Wissenschaftlern und in der Praxis tätigen Experten der Erforschung dieser Problembereiche (Cizek 2001: 10). Ausgangspunkt war die medizinische Publikation von Kempe et al. (1962) über Verletzungen misshandelter Kinder („the battered child syndrome“) (Cizek/Buchner 2001: 33). Dieser Klassiker ist ein Zeichen für die wachsende gesellschaftliche Besorgnis über Kindesmisshandlungsfälle in den 60er Jahren (Godenzi 1994). Besonders Anfang der 70er Jahre begann die Zahl wissenschaftlicher Berichte über Formen familialer und ehelicher Gewalt stark anzusteigen (Gil 1970; Steinmetz/Straus 1974). In den späten 70er und frühen 80er Jahren etablierte sich in den Vereinigten Staaten und Kanada der Untersuchungsbereich „family violence“ als eigenständige, wissenschaftlich anerkannte Forschungsdisziplin. In der Folge entstanden vermehrt Beiträge zum Thema „Gewalt in der Familie“ (Pagelow 1984; Gelles 1979; Van Hasselt 1988; Ohlin 1989; Besahrov 1990). Zusätzlich erschienen, als Zeichen zunehmender Etablierung dieses Forschungsbereichs, einschlägige wissenschaftliche Zeitschriften wie Journal of Family Violence, Journal of Interpersonal Violence, Family Violence Bulletin, Violence und Victims, Child Abuse and Neglect, Journal of Elder Abuse and Neglect, Journal of Child Sexual Abuse (Godenzi 1994). Im deutschsprachigen Raum wurde familiale Gewalt erstmals ab den 70er Jahren in der Wissenschaft thematisiert und problematisiert (Cizek/Buchner 2001: 33), geriet aber in Deutschland erst in den 80er Jahren mehr und mehr zum Thema (Habermehl 1989; Honig 1986; Schneewind et al. 1983), auch im Rahmen der Jugendforschung.

2.3.1 Frauen(haus)bewegung

Vor allem die Frauen- und Kinderschutzbewegung haben in der geschichtlichen Entwicklung durch viel Engagement einen wesentlichen Beitrag zur Thematisierung häuslicher Gewalt geliefert (Cizek/Buchner 2001: 20). Der feministischen Bewegung ist es zu verdanken, dass das Thema „Gewalt gegen Frauen“ in die (Welt-) Öffentlichkeit getragen und eine entsprechende Sensibilisierung für diese Problematik eingeleitet wurde. „Weltweit sahen es Frauen als ihre Aufgabe, Gewalttaten an ‚Geschlechtsgenossinnen' aufzuzeigen und das *Phänomen* ‚Gewalt gegen Frauen' in ein *Problem* umzuwandeln“ (Cizek/Buchner 2001: 22). Frauenbewegung und Frauenhäuser prangerten die geschlechtsspezifische Ungleichheit patriarchalischer Gesellschaftsordnungen und die Ausübung von (körperlichem) Zwang zur Aufrechterhaltung dieser Ungleichheit bzw. Gesellschaftsordnungen an. Damit geriet die Familie in ihrer patriarchalischen Form unter Beschuss. Frauen sollten aus ihrer Abhängigkeit von den (Ehe-) Männern befreit und zu selbstständiger Lebensführung unter eigener Regie befähigt werden („Empowerment“). Aufgrund gesamtgesellschaftlich ungleicher Geschlechterverhältnisse und männlicher Hegemonie musste aus dieser Perspektive der angebliche Wandel der Familie „Vom Patriarchat zur Partnerschaft“ (Mitterauer/Sieder 1991) weithin als soziale Fiktion erscheinen. „Gewalt gegen Frauen“ galt als Indikator und „Symptom der noch nicht eingelösten Gleichberechtigung der Geschlechter“ (Hagemann-White 2002: 131).

In Europa löste das „International Tribunal on Crimes Against Women“ (1976) Aktivitäten aus, die in der Bundesrepublik in die Gründung von Frauenhäusern mündete. Angloamerikanische „Bewegungsliteratur“ wurde im deutschsprachigen Diskurs aufgegriffen und mit hiesigen Erfahrungsberichten angereichert. „Die leichtfüßige Bewegung der Themen und Praxisansätze rund um die Welt zeigte eine damals schon reale Globalisierung an, die zur nachhaltigen Skandalisierung sowohl der sichtbar gewordenen geschlechtsspezifischen Gewalt beitrug, als auch der je landeseigenen Rechts- und Sozialverhältnisse, wenn diese eine männliche Gewalttätigkeit sanktionsfrei gestatteten oder gar begünstigten“ (Hagemann-White 2002: 125). Gemäß der Pekinger Erklärung der Vereinten Nationen von 1995 ist die Bekämpfung der „Gewalt gegen Frauen“ zur Sache der Staaten zu machen, die zu (Unterlassungs-) Tätern werden, wenn sie „vom Staat ausgeübte oder geduldete körperliche, sexuelle und psychische Gewalt, wo immer sie auftritt“ (United Nations 1996: 36), nicht bekämpfen. Sämtliche Formen der Gewalt gegen Frauen, auch wenn sie auf kulturellen Traditionen (Institution der Beschneidung, Züchtigungsrecht des Mannes etc.) beruhen, gelten damit potenziell als Menschenrechtsverletzungen. Die unter dem Dach der Vereinten Nationen organisierte Frauenrechtsbewegung ist somit ein transnationaler Moralunternehmer (dem aus Sicht der bekämpften Parteien und Institutionen im Extremfall der Vorwurf des „Kulturimperialismus“ gemacht werden kann).

„Gewalt in der Familie, vor allem die von Männern gegen Frauen und Kinder gerichteten Übergriffe, sind spätestens seit den Bemühungen der ‚neuen’ Frauenbewegung Ende der 60er Jahre zum Thema gemacht worden. Doch nicht nur engagierte Frauengruppen haben sich der Problematik angenommen, auch die institutionalisierte Politik hat Gewalt in der Familie aufgegriffen und eine Vielzahl von Impulsen gesetzt und Initiativen unterstützt [...] Das Interesse an und die Beschäftigung mit dem Problem Gewalt gegen Frauen wurde Ende der 60er, Anfang der 70er Jahre durch die Einflüsse der neuen Frauenbewegung virulent. 1972 wurde in London das erste Haus für misshandelte Frauen und Kinder gegründet. Dies stellte den Beginn einer Bewegung gegen Gewalt an Frauen und Kindern dar, die sich in den folgenden beiden Jahrzehnten auf ganz Europa ausdehnte, ja die ganze Welt ergriff. In allen Erdteilen wurden, meist von Frauengruppen initiiert, Frauenhäuser als Zufluchtsstätten für misshandelte Frauen und ihre Kinder eingerichtet. In den europäischen Ländern existieren derzeit 1.000 bis 1.500 Frauenhäuser, die laufend ca. 50.000 Frauen und Kinder beherbergen. Das Problem der Gewalt gegen

Frauen und Kinder wurde mit der Einrichtung von Frauenhäusern öffentlich gemacht und enttabuisiert. Kein Land, keine Stadt, keine Kommune konnte nach der Einrichtung eines Frauenhauses mehr behaupten: ‚Bei uns gibt es dieses Problem nicht.' Die Bewegung gegen Gewalt an Frauen – auch *Frauenhausbewegung* genannt – ist somit eines der erfolgreichsten sozialen Engagements der letzten Jahrzehnte" (Appelt et al. 2001: 383 f.).

In Deutschland sowie im deutschen Sprachraum insgesamt wurde im Unterschied zum englischsprachigen Ausland Gewalt gegen Frauen an vorderster Linie nicht von Sozialwissenschaftlern, sondern von der Frauen(haus)bewegung thematisiert. „Adressat und Kontrahent der politischen Auseinandersetzungen war vor allem der Staat; von dort wurden rechtliche Reformen und die Finanzierung feministischer Projekte der Unterstützung für Betroffene gefordert. Feministische Wissenschaft verstand sich als dieser Bewegung verpflichtet; die etablierte sozialwissenschaftliche Forschung blieb dem Thema und dem Problem gegenüber bis in die 1990er Jahre weitgehend abstinent" (Hagemann-White 2002: 130). Während im Ausland der Gewaltforschung vorgeworfen wird, dass sie Intervention und Hilfe für Gewaltopfer nur selten wissenschaftlich evaluiere, ist genau dies der Schwerpunkt im deutschen Sprachraum. „Das empirische Basiswissen zur geschlechtsbezogenen Gewalt entstammt in Deutschland vorwiegend einer frauenzentrierten Praxis, die wissenschaftlich begleitet wurde" (Hagemann-White 2002: 131). Diese Begleitforschung wurde und wird mit öffentlichen Mitteln bestritten und dadurch ermöglicht, dass die Politik die feministische Problemdefinition und der Staat Verantwortung für das Problem übernommen hat. Da die Förderung „einem politischen Bekenntnis zur Bedeutung des Problems und zur staatlichen Verantwortung gleichkommt, richtet sich in praxi ein gleichsinniges Erkenntnisinteresse des finanzierenden Ressorts und des Projektteams auf die Forschung, sie möge im Sinne des Erfolges befinden" (Hagemann-White 2002: 132). Klassische Grundlagenforschung, die diesbezüglich weniger anfällig sein dürfte, ist hingegen vor den 1990er Jahren in Deutschland kaum zu finden und immer noch selten. Allerdings bestimmt inzwischen „das Paradigma, Männergewalt diene primär der Machtsicherung, [...] nicht mehr die deutsche feministische Forschung. Selbst dort, wo die Machtdimension zentral geblieben ist, wird sie sozialisationstheoretisch gewendet: Gewalt von Männern wird aus der Überforderung durch normative Dominanzansprüche abgeleitet, die Jungen und später Männer nicht real einlösen können" (Hagemann-White 1995: 134).

Der Deutungswandel häuslicher Gewalt vom „Unglück", männlicher Hegemonie, patriarchalischen Familienstrukturen und einem gewalttätigen Mann ausgeliefert zu sein, der von traditionellem „Recht" Gebrauch macht, zum „Unrecht" männlicher Gewalt gegen Frauen, erhält dadurch eine moralische Relativierung und sozialwissenschaftliche Bereicherung zugleich, denn weitere soziale Bedingungen und der (subjektive) Sinn männlicher Gewalt geraten ins Blickfeld. Damit entfernt man sich von einer rein feministischen Betrachtung und nähert sich einer soziologischen Sicht auf das Phänomen. Denn nicht nur die Probleme, die gewalttätige Akteure machen, sondern auch die Probleme, die sie haben, gehören in eine soziologische Erklärung häuslicher Gewalt (Böhnisch 2001; Ottermann 2003b).

2.3.2 Kinderschutzbewegung

Einen ebenso wesentlichen, dem der Frauenbewegung entsprechenden Beitrag hinsichtlich der gesellschaftspolitischen Problematisierung von (häuslicher) Gewalt, diesmal aber auf Gewalt gegen Kinder bezogen, hat die Kinderschutzbewegung geleistet. „Sie richtet(e) den Fokus u.a. auf die Durchsetzung von Grundrechten für Kinder. Aber auch jede Form von Misshandlung von Kindern wurde und wird verurteilt und somit eine breite gesellschaftliche und politische Sensibilisierung und Problematisierung des Themas Gewalt gegen Kinder angestrebt“ (Cizek/Buchner 2001: 24).

So selbstverständlich uns das Phänomen familialer Gewalt heute als soziales Problem erscheint, so wenig darf es als „naturwüchsiger“ Gegenstand zwischenmenschlichen Problembewusstseins erscheinen. Denn vergleicht man das heutige Verständnis von familialer Gewalt mit dem Umgang mit diesem Phänomen in der Vergangenheit, bleibt festzustellen, dass die Anwendung von Gewalt im häuslichen Bereich Jahrhunderte lang gesellschaftlich akzeptiert oder zumindest doch toleriert wurde. Vor allem Kinder nahmen historisch gesehen bis ins letzte Jahrhundert den untersten Platz in der gesellschaftlichen Hierarchie schutzwürdiger „Rechtsgüter“ ein. Sie hatten teilweise sogar einen noch geringeren Stellenwert als Tiere: „Während es längst Tierschutzverbände gab, waren Kinder so schutzlos wie eh und je“ (Ludmann 1996: 23). Sowohl Frauen als auch Kinder befanden sich lange Zeit in der herrschenden Weltauffassung auf der Ebene von Sachwerten. Juristisch gesehen, gehörten sie zum Eigentum des Mannes. In patriarchalisch organisierten Gesellschaften mit entsprechender Rechtsordnung hatten sie sich dem Willen des Mannes zu unterwerfen, diesem zu gehorchen und auch sexuell gefügig zu sein – und dies mit Einschränkungen nicht nur innerhalb, sondern auch außerhalb der Familie. Patriarchalische Herrschaftsverhältnisse gewährten dem Hausherrn das Recht uneingeschränkter Befehlsgewalt über sein „Eigentum“ und sogar freie Verfügung über Leben und Tod seiner Angehörigen. Gewaltanwendung in Form von körperlicher Züchtigung erschien im damaligen Verständnis als geeignete Methode zur Erziehung sowie allgemein geeignet, Ordnung und Disziplin zu gewährleisten (Cizek/Buchner 2001: 20 f.).

Sowohl die juristische als auch die pädagogisch-sozialtechnische Begründung gewaltförmiger Praktiken in der Familie fanden nicht nur im Alltagsdenken, sondern auch in religiösen Vorstellungen Unterstützung. Im Alten Testament etwa heißt es: „'nur wer seine Kinder züchtiget, der liebt sie auch' [...] Diese religiös verankerte Berechtigung zur Prügelstrafe kam in einer besonders ausgeprägten Form in der calvinistischen Lehre zum Ausdruck, in der Kinder als ‚Kobolde der Dunkelheit' betrachtet wurden und ‚sie nur durch Zucht und Strenge ins Licht geführt' werden könnten" (Cizek/Buchner 2001: 21). Welt-, Gesellschafts- und Menschenbilder bestimmen demnach die Einstellung gegenüber bestimmten gewaltförmigen Praktiken.

Jahrhunderte lang waren Bestrafung, Züchtigung, Drohung mit Liebesentzug, Demütigung, Spott und Verachtung geläufige Praktiken im Umgang mit Kindern. Diese Methoden waren gesellschaftlich akzeptiert, weil man davon überzeugt war, lediglich auf diese Art und Weise Ordnung gewährleisten und Disziplin anerziehen zu können. Diese Praktiken erschienen zur Vermittlung von Werten und Normen am geeignetsten und galten als gottgefällig oder böse Geister vertreibend. Allerdings blieb es nicht nur bei den oben genannten Erziehungspraktiken, sondern die Praxis reichte weiter bis zur sexuellen Gewalt, Verstümmelung, Aussetzung und Tötung (Radbill 1978). „Die Tötung speziell von Neugeborenen war zumeist die einzige Lösung, um die Kinderzahl begrenzt zu halten. Letztlich war diese Vorgehensweise ein Substitut für unzulängliche Techniken der Verhütung und diente dem Überleben der Gruppe [...] Gerade die Tötung von schwachen oder verunstalteten Kindern war weit verbreitet" (Buchner/Cizek 2001a: 91).

Im antiken Griechenland waren Knabenprostitution und Päderastie, nicht nur die platonische Liebe, sondern auch der körperlich-sexuelle Kontakt zwischen erwachsenen Männern und Knaben geläufig. Man(n) schwärmte – ähnlich wie heutige Pädophile – von den „haarlosen Schenkeln" der Jungen, die für ihre sexuelle Zugänglichkeit im Gegenzug mit wertvollen Kriegsausrüstungen beschenkt wurden (Braith et al. 1988). Die Erwachsenen nahmen dabei sowohl die Rolle des Liebhabers als auch jene des Erziehers ein. Sie sahen es als ihre Aufgabe, ihren Jüngling allmählich in die gesellschaftlichen Aktivitäten (z. B. in eine politische Runde oder eine Schule) einzuführen (Grandt et al. 1999). „Der sexuelle Missbrauch kleiner Kinder durch Erzieher, Pädagogen und Lehrer ist wahrscheinlich in der ganzen Antike üblich, obgleich es viele Gesetze gibt, um den sexuellen Mißbrauch von Kindern durch Erwachsene einzuschränken" (Amann/Wipplinger 1998: 41 f.). War homosexueller Verkehr mit freien Knaben gesetzlich verboten, so hielt man sich hierfür Sklavenjungen. Darüber hinaus wurden sowohl Jungen als auch Mädchen zwecks Schuldentilgung entweder in die Prostitution verkauft oder verpfändet (Buchner/Cizek 2001a: 92).

Als sich der christliche Glaube zunehmend verbreitete, wurde zwar dem Kindesmord Einhalt geboten, jedoch blieben Gewaltanwendungen erzieherischer Art nach wie vor bestehen. Die gewaltförmige Vermittlung von Gehorsam gegenüber den Eltern, Autoritätsglaube und Besitzdenken waren zentrale Bestandteile christlich-patriarchalischer Erziehung (Buchner/Cizek 2001a:

92). „Das Tötungsrecht verschwand, dagegen wurde dem elterlichen Züchtigungsrecht und der damit verbundenen, zur Kindesmisshandlung führenden Überschreitung nirgends rechtliche Grenzen gesetzt“ (Ullrich 1964: 18). Auch sexuelle Gewalt gegen Kinder war weit verbreitet. Kleine Mädchen wurden für Geld und Macht als Ehefrauen eingetauscht. „Zwar beschloss die katholische Kirche im Mittelalter ein Ehegesetz, in dem die weibliche Mündigkeit mit zwölf Jahren festgesetzt wurde. Diese Bestimmung blieb jedoch in der Praxis größtenteils unberücksichtigt – Ehen alter Männer mit Kindern fanden nach wie vor statt“ (Buchner/Cizek 2001a: 92).

In der Zeit des Barocks häuften sich Kinderbordelle, -handel und -pornografie. Sexuelle Kontakte mit Kindern waren beliebt, „der Analverkehr mit kastrierten Knaben wurde dabei als besonders anregend empfunden“ (Buchner/Cizek 2001a: 93). Säuglinge und Kleinkinder mussten, bevor sie in ein Bordell verfrachtet wurden, eine schmerzhafte Kastration über sich ergehen lassen. Zwar kam es zu ersten Kampagnen gegen den sexuellen Missbrauch von Kindern in der Renaissance, allerdings gelang bis in das 19. Jahrhundert hinein kaum eine breite öffentliche Sensibilisierung für das Problem (Trube-Becker 1998). Erst zu Beginn des 20. Jahrhunderts wandelte sich allmählich das gesellschaftliche Bild vom Kind als Eigentum der Eltern zu jenem eines Menschen mit eigenen, berechtigten Ansprüchen. Zudem gelangte man zur Erkenntnis, dass bereits im Säuglingsalter Gefühle, wie sexuelle Regungen und Schmerzen, bestehen, die tief im Unterbewusstsein verankert bleiben (Trube-Becker 1983, 1998; Buchner/Cizek 2001a: 93).

Die Anerkennung von Kindern als Rechtssubjekten und die Verankerung von Kindesinteressen im Recht erfolgten erst in der zweiten Hälfte des 20. Jahrhunderts. Auch der rechtliche Schutz der Kinder vor sexueller Gewalt war bis in das 20. Jahrhundert hinein nicht gegeben (und dies trotz erster Kampagnen gegen den sexuellen Missbrauch von Kindern bereits in der Renaissance) – „im Gegenteil, man glaubte noch bis zum 19. Jahrhundert, dass Geschlechtskrankheiten durch Geschlechtsverkehr mit Kindern geheilt werden könnten“ (Cizek/Buchner 2001: 22). Erste Spuren der Thematisierung häuslicher Gewalt indes finden sich bereits in juristischen Aufzeichnungen des Römischen Reiches. „Hier wurde im Jahr 374 nach Christus erstmalig eine Kindstötung gesetzlich als ‚Mord' tituliert. Die Begründung für diesen Schritt lag jedoch weniger in der respektvollen Haltung gegenüber Kindern, denn Misshandlungen an Kindern (wie Verstümmelungen, Aussetzen oder das Töten) wurden von der damaligen Gesellschaft bedenkenlos gebilligt. Vielmehr sollte diese juristische Ahndung von Kindsmord der damals immer stärker werdenden Bevölkerungsabnahme in Rom entgegenwirken“ (Cizek/Buchner 2001: 20). Das bedeutet, dass die Motivationen zur Problematisierung und Kriminalisierung bestimmter Gewaltformen im sozialhistorischen Kontext zu sehen ist. Was in dem einen Zeitraum zur Problematisierung und Kriminalisierung familialer Gewalt motiviert, erweist sich in einem anderen als untaugliche Motivationsgrundlage bzw. Mobilisierungsressource. Die Erfolge der Frauen- und Kinderschutzbewegung hinsichtlich der Stigmatisierung häuslicher Gewalt beruhen offenkundig nicht auf bevölkerungspolitischen, sondern auf menschenrechtlichen Argumenten, die seinerzeit wahrscheinlich weitgehend auf Unverständnis gestoßen wären.

Eine wichtige sozialhistorische Grundlage für das heutige Verständnis und den Umgang mit häuslicher Gewalt bildet die mit sozioökonomischen Wandlungsprozessen verbundene Auflösung des „ganzen Hauses" bzw. die Trennung einer privaten von einer öffentlichen Sphäre, wie sie erst vermittels der räumlichen Trennung von Arbeit und Familie sowie der entsprechenden geschlechtstypischen Arbeitsteilung im Bürgertum des 18. und 19. Jahrhunderts möglich wurde (Mitterauer/Sieder 1991). Der Mann war fortan der Experte für das Außerhäusliche und als „Ernährer" gefragt, die Frau als Expertin für das Innere, zumal als „naturbegabte Spezialistin in Sachen Kinder". Analog der Herausbildung dieser „Mutterschaftsideologie" entwickelte sich die normative Erwartung, „dass die Mutter in ihren Kindern aufgehen solle. Die Denk- und Erlebniswelten der Kinder rückten vermehrt in den Mittelpunkt mütterlicher Betrachtungen. Durch die Empathie gegenüber den Kindern und durch die Entdeckung ihrer Bedürfnisse begann der gesellschaftliche Stellenwert des Kindes stetig zu steigen – es wurde allmählich respektiert. Trotzdem blieben Kinder nach wie vor *rechtloser* Besitz ihrer Eltern und erhielten keinen gesellschaftlichen Schutz. Und dies, obwohl mit dem In-Kraft-Treten des Bürgerlichen Gesetzbuches um 1900 das Züchtigungsrecht des Ehemannes gegenüber der Frau fiel. Kinder blieben davon ausgenommen" (Cizek/ Buchner 2001: 21 f.). Dass familiale Gewalt erst seit relativ kurzer Zeit als gesellschaftliches Problem wahrgenommen wird, könnte somit auch mit der überkommenen bürgerlichen Wertehaltung zusammenhängen, aus der heraus Familie nach wie vor als ein Bereich der Privatsphäre und ein Einmischen der Öffentlichkeit in innerfamiliäre Angelegenheiten als Eingriff in die Privatsphäre betrachtet wird (Cizek/Buchner 2001: 22). Andererseits sollte nicht übersehen werden, dass gerade die „bürgerliche Mutterschaftsideologie" und die Einrichtung des „Schonraums Familie" zu einer Aufwertung von Kindheit und zunehmenden Berücksichtigung kindlicher Interessen führten (wenn auch rückblickend, aus feministischer Sicht betrachtet, auf Kosten der Entwicklungsmöglichkeiten von Frauen).

Dem Prozess der öffentlichen Anerkennung und Problematisierung von sexueller Gewalt an Kindern ging der Sensibilisierungsprozess bezüglich der körperlichen Gewalt gegen Kinder voraus. Da körperliche Bestrafung lange Zeit eine vom Glauben (und auch von der Wissenschaft) gerechtfertigte Methode darstellte, um Disziplin aufrecht zu erhalten und Werte einprägsam anzuerziehen, dauerte es dementsprechend lange, bis körperliche Gewalt im öffentlichen Diskurs problematisiert wurde (Buchner/Cizek 2001a: 93). Philosophen, Priester, Lehrer sowie Eltern glaubten, dass die Prügelstrafe „das einzige Heilmittel für die im Herzen der Kinder wohnende Torheit" (Helfer/Kempe 1978: 37 f.) sei. Dabei bestand der hauptsächliche Sinn dieser körperlichen, institutionellen und psychischen Gewaltanwendung gegenüber Kindern darin, ihren eigenen Willen zu brechen (Buchner/Cizek 2001a: 93). „Wo der Eigensinn und die Bosheit nicht vertrieben werden, da kann man unmöglich einem Kinde eine gute Erziehung geben. Sobald sich also diese Fehler bei einem Kinde äußern, so ist es hohe Zeit, dem Übel zu wehren, damit es nicht durch die Gewohnheit hartnäckiger und die Kinder ganz verdorben werden [...] Die Kinder vergessen mit den Jahren alles, was ihnen in der ersten Kindheit begegnet ist. Kann man da den Kindern den Willen benehmen, so erinnern sie sich hernach niemals mehr, dass sie einen Willen gehabt haben und die Schärfe, die man wird brauchen müssen, hat auch eben deswegen keine schlimmen Folgen" (Sulzer 1748, zit. nach Rutschky 1993: 173 ff.).

Erziehungsarbeit war mit körperlicher Züchtigung verbunden. Erzieher kannten offenbar keine anderen oder effektiveren Mittel als die Demonstration und Ausübung der eigenen Macht gegenüber dem schwächeren Kind und der ständigen Forderung nach seiner Unterwerfung (vgl. Ludmann 1996). Nicht nur in der Familie, sondern auch in öffentlichen Erziehungseinrichtungen wie Schulen und Heimen bestand das Recht auf körperliche Züchtigung. Mit dem Ausklingen des 19. Jahrhunderts allerdings erfuhr die Kindheit eine erste Aufwertung. Dem ging eine „Verhäuslichung" der Kindheit voraus, die sich mit der Trennung von Arbeit und Familie und der Verbreitung des bürgerlichen Familienideals im 19. Jahrhundert herauskristallisierte. Vorstellungen etablierten sich, die von einer „Kindheit im Schutz- und Schonraum ‚Familie'" (Strasser 1998: 29) ausgingen. Das öffentliche Züchtigungsrecht wurde in diesem Zeitraum gleichzeitig mit dem Züchtigungsrecht gegenüber dem Gesinde abgeschafft. Häusliche Züchtigung indes wurde weiterhin toleriert, wenn auch in tabuisierter Form: „Tabuisierung des familiären Innenlebens bei gleichzeitiger völliger Überforderung der emotionalen Möglichkeiten der Familie war somit der beste Nährboden für Gewalt" (Strasser 1998: 30). Als Rechtssubjekte wurden Kinder letztlich erst im 20. Jahrhundert anerkannt, als Kindesinteressen auch tatsächlich in der Judikatur in Form von Kinderschutzgesetzen verankert wurden – ein Verdienst der Kinderschutzbewegung (Zenz 1981; Buchner/Cizek 2001a: 94)

Um die Wende vom 19. zum 20. Jahrhundert setzte man sich erstmals intensiver mit den Rechten von Kindern auseinander, wenn auch eine Verankerung von Kindesinteressen im Recht erst in der zweiten Hälfte des 20. Jahrhunderts erfolgte. Der Gedanke von „Kinderrechten" führte zur Gründung von vorerst regionalen, später überregionalen Kinderschutzeinrichtungen, die das Problem keineswegs auf Gewalt gegen Kinder reduziert sehen woll(t)en. Der „Deutsche Kinderschutzbund" (DKSB) beispielsweise, gegründet in der sog. „Nachkriegszeit", konzentrierte sich zwar auf die Bekämpfung der „elterlichen Gewalt zu übermäßiger Züchtigung", forderte zugleich aber auch allgemein eine Sexualerziehung, die auf Triebverzicht ausgerichtet ist. Die Familie als solche sollte sittlicher werden (Cizek/Buchner 2001: 25).

Im traditionellen Kinderschutz standen die Kontrolle und die Entrechtung der Familie an oberster Stelle. Maßnahmen zur Ahndung der Misshandlung von Kindern in Form von strafrechtlicher Verfolgung, Sorgerechtsentzug und Fremdunterbringung wurden eingeleitet. Doch gab es Rückschläge, denn man musste erkennen, dass solche Maßnahmen bestehende Krisensituationen bisweilen weiter verschärften. Die Familien fühlten sich durch die staatlichen Zwangsmaßnahmen oftmals noch stärker verbunden und reagierten durch das aufkommende Gefühl des Verfolgtwerdens mit einer Abwehrhaltung gegen alles, was von außen an sie heran getragen wurde (Gautsch 1997; Cizek/ Buchner 2001: 25). „Die Annahme von Hilfen und die Möglichkeit, Krisen und familiäre Schwierigkeiten zu bearbeiten, wurde dabei gänzlich verhindert“ (Gautsch 1997: 4).

Während der traditionelle Kinderschutz das Instrument der Entrechtung der Eltern einsetzte, um Kindern den erforderlichen Schutz vor Gewalt gewährleisten zu können, strebten die in den 1970er und Anfang der 1980er Jahre gegründeten Kinderschutzeinrichtungen eine grundsätzlich familienorientierte Arbeit im Kinderschutz an. Sie reagierten damit auf die unbeabsichtigten Effekte staatlicher Intervention, indem sie einen eher informellen, weniger strafenden als helfenden Weg einschlugen: „Der Schutz des Kindes soll in Zusammenarbeit mit den Eltern und der ganzen Familie durch die Analyse des Familienproblems gesichert werden [...] Die Vertraulichkeit wird streng gewahrt [...] Einen wesentlichen Faktor im Rahmen des Kinderschutz stellt zusätzlich die Öffentlichkeitsarbeit dar, denn durch sie gelingt es, Kinderschutzarbeit publik zu machen und eine stärkere Sensibilisierung der Bevölkerung und der PolitikerInnen zu ermöglichen“ (Cizek/Buchner 2001: 26). Statt Problemfamilien zu sanktionieren, galt es nunmehr, familiale Probleme zu identifizieren, ausgehend von der Annahme, dass Gewalt gegen Kinder letztlich ein Zeichen für das Scheitern der Eltern an belastenden und schwierigen Lebensverhältnissen und gleichzeitig auch ein Symptom fehlender bzw. ungeeigneter Unterstützungssysteme ist (Zenz 1992). Zu Beginn lag der Arbeitsschwerpunkt auf der Hilfestellung für und der Unterstützung von körperlich misshandelten Kindern. Erst später wurde auch der Vernachlässigung und dem sexuellen Missbrauch von Kindern Beachtung geschenkt (Fürniss 1992). In seinen Praktiken stellt sich der Kinderschutz heute weitgehend als psychoanalytisch oder systemisch inspirierte Familientherapie dar (Blum-Maurice 1996; Honig 1992; Cizek/Buchner 2001: 27).

In Deutschland wurde das elterliche Züchtigungsrecht formal erst im Jahr 2000 abgeschafft. Damit dehnte der Staat sein Gewaltmonopol aus und sicherte Kindern und Jugendlichen im Elternhaus ein elementares Recht zivilisierter Subjekte zu: keine Gewalt erfahren zu müssen. Die „zivilisierte" Gesellschaft der Moderne beruht auf der relativen Gewaltlosigkeit der Sozialkontakte. Eine körperlich gewaltfreie(re) Erziehung kann zu weniger Gewalt in den Sozialkontakten und zu mehr Zivilität führen. Ein Schritt dahin betrifft die Wertegrundlage: Körperliche Gewalt in der Erziehung muss über das bestehende Maß hinaus wirksam illegitim werden, Körperstrafen als Gewalt gesehen und behandelt werden. Ein Schritt ist das elterliche Züchtigungsverbot, verbunden mit Informationskampagnen, z. B. „Mehr Respekt vor Kindern": das Wissen der Normadressaten um den Inhalt einer Norm ist eine Voraussetzung für ihre Wirksamkeit. Allerdings löst eine vermehrte Kriminalisierung schlagender Eltern das Problem nicht, sondern führt nur zu einer noch intensiveren Abschottung gewaltbelasteter Familien. Daher sollte das Recht die informellen Kontrollpotenziale stärken. Das kann Fremdkontrolle durch die informelle soziale Umwelt (Familie/Verwandtschaft, Freunde, Bekannte, Nachbarn) sein: Hinsehen und Beistand statt Wegsehen, Gespräche, Unterstützung bei Belastungen (Lamnek/Luedtke 2003).

Schwierig wird es bei Problemfamilien: Ressourcenmangel, Risikonachbarschaften, gewaltaffine Norm- und Wertvorstellungen sowie soziale Abschottung sind gebündelte Hemmfaktoren. Das Risiko – gerade für häufige Gewalt – steigt bei unsicheren elterlichen Beschäftigungsverhältnissen, Langzeitarbeitslosigkeit, Ressourcenmangel und durch Risikonachbarschaften, in denen sich Familien mit ähnlichen Problemlagen und Handlungsmustern konzentrieren: Modelle für gewaltfreieren Umgang sind dort rar. Eltern aus unteren sozialen Lagen haben eher Defizite bei ökonomischen und kulturellen Ressourcen (Armut, Sozialhilfeabhängigkeit, sehr geringes Bildungskapital) bzw. der sozialen Integration (prekär beschäftigt, langzeitarbeitslos, zu wenig Unterstützungsnetzwerke). Die Lagemerkmale sind Stressoren, die einen überproportionalen Gewalteinsatz fördern. Gerade bei hoch gewaltbelasteten Familien kumulieren die Belastungsfaktoren. Kombiniert mit milieutypischen Normen, die den Gewalteinsatz legitimieren, führt „Fehlverhalten" der Kinder dann oft auch zu schwerer Gewalt ihnen gegenüber (Lamnek/Luedtke 2003).

2.4 Gewaltdiskurse und Kontroversen zu häuslicher Gewalt

Häusliche Gewalt unterliegt in der modernen (Welt-) Gesellschaft, vor allem was ihre kriminalisierten Formen betrifft, offizieller sozialer Kontrolle. Kriminalität ist ein interkulturell und temporal variables soziales Konstrukt. Was in den einen Ländern strafbar ist, wird in anderen zumindest nicht strafrechtlich verfolgt, wie etwa der Missbrauch von Minderjährigen. Straftatbestände verschwinden, vormals strafbare Verhaltensweisen werden entkriminalisiert, wie beispielsweise Ehebruch hierzulande, während neue Straftatbestände, wie Vergewaltigung in der Ehe, hinzukommen bzw. vormals legale Verhaltensweisen, wie z.B. die körperliche Züchtigung, kriminalisiert werden. Was als kriminell gilt, wird gesellschaftlich sowie je nach herrschenden Norm- und

Wertvorstellungen bzw. den Vorstellungen der Herrschenden unterschiedlich bestimmt und unterliegt sozialem Wandel. Wer oder was letztlich strafrechtlich verfolgt wird, ist abhängig von den gesellschaftlich definierten Übeln bzw. den Rechtsgütern, vor welchen resp. welche es zu schützen gilt (Ottermann 2003b, 2003c).

Häuslicher Gewalt als gesellschaftlich definiertem Übel bzw. Rechtsgüter tangierendem Verhalten kann mit verschiedenen Formen sozialer Kontrolle begegnet werden. So können „gefährdende Handlungen z. B. je nach den Umständen als [...] Krankheit (Psychiatrie), Verwahrlosung (Erziehung) oder eben Kriminalität stigmatisiert und den darauf spezialisierten Institutionen (Polizei, Justiz) überlassen werden. Durch im Strafrecht geronnene Definitionsleistungen avancieren einige gefährdete Interessen ([...] an Leib und Leben, an einer bestimmten Moral, an der sexuellen Selbstbestimmung, an der Volksgesundheit usw.) zu *Rechtsgütern*. Aus den Handlungen, die als Risiken für die soziale Ordnung bzw. als Verletzungen oder Gefährdungen solcher Rechtsgüter wahrgenommen werden, wird mittels dieser Definitionsleistungen *Kriminalität*" (Hess/Scheerer 1997: 99 f.). Dass zugleich nicht alle Formen häuslicher Gewalt, die als schädlich und/oder schändlich begriffen werden können, Eingang in das Strafrecht oder die funktionalen Äquivalente im (medizinisch-, psycho-, familien-) therapeutischen Bereich oder dem psychosozialer Dienste (Sozialarbeit, Frauenhäuser etc.) finden und damit nicht alle verletzten Menschen, Werte und Güter zumindest symbolischen Schutz genießen, wirft ein Licht auf strukturell angelegte gesellschaftliche Spannungen, Probleme und Konflikte und Fragen auf hinsichtlich (Definitions-) Macht und Herrschaft (Ottermann 2003b).

Was Gewalt und wer gewalttätig ist, wird (teil-, sub-) kulturell definiert, was mehr oder minder geteilte Orientierungsrahmen und Deutungsmuster voraussetzt. Diese begrenzen das Feld möglicher, als sinnvoll empfundener Definitionen häuslicher Gewalt. Kollektive Orientierungsrahmen bzw. Deutungsmuster bilden den Sinnhorizont und entsprechen den jeweiligen Relevanzsystemen derer, die etwas oder jemanden z. B. kriminell heißen oder anders gesehen haben wollen (als normal, krank, etc.). Sowohl Entkriminalisierungs- als auch Kriminalisierungsbemühungen einschließlich der Bestrebungen um Aufrechterhaltung des normativen Status quo sind interessen-, affekt- und wertgebunden, resultieren nicht zuletzt aus dem jeweiligen Standort der Akteure im sozialen Raum und entsprechen mehr oder weniger unterschiedlichen Sozialisationserfahrungen bzw. Erfahrungsräumen, sind also milieubedingt und seinsverbunden im Mannheim'schen Sinne. Der subjektive Sinn, den ein Akteur mit seinem von normativen Erwartungen (anderer) abweichenden oder Kontrollverhalten verbindet, kann demnach lediglich über die im Sozialisationsprozess vermittelten Deutungsmuster erschlossen werden.

Ob und inwieweit Bemühungen um Entkriminalisierung oder Kriminalisierung bzw. Perpetuierung des normativen Status quo Erfolg haben, ist eine

Frage der Definitionsmacht und diese ist abhängig von den jeweiligen personalen und sozialen, materiellen und ideellen, Macht-, Tausch-, solidarisierenden und kulturellen Ressourcen der Moralunternehmer (Ottermann 2000). Entkriminalisierung und Kriminalisierungen sind das Resultat „erfolgreicher" sozialer Problematisierungs- und Mobilisierungsprozesse (Ottermann 2003b). Soziale Probleme werden unter anderem auch konstruiert, um vorhandene Institutionen, wie z. B. Frauenhäuser, und deren Lösungen zu legitimieren. „Hierbei handelt es sich keineswegs um einen ‚Sonderfall' [...], sondern gerade im Bereich der Kontrolle abweichenden Verhaltens bzw. der Kriminalpolitik scheint dies eher die Regel zu sein" (Groenemeyer 1999b: 132). Vor allem die Erzeugung moralischer Paniken mittels Dramatisierung bestimmter Gewaltarten oder -raten als außergewöhnliche Risiken für die Gesellschaft oder für bestimmte als besonders schützenswert erachtete Personenkreise (z. B. Frauen, Kinder) vermag ebenso außergewöhnliche Kontrollmaßnahmen zu legitimieren und gesellschaftlich eine weit reichende Identifikation mit staatlichen oder funktional äquivalenten Kontrollinstanzen herzustellen (Ottermann 2003b).

Die skizzierte historische Entwicklung von Frauen- und Kinderschutzbewegung machte deutlich, welchen Stellenwert sie bei der sozialen Konstruktion des Problems familialer/häuslicher Gewalt einnehmen. Beide tragen seit den 1970er Jahren regelmäßig zur Thematisierung und Sensibilisierung häuslicher Gewalt bei und haben sozialpolitischen Charakter (Hege 1999; Cizek/Buchner 2001: 29). Man sollte meinen, beide hätten durchaus gemeinsame Interessen und Bestrebungen, ist doch jeder die familiale bzw. häusliche Gewalt ein besonderer „Dorn im Auge". Eine Kooperation ist aber nicht wirklich zustande gekommen. Das liegt offenbar an den unterschiedlichen historischen Entwicklungen und ideellen Wurzeln der beiden Bewegungen. Aus den verschiedenen sozialhistorischen Erfahrungsräumen und Sozialisationsfeldern resultierten unterschiedliche Weltanschauungsweisen, die wiederum Grundlage für die Ableitung differentieller Problemdefinitionen, Erklärungsmuster, Ziele und Handlungen waren und sind. Für beide Bewegungen stellt sich deshalb das „eigentliche" Problem und Phänomen häuslicher Gewalt jeweils anders dar. „Da beide Gruppierungen mit unterschiedlichen Theoriekonstrukten arbeiten und unterschiedliche Arbeitsansätze haben, machen sie in der Analyse im Einzelfall unterschiedliche Erfahrungen" (Hege 1999: 1).

Auch Förderer und Nutzer der aus den beiden Bewegungen hervorgegangenen Institutionen treffen ihre Vorauswahl je nach Akzeptanz des erkennbaren Leitbildes, das hinter den jeweiligen Institutionen steht. „Die Kinderschutz-Bewegung sieht sich als *Hilfesystem*, geführt vom Leitgedanken ‚Hilfe statt Strafe' [...] Die Frauenhaus-Bewegung setzt sich speziell für die Hilfestellung für *jene Frauen ein, die sich nicht alleine aus Gewaltbeziehungen befreien können* – somit also nicht ausschließlich für Frauen im Frauenhaus. Sie schreiben die Gewaltsituation, in die Frauen (mitsamt ihren Kindern) gekommen sind, den *Männern* zu – denn sie sehen Männergewalt als ein Produkt der vorherrschenden patriarchalen Strukturbedingungen“ (Cizek/Buchner 2001: 29). Zweifellos ist es das Verdienst der Frauenhäuser, dass Gewalt von Männern an ihren Frauen nicht länger geduldet wird. Zusätzlich aber versuchen sie, männliche Täter nicht nur dingfest zu machen, sondern auch zu stigmatisieren (Hege 1999). Hierauf verzichtet die Kinderschutzbewegung weitgehend, da sie davon ausgeht, dass Eltern, die Kinder schlagen, selbst Probleme haben und somit die gesamte Familie Hilfe benötigt (Cizek/Buchner 2001: 29 f.). Aus diesen unterschiedlichen Positionen und Prioritäten erwächst die Unverträglichkeit der beiden Moralunternehmen. „Frauen der Frauenbewegung unterstellen dem Kinderschutz, dass er der Kinder wegen Frauen immer wieder in ihre alte Rolle zurückbringen will. Der Kinderschutz wirft der Frauenhaus-Bewegung vor, dass sie die Bedeutung der Entwicklung von Kindern – auch in ihrer Beziehung zu ihren Vätern – hinter der Entwicklung der Frauen zurückstellt“ (Hege 1999: 2).

Die heute dominanten Deutungsmuster des Phänomens häuslicher Gewalt sind das Resultat sozialer Problematisierungs- und Mobilisierungsbemühungen von Moralunternehmern, die sich bei der Interpretation und Definition des Phänomens teils widersprüchlicher Weltanschauungen und entgegengesetzter Interessen bedienen. Und wie im Streit zwischen Frauen- und Kinderschutzbewegung ersichtlich, kann es „als ein typisches Merkmal sozialer Probleme angesehen werden, dass die für einen kollektiven Akteur oder eine Gruppe optimale Lösung eines sozialen Problems für einen anderen kollektiven Akteur gerade zu einem sozialen Problem wird“ (Groenemeyer 1999b: 44). Hinsichtlich des Verlaufs gesellschaftspolitischer Auseinandersetzungen ist die Definitionsmacht respektive Überzeugungskraft bestimmter Gruppierungen, die wiederum von deren materiellen und immateriellen Ressourcen abhängt, entscheidend. Vor allem der Zugang zu bzw. die Kontrolle von Massenmedien ist für den Erfolg gesellschaftspolitischer „Aufklärung“ heutzutage entscheidend. Hier findet der Kampf um die öffentliche Meinung statt, die allerdings lediglich begrenzt manipulierbar ist. Die Grenzen politischer Willensbildung verlaufen entlang den vitalen Interessen und tiefsitzenden Weltanschauungen, den Erfahrungen von Menschen bestimmter sozialer Milieus, ihren kollektiven Denkstilen bzw. Deutungsmustern (Ottermann 2000a). „Deutungsmuster werden nicht als unabhängig von strukturellen Bedingungen und Lebenslagen der Akteure aufgefasst – hieraus gewinnen sie nämlich Legitimation und Schubkraft für die individuelle Mobilisierung –, noch lassen sie sich beliebig manipulieren oder potentiellen Mitgliedern oktroyieren“ (Karstedt 1999: 97).

Beim Kampf konkurrierender Moralunternehmer um öffentliche Unterstützung (Meinung, Personen und Gelder) innerhalb des gesellschaftlichen Diskurses über häusliche Gewalt wird auf kommunikativer Ebene der Konflikt nicht nur in Form verbalen Schlagabtauschs und mittels rhetorischer

Kampfbegriffe ausgetragen, sondern auch mittels wissenschaftlicher Befunde, Kriminalstatistiken, Expertisen und Berichten aus der Praxis von Polizei und Justiz, Frauenhäusern, Kinderschutzeinrichtungen, Familienberatungsstellen etc., die Legitimitäts- und Plausibilitätsgrenzen zugleich implizieren. Erfolg und Misserfolg der gesellschaftlichen Aufklärungsarbeit sind davon abhängig, wie die Adressaten, also die unterschiedlichen gesellschaftlichen Gruppierungen bzw. sozialen Kreise, die Botschaften aufnehmen, wahrnehmen, deuten und umsetzen (Ottermann 2003a).

Abb. 1: Bedingungen und Kontingenzen im Prozess der Generierung und Blockierung von Definitionen sozialer Probleme

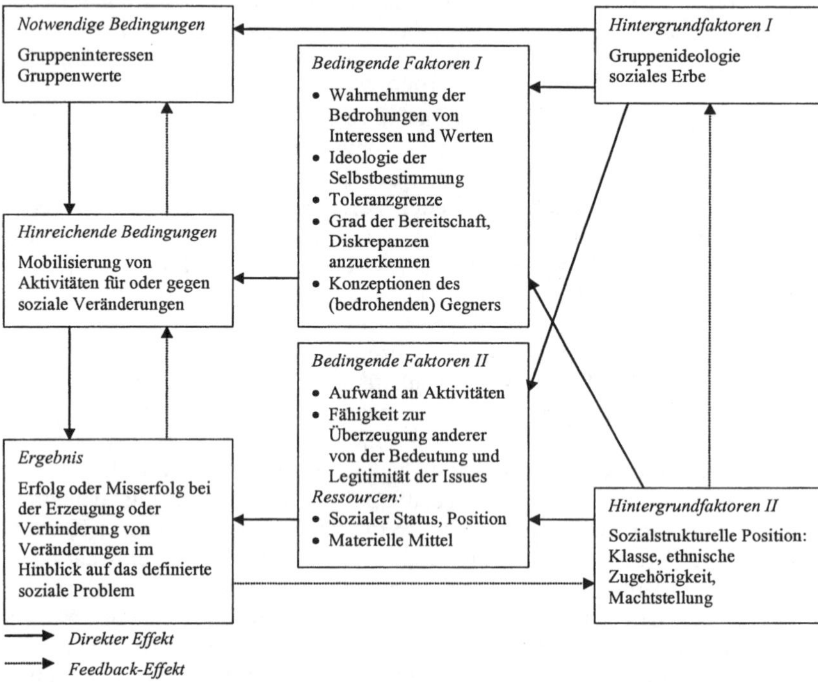

Quelle: Groenemeyer (1999a: 115)

Bei der Verarbeitung von (neuen) Informationen hinsichtlich des Problembereichs familialer Gewalt im Rahmen unmittelbarer oder massenmedial vermittelter Kommunikation fungieren milieutypische (bzw. teilkulturelle) Orientierungsmuster bzw. Deutungsrahmen sowohl auf Sender- als auch Empfängerseite einerseits als sinnstiftende Filter (als selektive, den jeweiligen kollektiven Relevanzsystemen entsprechende Wahrnehmungsraster); andererseits bestimmen sie, von den Milieuangehörigen selbst weithin unbemerkt, (als habituelle Analyseraster) die Richtung und Fassungskraft der je individuellen Interpretationen und Äußerungen (Kausalattributionen, Sinnzuschreibungen) zumindest mit. Die subjektiven Interpretationen kommunikativ vermittelter Inhalte bzw. die individuellen Meinungsäußerungen sind von daher zwar immer perspektivisch, d. h. den Sozialisationserfahrungen bzw. -räumen entsprechend (ideologisch-attributional) verzerrt; sie sind aber deshalb noch lange nicht falsch. Sie ermöglichen vielmehr eine andere Sicht der Dinge, von einem anderen Standpunkt (der Frauen, der Sozialarbeiter, der Polizei etc.) aus, den man vorübergehend einnehmen muss, will man die Güte eines vorerst befremdlich wirkenden Arguments abschätzen (Ottermann 2003a).

Abb. 2: Der Informationsverarbeitungs- und Meinungsbildungsprozess

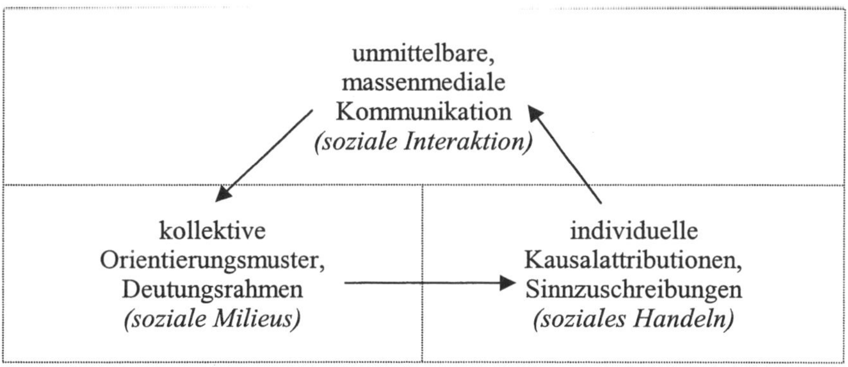

Quelle: Ottermann 2003a

In Anlehnung an Honig (1986), aber unter Berücksichtigung der Kontroverse zwischen Frauenhaus- und Kinderschutzbewegung, lassen sich drei gesellschaftlich bedeutsame Diskurse identifizierten, die miteinander um die Vormachtstellung der sozialen Konstruktion von „Gewalt in Familien“ konkurrieren. Diese Diskurse stellen gewissermaßen die Medien des gesellschaftlichen Konflikts um die adäquate Definition familialer bzw. häuslicher Gewalt dar (Cizek/Buchner 2001: 32 f.):

- *Der sozial-administrative Diskurs:* Hier wird Gewalt als Missbrauch des elterlichen Züchtigungsrechts oder als Vernachlässigung elterlicher Pflichten verstanden. Dieser Diskurs wird größtenteils innerhalb von Justiz, Polizei, Gesundheitswesen und öffentlicher Sozialarbeit geführt und dreht sich um Richtlinien darüber, was als Tatbestand gilt und wie entsprechend straf- und sorgerechtlicher Bestimmungen oder medizinischer Diagnosen zu intervenieren ist.

- *Der Diskurs der Helfer:* Hier wird familiale Gewalt nach (moderner) psycho- oder familientherapeutischer Zugangsweise im Sinne des Kinderschutzes von psychosozialen Diensten und der Familientherapie behandelt. Davon ausgehend, dass Gewalt in Familien auf familialen Problemen beruht, sollen diese durch therapeutische Behandlung behoben und Gewalttäter möglichst nicht kriminalisiert werden.

- *Der politisierende Diskurs der Frauenbewegung:* Im deutschen Sprachraum wird häusliche Gewalt primär als Gewalt von Männern an ihren Frauen und Kindern verstanden. Dieses gesellschaftlich dominante Verständnis lässt sich zu einem großen Teil auf die Bemühungen der Frauenhausbewegung zurückführen. Hierbei rückt man davon ab, einzelne Straftaten als das konstitutive Merkmal häuslicher Gewalt zu sehen; vielmehr wird die gesellschaftliche Unterdrückung von Frauen, die „patriarchale Organisation weiblicher Lebenschancen" (Haller et al. 1998: 14) und geschlechtsspezifische Sozialisation dafür verantwortlich gemacht.

Inzwischen ist als Reaktion auf alle diese Diskurse und deren gesellschaftspraktische Folgen eine weitere (zaghafte) soziale Bewegung entstanden, die Jungen, Männer, Ehemänner und Familienväter in familienrechtlicher, -therapeutischer und -politischer Hinsicht als strukturell benachteiligt sieht, bislang aber noch keinen allzu großen Einfluss auf die gesellschaftliche Meinungsbildung bzw. die (ver)öffentlich(t)e Meinung hat.

- *Der Diskurs der Männerbewegung:* Vor allem im Widerspruch zum klassischen feministischen Männerbild stehend, wird darauf verwiesen, dass auch Jungen und Männer, Ehemänner und Familienväter in einem nicht unerheblichen Ausmaß Opfer häuslicher Gewalt werden (können) und daher die gleiche öffentliche Aufmerksamkeit, den gleichen rechtlichen Schutz und vergleichbare Hilfseinrichtungen verdienen wie die weiblichen Opfer familialer Gewalt.

Honig (1986) verweist darauf, dass eine Perspektive, die zur Erklärung von Gewalt die Wirklichkeitskonstruktionen der beteiligten Familienmitglieder und nicht diejenige der primären Definierer in den Mittelpunkt ihres Interesses stellt, fast zwangsläufig Irritationen hervorrufen muss, weil sie scheinbar selbstverständliche Unterscheidungen – nämlich die der Moralunternehmer – von Gewalt und Gewaltlosigkeit in Frage stellt. „Sein Anliegen ist es, das Spektakuläre des Gewaltkonzeptes in den öffentlichen Debatten und die Verdinglichung von Gewalt in den sozialwissenschaftlichen Modellvorstellungen in Situationsdeutungen von Familienmitgliedern zurück zu übersetzen" (Pflegerl/Cizek 2001a: 42). Dabei sei etwa die Tatsache, dass ein Mann seine Frau schlägt, „nicht zu bestreiten. Ob diese Handlung ‚Gewalt' ist oder nicht, ob sie gut oder schlecht ist, normal oder abweichend, ist eine Frage sozialer Interpretationen" (Honig 1986: 101). Der Frage nachgehend, welche soziale Bedeutung Gewalthandeln im Familienleben hat, kommt Honig auf Basis seiner Untersuchung vielmehr zu der Erkenntnis, dass familiales Gewalthandeln eine Bewältigungsstrategie ist, konkret ein Versuch, angesichts gegensätzlicher Erwartungen und Ansprüche Normalität im Alltag von Familie herzustellen (Pflegerl/Cizek 2001a: 42). „Die Schilderung von Beteiligten haben sichtbar werden lassen, wie wenig die Zuschreibung ‚Gewalt' mit der Familienwirklichkeit aus der Sicht der Akteure zu tun hat. Während die öffentlichen Diskurse unter dem Imperativ rechtlicher, therapeutischer und politischer Intervention Gewalthandeln nach den Kriterien der körperlichen Verletzung, Beziehungsstörung, oder Unterdrückung: kurz als Abweichung von einem erwünschten Zustand körperlicher Integrität, psychosozialen Gleichgewichts oder sozialer Emanzipation codieren, erzählen die Betroffenen von Gewalthandeln als 'fact of life' und Bestandteil des Familienlebens" (Honig 1986: 268). Teilweise handele es sich um einen unproblematischen und selbstverständlichen Bestandteil, andererseits werde er auch als ein inakzeptabler Aspekt von Familie geschildert. „Unproblematische Kriterien legitimer Gewaltanwendung – als Beispiel dafür gelten immer noch die körperlichen Strafen in der Erziehung – stehen Formen der Konfliktbewältigung gegenüber, die Gewalt als Mittel der Konfliktbewältigung ausschließen. Gewalt in Familien [...] lässt sich kaum als abweichendes Verhalten abgrenzen. Sie ist Teil des familiären Lebens in Durchschnittsfamilien" (Pflegerl/Cizek 2001a: 42 f.).

Soziale Bewegungen haben im Unterschied zu den einzelnen Betroffenen als den eigentlichen „Experten häuslicher Gewalt" mehr oder minder großen Einfluss auf die gesellschaftliche Konstruktion der Wirklichkeit. Diejenigen Personenkreise bzw. Interessengruppen oder Moralunternehmer, die ein Problem als erste identifizieren und thematisieren, beeinflussen die Art und Weise, wie dieses Problem gesellschaftlich wahrgenommen, wissenschaftlich erklärt und gesellschaftspolitisch angegangen wird. Die ersten Formen familialer Gewalt, die die Aufmerksamkeit von Öffentlichkeit und Forschung auf sich zogen, waren Kindesmisshandlung und -vernachlässigung, wie sie in den frühen 1960er Jahren von Medizinern identifiziert wurden. Gewalt gegen Kinder galt diesen als schwerwiegend, aber relativ selten, so dass sich eine psyopathologische Erklärung anbot, die sich trotz der Erkenntnis, dass häusliche Gewalt gegen Kinder und andere Familienmitglieder nicht so selten ist, wie ursprünglich vermutet, zumindest im Alltagsdenken weiterhin existiert. „Das psychopathologische oder psychiatrische Konzept hat sich auch deshalb gehalten, weil das tragische Bild schutzloser und Missbrauch oder Vernachlässigung ausgesetzter Kinder, Frauen oder Großeltern bei Klinikern und anderen Menschen, die die Folgen häuslicher Gewalt sehen bzw. behandeln, starke Emotionen auslöst" (Gelles 2002: 1066).

Aus diesem Grund sind auch wissenschaftliche Ansätze selten, die das Phänomen „sine ira et studio" behandeln. Es gelingt nicht allen Gewaltforschern, ihre persönliche Betroffenheit und politische Überzeugung bei der Analyse und Erklärung häuslicher Gewalt zu kontrollieren – und einige wollen und versuchen das auch erst gar nicht. Vielmehr wird das Wort „Gewalt" als Aufmacher benutzt, um auf Probleme mit Hilfe dieses Etiketts aufmerksam zu machen. Das verschafft einzelnen als problematisch, wenn nicht skandalös empfundenen Sachverhalten zwar Gehör, dient aber nur dazu, diese zu dramatisieren und als Indikatoren einer zunehmend bedrohlichen gesellschaftlichen Lage auszuweisen und nicht dazu, konkrete Abhilfe zu schaffen, weil hierfür fundierte Kenntnisse der sozialen Ursachen vorliegen müssten: „Im öffentlichen Reden, wie wir es dann hauptsächlich in den Massenmedien finden, [...] geht [es] um ideologische Manöver, um die Definition von normativen Grenzen, seien es die der Erziehung, der Demokratie oder der Emanzipation. Das Reden darüber übernehmen Massenmedien von den ‚primären Definierern' und bieten es ihrem Publikum an" (Cremer-Schäfer 1992: 24 f.).

Neben der Kinderschutzbewegung wurde das Thema Gewalt in der Familie entscheidend durch die Frauen(haus)bewegung beeinflusst, indem es, was die soziale Konstruktion der Wirklichkeit bzw. die Etablierung kollektiver Deutungsmuster betrifft, erfolgreich und folgenreich als geschlechtsbezogenes Problem, als Gewalt von Männern gegen Frauen, definiert wurde. Im deutschen Sprachraum „hatte die feministische Sichtweise nicht nur eine Vorreiterfunktion zur Eröffnung der Debatte, sie hat den Rahmen für alle weitere Forschung zum Thema gesetzt" (Hagemann-White 2002: 130). Häusliche Gewalt wird geschlechtsbezogen, als Gewalt gegen Frauen, definiert und gilt ohne Bezug auf die Geschlechtsdimension als nicht adäquat behandelt oder verstanden. Auch in den Massenmedien wurde und wird häusliche Gewalt gegen Männer überwiegend als die große Ausnahme dargestellt. „Heute würden wir den ‚geschlagenen Mann' für ein reichlich unwirkliches Phänomen halten; ‚die Männer' öffentlich als brutal, als potentielle Vergewaltiger und Pornographen zu bezeichnen, das halten Frauen und Männer für eine Beschreibung von Wirklichkeit [...] Das Vokabular ist besetzt [...] Der Lösungsweg, die Mobilisierung staatlicher Kontrolle, ist mit dem Vokabular vorgezeichnet" (Cremer-Schäfer 1992: 29). Aus dieser Sicht muss Gewalt, die von Frauen ausgeht, etwas anderes sein, als eine, die von Männern ausgeübt wird.

So war beispielsweise die Annahme, nach der es eine *spezifisch* (oder nicht doch nur *typisch*?) „weibliche" Ausdrucksform von aggressivem Verhalten gibt (Schmerl 1998; Buskotte 1999; Böttger 1998), bis vor kurzem die einzig plausible. Der Ansatz geht davon aus, dass das Gewaltpotenzial der beiden Geschlechter nicht so gravierend differiert, wie die meisten Zahlen suggerieren, sich dafür aber jeweils anders ausdrückt. Demnach neigen Frauen entweder mehr dazu, Aggressionen nach innen zu richten (z. B. in Form von Selbstverletzungen), aggressiven Handlungen aus dem Wege zu gehen oder indirekt aggressiv (Silkenbeumer 1999: 69) zu sein (Mädchen kämpfen nicht, sondern lassen kämpfen). Die geschlechtsspezifisch ungleichen Verteilungen von Sozialisationserfahrungen (die Jungen, aber nicht Mädchen Autonomiestreben, Risikobereitschaft und Aggressivität vermitteln), von sozialen Chancenstrukturen und dem Maß an sozialer Kontrolle galten dabei als wichtigste Ursachen für die geringere Delinquenz von Frauen (Bruhns/ Wittmann 1999: 364): „Die weiblichen, ‚weichen' Fähigkeiten sind also auch Ausdruck eines kulturell sanktionierten Aggressionsverbots. Daher finden sich in psychiatrischen *Kliniken* autoaggressive, nämlich depressive Patientinnen, und in *Gefängnissen* männliche Aggressionstäter. Täter und Opfer sind institutionell geschlechtsspezifisch verteilt" (Lamott 1995: 31). Wenngleich die praktische Relevanz sowie die Erklärungskraft dieses Ansatzes unumstritten sind, so greift er doch nicht bei der Interpretation von durch Mädchen und Frauen ausgeübten „männlichen" Gewalttaten. Hinzu kommt, dass sich selbstschädigende Verhaltensweisen, die der spezifisch weiblichen Gewaltform vorbehalten sein sollten, bei Jugendlichen weiblichen *und* männlichen Geschlechts, die selbst Opfer von Gewalterfahrungen waren, festgestellt wurden (Silkenbeumer 1999: 84). Dennoch stellt weibliche Gewalt zumindest im Alltagsdenken weiterhin eine „doppelte Abweichung" dar. Während Männlichkeitskonzepte mit Aggressivität und Gewalthandeln relativ problemlos verknüpft werden können und es sich bei männlicher Gewalt gegen Frauen und Kinder zwar um ein verbotenes, aber erwartbares Verhalten, also eine „einfache Abweichung" handelt, stellt Gewalt von Frauen gegen Männer und Kinder nicht nur einen Verstoß gegen das Gewaltverbot, sondern auch (wenn nicht in erster Linie) eine Abweichung von Geschlechtsrollenerwartungen und Geschlechtsstereotypen dar.

Nach den gültigen Geschlechtsrollenstereotypen ist gerade körperliche Gewalt von Frauen, weiblichen Jugendlichen und Mädchen in mehrfacher Hinsicht illegitimes Handeln, besonders, wenn es sich noch gegen Männer, männliche Jugendliche oder Jungen richtet. Es ist per se illegitim, weil es Zwang durch den dazu nicht berechtigten Bürger ist; es ist besonders illegitim, weil es die Vorstellung von der Geschlechterhierarchie in Frage stellt, die hinter den Geschlechtsrollenstereotypen steht. Eine andere Lesart: Gewalt, die originär von Frauen ausgeht, stellt, so Linda Kelly, die zentralen Annahmen in Frage, auf denen der Feminismus seinen Kampf gegen die männliche Dominanz in der Gesellschaft aufbaut (Kelly 2005: 79). Eine weitere Lesart: Gewalt von Frauen bedeutet, dass geschlechtsspezifische Erwartungen enttäuscht werden; auf diese Enttäuschung wird mit kognitiver Dissonanz reagiert (Bock 2003: 182).

Der Ausweg ist daher das Ignorieren, Bagatellisieren oder ins Lächerliche ziehen gerade körperlicher weiblicher Gewalt: Sie wird als relativ folgenlos bzw. nicht als „richtige“ Gewalt dargestellt. (Dies belegen auch Karikaturen, die sich mit dem Thema befassen: Die Ehefrau mit dem Nudelholz, die ihren vom Wirtshaus heimkehrenden Gatten erwartet, war ein beliebtes Witzmotiv.)

Die überkommene stereotype Vergeschlechtlichung von Gewalt als „männlich“ bzw. „unweiblich“ ist dafür verantwortlich, dass auf objektiv gleiches oder zumindest vergleichbares Gewalthandeln unterschiedlich reagiert wird, je nachdem, ob es von Mädchen/Frauen oder Jungen/Männern ausgeht. „Gewalttätiges Verhalten von Mädchen und Frauen wird nicht nur anders wahrgenommen und bewertet, sondern es werden auch andere Begründungen formuliert als für Gewalthandeln von Jungen und Männern. Maud Kips kam zu dem Resultat, Männer würden kriminalisiert, Frauen psychiatrisiert [...] Mädchen fallen aus der Geschlechtsrolle – das ist der eigentlich abweichende Akt“ (Popp 2003: 206). Die geschlechtsstereotype Interpretation sozialen Handelns ist zumindest mitverantwortlich dafür, dass weibliche Gewalttäter und männliche Gewaltopfer bisweilen übersehen oder wenigstens bagatellisiert werden. „Die geschlechtsspezifischen Differenzierungen und die damit verbundenen normativen Erwartungen sind ein *positiv besetzter und bewerteter Bestandteil unserer abendländischen Kultur*. Die ikonografische und symbolische Bedeutung der Mutter Gottes als Inbegriff positiver weiblicher Eigenschaften (wenn sie das Jesuskind züchtigt, ist das nur zu dessen Bestem!) sowie die Pazifierung der ritterlichen Ethik im Minnedienst seien hier exemplarisch genannt. Ableitungen daraus, mit oder ohne soziobiologischen Hintergrund, sind reflexartig eingespielte Regeln wie ‚Frauen und Kinder zuerst’, ein besonderer Schutz für ‚unsere Mädchen’ und ‚unsere Frauen’, besondere Härte gegen männliche Gewalt- und Sexualstraftäter (‚wegsperren, und zwar für immer’, ‚Leben verwirkt’). So sind diese geschlechtsspezifischen Diskriminierungen auch feste Bestandteile der Alltagskultur teils schon immer gewesen, teils in letzter Zeit (wieder) geworden. Und deshalb eignen sie sich auch so hervorragend als Resonanzboden populistischer Kriminalpolitik in der Bevölkerung. Dazu gehört auch eine merkwürdige Unempfindlichkeit gegen das Leiden von Männern in Geschichte und Gegenwart“ (Bock 2003: 188 f.).

Geschlechtsstereotype Deutungsmuster bevorteilen im Übrigen aber keineswegs ausschließlich das eine und benachteiligen auch nicht ausschließlich das andere Geschlecht, was die Zuschreibung von Opfer- bzw. Täterstatus betrifft. Es verhält sich bisweilen wesentlich komplizierter, vor allem wenn man die unbeabsichtigten Nebenfolgen gesellschaftlicher Reaktionen mitbedenkt. Auer et al. liefern folgende, aus einem forensischen Gutachten entnommene Beschreibung der Vorgeschichte eines Mannes, der wegen sexuellen Missbrauchs von Kindern angeklagt wurde. Dort heißt es, „dass seine ‚ersten sexuellen Aktivitäten’ im Alter von 11 Jahren vor dessen Geschlechtsreife begonnen und sich über Jahre hingezogen hatten. Diese ‚Beziehung habe sich weiterentwickelt’, so ‚dass er von der Frau auch Taschengeld erhalten habe’.

Zudem wurden ‚kleine Gegenstände in das Spiel miteinbezogen, z. B. Kerzen und Gurken'. In der Zusammenfassung des Gutachtens wird diese ‚ältere Frau' dann noch als Partnerin bezeichnet. Wären dieselben Handlungen von einem ‚älteren Herren' an einem 11-jährigen Mädchen begangen worden, wäre dies wahrscheinlich als Missbrauch bezeichnet worden" (Auer et al. 2003: 504). Interessant wäre, an dieser Stelle zu fragen, was diese unterschiedlichen geschlechsstereotypen Interpretationen denn nun für die Kinder und nicht nur für die Erwachsenen bedeuten. Stellt nicht die Beurteilung der „sexuellen Beziehung" zwischen dem elfjährigen Jungen und der „älteren Frau" eine sekundäre Gratifikation mit entsprechend positiven Wirkungen auf die Identität des Betroffenen dar, während es sich bei dem „sexuellen Missbrauch" des elfjährigen Mädchens durch den „älteren Herren" um eine sekundäre Viktimisierung mit entsprechend negativen Auswirkungen auf das Selbstwertgefühl des Opfers handelt? Und könnte es nicht sein, dass die psychische Gewalt in dieser Art „sexuellen Missbrauchs", der im obigen Beispiel zumindest nicht auf physischem Gewalthandeln, sondern auf Tausch beruht, im Grunde erst mit der institutionalisierten sekundären Viktimisierung durch (offizielle) soziale Kontrollagenten beginnt?

Ein weiteres Beispiel von Auer et al. zeigt die Schwierigkeit, sich sexuelle Gewalt im engeren Sinne anders als männlich vorzustellen, wenn sie kriminell sein soll: „Ein junger Mann wurde wegen versuchter Vergewaltigung von seiner Schwiegermutter angezeigt und im Verfahren begutachtet. Er konnte sich wegen zuviel Alkohol an nichts erinnern und litt stark darunter. Im Laufe des Prozesses erwies sich die Anklage als unbegründet: Es war die Schwiegermutter, die versucht hatte, ihn zu vergewaltigen. Soweit es aus unseren Unterlagen ersichtlich ist, erfolgte jedoch keine Anzeige gegen die Schwiegermutter" (Auer et al. 2003: 505). Und selbst wenn weibliche Gewalt(kriminalität) im Einzelfall als solche nicht geleugnet oder bagatellisiert werden kann, ermöglichen geschlechtsstereotype Deutungsmuster dennoch mitunter eine Relativierung, wie eine Studie über die Presseberichterstattung zu Frauen ergab, die ihre Kinder getötet haben (Stammermann/Gransee 1997): „Eine Frau, die einen gescheiterten Selbstmordversuch unternimmt und zuvor ihr Kind tötet, wird in den Presseberichten als ‚gute Mutter' dargestellt, deren Gewalt nicht egoistisch motiviert ist, sondern einer Sorge um das Wohl des Kindes entspringt; sie will ihr Kind nicht allein zurücklassen, sondern in den Tod ‚mitnehmen'" (Meuser 2003: 49). Interessant wäre zu prüfen, ob dem „erweiterten Selbstmord" von Vätern ähnlich „altruistische Motive" oder nicht doch vielmehr „Egoismus" und „Besitzdenken" zugeschrieben werden.

Das würde dem „typischen" gesellschaftlichen Umgang mit den Geschlechtern entsprechen: Gewalttätige Männer werden kriminalisiert, Frauen, die körperlich gewalttätig sind, dagegen psychiatrisiert (vgl. Kips 1991; Lamott 1995). Auf die „normale", „natürliche" Aktion des Mannes muss mit staatlicher Gewalt geantwortet werden, während der „widernatürlichen" Aktion der Frau mit der Entmündigung zu begegnen ist – zumal es originär weibliche Gewalt, vor allem körperliche Gewalt, in der öffentlichen Wahrnehmung gar nicht geben kann.

Neben dem kognitiven Problem, sich aufgrund kultureller Deutungsmuster Gewalt anders als (überwiegend) männlich vorzustellen, darf darüber hinaus jedoch nicht vergessen werden, dass Männer im Falle häuslicher Gewalt zumindest auf Aggregatebene, also im Durchschnitt, ihren Opfern körperlich überlegen sind (in konkreten familialen Beziehungen muss das natürlich *nicht* der Fall sein) und von allen Familienmitgliedern am wenigsten dem Kindchenschema entsprechen, welches auf emotionaler Ebene Sympathie, Hilfs- und Fürsorgebereitschaft fordert und fördert. Es sind also durchaus auch rein psychologische, wenn nicht anthropologische Mechanismen dafür mitverantwortlich, dass einem Männer als Opfer häuslicher Gewalt nicht so leicht in den Sinn kommen. „Ein überragender Faktor, der die Untersuchung und Betrachtung von Gewalt unter Partnern und in Familien beeinflusst, ist die emotionsbehaftete Natur der Forschung und Praxis in diesem Bereich. Kaum ein anderes Untersuchungsfeld [...] ruft solch starke Gefühle und Reaktionen hervor wie die Kindesmisshandlung, der sexuelle Missbrauch von Kindern, Gewaltakte gegen Frauen, die Misshandlung älterer Menschen und Gewalt in vorehelichen Beziehungen" (Gelles 2002: 1072). Dies ist zugleich auch ein Grund für die besondere Attraktivität dieses Forschungsgebietes (auch für Laien) und für die überdurchschnittliche Forschungsaktivität und -produktivität (gemessen an der Anzahl einschlägiger Publikationen) in diesem, relativ jungen Gegenstandsbereich sozialwissenschaftlicher Forschung. Doch obwohl zum Themenkomplex familialer bzw. häuslicher Gewalt inzwischen eine Fülle an empirischen Analysen und Befunden vorliegt, ist – zumindest was den Beitrag der Soziologie betrifft – Gelles Einschätzung wohl eher zuzustimmen, „dass die theoretische Entwicklung auf diesem Gebiet bislang begrenzt ist" (Gelles 2002: 1072). – Deshalb geht es in vorliegender Studie weniger darum, dem kaum noch überschaubaren Bestand an empirischen Arbeiten zu diesem Themenkomplex eine weitere Publikation über Qualität und Quantität familialer bzw. häuslicher Gewalt hinzuzufügen, sondern vielmehr um den Versuch einer theoriegeleiteten analytischen Durchdringung, um die unterschiedlichen, teils widersprüchlichen Ansätze und Befunde besser einschätzen und eventuell in ein übergeordnetes Modell integrieren sowie das Phänomen einer soziologischen Erklärung näher bringen zu können.

Interessanter Weise sind sozialwissenschaftliche Ansätze zur Erklärung häuslicher Gewalt bis in die Gegenwart hinein nicht selten den Topoi der verschiedenen gesellschaftlichen Gewaltdiskurse gefolgt. Bereits die Themenwahl scheint sich relativ stark nach zeitpolitischen Aspekten und modezyklischen Schwankungen zu richten (Nedelmann 1997; Cizek/Buchner 2001: 31). „Die Mainstreamgewaltforschung ist in ihrer Organisation, Problemsicht und gesellschaftspolitischen Grundhaltung stark von formal-politischen Entscheidungsstrukturen, wie etwa der ‚Regierungskommission zur Verhinderung und Bekämpfung von Gewalt (Gewaltkommission)' oder anderen staatlichen Auftraggebern, beeinflußt" (Nedelmann 1997: 60). Es haben sich unterschiedliche Forschungstraditionen herausgebildet, deren Anhänger bzw. Grundannahmen sich ähnlich wie die Moralunternehmer der gesellschaftlichen Gewaltdiskurse teils unversöhnlich gegenüberstehen. Im Hinblick auf häusliche Gewalt etwa lassen sich kriminal-, familien- und geschlechtersoziologischer Diskurs danach unterscheiden, welche Erklärungen überhaupt in Betracht gezogen und welche Methoden bevorzugt bzw. abgelehnt werden.

Auch international lassen sich Unterschiede feststellen, je nachdem wer im jeweiligen Land das Thema zuerst besetzt hat. In der amerikanischen Forschung hat die Tradition groß angelegter Bevölkerungsumfragen dazu geführt, dass bereits in den 1970er Jahren das Vorkommen von Gewalt in Familien mit standardisierten Instrumenten erfasst wurde. In familiensoziologischer Tradition wurde dabei familiale Gewalt als eine Form der Konfliktbearbeitung gefasst und mit der sog. Conflict Tactics Scale (CTS) gemessen. Untersucht wurde vorrangig, wie häufig bestimmte Formen familialer Gewalt vorkommen, die nach dem Grad ihres vermuteten Verletzungspotenzials in leichte und schwere Formen unterschieden wurden. „Die Erforschung von Gewalt mit der ‚Conflict Tactics Scale' hat damit frühzeitig das Feld ‚besetzt'. Große Untersuchungen 1975 und 1985 zogen die Geschlechtsbezogenheit von Gewalt partiell in Zweifel [...] Dies war sicherlich ein Grund für die Schärfe des methodologischen Streits um die Brauchbarkeit des Erhebungsinstruments" (Hagemann-White 2002: 141).

Die Ergebnisse der Studien von Straus/Gelles/Steinmetz widersprachen gängigen Vorstellungen, die den Mann sozialisatorisch bedingt als durchsetzungsfähig, risikobereit und aggressiv, die Frau dagegen als fürsorglich, sozial und angepasst wahrnehmen. Alle drei Autoren sahen sich nach Aussage von Gelles danach intensiven öffentlichen Anfeindungen ausgesetzt. Aber auch der Wissenschaftsbetrieb wendete sich gegen die „Häretiker": „All three of us became ‚non persons' among domestic violence advocates. Invitations to conferences dwindled and dried up. [...] Librarians publicly stated, they would not order or shelve our books" (Gelles 2001: 4). Der Ausschluss „unliebsamer" Stimmen kann ebenfalls Wirklichkeiten bekräftigen. Dies macht deutlich, dass es bei der Auseinandersetzung weniger um die Frage nach einer validen Erfassung von Gewalt in der Familie bzw. Partnerschaft und damit um methodische Fragen, als vielmehr um weltanschauliche Positionen ging (und leider immer noch geht). Noch weiter reicht die Kritik von Linda Kelly: "For those interested in discrediting the assertion that men and women both act violently, a bolder move is to not only accept the female use of violence, but to defend it" (Kelly 2003: 805).

In Deutschland hingegen gab es bislang nur wenig Forschung über Ausmaß und Wahrnehmung häuslicher Gewalt in der allgemeinen Bevölkerung und damit Versuche, auch jene Personen zu erreichen, die nicht durch offizielle Kriminalstatistiken oder das Aufsuchen familien- oder frauenpolitischer Hilfseinrichtungen bzw. staatlich geförderte Begleitforschung erfasst wurden.

„Erst im Zuge einer expliziten europäischen Politik, die seit etwa 1998 aktive Maßnahmen zum Abbau von Gewalt gegen Frauen zum Konsens der Europäischen Union erklärt, wird die Erhebung verlässlicher Prävalenzdaten in den einzelnen Ländern der EU als (öffentliche) Aufgabe verstanden" (Hagemann-White 2002: 141). In der Regel wird dabei nach Handlungen gefragt, die vom Forscher als Gewalt bezeichnet und nach Schwere unterschieden werden. „Inwiefern die Befragten die Begebenheiten als Gewalt erleben oder aber als eine ‚normale' Aggressionsäußerung, wird i. d. R. nicht erfasst [...], und nur be-grenzt wird auf die Gegenseitigkeit solcher Aggressionsformen eingegangen" (Hagemann-White 2002: 142). Darüber hinaus wurden in europäischen Studien meist ausschließlich Frauen befragt. „Erst zaghaft entsteht eine Diskussion über Männer als Opfer von Gewalt [...], die vielleicht geeignet wäre, das Männerbild in diesem Forschungsfeld zu differenzieren [...] In Deutschland scheint aber zwischen den Geschlechtern ein Dialog zum Thema von beiden Seiten blockiert oder nur schwerfällig voranzukommen. Die frauenzentrierte Literatur behandelt den übergreifenden oder gewalttätigen Mann oft als fremdartiges Wesen, das absichtsvoll eigene Bedürfnisse auf Kosten anderer befriedigt. Die allmählich wachsende Literatur aus männlicher Sicht setzt sich nur selten mit den deutschen feministischen Befunden und Erklärungsmodellen auseinander" (Hagemann-White 2002: 145).

2.5 Methodische Effekte, geschlechtstypische Affekte und milieutypische Selektivitäten

Nach Schneider (1995) steht in der Bundesrepublik „kein geeignetes Datenmaterial zur Verfügung, auf dessen Grundlage Aussagen über die Entwicklung von Gewalt in der Familie gemacht werden können" (Schneider 1995: 45). Dies gilt auch noch im Jahre 2006, 10 Jahre später. Vor allem hinsichtlich der Thematik häuslicher Gewalt von Frauen an Männern stellt sich der Forschungsstand in Deutschland und speziell in der deutschen Soziologie als dürftig dar. Ein in einer medizinischen Zeitschrift veröffentlichter Artikel über „Männer als Opfer" spricht kennzeichnenderweise von der „katastrophalen Materiallage" zu diesem Thema (Lenz 2000: 48). In einer der wenigen im deutschen Sprachraum publizierten soziologischen Arbeiten, die häusliche Gewalt gegen Männer explizit thematisiert, heißt es: „Wegen politischer Implikationen war und ist das Thema außerordentlich umstritten; es ist das einzige in seiner Existenz als ‚soziales Problem' wirklich bestrittene Thema aus dem Komplex ‚Gewalt in der Familie'" (Gemünden 1996: 10).

Für Deutschland bzw. für den deutschsprachigen Raum liegen Langzeitstudien zur Gewalt in der Familie offensichtlich nicht vor – die Arbeiten von Frehsee/Bussmann (1994) bzw. Bussmann (1995, 1996, 2002, 2005) kommen dem vielleicht noch am nächsten (und zwar für den Bereich der Gewalt in der Erziehung. Diese Forschungslinie hat insofern einen Wertbezug, als damit das Interesse verbunden ist, etwas Wünscheswertes zu erreichen, nämlich die Reduzierung der Gewaltbelastung von Kindern und Jugendlichen in ihren Familien durch eine Verhaltensänderung der Erziehungsberechtigten bzw. Eltern.) Das in den letzten Jahren deutlich erstarkende Interesse der Politik an diesem Thema bzw. dieser Zielsetzung führte dann nach der Gesetzesänderung im Jahr 2000 (Verbot von Gewalt und entwürdigenden Maßnahmen in der Erziehung) zu einer wissenschaftlichen Auftragsforschung, bei der die Wirksamkeit des Gesetzes überprüft werden sollte (vgl. dazu die Broschüre „Gewaltfreie Erziehung" von BMFSFJ/BMJ (2003)).

Darüber hinaus gibt es neben einer Querschnittuntersuchung zum Thema Gewalt in der Familie aus dem Jahr 1986 (Habermehl 1999), die ihr Augenmerk auf beide Geschlechter gleichermaßen richtet, aber hinsichtlich ihrer Repräsentativität umstritten ist (Gemünden 1996: 113), lediglich einige wenige empirische Untersuchungen, die allerdings entweder die Geschlechter- oder aber die Gewaltproblematik hinsichtlich möglicher familialer Aggressionen lediglich ausschnitthaft oder am Rande streifen (so etwa Studien des Kriminologischen Forschungsinstituts Niedersachsen (KFN) oder des Deutschen Jugendinstituts (DJI), wobei die Studie von Wahl (1990) der von Habermehl noch am ehesten vergleichbar ist und aufgrund der Ergebnisse und Erklärungsmuster vor allem von frauenorientierten Wissenschaftlern und soziologischen Laien bevorzugt wird). Eine rühmliche Ausnahme innerhalb des deutschen Sprachraums stellt der Österreichische Gewaltbericht (Bundesministerium für Soziale Sicherheit und Generationen 2001) dar, in dem die Fülle an Material, das inzwischen zum Themenkomplex „Gewalt in der Familie" vorliegt, zusammengetragen sowie umfassend und differenziert geschildert wird. Mit Einschränkungen bereits weniger zu empfehlen (aber keineswegs schlecht oder gar unbrauchbar) ist die Kurzfassung des Berichts (Kaselitz/Lercher 2002), weil sie zugunsten einer vor allem frauen-, aber auch kinderorientierten Praxis die Differenziertheit der Langfassung partiell aufhebt. Vor allem auf das im Österreichischen Gewaltbericht zusammengetragene Material greifen wir an mehreren Stellen dieses Buches zurück.

Weitere, selbst erhobene Daten stammen, wie schon einleitend erwähnt, aus einer telefonischen Befragung von Familien mit Hilfe von CATI (Computer-Assisted-Telephone-Interview) (Lamnek/Luedtke 2003; Luedtke/Lamnek 2002; Luedtke 2003). Grundgesamtheit der Teilerhebung waren Familienhaushalte in Bayern mit Kindern im Alter von 14 bis 18 Jahren. (Die Stichprobe wurde aus einer Adressdatenbank einer Direkt-Marketing-Firma gezogen.) Untersuchungseinheit, also die zu befragenden Merkmalsträger, waren

Männer und Frauen in der Rolle als Vater bzw. Mutter sowie als Partner bzw. Partnerin. Kinder wurden aus rechtlichen und ethischen Gründen nicht befragt. „Gewalt" wurde relativ eng festgelegt: Partnergewalt wurde als Anwendung von illegitimen Zwang in Form leichter bzw. schwerer physischer Gewaltanwendung gegenüber dem Partner definiert. Die Definition der Eltern-Kind-Gewalt ist jener der Partnergewalt ähnlich, jedoch wurden des Weiteren der Einsatz von Verbotsstrafen wie das Einbehalten von Taschengeld oder das Einschließen in das Zimmer miteinbezogen. Der Begriff der „Familie" wurde ebenfalls relativ eng gefasst, da sowohl Partnergewalt als auch Gewalt gegen Kinder erhoben werden sollten. So wurden ausschließlich Familien mit zweigeschlechtlichen Elternpaaren mit Kindern befragt. Dabei war es unabhängig, ob die Elternschaft biologisch oder sozial begründet war.

In der Feldphase vom 16.02.-10.03.2002 wurden 2.701 Rufnummern angewählt. Erreichen ließen sich 2.518 Fälle. Bei diesen erreichten Nummern kam es in 1.253 Fällen zu einem vollständigen Interview. Es gab 136 (qualitäts-) neutrale Ausfälle und 756 systematische Ausfälle, die in Zusammenhang mit dem Thema oder den sozialen Umständen wie Art der Berufstätigkeit, Geschlecht und Alter der zu befragenden Person stehen können. Die Untersuchung hat damit eine Ausschöpfungsquote von 62,4%, die in Anbetracht des heiklen Themas durchaus hoch ist. Die Gesamtausfallquote von 37,6% ist in die Quote der systematischen Ausfälle und in die Verweigerungsquote aufzuteilen. Dabei lässt sich erkennen, dass sich drei Viertel der Gesamtausfallquote aus der Verweigerungsquote ergibt. Die Quote der systematischen Ausfälle liegt dagegen bei einem Viertel der Gesamtausfallquote.

Tab. 2: Übersicht über die Ausschöpfungs- und Ausfallquoten der eigenen Erhebung

	%
Ausschöpfungsquote	62,4
Gesamtausfallquote	37,6
davon ***Verweigerungsquote***	27,3
Quote der systematischen Ausfälle	10,4

Bei telefonischen Befragungen ist eine durchschnittliche Verweigerungsquote von 24-28% zu erwarten (Schnell et al. 1999). Bei dieser Untersuchung darf angesichts des doch sehr heiklen Themas dennoch von einer üblichen Verweigerungsquote gesprochen werden. Allerdings ist nicht abzuschätzen, inwieweit die Verweigerung in Zusammenhang mit dem Untersuchungsthema gesehen werden muss.

Die Geschlechterverteilung bei den durchgeführten Interviews war wie folgt: 40,3% (498) der Befragten waren Männer und entsprechend 59,7% (738) Frauen. Der weibliche Bevölkerungsanteil ist also überrepräsentiert. Inwieweit die Familienhaushalte für Deutschland repräsentativ sind, lässt sich aufgrund der Anlage unserer Untersuchung nicht sagen. Problemfamilien bzw. sozial unterprivilegierte Haushalte dürften aber, wie in Dunkelfeldstudien nicht unüblich (s. u.), unterrepräsentiert sein.

Was repräsentative Bevölkerungsumfragen zu häuslicher Gewalt betrifft, hinkt Deutschland der Entwicklung im internationalen Vergleich um über zwanzig Jahre hinterher. Denn bereits Mitte der siebziger Jahre wurde in den USA eine erste Dunkelfelduntersuchung über das Ausmaß familialer Gewalt, der „First National Family Violence Survey", durchgeführt. Und wenige Jahre später wurden die Ergebnisse unter dem Titel „Behind Closed Doors" veröffentlicht (Straus/Gelles/Steinmetz 1980). Damals wurde festgestellt, dass ebenso viele Frauen ihre Männer schlugen wie umgekehrt und dass am häufigsten beide Partner gegenseitig Gewalt anwendeten, wobei die Verletzungsgefahr für Frauen allerdings überwog (vgl. Schneider 1995: 44). Folgestudien und Erhebungen in anderen Ländern führten zu ähnlichen Befunden.

Mittlerweile gibt es aber auch weltweit zahlreiche Studien und Forschungsberichte, die darauf hindeuten, dass Frauen in ihren familialen (*nicht* in ihren außerfamilialen) Beziehungen ähnlich gewalttätig wie ihre Ehemänner oder Partner sind, und darüber hinaus detailliertere Daten zu der Gewalttätigkeit von Frauen liefern. Gemäß diesen Studien, aber in teils krassem Widerspruch zu den Befunden feministisch orientierter Gewaltforschung (vgl. Dobash/Dobash 2002), sind es oft Frauen, die Vorfälle ehelicher Gewalt beginnen (sie schlagen zuerst), und sie seien auch diejenigen, die häufiger schlagen; außerdem gebrauchten sie häufiger „Waffen" als Männer (was allerdings umstritten ist). Nach Gemünden (2003) machen Frauen etwas häufiger als Männer von Gewaltmitteln Gebrauch, die sich auf Distanz einsetzen lassen, „was die gemeinhin angenommene durchschnittliche körperliche Unterlegenheit der Frauen tendenziell ausgleicht" (Gemünden 2003: 338). Frauen begingen die meisten Kindsmorde und 64% ihrer Opfer seien Jungen (vgl. Sewell/Sewell 1999). Überhaupt sei festzustellen, dass vor allem Kinder, aber auch Senioren Opfer häuslicher Gewalt werden, die Täter aber keineswegs mehrheitlich Männer sind. „Das Argument, Frauen seien auch mit der Erziehung häufiger befasst, mag ebenso richtig sein wie der Umstand, dass oft Überforderung der Grund für Kindesmisshandlung ist. Nur ändert sich dadurch an den Fakten und am Interventionsbedarf nichts" (Bock 2001a: 9 f.). Gleiches gelte in Bezug auf die Gewalt an alten und pflegebedürftigen Menschen, wenn es für Gewalt in der Familie per se keine Entschuldigung geben darf (vgl. Bock 2001a: 10).

Inzwischen liegen sekundäranalytische Studien vor, die die Untersuchungen zu häuslicher Gewalt methodisch hinterfragen, kritisch durchleuchten und die Ergebnisse als Gesamtbefund wie folgt zusammenfassen (Archer 2000; Bock 2001a):

- Aggressives Verhalten legen Frauen und Männer innerhalb von Ehe und Familie in etwa gleich häufig an den Tag.
- Hinsichtlich wahrgenommener Verletzungen aufgrund häuslicher Gewalt gibt es ein (leichtes) Übergewicht bei Frauen.
- In den meisten Fällen wird Gewalt von beiden Partnern wechselseitig ausgeübt (Bock 2001a: 6).

In methodischer Hinsicht wurde vor allem das „Standard"-Messinstrument – die von Straus und Mitarbeitern 1972 entwickelten Conflict Tactics Scale (CTS 1), die Mitte der 90er Jahre erweitert und überarbeitet wurden (CTS 2) –, mit der die meisten dieser Studien operierten und die auch in Deutschland, etwa in Studien des KFN (vgl. Abb. 3) verwendet wurde, in Frage gestellt. Straus et al. halten dazu allerdings fest, dass selbst die Kritiker meist nur geringfügig modifizierte Skalen einsetzten; z. T. sei, wie in einer kanadischen Untersuchung, die größte Form der Veränderung gewesen, Gewalt *von* Frauen nicht mehr zu erheben (Straus et al. 1996: 285).

Straus legte bei der Entwicklung der Conflict Tactics Scale die Annahme zu Grunde, dass Konflikte zu den mehr oder minder alltäglichen sozialen Interaktionen in allen menschlichen Verbänden, also auch in der Familie, gehören. Er ging dabei von der Frage aus, wie deren Mitglieder unausweichlich ausbrechende Konflikte lösen. Basierend auf der Überlegung, dass es ohne vorausgehenden Konflikt nicht zu Gewalt kommt, entwickelte Straus eine Liste von Konfliktlösungstechniken, die drei (bildungsbürgerlichen) Kategorien zugeordnet wurden (vgl. Pflegerl/Cizek 2001b: 59 f.):

1. *„Vernünftiges Konfliktlösen*, welches die Items wie ruhige Diskussion über den Sachverhalt oder Einholen von Information, um den eigenen oder anderen Standpunkt abzusichern, umfasst.
2. *Verbal-aggressives Verhalten:* Dazu zählen Items wie beleidigen oder fluchen, schmollen, den anderen kränken bis hin zu Schläge androhen, etwas werfen, zerschlagen oder auf einen Gegenstand einschlagen.
3. *Physische Gewalt:* Die zu dieser Kategorie zählenden Items reichen von etwas gezielt nach dem Anderen werfen bis hin zur Drohung mit einem Messer oder einer Schusswaffe bzw. Benutzung dieser Gegenstände" (Pflegerl/Cizek 2001b: 60).

Erfasst werden Aussagen über beide Partner, weil aus konflikttheoretischer Sicht davon ausgegangen wird, dass die Reaktionen nicht unabhängig voneinander sind. In den CTS werden schwere (z. B. Treten, Zusammenschlagen, Verbrennungen zufügen), und leichte Formen körperlicher Gewalt (z. B. Wegschubsen, mit der flachen Hand schlagen, mit Gegenständen nach dem Partner werfen, die Verletzungen verursachen können) erfasst. Weitere Unterskalen sind: die emotionale und kognitive Konfliktbearbeitung, psychische Gewalt, sexueller Zwang (erst in CTS 2), Art der Verletzung (erst in CTS 2).

Abb. 3: Die Konflikttaktikskala des KFN

Familien- oder Haushaltsmitglieder haben bei Streit oder Auseinandersetzung ...		
Subskala "physische Gewalt" insgesamt	- mit einem Gegenstand nach mir geworfen - mich hart angepackt oder gestoßen - mir eine runtergehauen	
	- mich mit der Faust geschlagen, getreten oder gebissen - mich mit einem Gegenstand geschlagen oder zu schlagen versucht - mich geprügelt, zusammengeschlagen - mich gewürgt - mir absichtlich Verbrennungen oder Verbruhungen beigefügt. - mich mit einer Waffe, z. B. einem Messer oder einer Schußwaffe bedroht - eine Waffe, z. B. ein Messer oder eine Schußwaffe gegen mich eingesetzt	Subskala "schwere physische Gewalt"

Quelle: Bock 2001: 7

Diese Erhebungstechnik blieb nicht unumstritten. „Kritiker wiesen darauf hin, dass familiale Gewalt nicht nur auf innerfamiliale Konfliktsituationen zurückzuführen ist, sondern auch außerfamiliale Ursachen haben kann. Bemängelt wurde weiter, dass der Kontext von Gewalt völlig unbeachtet bleibt. So fehlen konkret etwa Fragen nach der von den Beteiligten den Ereignissen beigemessenen subjektiven Bedeutung, die Verletzungsfolgen und die von den Beteiligten gezogenen Konsequenzen" (Pflegerl/Cizek 2001b: 60). Die Gefahr von Konzepten, die zur Beschreibung familialer Wirklichkeit auf Gewaltskalen zurückgreifen, bestehe darin, die subjektiven Bedeutungen der Betroffenen zu übersehen (Pflegerl/Cizek 2001a: 42 f.). Das betrifft nicht nur die potenziell unterschiedliche Sichtweise von Tätern und Opfern. Vielmehr wird von Dritten nicht selten als Aggressions- und Gewaltausprägung ein Verhalten genommen, das die jeweils Betroffenen nicht als Gewalt bezeichnen würden. So konnte gezeigt werden, dass Verhaltensweisen, die aus der Beobachterperspektive des Wissenschaftlers als Aggressivität definiert wurden, von den Betroffenen bisweilen sogar als prosoziales Verhalten verstanden wurden (Dollase/Ulbrich-Herrmann 2002: 1506). „Harmlose Operationalisierungen zum Begriff Gewalt (etwa ‚Hast du schon mal andere Mitschüler beleidigt?') verführen schnell zu einer irreführenden Befundlage, dass z. B. das Ausmaß der Gewalt hoch oder gestiegen sei" (Dollase/Ulbrich-Herrmann 2002: 1509).

Andere Einwände gegen dieses Instrument (CTS), dessen „unbestrittene Stärke" darin besteht, dass es (Berichte über) Verhaltensweisen misst, „also das, *was sich in Partnerschaften tatsächlich abspielt*" (Bock 2001a: 9), konnten weithin entkräftet werden, zumal Studien, die sich anderer Messinstrumente bedienten, zu gleichen oder den Einwänden widersprechenden Resultaten führten, etwa demjenigen, dass Frauen auf die in den Skalen enthaltenen Verhaltensweisen lediglich aus Selbstverteidigungsgründen („Notwehr") zurückgreifen. Allerdings berücksichtigen weder CTS noch CTS2 (mittels der im Unterschied zu ersteren zusätzlich das Ausmaß hervorgerufener Verletzungen bestimmt werden kann) nicht den Kontext der psychischen, sozialen und ökonomischen Lage (Bock 2001a: 8).

Die o.g. sekundäranalytischen Befunde konnten jedenfalls nicht widerlegt werden. Dennoch wurden sie in der theoretischen Diskussion bislang kaum aufgegriffen und blieben in der politischen Praxis weitgehend unberücksichtigt. Die Überbringer der sozial unerwünschten Nachricht von der teilweisen Geschlechtsneutralität („Geschlechtslosigkeit") häuslicher Gewalt indes wurden ausgegrenzt, diffamiert und bedroht (Gelles 2001; Hoffmann 2000). „Die Befunde, die im wesentlichen eine Gleichverteilung der Gewalt zwischen Frauen und Männern ergaben, waren von Anfang an heftiger Kritik ausgesetzt, weil sie gängigen Stereotypen widersprachen und eine Politik in Frage stellten, die häusliche Gewalt nicht als ein Problem beider Geschlechter, sondern nur als eines von Männern ansah" (Bock 2001a: 7). (Allerdings darf selbst dann, wenn beide Geschlechter häusliche Gewalt in etwa gleichem Ausmaß zeigen, noch lange nicht auf dieselben Ursachen, Deutungsweisen und Bewältigungspotenziale bzw. -praktiken geschlossen werden.)

In ihrem Artikel „The Battered Husband Syndrome" z. B., der heftige Debatten auslöste, veröffentlichte die amerikanische Soziologin Steinmetz 1977/1978 die Ergebnisse mehrerer Studien, die zeigten, dass der prozentuale Anteil der Ehefrauen, die physische Gewalt ausübten, sogar größer war als der der Männer, obwohl Männer etwas häufiger schwere Verletzungen verursachten. Laut Steinmetz' Analysen war die Wahrscheinlichkeit der Ausübung physischer Gewalt bei Männern und bei Frauen gleich, ihre Begründungen für die Tat ebenfalls ähnlich (Steinmetz 1977/78). Zum Zeitpunkt der Veröffentlichung von Steinmetz' erstem Artikel war es nun aber gerade gelungen, die Problematik der häuslichen Gewalt gegen Frauen ins Bewusstsein der Öffentlichkeit zu heben. Viele Beschützer der Frauenrechte fühlten sich durch die Aufmerksamkeit, die plötzlich (auch) gewaltförmigen Männererfahrungen gelten sollte, bedroht und sahen ihre Hoffnungen auf Finanzierung und Unterstützung von Frauenhäusern schwinden. Das Thema „Gewalt gegen Männer" wurde nicht als Teilaspekt der größeren gesellschaftlichen Problematik der Gewalt in Partnerschaften oder Gewalt in der Familie allgemein angesehen, sondern als Gefährdung der mühsam erreichten Monopolposition „Frauen = Opfer". Plötzlich galt die Forderung nicht mehr wissenschaftlich durchgeführten Studien, sondern „politisch korrekten" und damit auch pseudowissenschaftlichen Aussagen.

Diese (gesellschaftlichen) Reaktionen machen deutlich, weshalb das Thema häuslicher Gewalt nicht ausschließlich sozialpsychologisch bzw. mikrosoziologisch, d. h. auf Partner- bzw. Familienebene angegangen werden kann, sondern im soziokulturellen Kontext betrachtet werden muss. Neben dem konkreten Verhalten der direkt beteiligten Akteure müssen „die gesamte Struktur der Familie, ihre Verflechtung mit dem sozialen Umfeld, ihre Lebensbedingungen und die Normen und Einstellungen der Gesellschaft als notwendige und einflussreiche Rahmenbedingungen der gewalttätigen Eskalation berücksichtigt werden" (Schneider 1995: 46). Und zu diesen einflussreichen Bedingungen gehören auch der gesellschaftspolitische Kontext, die sozialen Konstruktionen von Geschlechtlichkeit sowie die damit einher gehenden Formen und Ausmaße der (tradierten bzw. habitualisierten) Vergeschlechtlichung von Gewalt, die, im Rahmen des Sozialisations- bzw. Enkulturationsprozesses vermittelt, Tätern, Opfern und Dritten Argumente für und gegen Gewalt liefern, je nachdem, ob sie von Männern/Jungen oder Frauen/Mädchen ausgeht bzw. diesen oder jenen widerfährt. Es handelt sich hierbei nicht um Geschlechtsrollenerwartungen, die ebenfalls zu berücksichtigen sind, sondern um (sub-/teil-) kulturell stabile, wenn auch inter- sowie intrakulturell über die Zeit variable Zuschreibungen von gewaltrelevanten Eigenschaften und Verhaltensdispositionen aufgrund der Zugehörigkeit zu einem mehr oder minder eindeutig bestimmbaren biologischen Geschlecht. „Die biologisch angelegten Unterschiede werden sozial interpretiert und überformt, so dass es für einen jungen Mann oder eine junge Frau gar nicht mehr möglich ist, zwischen den eigenen Anlagen und Merkmalen und den oft sehr festgefügten, stereotypen Erwartungen der Umwelt an die eigenen Merkmale und Verhaltensweisen zu unterscheiden" (Hurrelmann 1998: 258).

- Mit *Geschlechterstereotyp* ist diese soziokulturell vermittelte Art *kognitiver Erwartung* (quasi-) natürlicher, d. h. im Laufe soziobiologischer und/oder soziokultureller Evolution entstandener Unterschiede gemeint, hier also der differenziellen Anfälligkeit für Gewalt, d. h. „typischerweise" eher Täter oder Opfer zu sein, etwa wegen des unterschiedlichen „genetisch oder hormonell bedingten Aggressionstriebs" oder „gewachsener patriarchalischer versus matriarchalischer Strukturen".

- Mit *Geschlechtsrollenstereotypen* hingegen werden relativ homogene und stabile, (sub-/teil-) kulturell definierte und vermittelte *normative Geschlechtsrollenerwartungen* bezeichnet, die mit dem jeweiligen Geschlechterstereotyp übereinstimmen können, aber nicht müssen. Gewaltrelevante Eigenschaften oder Verhaltensweisen werden als dem Geschlechtsträger angemessen oder unangemessen definiert. Je nach sozialer Situation oder Position wird von den Geschlechtsangehörigen erwartet, entweder eher aktive oder passive, initiative oder reaktive, aggressive oder defensive, tatkräftige oder erduldende Rollen im Gewaltdrama zu spielen („Der Indianer kennt keinen Schmerz“, „Mädchen schlägt man nicht“).

Dass Geschlechtsrollenstereotype nicht mit Geschlechterstereotypen übereinstimmen müssen, ist u. a. Voraussetzung für den Glauben, dass Männer und Frauen trotz eventueller Defizite ihres biologischen Geschlechts hinsichtlich der Anfälligkeit für Gewalt (im doppelten Wortsinn) sich zumindest langfristig umerziehen lassen. Und diese Hoffnung ist in auf Gleichstellung bedachten westlichen Kulturen weitgehend vorhanden. Nur so lassen sich gesellschaftspolitische Anstrengungen in diese Richtung erklären.

Dennoch sitzen diese Stereotype tief und führen zu selektiver Wahrnehmung mit dem Gleichbehandlungsgrundsatz widersprechenden Folgen. Stereotypgerecht erlangen beispielsweise die Ergebnisse klinischer oder Kriminalitätsstatistiken (Hellfeldberichte) eine größere Aufmerksamkeit und Plausibilität als nicht selektive, mithin repräsentative Dunkelfeldstudien. In Hellfeldstudien werden regelmäßig deutlich höhere Quoten für Männer als Täter und Frauen als Opfer häuslicher Gewalt berichtet. Der Grund für die unterschiedlichen Befunde liegt darin, dass Hellfeldstudien lediglich jene Fälle wiedergeben, in denen tatsächliche oder angebliche Gewalterfahrungen bei Strafverfolgungsbehörden oder Ärzten, in Krankenhäusern oder caritativen Einrichtungen öffentlich gemacht wurden. Die Unterschiede in den geschlechtsspezifischen Quoten häuslicher Gewalt, die zwischen Hell- und Dunkelfeldstudien bestehen, erklären sich nach Bock „vor allem dadurch, daß a) Frauen und Männer aufgrund von Rollenverständnissen objektiv gleiches Verhalten unterschiedlich wahrnehmen und bewerten, und daß b) das ‚outing‘ für Frauen in jeder Hinsicht ein Gewinn ist, für Männer hingegen eine Katastrophe. Man glaubt ihnen nicht, sie werden ausgelacht, bei ‚Experten‘ beiderlei Geschlechts und vor Gericht, weil [...] die objektiv unzutreffende Vorstellung verbreitet ist, häusliche Gewalt sei männliche Gewalt. Männer fürchten diese Art der sekundären Viktimisierung und den Verlust einer achtbaren männlichen Identität vor sich selbst und ihren Bezugspersonen. Für Frauen hingegen gibt es eine sozial anerkannte Opferrolle. Durch das ‚outing‘ können Sie ihre materielle, psychische, soziale und rechtliche Lage verbessern und deshalb wählen sie den Weg in die Öffentlichkeit, zu den ‚Experten‘ und zu den Gerichten“ (Bock 2001a: 6 f.).

Die geschlechtsstereotype Kriminalisierung und Viktimisierung im Rahmen von Hellfeldstudien (beruhend beispielsweise auf klinischen und Kriminalstatistiken) im Unterschied zu Dunkelfeldstudien (basierend etwa auf CTS-Erhebungen) dürfte bereits einen Teil der Ungereimtheiten in den Befunden zu häuslicher Gewalt erklären. So ist die Datenlage zu Geschlechtsunterschieden bei physischer Partnergewalt nach Krahé (2003) nicht eindeutig, was unseres Erachtens an der mangelhaften Berücksichtigung des Unterschieds zwischen Hell- und Dunkelfeldstudien einerseits und geschlechtsstereotypen Wahnehmungsverzerrungen andererseits liegen könnte: Bei strafrechtlich definierten Formen von Partnergewalt überwögen Männer als Täter (Hellfeld? Geschlechtsstereotype Kriminalisierung?). Bei einer Gesamtbetrachtung über ein breites Spektrum von Erscheinungsformen zeige sich eine leicht erhöhte Prävalenz für Frauen (Dunkelfeld? Geschlechtsneutrale Erfassung?). Bei schweren Formen der Partnergewalt überwögen männliche Täter. Frauen erlitten eher Verletzungen durch Partnergewalt als Männer (Hellfeld? Geschlechtsstereotype Viktimisierung?) (Krahé 2003).

Das Anzeigeverhalten jedenfalls, als Basis der Kriminalisierung, scheint tatsächlich geschlechtstypisch zu variieren: „McLeod (1984) [...] fand heraus, dass bei den von Frauen angezeigten Fällen nur rund ein Viertel schwere Fälle (aggravated assault) waren, während es von Männern angezeigten Fällen 86% waren [...] Männer [...] erstatten nur dann eine Anzeige, wenn sie während des Angriffs durch ihre Partnerin um ihr Leben fürchten mussten oder schwer verletzt wurden“ (Gemünden 2003: 348). Allgemein scheinen Gewaltopfer, wenn der Täter ein Mann war, seltener auf die Erstattung einer Anzeige zu verzichten als bei weiblichen Tätern. „Allerdings gilt dies nur dann [...] wenn das Opfer eine Frau ist. Ist das Opfer eine Frau, ist für einen männlichen Täter die Wahrscheinlichkeit, angezeigt zu werden, gegenüber weiblichen Tätern um annähernd das Dreifache erhöht [...] Männern, als Vertreter des vermeintlich ‚starken' Geschlechts, bereitet es offensichtlich Probleme, sich als Opfer von Personen des ‚schwachen' Geschlechts zu begreifen. Vor diesem Hintergrund – so lässt sich schließen – interpretieren sie die gegen sie gerichteten Aktionen der Frauen seltener als Straftaten. Wenn sie sie aber als solche definieren, reagieren sie im besonderen Maße resolut und bringen dann ein entsprechendes Verhalten auch überproportional häufig zur Anzeige“ (Mansel 2003: 391). Im Hinblick auf häusliche Gewalt sei mittels Dunkelfeldstudien dagegen festzustellen, dass sich de facto „Frauen nicht friedfertiger und passiver verhalten [...] Frauen verhalten sich in Intimpartnerschaften ähnlich gewalttätig wie Männer. In der häuslichen Sphäre stehen Frauen den Männern bezüglich (körperlicher) Gewalt in nichts nach, im Gegensatz zu ihrem außerhäuslichen Verhalten“ (Gemünden 2003: 342, 351).

Geschlechtstypische Tendenzen hinsichtlich der Reaktion auf Gewalt, die übrigens nicht nur Einfluss auf Hellfeld-, sondern auch auf Dunkelfeldzahlen haben, wenn geschlechtstypische Wahrnehmungsweisen nicht kontrolliert werden, werden in Studien über Kriminalitätsfurcht „in der Regel auf die größere physische und vor dem Hintergrund einer traditionellen weiblichen Rollensozialisation auch auf die größere psychische Verletzbarkeit von Frauen zurückgeführt“ (Boers 2002: 1406). Auch stimmt Bock's These (s. o.) mit geschlechtersoziologischen Befunden überein, nach denen in unserem Kulturkreis Frauen im Unterschied zu Männern tendenziell wenig zu verlieren und relativ viel zu gewinnen haben, wenn sie in aller Öffentlichkeit Angst zugeben, Risiken meiden wollen, um Hilfe bitten und diese schließlich auch annehmen. Gleiches Verhalten von Männern hingegen gilt, zumindest den traditionellen Geschlechtsrollenerwartungen gemäß, als „unmännlich“ (vgl. Goffman 1994). Und in diesem Zusammenhang lässt sich vermuten, „dass eine Kultur, in der Männer nicht als Opfer erscheinen dürfen, die Neigung zur Täterschaft vergrößert“ (Hagemann-White 2002: 145), womit zugleich ein kultursoziologischer Erklärungsansatz dafür vorläge, weshalb Gewalt zumindest außerhalb der eigenen vier Wände von Männern demonstriert wird, aber nicht notwendig innerhalb der Privatsphäre von Partnerschaft oder Familie überwiegend von männlichen Personen ausgeht.

Darüber hinaus tendieren Frauen dazu, die gleichen Handlungen eher als Gewalt zu bezeichnen bzw. für gewaltsam zu halten als Männer, wobei nicht klar ist, ob die Geschlechter im Sozialisationsprozess unterschiedliche Gewaltbegriffe oder Frauen hinsichtlich gewaltförmiger Phänomene eine höhere Sensibilität erlernen bzw. entwickeln – oder beides (Kepplinger 2002: 1425). Allerdings gehört zu den geschlechtstypisierenden Grundannahmen der Sozialisationsforschung auch die These, dass Frauen dahin tendierten, gewalttätiges Verhalten zuerst gegen sich selbst zu richten, bevor sie anderen Gewalt antun (Kaselitz/Lercher 2002: 32). Jedenfalls leben wir in einer Kultur der Zweigeschlechtlichkeit. Unsere Gesellschaft ist bigeschlechtlich organisiert und ihre Mitglieder werden folglich, je nach Geschlecht, unterschiedlich sozialisiert.

Nicht nur die berühmten Baby-X-Studien belegen, dass wir, auch wenn wir das gar nicht wollen, unbewusst unterschiedlich auf Verhalten reagieren, je nachdem, ob es von (angeblich) weiblichen oder männlichen Akteuren ausgeht, und dadurch Einfluss auf deren künftige Verhaltensweisen nehmen (Bilden 2002: 208; Zimmermann 2000: 187). Vielmehr fällt auf, dass es auch heute noch typische Geschlechterunterschiede in der Erziehung gibt bzw. die Wahrnehmung des elterlichen Erziehungsstils geschlechtstypisch variiert. So glauben Mädchen weitaus häufiger, „liebevoll“ oder auch „wechselhaft“ erzogen zu werden, als Jungen, die sich häufiger „hart, aber gerecht“ behandelt sehen. Jungen fühlen sich häufiger eindeutig erzogen als Mädchen (Fuchs et al. 2005: 118). In der Akzeptanz der „harten“ Behandlung von Seiten der Eltern könnte sich ein Männlichkeitsstereotyp ausdrücken, das Mädchen nicht in gleichem Maße zur Verfügung steht. „Harte Maßnahmen“ könnten von daher geschlechtstypisch unterschiedlich wahrgenommen werden, d. h. von Jungen tendenziell eher als legitime Erziehungsmaßnahme verstanden, von Mädchen hingegen eher als „wechselhaft“, wenn nicht als „illegitime Gewalt“ interpretiert werden.

Die gleiche geschlechterstereotype Leitdifferenz könnte wiederum für die elterliche Entscheidung relevant sein, auf welche Erziehungsmaßnahmen sie zurückgreifen und wie sie sich gegenseitig behandeln. Gegen Letzteres, aber für Ersteres sprechen Befunde, die darauf hindeuten, dass Mädchen bzw. weibliche Jugendliche ihr Verhältnis zu den Eltern negativer bewerten als Jungen, weil sie sich (ab einem gewissen Alter) in ihrer Bewegungsfreiheit mehr eingeengt sehen als diese bzw. tatsächlich mehr kontrolliert werden. Das könnte ein Hinweis darauf sein, dass bei der Wahrnehmung und Bewertung elterlicher Maßnahmen als legitime versus illegitime Gewalt *Geschlechterstereotype* eine zentrale Rolle spielen, bei der Entscheidung für bestimmte Erziehungsmaßnahmen aber eher *Geschlechtsrollenstereotype* dominieren, die an Akzeptanz verlieren.

Da weitere Befunde darauf hindeuten, dass Jugendliche, die sich in ihrem Elternhaus schlecht behandelt fühlen bzw. das Verhältnis zu ihren Eltern negativ bewerten, vermehrt zu aggressiven Gefühlen und Verhaltensweisen neigen, könnte sich aus der *geschlechtstypischen Definition der Situation* sogar eine im Zeit- und Geschlechtervergleich größere Gewaltbereitschaft bei Mädchen (zumal verbal bzw. psychisch gegen die Eltern oder bevorteilte männliche Geschwister) entwickeln. Das allerdings ist reine (indes emanzipatorischen Gedanken nicht widersprechende) Spekulation.

Ein sowohl in geschlechtersoziologischer als auch methodologischer Hinsicht wichtiger Befund aus o.g. Sekundäranalysen und anderen Studien zu häuslicher Gewalt ist, dass diese oft auf Wechselseitigkeit beruht, d. h. dass es nur wenige „unschuldige" Opfer in dem Sinn gibt, dass sie keinerlei Anteil an der Entstehung oder Eskalation der Gewalt haben. Allgemein, also auch hinsichtlich häuslicher Gewalt, könnte dies bedeuten: Wer viel austeilt – sei es nun verbal, psychisch oder physisch – muss zumeist auch viel einstecken. Oder: Wer viel einsteckt, teilt auch (notgedrungen?) viel aus (Fuchs et al. 2001). Festzustellen, ob und inwieweit das beispielsweise auf Partnergewalt in Deutschland zutrifft, ist keineswegs eine rein akademische Pflichtübung, sondern von höchster gesellschaftspolitischer Relevanz. Denn damit ist nicht nur ein möglicherweise bedeutsamer *beziehungsdynamischer Aspekt* der Eskalation von Gewalt angesprochen, der in Untersuchungen zu Gewalt in der Familie bislang vernachlässigt wurde, sondern auch ein Punkt, den es bei familienpolitischen Interventionen zu berücksichtigen gilt, falls er sich hinsichtlich häuslicher Gewalt als relevant erweist (Bock 2001a: 11 f.). Es fehlt unseres Wissens aber an repräsentativen Studien, die diesen Aspekt genauer untersuchen, d. h. die soziale Interaktion und die Perspektive aller am Gewaltdrama beteiligten Akteure berücksichtigen. In Bezug auf Partnergewalt wären Paarbefragungen angemessen, im Hinblick auf gewaltförmige Auseinandersetzungen zwischen Eltern und Kindern wären beide Seiten einzubeziehen. Dadurch ließe sich auch der berechtigten Kritik begegnen, dass Einzelbefragungen von potenziellen Tätern und/oder Opfern häuslicher Gewalt ohne Berücksichtigung der Sichtweisen des jeweiligen Interaktionspartners keinerlei Kontrollmöglichkeiten über eventuelle Wahrnehmungsverzerrungen (geschlechts-, generations-, rollentypischer Art etc.) bieten (Gemünden 1996: 16, 134 f.). Es könnte ja beispielsweise so sein, dass Männer aufgrund geschlechtstypischer Sozialisation tendenziell dazu neigen, häusliche Gewalt eigener oder erfahrener Art nicht sonderlich wahr- oder gar ernst zu nehmen, während Frauen eventuell vergleichsweise sensibel auf Gewalt zu reagieren pflegen und ihnen von daher auch die von ihnen selbst ausgehende Gewalt eher salient ist, weshalb sie häufiger über erfahrene und ausgeübte Gewalt berichten als Männer.

Nach Gemünden neigen Männer, „entsprechend den Verhaltenszuschreibungen ihrer Geschlechtsrolle, eher dazu, selbst erlittene Gewalt zu bagatellisieren, ihr Opfersein zu leugnen, während für Frauen die Rolle als Gewaltopfer sozial anerkannt ist und im lerntheoretischen Sinne verstärkt wird" (Gemünden 2003: 337). In diesem Zusammenhang zeige sich der Vorteil der Conflict Tactics Scale (CTS) gegenüber anderen Verfahren, weil mittels CTS „faktisches Verhalten" abgefragt wird „und den Befragten nicht die wie auch immer geartete und empirisch nicht kontrollierte Bewertung der Ereignisse überlassen wird. Fragte man nämlich danach, ob man selbst und/oder der Partner ‚Gewalt' anwendete und/oder ob er z.B. eine Körperverletzung etc. (‚abuse', ‚assault', ‚aggravated assault') beging, dann führt dies dazu, dass nur Ereignisse genannt werden, die der oder die Betroffene selbst als kriminellen Akt bewertet [...]; hierbei fließen schicht- und geschlechtsspezifische Bewertungsmaßstäbe als unkontrollierte Variablen ein" (Gemünden 2003: 339). Nach Krahé besteht ein weiterer Vorteil der Conflict Tactics Scale darin, „dass sie die Erfassung paralleler Angaben über das eigene sowie das Verhalten des Partners erlaubt und so die Abschätzung der Korrespondenz von Selbst- und Fremdeinschätzung ermöglicht" (Krahé 2003: 371).

Auch wenn massenmediale Botschaften über Gewalt in der Familie Anderes suggerieren, ist aus kriminalsoziologischer Erfahrung heraus dennoch anzunehmen, dass schwerwiegende Gewaltformen zu selten in Erscheinung treten, als dass die Anwendung quantitativer Methoden diesbezüglich – insbesondere wenn sie forschungsökonomisch noch vertretbar sein soll – besondere, wissenschaftlichen Standards genügende Aufschlüsse verspricht (Gemünden 1996: 291). Für extreme, außeralltägliche Fälle und die Erfassung der besonderen Probleme von Problemfamilien sind aus methodologischer Sicht qualitative Verfahren besser geeignet. Mittels standardisierter Bevölkerungsumfragen sind repräsentative und aussagekräftige Ergebnisse lediglich bezüglich mehr oder minder alltäglicher Gewalt in der Familie zu erwarten. Gerade wenn der Anteil als gewaltfrei perzipierter Beziehungen wegen des weiten Gewaltbegriffs, der sowohl physische als auch psychische Gewalt umfasst, relativ gering ausfallen sollte, sind Personen, die über keinerlei Gewalterfahrungen berichten, als Vergleichsgruppe, z. B. hinsichtlich ihrer gewaltfreien Problemlösungsstrategien, von gleichem Interesse wie jene Menschen, die über extreme physische oder psychische Gewalterfahrungen berichten, deren Anteil ebenfalls relativ gering ausfallen dürfte. Eine höchst interessante Vergleichsgruppe bestünde etwa in Personen, deren familiale, gesundheitliche, finanzielle, berufliche Lebensumstände etc. zu denjenigen zählen, die als relevant für die Entstehung von häuslicher Gewalt erachtet werden (besonders wenn mehrere solcher Faktoren zusammen kommen, wie z. B. Arbeitslosigkeit eines oder beider Partner, finanzielle Schwierigkeiten, hoher Alkoholkonsum, beengte Räumlichkeiten usw.), die sich aber trotzdem für gewaltfreie Konfliktlösungen entscheiden. Diese Extremfälle haben besondere Bedeutung sowohl für die Wissenschaft, was die Theoriebildung betrifft, als auch die Praxis, was eine theoretisch fundierte Prävention bzw. Intervention betrifft. Auch hier bieten sich qualitative Methoden – wie beispielsweise selektive Auswahlverfahren zwecks Fallkontrastierung – eher an als bevölkerungsrepräsentative Umfragen (Lamnek 1995; 2005). Bei der quasi automatischen Bevorzugung quantitativer Verfahren wird bisweilen übersehen, „dass für Fragestellungen, bei denen es nicht um quantitative Anteile in der interessierenden Population, sondern um die Konstruktion und Überprüfung von theoretischen Erklärungen und Theorien geht, keine im statistischen Sinne repräsentativen Stichproben benötigt werden" (Böttger/Strobl 2002: 1498).

Bezüglich standardisierter Befragungen, müssten neben den üblichen demografischen Daten (Alter, Geschlecht, Einkommen, Bildung, Beruf etc.) eigentlich auf den Sozialraum Familie zugeschnittene Kontextvariablen erfasst werden, die für die Analyse häuslicher Gewalt relevant erscheinen, wie z. B. die jeweilige Rolle und Stelle im Partnerschafts-, Familien- und Lebenszyklus, die auf rollen- bzw. phasentypische Belastungen, Probleme bzw. Konfliktfelder verweisen, die mit bestimmten (familialen) Gewaltformen und -volumina kovariieren könnten. Auch Grad und Art der Integration der Familie(nmitglieder) in das soziale Umfeld bzw. in soziale Netzwerke als bedeutsame informelle Sozialisations- und Kontrollagenten müssten Berücksichtigung finden, wobei weniger das Ausmaß der sozialen Integration per se entscheidend ist als vielmehr die Frage, wie das soziale Umfeld häusliche Gewalt von bzw. gegenüber Männern und Frauen, Eltern und Kindern bewertet, ob es Abstand nimmt oder Hilfe anbietet, diese leistet oder verweigert etc.

Nicht nur ein gegeneinander Ausspielen qualitativer und quantitativer Methoden scheint wenig zielführend, was das Verständnis häuslicher Gewalt betrifft, sondern auch eine prinzipielle Bevorzugung von Dunkelfeldstudien gegenüber Hellfeldstudien scheint nicht immer angebracht, weil letztere Dinge erheben, die erstere nicht erfassen und umgekehrt. Gegen Hellfeldstudien zu häuslicher Gewalt spricht beispielsweise, dass das Anzeigeverhalten abhängig von der sozialen Nähe zwischen Tätern und Opfern ist. Je enger die Beziehung ist, desto geringer ist die Wahrscheinlichkeit, dass es zu einer Anzeige kommt (Kretz et al. 1996; Raupp/Eggers 1993; Ruback 1993; Wetzels et al. 1995; Buchner/Cizek 2001b: 129). „Haller (1996) hat konkret zwei Erklärungen dafür, warum das Dunkelfeld im Fall von Gewalt in der Familie bzw. Gewalt im sozialen Nahraum wahrscheinlich besonders groß ist. Seiner Beobachtung nach erfolgen Anzeigen erst dann, wenn sehr schwere sexuelle Gewaltvorfälle sowie schlimme Gewalthandlungen vorliegen [...]. Weitere Gründe für hohe ‚Dunkelziffern', insbesondere im Fall von physischer bzw.

sexueller Gewalt an Kindern ist, dass diese oft noch sehr jung sind und sich noch nicht mitteilen können. Ältere Kinder wiederum haben häufig Schwierigkeiten darüber zu reden. Zudem ist die ,Dunkelzahl' bei physischer Gewalt oder sexueller Gewalt an Jungen höher als bei Mädchen, da Jungen in der Regel weniger darüber sprechen als Mädchen (Friedrich 1998). Eder-Rieder (1998) verweist auf die besondere Täter-Opfer-Konstellation im Fall von sexueller Gewalt an Kindern in der Familie bzw. im sozialen Nahraum. Das Opfer kann sich an niemanden wenden, zudem wird die Entscheidung über eine eventuelle Anzeige meist von den Eltern getroffen. Godenzi (1994) zeigt auf, dass vor allem jene Fälle im Dunkeln bleiben, die nicht physisch oder sichtbar ausgeübt werden. Zudem bleiben meist jene Fälle unentdeckt, in denen sich die angegriffenen Personen durch Flucht oder Widerstand wehren konnten" (Pflegerl/Cizek 2001b: 62). Dazu komme, dass Delikte, an denen die Opfer selbst beteiligt, bzw. solche, die ihnen peinlich seien, wahrscheinlich eher verschwiegen würden. Andererseits könne es auch zu Übertreibungen (wenn nicht zum „Missbrauch mit dem Missbrauch") kommen, falls eigene Interessen verfolgt werden (Pflegerl/Cizek 2001b: 64). Auch sei davon auszugehen, „dass es je nach befragten Personen große Unterschiede in der Wahrnehmung und Darstellung von Gewalthandlungen gibt. Dazu kommt, dass die von Gewalttaten betroffenen Personen oftmals weiterhin mit den TäterInnen zusammenleben müssen, wodurch die Aussagebereitschaft der Betroffenen beeinträchtigt wird. Zudem ist generell damit zu rechnen, dass bei Befragungen zu dieser Problematik häufig Antworten verweigert werden, da die Intimsphäre der Betroffenen stark berührt wird [...] Dabei erscheint es trotz der beschriebenen Schwierigkeiten notwendig, die Perspektive möglichst aller betroffenen Personen zu berücksichtigen, um auch entsprechend zuverlässige Informationen zu erhalten" (Pflegerl/Cizek 2001b: 68).

Ein weiterer Einwand gegen Hellfeldstudien ist, dass Unterschichttäter häufiger wegen familialer Gewaltdelikte angezeigt und verurteilt werden als Täter aus höheren sozialen Schichten. Die höheren Anzeige- und Verurteilungsraten hängen nicht zuletzt mit der größeren sozialen Kontrolle zusammen, der die unteren Gesellschaftsschichten ausgesetzt sind (Brockhaus/Kolshorn 1993) bzw. denen sie sich aussetzen; Polizeinotrufe wegen Familienstreitigkeiten und Strafanzeigen konzentrieren sich auf das „Unterschichtmilieu in vorörtlichen Regionen" (Gemünden 2003: 347). In Dunkelfeldstudien wurde hingegen festgestellt, dass familiale Gewalt nicht nur in so genannten „asozialen" bzw. sozial unterprivilegierten Familien verübt wird, sondern ebenso in sozial unauffälligen Familien der Mittel- und Oberschicht. Letztere, so die These, verfügen im Gegensatz zu den sozial auffälligen Problemfamilien jedoch in vielen Fällen über Ressourcen, die verhindern, dass die Behörden von den Vorfällen Kenntnis erlangen (Steele/Pollock 1978; Gelles/Cornell 1986; Russell 1986; Finkelhor 1986; Bange/Deegener 1996). Hieraus wird der in methodologischer Hinsicht gewagte Schluss gezogen, dass familiale Gewalt in allen sozialen Schichten gleichermaßen vorkommt (Godenzi 1996; Haller et al. 1998; Buchner/Cizek 2001b: 134).

Tatsächlich zeigt die Fachliteratur beispielsweise, dass schicht*un*abhängig massivere Gewalt gegen Kinder dort entsteht, wo viele verschiedene Belastungen gleichzeitig wirken. Als Risikofaktoren gelten etwa „auf Elternseite Alkohol- und Drogenmissbrauch, eigene Gewalterfahrungen, Gewaltklima, übertriebene erzieherische Strenge und Kompetenzdefizite, kleine soziale Netzwerke der Familie sowie finanzielle, Arbeits-, Wohnungs- und Partnerprobleme; auf Kinderseite ein schwieriges ‚angeborenes' Temperament, Unreife, Geburtsprobleme und Behinderung" (Funk/Schmitt 2001: 523). Unterschichtfamilien als solche müssen aber nicht notwendig derartige Probleme haben und Mittel- oder Oberschichtfamilien können sie haben. Wenn man indes sozial unterprivilegierte Familien als solche definiert, die besonderen Belastungen ausgesetzt sind und daher als Problemfamilien bzw. Familien mit Problemen gelten, dann müssen sie per definitionem zumindest einige dieser Risikofaktoren aufweisen. In der Unterschicht finden sich laut amtlichen Statistiken jedenfalls „wesentlich mehr ‚Fälle' von Kindesmisshandlung als in den mittleren und oberen Schichten. Der sozioökonomische Status an sich gilt dennoch nicht als ursächlicher, sondern (bloß) als assoziierter oder vermittelnder Faktor. Es ist unser Erachtens von entscheidender Bedeutung, diese Differenzierung zwischen statistischen und kausalen (Ursache-Wirkung-) Zusammenhängen zu machen" (Funk/Schmitt 2001: 523). Nicht der niedrige sozioökonomische Status an sich, sondern mit diesem eher als in höheren Schichten zusammenhängende Bedingungen, wie etwa verstärkter Stress oder geringere Ressourcen zur Stressbewältigung, gelten als ursächliche Faktoren häuslicher Gewalt (Habermehl 1999: 426).

An der Ubiquitätsthese ist zu kritisieren, dass Ergebnisse von Dunkelfeldstudien gegenüber denen, die sich aus amtlichen Statistiken ergeben, zum Anlass genommen werden, einen Zusammenhang zwischen einer sozial unterprivilegierten Stellung und Gewalt als empirisch nicht nachweisbar zu behandeln. Richtig ist, dass gemäß selbstberichteter Delinquenz offenkundig eher selten ein signifikanter und linearer Zusammenhang zwischen Schichtzugehörigkeit und Gewalt besteht. Allerdings sind Dunkelfeldstudien auf der Basis von Selbstauskünften inzwischen in die Kritik geraten. Diesen wird z. B. in kriminalsoziologischer Hinsicht vorgeworfen, dass sie den Unterschied zwischen „Schwerstkriminalität" und „Bagatelldelikten" nicht hinreichend berücksichtigen (wobei hier natürlich aus sozialkonstruktivistischer bzw. historisch-vergleichender Sicht die Kultur- und Milieuabhängigkeit der jeweiligen Etikettierung zu berücksichtigen wäre). Gerade aber „Schwerstkriminalität" ginge in überproportionalem Maße von „sozial Unterprivilegierten" aus, die zu allem Überfluss in Dunkelfeldstudien nur unzureichend erfasst würden, weil sie z. B. keinen Telefonanschluss hätten, keine gesellschaftliche Institution regelmäßig besuchten etc. (Crutchfield/Wadsworth 2002). Damit wäre diese Methode aber letztlich auch ungeeignet, die weit verbreitete kriminalsoziologische Grundannahme, dass (Gewalt-) Kriminalität überwiegend eine Sache sozial Unterprivilegierter ist, zu überprüfen (Ottermann 2003c).

Aus Sicht des Labeling Approachs ist (Gewalt-) Kriminalität keine Qualität, die dem Handeln selbst eigen wäre, sondern das Resultat eines Definitionsprozesses, in dem verschiedene gesellschaftliche Gruppierungen (Moralunternehmer, Stigmamanager) miteinander konkurrieren. „Die Kritik des *labeling approach* richtete sich nicht zuletzt gegen die in der kriminologischen Forschung seinerzeit gängige (und auch heute durchaus noch nicht überall überwundene) Praxis, die juridischen, vom Strafrechtssystem vorgegebenen Definitionen von Kriminalität und die sich daran anschließenden Zuschreibungen und Etikettierungen gleichsam unbesehen zu übernehmen" (Meuser/Löschper 2002: 3). Vielmehr gelte es, „diese vermeintlich sichere Ressource kriminologischer Forschung zum Topos der Analyse zu machen, sie, wie man heute formulieren würde, zu dekonstruieren, indem die Konstruktionsprinzipien des gesellschaftlichen wie des juridischen Konstruktes Kriminalität zum Gegenstand empirischer Rekonstruktionen gemacht" (Meuser/Löschper 2002: 3) werden. Demnach ist (Gewalt-) Kriminalität zumindest auch das Resultat der sozialen Kontrolle von an bestimmten Normen und Werten interessierten, definitionsmächtigen Kreisen (Ottermann 2003c). Indem die Vertreter dieses Ansatzes „den Blick auf Prozesse der gesellschaftlichen Definition von kriminellen Handlungen und der gesellschaftlichen Reaktion auf die als kriminell bezeichneten Handlungen lenkten, haben sie einer konflikttheoretischen Perspektive zur Analyse von Kriminalität und kriminellen Handlungen den Weg bereitet" (Eifler 2002: 48).

Bereits die klassischen Theorien des Kulturkonflikts und der Subkultur gehen „von der Idee aus, dass Angehörige der unteren sozialen Schichten, die in sozial desorganisierten städtischen Wohnumgebungen leben, aufgrund ihrer (strukturell bedingten) Unfähigkeit, Werte der Mittelschicht zu realisieren, ein eigenes Wertesystem etablieren und diesem Wertesystem entsprechend leben" (Eifler 2002: 30 f.). Dadurch können sie in Konflikt mit der dominierenden, strafrechtlich geschützten (Rechts-) Kultur geraten, sofern diese das, was subkulturell als konformes Verhalten gilt bzw. dort normativ erwartet wird, als kriminell definiert (Ottermann 2003c). Gemäß den sog. Kontroll- bzw. Bindungstheorien beruhen kriminalitätshemmende soziale bzw. normative Bindungen auf Mechanismen externer (sozialer bzw. Fremd-) und interner (persönlicher bzw. Selbst-) Kontrolle, die Personen den notwendigen äußeren und inneren Halt geben, um (kriminellen) Versuchungen nicht zu erliegen. „Ist eine Bindung an das konventionelle Wert- und Normensystem nicht gegeben, so ist eine Person im kontrolltheoretischen Sinne frei, kriminelle Handlungen auszuführen" (Eifler 2002: 44). Auch hierbei ist zu bedenken, ob ein gegebenes gesellschaftliches Norm- und Wertesystem nicht milieutypisch differenziert ist und die Mechanismen internaler und externaler sozialer Kontrolle, je nach Position im sozialen Raum unterschiedlich, d. h. aufgrund der Kultur der Zweigeschlechtlichkeit unter anderem auch geschlechtstypisch different ausfallen.

Tab. 3: Selbst- und Fremdkontrolle abweichenden Verhaltens

Selbstkontrolle *(internale soziale Kontrolle)*	**Fremdkontrolle** *(externale soziale Kontrolle)*
Grad der Internalisiertheit, der Akzeptanz bzw. der intrinsischen Wirksamkeit von Normen: *Ausmaß, in dem konformes Verhalten voraussichtlich oder tatsächlich intrinsisch belohnend (nützlich) und abweichendes Verhalten intrinsisch bestrafend (kostspielig) ist*	***Grad der Institutionalisiertheit von Sanktionen bzw. der extrinsischen Wirksamkeit von Normen:*** *Ausmaß, in dem Andere auf abweichendes bzw. konformes Verhalten voraussichtlich oder tatsächlich reagieren (Wahrscheinlichkeit und Nettonutzen sozialer Reaktionen)*
gutes Gewissen *(innere Ruhe, Stolz):* *positives Selbstwertgefühl, das aus der Befolgung internalisierter Normen resultiert (moralischer Nutzen)*	***positive Sanktion*** *(Lob, Belohnung):* *voraussichtlicher oder tatsächlicher Nutzen, der aus der sozialen Reaktion auf konformes Verhalten entsteht*
schlechtes Gewissen *(Scham, Schuld):* *negatives Selbstwertgefühl, das aus der Nichtbefolgung internalisierter Normen resultiert (moralische Kosten)*	***negative Sanktion*** *(Tadel, Bestrafung):* *voraussichtliche oder tatsächliche Kosten, die aus der sozialen Reaktion auf abweichendes Verhalten entstehen*

Sykes und Matza (1982) gehen im Unterschied zu den Vertretern der Kulturkonflikt- und der Subkulturtheorie nicht davon aus, dass Personen, die sich kriminell verhalten, die gesellschaftlichen Werte und Normen, gegen die sie verstoßen, ablehnen und sich einem alternativen Werte- und Normensystem anschließen müssen. Vielmehr genüge es, „wenn Personen über kognitive Strategien verfügten, mittels derer sie vor dem Hintergrund ihres generellen Einverständnisses mit den codifizierten Normen ihres Gemeinwesens kurzfristige Verstöße gegen diese Normen rationalisieren könnten“ (Eifler 2002: 43). Die „kognitiven Strategien“, mittels derer potenzielle Schuld- und Schamgefühle, also die Risiken eines schlechten Gewissens bzw. psychischen oder moralischen Kosten, angesichts eines Verstoßes gegen prinzipiell als richtig erachtete Norm- und Wertvorstellungen abgewehrt bzw. minimiert werden können, nennen Sykes und Matza „Techniken der Neutralisierung“. In inhaltlicher Hinsicht werden (mittels Situationsethik) die Verantwortung für das (eigene) Tun oder dessen Schädlichkeit geleugnet, das Opfer oder Kontrollagenten für die Tat zumindest mitverantwortlich gemacht, oder man beruft sich auf höhere Werte, die das (eigene) Fehlverhalten als der Situation angemessen und in einem besseren Licht erscheinen lassen (Lamnek 2002; Ottermann 2000, 2003c).

Nicht nur Gewalttäter, sondern auch Opfer häuslicher Gewalt rekurrieren auf Techniken der Neutralisierung, die sie im Verlauf ihrer Sozialisation erlernt haben. Dass auch Opfer zumindest aus Sicht Dritter (Beobachter, Forscher, Therapeuten) auf Techniken der Neutralisierung zurückgreifen, wird beispielsweise bei der Arbeit mit misshandelten Frauen in Frauenhäusern deutlich, sofern sie ein gewisses „Verständnis“ für die Gewalt ihrer Männer aufbringen (Ferraro 1983). Sykes und Matza (1982) gehen jedenfalls davon aus, dass eine Wert- und Normbindung (auf Seiten der Täter, der Opfer und Dritter) besteht, dass gesellschaftliche Normen und Werte internalisiert wurden und deshalb anlässlich von Verstößen gegen diese Normen und Werte auf Techniken der Neutralisierung zurückgegriffen werde, um das eigene Gewissen zu beruhigen, die eigene Person vor sich selber als trotzdem gut und akzeptabel darzustellen oder das Verhalten anderer zu rechtfertigen bzw. zu entschuldigen. Täter, aber auch Opfer, die die herrschenden gesellschaftlichen Normen bzw. die Normen der Herrschenden nicht (dafür aber andere Normen und Werte eventuell subkultureller Art) internalisiert haben, benötigen hingegen keine Techniken der Neutralisierung, um häusliche Gewalt zu entschuldigen, aber vielleicht, um ihr Ausbleiben („Warum hat er/sie sich nicht gewehrt?“) zu rechtfertigen (Lüdemann/Ohlemacher 2002: 62 ff.).

Von Neutralisierung sprechen offenkundig immer nur jene, die anderer Meinung sind, also bei der Bewertung eines Sachverhalts auf andere Deutungsmuster zurückgreifen als die Betroffenen (Täter, Opfer) selbst. Gerade primäre Definierer, Moralunternehmer und Kontrollagenten stellen ihre eigenen (milieu- und geschlechtstypischen bzw. -typisierenden) Deutungsmuster von Gewalt selten in Frage. Hier liegt die Schwäche von scheinbar objektiven, tatsächlich aber standortgebundenen (bildungsbürgerlichen, juristischen, politischen etc.) Zuschreibungen bzw. Unterscheidungen, wie z.B. die Einteilung von Konfliktlösungstaktiken in „Aushandeln, psychologische Aggression und körperliche Gewalt“ (Krahé 2003: 371) im Rahmen der Conflict Tactics Scale. Vor allem geschlechtsstereotype Deutungs-, Stigmatisierungs- und Neutralisierungsmuster entgehen deshalb bisweilen sowohl der öffentlichen Wahrnehmung als auch der Wissenschaft. „Woran Sykes und Matza weniger dachten, war allerdings der Umstand, dass es entsprechende Neutralisierungstechniken auch auf Seiten des Rechtsstabes und anderer Experten gibt, die mit Kontrolle oder Hilfe befasst sind, denn die Enttäuschung von Erwartungen [und das entsprechende Bedürfnis, kognitive Dissonanz zu reduzieren, Anm. d. Verf.] trifft natürlich auch bei diesen zu. Männliche Gewalt löst sie [aufgrund geschlechtsstereotyper Konsonanz, Anm. d. Verf.] nicht aus. ‚So etwas' ist einem Mann ohne weiteres zuzutrauen. Das ‚passt' zu dem Bild, das von Männern verbreitet ist“ (Bock 2003: 181). Genau genommen, müssten deshalb bei der Analyse häuslicher Gewalt(dramen) immer alle drei Perspektiven, die Sicht von Tätern, Opfern und Dritten, also auch die der Forscher, mit zum Gegenstand der Analyse gemacht werden, wie es der Labeling Approach nahe legt. Häusliche Gewalt zu erforschen, hieße dann immer auch, Deutungsmusteranalyse zu betreiben. Methoden, die die potenziell unterschiedlichen Perspektiven von Täter, Opfer und Beobachter stärker berücksichtigen, werden in der Gewaltforschung bislang aber höchst selten eingesetzt (Dollase/Ulbrich-Herrmann 2002: 1514). Empirische Daten zu häuslicher Gewalt sind jedenfalls nicht (nur) das Resultat der Registrierung einer objektiven Gewaltrealität, sondern (auch) das Ergebnis von Thematisierungen und Zuschreibungen (Peters 1995a: 101). „Die Annahme [...] einer objektiven, von ‚Stereotypen' unabhängig existierenden Wirklichkeit ist [...] mit den Annahmen des labeling approach unvereinbar“ (Peters 1995a: 104). Deutungsschemata indes werden von Tätern, Opfern und Dritten selten expliziert. Sie sind ihren Äußerungen meist implizit und ihnen kaum bewusst, unausgesprochene bzw. latente erfahrungsfundierte Orientierungsmuster, mittels derer Ereignisse geordnet werden. Sie zu explizieren, ist zumindest Aufgabe, wenn nicht Pflicht einer interpretativen Soziologie (Peters 1995a: 127).

Bei der Rezeption des Neutralisierungsansatzes wird zum Teil übersehen, dass Techniken der Neutralisierungen gesellschaftlich vermittelt werden, auf milieutypischen Deutungsmustern (differenziellen sozialen Kontakten bzw. Assoziationen und Verstärkungen) beruhen und dadurch nicht nur die Kosten eines schlechten Gewissens reduzieren, sondern auch im Sinne von Stigmamanagement, dem strategischen Rückgriff auf Neutralisierungsmuster, dazu dienen (können), externale negative Sanktionen abzuwenden (Lamnek 2002; Ottermann 2000). Hinsichtlich der Analyse häuslicher Gewalt scheint es schon allein in Anbetracht der Kontroversen innerhalb des gesellschaftlichen Gewaltdiskurses angebracht, neben kontroll- bzw. sozialisationstheoretischen Defiziten von milieutypischen Differenzen auszugehen, die sozial unterprivilegierte Gewalttäter eher in das Netz offizieller Kontrolle gehen lässt. Offizielle Kontrollagenten verstehen auch „unter ‚Resozialisierung' eine Sozialisation im Sinne der Mittelschichtsnormen und -werte“ (Schwind 2002: 177). Da wissenschaftlich nicht zu entscheiden ist, ob die herrschenden Normen bzw. die Normen der Herrschenden, an denen sich offizielle Kontrollagenten orientieren, gute oder schlechte Normen sind, lässt sich auch nicht sagen, dass Gewalt in jedem Fall schlecht bzw. ein gesellschaftliches Übel ist; „so wird sich die Ursachensuche auch nicht wie selbstverständlich auf Defizite der Erziehung und Mängel des Handelnden richten“ (Peters 1995a: 155). Hellfeldstudien sowohl quantitativer als auch qualitativer Art erfassen Gewalttäter aus sozial unterprivilegierten Milieus wahrscheinlich überproportional (was, wenn es um „Problemfamilien“ geht, funktional sein kann), während Dunkelfeldstudien im Stile bevölkerungsrepräsentativer Umfragen sie eher unterproportional erfassen dürften (was Auswertungsprobleme in statistischer Hinsicht mit sich bringen kann). „Offizielle Kriminalstatistiken, Täterbefragungen, Dunkelfelduntersuchungen und Opferbefragungen weisen jeweils spezifische Vorteile und Unzulänglichkeiten auf, so dass die Gesamtheit der stattgefundenen Viktimisierung von keiner der genannten Methoden voll abgedeckt wird“ (Kiefl/Lamnek 1986: 53), so dass es sich, je nach Erkenntnisinteresse, anbieten kann, die unterschiedlichen Verfahren miteinander zu kombinieren (Triangulation), was innerhalb der Gewaltforschung allerdings auch nicht allzu häufig geschieht.

Sich im Hinblick auf das jeweilige Erkenntnisinteresse geeigneter Methoden versichert zu haben, ist umso wichtiger, als devianzsoziologische Analysen und Theorien immer von gesellschafspraktischer Relevanz und vor allem Kriminalsoziologen stets nicht nur am Gewalt-/Kriminalitätsdiskurs, sondern auch an der sozialen (De-) Konstruktion von (Gewalt-) Kriminalität beteiligt sind (Ottermann 2003b, 2003c). Die praktischen Empfehlungen, die sich aus unterschiedlichen Erklärungen von abweichendem Verhalten oder Kriminalität ergeben, sind im Extremfall nicht miteinander zu vereinbaren. Während beispielsweise ätiologische Ansätze, nach dem Motto „Übel werden durch Übel verursacht“ (Peters 1995a), die Beseitigung von (sozialisationsbedingten) „Defiziten“ und (sozialstrukturell bedingten) „Mängellagen“ rund um den Akteur (als Bündel sozialer Merkmale) nahe legen, gilt gerade dies aus Sicht des Labeling Approachs „als Quelle der Etikettierung und Stigmatisierung, der offiziellen Festschreibung abweichender Identität und damit als die eigentliche Ursache krimineller Karrieren.

Umgekehrt muss die Strategie der mehr oder weniger konsequenten Nichtintervention, die etikettierungstheoretisch angezeigt erscheint, aus ätiologischer Sicht als das Auslassen von (letzten) Chancen erscheinen, durch erzieherische, resozialisierende oder auch therapeutische Maßnahmen soziale Integration und Legalbewährung zu ermöglichen“ (Bock 2000: 85). Hinsichtlich familialer Gewalt scheint eine wertneutrale und etikettierungskritische Perspektive, die unterschiedliches Gewaltaufkommen auf geschlechts- und/ oder milieutypische Differenzen und nicht auf Defizite zurückführt, eher selten. Die Dominanz des Defizitparadigmas „hängt eng mit Vorstellungen von gesellschaftlichen Interventionen zusammen, als handele es sich bei Gewalt um eine Seuche, die es auszurotten gilt: Es kommt dann darauf an, den Erreger zu identifizieren. Sowohl feministische Positionen [...] als auch Verteter der Diagnose ‚family violence' [...] argumentieren entlang solcher Modelle" (Hagemann-White 2002: 137) – nur dass die einen eben familiale Probleme und die anderen problematische Geschlechterverhältnisse als die eigentliche Ursache häuslicher Gewalt ausmachen. Hier zeigt sich darüber hinaus, dass selbst quantitative Analysen von den jeweils dominierenden kollektiven Deutungsmustern nicht nur der Wissenschaftler, sondern auch der Gesellschaft abhängig sind, deren Wandel vor allem bei Längsschnittuntersuchungen zu berücksichtigen ist: „Erst wenn sich gezeigt hat, dass sich im betreffenden Zeitraum weder die Deutungsmuster der Bevölkerung und/oder die Anzeigebereitschaft der Bevölkerung, noch die Ermittlungsbereitschaft und Sanktionsbereitschaft von Polizei und Staatsanwaltschaft bzw. Gericht verändert haben, kann man von veränderten Häufigkeitsziffern auf eine wirkliche Änderung der Häufigkeit ‚krimineller' Gewalthandlungen schließen" (Albrecht 2002: 782).

3. Soziale Bedingungen häuslicher Gewalt

Eine vollständige soziologische Erklärung häuslicher Gewalt umfasst sowohl makro- als auch mikrosoziale Dimensionen. Auf Makroebene interessieren die (gesamt-/welt-) gesellschaftliche Kultur, deren Funktionsbereiche und Institutionen, auf Mikroebene die durch differenzielle Sozialisationserfahrungen bzw. Erfahrungsräume sowie gesellschaftliche Teil- und Subkulturen gebrochenen Definitionen der Situation(en), die zu sozialen Handlungen und (gewollten oder ungewollten) Interaktionseffekten führen, die wiederum über mehr oder minder konfliktreiche soziale Prozesse und den „Marsch durch die Institutionen" Phänomene der Makroebene (Arten und Raten häuslicher Gewalt) reproduzieren, modifizieren oder sogar revolutionieren (Ottermann 2003b).

Abb. 4: Ebenen der Analyse häuslicher Gewalt

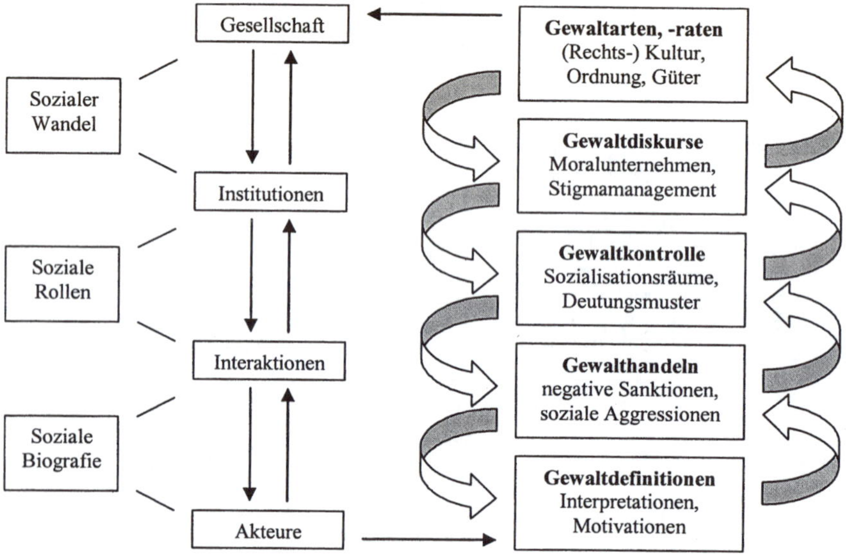

Es handelt sich bei diesem Analyseraster um eine Variante des sog. Makro-Mikro-Makro-Modells der soziologischen Erklärung (Coleman 1995; Esser 1993; Eifler 2002; Hess/Scheerer 1997; Lüdemann/Ohlemacher 2002; Ottermann 2000). Das Makro-Mikro-Makro-Modell dient als begrifflicher Rahmen, soziologisches Analyseschema bzw. metatheoretische Klammer, mittels derer sich eine Vielzahl theoretischer Konzepte und empirischer Befunde verorten und integrieren lassen (Eifler 2002: 81). Arten und Raten häuslicher Gewalt (Makrophänomen) sind diesem Modell entsprechend immer über das Verhalten der einzelnen (individuellen oder kollektiven) Akteure (Mikrophänomen) zu erklären, für das sie sich vor dem Hintergrund bestimmter sozialer Bedingungen (Makrophänomen) entscheiden. Zu explizieren sind nach diesem Modell

(1) die „Logik der Situation" in Form von Brückenhypothesen, die die sozialstrukturellen (Makro-) Bedingungen mit dem (mikrosozialen) Erfahrungsraum der Akteure verbinden, d. h. die soziale Situation der Akteure muss in der Form rekonstruiert werden, wie sie in den Augen der Akteure erscheint,
(2) die „Logik der Selektion" in Form handlungstheoretischer Aussagen über die Beweggründe ihres Handelns sowie
(3) die „Logik der Aggregation" in Form von Transformationsregeln, die aus den einzelnen Handlungen auf Mikroebene, dem Gewalthandeln und entsprechenden Reaktionen, das Makrophänomen der Arten und Raten häuslicher Gewalt machen (Ottermann 2003c).

„Spezielles Augenmerk gilt in diesem Programm der Transformation von Bedingungen der Makro-Ebene in Situationsdefinitionen, die das Handeln auf der Mikro-Ebene bestimmen, sowie der Transformation individueller Handlungen und singulärer Ereignisse in neue überindividuelle Phänomene auf der Makro-Ebene" (Hess/Scheerer 1997: 83). Es geht um die gesellschaftliche Konstruktion häuslicher Gewalt und die Rekonstruktion derselben. Unter anderem bedeutet das eben, dass eine allgemeine Theorie häuslicher Gewalt sich befassen muss „mit den Diskursen, die ihren Gegenstand konstituieren, und zugleich den Handlungen, die in den Sog dieser Diskurse gezogen oder von ihnen hervorgebracht werden – und als deren Folge letztlich [...] ganz eigengewichtige Materialisierungen entstehen können" (Hess/Scheerer 1997: 89 f.). Dies ist mit den vorangegangenen Ausführungen geschehen.

Wenn es sich bei Arten und Raten häuslicher Gewalt (Makrophänomen) auch um sozial Konstruiertes, um das Ergebnis sozialer (Zuschreibungs-) Prozesse handelt, so gelten doch die jeweils als Gewalt thematisierten Handlungen (Mikrophänomen) als real und beobachtbar (vgl. Ottermann 2003b). Eine kriminalsoziologische Theorie häuslicher Gewalt beispielsweise sollte gemäß dem Makro-Mikro-Makro-Modell zu erklären versuchen, „warum bestimmte Handlungen, die von definitionsmächtigen Akteuren als Risiken benannt werden, unter Strafe gestellt werden und warum die Produktion von Risiken ebenso wie die selektive Kriminalisierung derselben historisch-geographisch so variabel ist. Sie soll erklären, warum verbotene Handlungen trotz der negativen Sanktionen begangen und warum und wie sie selektiv aufgedeckt, verfolgt und sanktioniert werden, und welche gesamtgesellschaftlich relevanten

Folgen sich aus dem Ensemble der so produzierten Kriminalität in ideologischer und materieller Hinsicht ergeben" (Hess/Scheerer 1997: 85 f.). Auch dies ist in den vorangegangenen Überlegungen zum Teil bereits geschehen.

Häusliche Gewalt ist sprachlich verfasst und wird, inter- sowie intrakulturell variabel, in symbolischer Interaktion vermittelt. Gewalttaten und -täter sind das Ergebnis begrifflicher Subsumptionen. So gesehen, sind Arten und Raten von Gewalt als künstliche, verdinglichte Kulturprodukte zu verstehen. Gleichwohl liegen ihrer Konstruktion der Erfahrung zugängliche Sachverhalte bzw. Ereignisse zugrunde. Zumindest werden ihnen als solche befundene Verhaltensweisen und diejenigen Personen zugeordnet, von denen das indizierte Verhalten (tatsächlich oder vermeintlich) ausgeht (Ottermann 2003b). Häusliche Gewalt als Handeln wurde zwar in den bisherigen Ausführungen bereits definiert und erläutert, aber noch nicht hinreichend erklärt. Darum geht es im Folgenden.

3.1 Instrumentelle und impulsive Bestimmungsgründe häuslicher Gewalt

Wenn eine Person in sichtbarer Weise gegen geltende Normen verstoßen hat, „fragt man üblicherweise nach dem ‚Motiv' [...] Die Frage nach dem Motiv ist in der Regel gleichbedeutend mit der Frage nach den materiellen oder immateriellen Vorteilen, die sich eine Person durch eine Normverletzung zu verschaffen gedachte" (Diekmann 1975: 187). Wer so fragt, unterstellt Absichten, schließt damit Affekthandlungen aus. Zumindest theoretisch sollte die Möglichkeit von Gewalthandlungen im Affekt, also weithin situatives, nicht kontrollierbares Verhalten, das quasi automatisch einem Reiz-Reaktionsschema folgt, in Betracht gezogen werden, zumal in einem solchen Fall eventuell mittels Strafrecht aus einem „Unglück" eine „Untat", aus einem „unschuldigen Opfer" ein „verantwortlicher Täter" gemacht werden könnte (Ottermann 2003b). Doch „Schuld kann es nur dort geben, wo (wie immer eingeschränkt) sinnhaftes Handeln vorliegt" (Bock 2000: 29). Die soziologische Erklärung häuslicher Gewalt befasst sich vor allem mit sinnhaftem Handeln (Tun, Unterlassen, Dulden).

Einem sich seines Tuns, Unterlassens oder Duldens bewussten Akteur lässt sich – idealtypisch – unterstellen, dass er sich für diejenige Handlungsalternative (einerlei ob nun gewaltförmig oder nicht) entscheidet, die ihm am sinnvollsten oder attraktivsten erscheint bzw. von der er sich den größten Nettonutzen verspricht. Gleiches gilt für die Wahl, die Aufnahme, die Aufrechterhaltung und den Abbruch sozialer Beziehungen. Nicht nur Gewalt im engeren Sinne, auch die soziale Kontrolle von Gewalt muss sich lohnen (Ottermann 2000, 2003b, 2003c). „Aber auch dann, wenn der Akteur in den Augen des Beobachters nicht zweckrational handelt [...], kann der Beobachter nur auf der Folie des zweckrationalen Idealtyps andere Entscheidungsweisen (wertrationale, affektuelle, habituelle, triebhafte usw.) feststellen bzw. sekundär konstruieren" (Hess/Scheerer 1997: 111).

Menschen bewerten Verhaltensweisen danach, inwieweit sie der willentlichen Kontrolle des Handelnden unterliegen, d. h. von ihm selbst zu verantworten sind. Vorstellungen darüber, was als willentlich kontrollierbar gilt oder nicht, ändern sich im Laufe der Zeit bzw. variieren interkulturell und bisweilen sogar intrakulturell. Gleiches gilt für die angenommenen Ursachen externer Kontrollierbarkeit bzw. Unkontrollierbarkeit von Verhaltensweisen. Es handelt sich in beiden Fällen um soziokulturelle Konstrukte der (zwischen-)menschlichen Wirklichkeit mit bedingter raum-zeitlicher Geltung, um Alltagstheorien anthropologischer, psychologischer, pädagogischer oder soziologischer Art. Abweichendes Verhalten, das gemeinhin als unkontrollierbar gilt, wird tendenziell – das Ausmaß tatsächlich oder vermeintlich angerichteten Schadens spielt ebenfalls eine Rolle – milder sanktioniert als ein solches, das als kontrollierbar angesehen wird. Insofern eine Person sich selbst z. B. als vom Schicksal, von den Genen, von unglücklichen Umständen oder wovon auch immer getrieben sieht, kann sie ihr abweichendes Verhalten als unverschuldet begreifen. Analoges gilt für Interaktionspartner und Beobachter, die die Annahmen des Abweichlers teilen. Handelt es sich um Annahmen, deren Gültigkeit nahezu unangefochten bleibt, dann ergibt sich ggf. der „glückliche" Umstand, dass die „getriebene" Person wohl straffrei ausgehen wird, falls sich der „Teufel" gemäß gesellschaftlicher Vorstellungen auch anders, etwa mittels Therapie oder Erziehung, „austreiben" lässt, wenn nicht, z. B. aufgrund von lebenszyklischen Veränderungen, von selbst erledigt (Ottermann 2000, 2003b).

Das gesellschaftliche Wissen um „Motive", also das, was Menschen bzw. deren Verhaltensäußerungen im weitesten Sinne anzutreiben vermag, ist von praktischer Relevanz nicht nur in strafrechtlicher Hinsicht, weil einen Menschen für eine „Tat" verantwortlich zu machen, doch wohl zumindest so etwas wie die Zuschreibung von „Fahrlässigkeit" voraussetzt, sondern auch, weil unter Berücksichtigung möglicher „Motive" An-/Reize unter Umständen so gesetzt werden können, dass an die Stelle abweichenden Verhaltens vermehrt konformes Verhalten tritt (Ottermann 2000, 2003b). „Je spektakulärer die Tat, desto eindringlicher fragen wir nach dem *Warum*: Was sind die Ursachen dafür, dass ein Mensch einen anderen beleidigt, bedroht, schlägt, foltert oder umbringt? Die Ursachen interessieren besonders deshalb, weil wir hoffen, mit den Ursachen für Gewalt und Aggression auch Kontrollmöglichkeiten, das heißt Mittel und Wege zur Verringerung der gefährlichen Verhaltensweisen zu finden" (Mummendey 1992: 275).

Im Rahmen des Makro-Mikro-Makro-Modells der soziologischen Erklärung werden makrosoziale Phänomene (z. B. die Belastung von Gesellschaften mit familialer Gewalt) auf mikrosoziale Strukturen und Prozesse (u. a. gewaltförmige Interaktionen) und diese wiederum auf Makrophänomene (beispielsweise geschlechts- oder milieutypische Sozialisationsmuster) zurückgeführt.

Als Mikro- bzw. sozialpsychologisches Phänomen lässt sich Gewalt bzw. soziale Aggression als (Versuch der) Beeinflussung des Verhaltens anderer mittels Androhung oder Anwendung von Zwang beschreiben. Da Gewalt als soziales Handeln interessiert, bedarf es einer Handlungsstheorie, die so viele Formen sozialer Aggression, wie irgend möglich, möglichst allgemein, d. h. weitgehend ohne Rückgriff auf kulturspezifische Merkmale, besondere oder gar außergewöhnliche situative Umstände oder Charakterzüge von Personen, sowie möglichst einheitlich erklärt. Das utilitaristische Handlungsmodell ist in diesem Sinne besonders geeignet, instrumentelle Aggressionen bzw. zweckrationales Gewalthandeln zu erklären, während impulsive Aggressionen bzw. affektuelles Gewalthandeln sich recht gut mittels sozialpsychologischer Theoreme modellieren lassen. Traditionales (bzw. habituelles) Gewalthandeln hingegen ist nicht ohne Rückgriff auf kulturelle Muster bzw. Merkmale zu erklären, während wertrationales Gewalthandeln sozialisationstheoretisch modelliert werden muss. Auch zweckrationales und affektuelles Gewalthandeln bleiben, was ihren subjektiven Sinn betrifft, letztlich von kollektiven Deutungsmustern nicht unberührt. Denn die Definition der Situation ist immer von entscheidender Bedeutung und Situationsdefinitionen werden beeinflusst von im Sozialisations- bzw. Enkulturationsprozess vermittelten Deutungsmustern. Auch die unterschiedlichen Ausdrucksformen von Gewalt werden sozial vermittelt. Sie werden gemäß denselben Prinzipien oder Mechanismen (v)erlernt, wie jedes andere soziale Verhalten auch: über klassische und operante Konditionierung einerseits und Lernen am Modell bzw. mittels stellvertretender Verstärkung andererseits. Dabei können etwa der Erhalt attraktiver Gegenstände, der Gewinn von sozialer Anerkennung bzw. sozialem Status oder aber die Beendigung einer unangenehmen Lage als positive Verstärker dienen (Mummendey 1992: 285).

Diese Effekte aus dem Sozialisationsprozess machen aber deutlich, dass noch eine weitere (Aggregat-) Größe einbezogen werden muss, nämlich das soziale Milieu (Hradil 1992). „Milieus" sind eine Form von Normen- und Wertegemeinschaft und sie bezeichnen Gruppen von Personen, die ähnliche oder übereinstimmende Normen- und Wertvorstellungen und oft eine ähnliche soziale Lage aufweisen. Zwischen diesen Personen finden soziale Kontakte aufgrund der gemeinsam geteilten Haltungen häufiger statt oder sind leicht möglich. Außerdem konzentrieren sich diese Personen z. T. auch räumlich, z. B. in bestimmten Stadtvierteln. Daraus können typische Geschlechtsrollenmuster, Erziehungspraktiken und Interaktionsrituale entstehen, die bei räumlicher Konzenration der Akteure in Risikonachbarschaften münden können.

Der bereits angeführte Lerneffekt erfolgt dann auch dadurch, dass der Akteur durch die milieutypischen Umweltreaktionen die Grenzen eigener Wahl-, Entfaltungs- und Handlungsmöglichkeiten erfährt und verinnerlicht. Dies wiederum hängt mit den objektiven und symbolischen Ressourcen zusammen, über die ein Akteur verfügt und die er in die Interaktionen einbringen kann, in die (begrenzten) Möglichkeiten, auf die Definition der Situation Einfluss zu nehmen.

Etliche unserer (teil-, sub-) kulturell vermittelten Ziele lassen sich lediglich über andere erreichen. Wollen wir unsere Ziele realisieren, müssen wir diese anderen dahingehend beeinflussen, dass sie sich entsprechend zielführend verhalten. Hierfür gibt es zahlreiche Möglichkeiten, wie z. B. Überredung, Tauschangebote, Versprechen, Bündnisbildung und Vorbildhandlung, aber eben auch Drohungen, Bestrafungen, physische und psychische Gewalt. Physischer bzw. psychischer Zwang wird aus utilitaristischer Sicht dann ausgeübt, wenn der Akteur glaubt, dass andere Formen der Einflussnahme weniger effektiv oder überhaupt nicht zielführend sind. In der Literatur findet sich die Behauptung, dass ein Defizit an den im Vergleich zu physischem oder psychischem Machtpotenzial positiv bewerteten Ressourcen personaler oder sozialer Art gewaltförmige Lösungen wahrscheinlich macht: „Zu den Bedingungen, die das Vertrauen in positive Formen der Einflussnahme untergraben und somit die Wahrscheinlichkeit des Zwangs erhöhen, gehören fehlende soziale Fertigkeiten, Mangel an Intelligenz, an Bildung oder an Mitteln, die ihren wirksamen Einsatz ermöglichen würden. Eine Person mit geringer Intelligenz oder mangelndem Ausdrucksvermögen kann keine überzeugenden Botschaften formulieren, eine Person ohne Ressourcen kann keine Tauschangebote unterbreiten oder glaubwürdige Versprechen machen. Dieser Erklärung entspricht, dass Gewaltverbrecher weniger intelligent als nicht gewalttätige Kriminelle sind [...] und dass mangelndes Ausdrucksvermögen mit Gewalt in der Ehe in Verbindung gebracht wird [...] Knappheit und Wert der Ressourcen in einem Konflikt stehen in Zusammenhang mit seiner Intensität sowie der Wahrscheinlichkeit, dass Zwang ausgeübt wird“ (Tedeschi 2002: 582). Wenn Familienmitglieder im Allgemeinen und (Klein-) Kinder (schon aus entwicklungspsychologischen Gründen) im Besonderen „nicht imstande sind auszudrücken, was sie brauchen und möchten, und sich nicht mit Worten mitteilen können, kann gewalttätiges Verhalten zu einem zentralen Kommunikationsmittel werden“ (Kolk/Streeck-Fischer 2002: 1033).

Die Ressourcentheorie geht zudem davon aus, dass jedes soziale System, also auch die Familie, in einem gewissen Maß auf Zwang oder der Androhung von Zwangsmaßnahmen basiert. „Physische Gewalt [...] steht bereit, um in rudimentären sozialen Situationen mit rudimentären Ressourcen rudimentäre Ordnungen herzustellen. Komplexe Ordnungen schaffen und reproduzieren sich hingegen mit [...] Mitteln des ökonomischen, kulturellen, sozialen und symbolischen Kapitals“ (Smaus 2003: 119 f.). Je mehr Ressourcen persönlicher, sozialer, materieller oder immaterieller Art einem Akteur zur Verfügung stehen, desto größer ist sein Potenzial, eigene Interessen gegen die Interessen des oder der Anderen durchzusetzen, auch ohne Gewalthandlungen ausführen oder mit diesen offen drohen zu müssen. Das offene Drohen mit Gewalt oder deren Einsatz kann als funktionales Äquivalent jener Ressourcen betrachtet werden und wird damit umso wahrscheinlicher, je weniger ein Akteur über Ressourcen verfügt, die es ihm ermöglichen, auch ohne Gewalt zum Ziel zu kommen. „Ein Ehemann etwa, der in seiner Familie die dominante Rolle spielen möchte, jedoch nur eine geringe Schulbildung besitzt, eine Stelle mit geringem Prestige und Einkommen innehat und dem es an zwischenmenschlichen Fähigkeiten mangelt, wird somit möglicherweise auf gewalttätige Mittel zurückgreifen, um seine dominante Position aufrechtzuerhalten. Ebenso wenden Familienmitglieder (darunter auch Kinder), deren alternative Ressourcen begrenzt sind, möglicherweise Gewalt an, wenn es Probleme zu bewältigen gilt. Gleichermaßen dürften zum Beispiel manche Frauen, die kaum auf soziale Ressourcen oder Kontakte zurückgreifen können, aus Gründen des Selbstschutzes auf den Einsatz von Gewalt gegen ihre Männer verfallen" (Gelles 2002: 1068 f.).

Dabei müssen aber auch die Ressourcen des Gegenübers, auf den Einfluss ausgeübt werden soll, einbezogen werden: Wenn er/sie über mehr Ressourcen verfügt, ist er/sie auf der einen Seite durch eine Mehrzahl von Mitteln beeinflussbar, also z. B. auch über verbale und diskursive anstatt nur über körperliche Mittel. Das erhöht prinzipiell die Chancen für eine nicht-körperliche Konfliktbearbeitung. Auf der anderen Seite steigen mit den Ressourcen des Anderen – gleich, ob es der Partner oder das eigene Kind ist – aber auch die Möglichkeiten, entsprechende „Zumutungen" zurückzuweisen.

Zweckrational ist ein Gewalthandeln dann, wenn es aus Sicht des Akteurs von allen ihm möglichen, d. h. ihm in den Sinn kommenden und durchführbar erscheinenden Handlungsalternativen am besten geeignet erscheint, das Verhalten des oder der Anderen in seinem Sinne zu beeinflussen. Zweckrationales oder instrumentelles Gewalthandeln ist dem subjektiven Sinn nach eine Form sozialer Kontrolle. Es ist der Versuch, das Verhalten anderer mittels Androhung oder Erteilung negativer Sanktionen (bzw. aversiver Stimuli) zu kontrollieren. Doch wie jedes Handeln ist auch Gewalthandeln mit Unsicherheiten und Risiken behaftet. Und wie jedes Handeln verursacht auch die Anwendung bzw. Androhung von Gewalt Handlungskosten. Sie muss sich deshalb insgesamt im Vergleich zu den anderen perzipierten Handlungsalternativen für den Akteur lohnen und zielführend sein, sonst wäre sie aus dessen Sicht unsinnig und eben nicht zweckrational. Die Androhung bzw. Anwendung von Gewalt ist dann die Handlung der Wahl, wenn jene im Vergleich zu den alternativen Handlungsmöglichkeiten im Hinblick auf die Erreichung eines bestimmten Zieles dem Akteur am effizientesten und kostengünstigsten zu sein scheint, d. h. den größten Nettonutzen verspricht. Der Akteur kann sich irren, und der gewaltförmige Beeinflussungsversuch scheitern. Wird er an der Verwirklichung seiner Ziele gehindert, d. h. frustriert, kann der instrumentelle Einsatz von Gewalt in impulsives bzw. affektuelles Gewalthandeln umschlagen und letztlich in einer Eskalation von Gewalt enden.

Nach der Theorie vom Erregungstransfer verhalten sich Menschen dann aggressiver, wenn sie zuvor gereizt worden sind (affektuelles Gewalthandeln). Der Reiz selbst muss keineswegs selbst aggressiver Natur sein. Es reicht z. B. auch der Stress durch Belastungssituationen. „Kindesmisshandlung [...] hat oft damit zu tun, dass die Eltern – abgespannt durch Berufstätigkeit – die Nerven verlieren [...] Die Erscheinung der ‚Rabenmutter', also der Mutter die ihre Kinder aus ‚reiner Böswilligkeit' quält, ist hingegen relativ selten [...] Zu Kindesmisshandlung kommt es vielmehr eher dann, wenn das Kind ‚schwierig' ist – sich etwa im ‚Trotzalter' befindet" (Schwind 2002: 372). Auch muss sich die Erregung nicht unmittelbar in aggressivem Verhalten äußern. Sie kann eventuell über längere Zeit in Erinnerung bleiben und konserviert werden. Auch die Grundeinstellung („Kinder sind kleine Tyrannen", „Männer sind Schweine", „Feministen sind aggressiv") kann ein dauerhaftes Reizmuster bilden, „das z. B. von außen aufgebaut werden kann: Das geschieht etwa in den Zirkeln radikaler politischer Gruppen, die differenziertes Denken zugunsten von Schwarz/Weiß-Bildern auszuschalten versuchen. Gewalt entsteht also ebenso wenig wie ein Gewitter aus heiterem Himmel" (Schwind 2002: 122). Die Zeitschrift Emma bietet hierfür reichlich Anschauungsmaterial mit Scherzen wie „Was ist ein Mann in Salzsäure?" – „Ein gelöstes Problem!" oder „Was ist ein Mann im Knast?" – „Artgerechte Haltung!". Hierüber regen sich wiederum Männer in verbal-aggressiver Weise auf: „Dafür bekommt frau heutzutage, wie Alice Schwarzer, vom Patriarchat das Bundesverdienstkreuz" (Klonovsky/Scherer 2003: 124).

Die Entstehung affektuellen Gewalthandelns lässt sich als Reaktion auf Ärger begreifen. Ärger kann entweder das Resultat (1) einer Frustration oder (2) eines Angriffs sein. „Ein Ereignis ist frustrierend, wenn es dem Erreichen eines bestimmten Ziels im Weg steht [...] Freud glaubte, die Hauptmotivation des Menschen liege im Streben nach Lust und der Vermeidung von Schmerz. Ein Mensch, der an Lustgewinn oder Schmerzvermeidung gehindert wurde, galt als frustriert" (Baumeister/Bushman 2002: 599). Da Angriffe physischer oder verbaler Art in diesem Sinne ebenso unerfreulich für das Zielobjekt sind und dieses daher verärgern können, auch ohne irgendwelche Pläne zu durchkreuzen, sind sie neben Frustrationen, also der Vereitelung oder Blockierung von Zielen im engeren Sinne, als eigenständige Quelle möglichen Ärgers zu betrachten.

Nicht jede Frustration bzw. jeder Angriff führt zu (subjektiv als berechtigt empfundenem) Ärger und nicht jeder Ärger wird mit aggressivem Verhalten beantwortet. Zumindest Frustrationen sind nichts Außeralltägliches, sondern vielmehr für viele Menschen regelmäßiger Bestandteil sozialer Interaktion – „dennoch führen die meisten dieser Frustrationen nicht zur Aggression. Dazu ist Frustration für manche Form der Aggression nicht einmal Vorbedingung [...] Es hat sich gezeigt, dass Frustrationen, die willkürlich, gezielt oder ungerechtfertigt erscheinen, am ehesten Aggressionen hervorrufen. Im Gegensatz dazu führen Frustrationen, die nicht unerwartet kommen und verständlich sind, ebenso wie Frustrationen, die nicht beabsichtigt waren oder als legitim anerkannt werden, weit weniger häufig zur Aggression“ (Baumeister/Bushman 2002: 600). Gleiches gilt für physische und verbale Angriffe. Frustrationen und Angriffe sind interpretationsbedürftig. Von ihrer Interpretation hängt es ab, ob man sich über sie ärgert und gewaltförmig reagiert.

Identische Frustrationen oder Angriffe können als mehr oder weniger unvermeidbar, richtig und notwendig oder aber als mehr oder minder vermeidbar, schändlich und unangemessen, d. h. von Betroffenen oder Beobachtern als (sozial) nützlich oder schädlich sowie als legitim oder illegitim bewertet werden. Es geht also darum, ob normative Erwartungen enttäuscht oder erfüllt werden. Handelt es sich um einen Angriff bzw. bei der Quelle der Frustration um einen individuellen oder kollektiven Akteur, ist für die Entstehung subjektiv berechtigten Ärgers die Zuschreibung von Verantwortlichkeit und Absicht relevant. Ärger entsteht, wenn die Frustration bzw. der Angriff als absichtlich schädigend bzw. Übel billigend oder wollend interpretiert wird. Je schädlicher die Konsequenzen von Frustration oder Angriff und je größer die normative Diskrepanz den Betroffenen oder Dritten erscheinen, desto größer ist ihr Ärger und desto angemessener oder zumindest verständlicher erscheint ihnen und desto wahrscheinlicher wird Gewalt als Reaktion. Auf diese Art und Weise lassen sich negative Sanktionen auf abweichendes Verhalten und Gewalt als Gegengewalt oder Antwort auf Provokation gleichermaßen erklären und rechtfertigen. „Ein Verhalten, das Antwort auf eine vorausgegangene Provokation zu sein scheint, wird nicht als aggressiv eingeschätzt, eine unprovozierte oder unverhältnismäßig härtere Antwort auf eine Provokation hingegen wird als aggressiv beurteilt. Abhängig von der Beurteilung eines Verhaltens als absichtlich schädigend und normverletzend wählt der direkt (oder indirekt) Betroffene wiederum eine Antworthandlung aus, die dann in seinen Augen angemessen und gerechtfertigt, in den Augen des jetzt Betroffenen jedoch wiederum als aggressiv erscheinen kann. Aggressive Interaktionen können also gekennzeichnet werden durch zwischen Akteur und Betroffenem konfligierende Bewertungen der normativen Angemessenheit einer Verhaltensweise [...] Aggression erscheint also als ein Begriff, der *relativ* zu interaktionsspezifischen Beurteilerpositionen und Bedingungen des sozialen Kontextes zur Beurteilung einer Aktion verwendet wird und die Wahl der jeweilig angemessenen Re-Aktion determiniert“ (Mummendey 1994: 108 f.). Systematische Attributionsverzerrungen, die dahin tendieren, das eigene Verhalten als angemessene Reaktion auf Aggressionen des anderen, die Aktionen und Reaktionen des anderen aber als unangemessen und provozierend zu sehen, führen auf diese Art und Weise zur Eskalation der Gewalt. „Subjekte betrachteten ihr Handeln als provoziert, Objekte nahmen Angriffe als nicht-provoziert wahr. Befragungen von Ehepaaren ergaben, dass Männer und Frauen sehr unterschiedliche Erinnerungen an das haben, was die jeweils andere Person als Übergriff erlebte [...] Andere zu beschuldigen, kann eine Form der Selbstrechtfertigung sein, doch können Divergenzen das Ergebnis elementarer Attributionsfehler sein [...] Im Allgemeinen neigen Akteure eher dazu, das eigene Verhalten als durch Umweltkräfte beeinflusst anzusehen, während Beobachter dazu neigen, Akteure als Hauptursachen ihres Handelns zu betrachten" (Tedeschi 2002: 586).

Umgekehrt halten sich Ärger und Tendenzen, mit Gewalt zu antworten, in Grenzen, wenn der Akteur aus Sicht des Betroffenen oder Dritter angemessen reagiert, aber auch wenn er nach deren Wissen z. B. außergewöhnlichen Belastungen bzw. Stress ausgesetzt ist oder keine Kontrolle über sein Verhalten hat. Über die „mildernden Umstände" müssen Betroffene und Dritte aber vorab informiert sein, also noch bevor es zu Angriffen und Frustrationen kommt, soll sich ihr Ärger in Grenzen halten und eine entsprechende Reaktion vermieden werden (Mummendey 1992; Taylor/Peplau/Sears 1994). Auch der instrumentelle Einsatz von „Ärger" geht in diese Richtung: „Ärger kann andere einschüchtern, und zwar besonders deshalb, weil viele Menschen offene Konflikte möglichst zu vermeiden suchen. Wer für seine Wutausbrüche bekannt ist, kann langfristig von diesem Ruf profitieren, nämlich dann, wenn andere Menschen sich dazu veranlasst sehen, den Wünschen dieser Person nachzugeben, um Wuttiraden zu verhindern. Ärger kann auch eine soziale Funktion erfüllen, indem er eine mögliche Aggression frühzeitig anzeigt, und es damit anderen ermöglicht, den Konflikt zu beseitigen und die Wogen zu glätten, bevor die ärgerliche Person gewalttätig wird. Es gibt Menschen, die von diesem Mechanismus sehr wirksamen Gebrauch machen, indem sie ihren aufkommenden Ärger dazu benutzen, ihr Umfeld dazu zu bringen, sich nach ihren Wünschen zu richten" (Baumeister/Bushman 2002: 603).

Ebenso wirksam dürfte aber auch die Demonstration von Verletzlichkeit sein, wenn normative Erwartungen gegenseitiger Unterstützung bestehen und Geschlechtsrollenerwartungen die Demonstration von Verletzlichkeit zulassen: „Willst du, dass Mama weint!?" Die Flucht in Tränen kann Ausdruck wirklicher Hilflosigkeit sein, aber auch instrumentell – als eine Art „Psychoterror" – eingesetzt werden, um die eigenen Interessen durchzusetzen. Dafür muss sie aber „echt" wirken. Andererseits ist das Potenzial, Schuldgefühle zu erwecken bzw. zu empfinden, insofern eufunktional, als es dabei hilft, das Wohlergehen anderer zu respektieren, indem für den Fall, dass man im Begriff ist, anderen Leid zuzufügen oder jene von diesem nicht zu erlösen, ein schlechtes Gewissen antizipiert wird (Baumeister/Bushman 2002: 612).

Die Familie ist Schauplatz alltäglicher Frustrationen, die aus Interessenkonflikten resultieren, und entsprechenden Aggressionen affektueller Art, wie aus Umfragen hervorgeht: „Surprisingly, the most commonly reported source of conflict in American families concerns housekeeping. Families argue and fight endlessly about what and how much to clean, about the quality of food served, about taking the trash out, mowing the lawn, and fixing things […] Close behind are conflicts about sex, social activities, money, and children" (Taylor/Peplau/Sears 1994: 436). Gerade die Alltäglichkeit von Frustrationen und Aggressionen aber, die sich vor allem bei strukturellen Belastungen beispielsweise ökonomischer Art (Arbeitslosigkeit, Geld- und Zeitmangel, Kinderreichtum etc.) häufen, kann die potenziell „mildernden Umstände" aus dem Blick geraten lassen und zur Eskalation familialer Gewalt führen. Zu den strukturellen Belastungen intrafamilialer Art gehören (kleine) Kinder, wenn sie regelmäßig nicht so wollen, wie es die Eltern wollen. „Bei Eltern, die das Fehlverhalten oder Versagen ihrer Kinder vorsätzlichem Ungehorsam zuschreiben, ergibt sich eine höhere Wahrscheinlichkeit für Misshandlungen" (Tedeschi 2002: 585). Andererseits können sich die Familienmitglieder im Falle dauerhafter Belastung an das aggressive Familienklima bzw. Kommunikations-/Interaktionsmuster, das eine subjektiv sinnhaft adäquate Anpassung an jene Belastungen darstellt, gewöhnen, so dass ihnen der gewaltförmige Umgang als „normal" erscheint. Lediglich Beobachter (z. B. Gewaltforscher, Bildungsbürger oder Moralunternehmer) haben dann damit ein Problem.

Die Familie ist der erste und wohl auch wichtigste Ort, an dem man mit Frustrationen und Krisen, einerlei ob innerhalb oder außerhalb des Familienlebens generiert, umzugehen lernt. Sie ist nicht selten aber auch der Ort, an dem zum ersten Mal Gewalt erfahren und als Möglichkeit, auf Stressoren zu reagieren, erlebt oder beobachtet wird. „Dabei wird nicht nur das gewalttätige Verhalten selbst, sondern auch die Rechtfertigung eines solchen Verhaltens erlernt. Aussprüche wie ‚Das tut mir mehr weh als dir' oder ‚Du warst böse, also hast du Prügel verdient', tragen zu der Art und Weise bei, wie Kinder gewalttätiges Verhalten rechtfertigen lernen" (Gelles 2002: 1068). Die Familie ist zudem der Ort, an dem Kinder als erstes lernen, welche aggressiven Verhaltensweisen von wem gegenüber wem in welchen Situationen und in welchem Ausmaß toleriert werden und Erfolg haben und welche nicht. Gerade weil Eltern (im Rahmen der primären Sozialisation) die Hauptverstärkungsquelle und wichtigsten Identifikations- und Imitationsobjekte für Kinder darstellen, haben sie mit der Art und Weise, wie sie ihre Kinder behandeln und wie sie miteinander umgehen, entscheidenden Anteil daran, welche Verhaltensweisen und Einstellungen diese erlernen. Ein Kind dafür zu bestrafen, dass es sich aggressiv verhält, mag kurzfristig den Erfolg bescheren, dass es sich tatsächlich weniger aggressiv verhält – nämlich zuhause, wo ihm Strafe droht, nicht aber in anderen sozialen Kontexten, in denen das Kind sich in einer überlegenen Position gegenüber anderen befindet (Taylor/Peplau/Sears 1994: 440 f.). Gleichzeitig wird ihm für seine spätere Elternrolle ein „effektives Erziehungsmittel" mit an die Hand gegeben. Gewalt als erlernte Reaktion auf eine Frustration oder einen Angriff richtet sich mit relativ hoher Wahrscheinlichkeit nicht direkt gegen deren Urheber, wenn diese überlegen, wehrhaft oder sanktionsmächtig, wenn überhaupt erreichbar sind, sondern auf Ersatzobjekte, die einem weniger gefährlich werden können und zur Stelle sind. Nicht nur der Affekt, sondern auch Zweckrationalität bestimmen dann das Handeln: „Eine Person wird sich hüten, eine andere anzugreifen, wenn sie sicher ist, der Strafe von Dritten oder der Rache ihres Opfers nicht entgehen zu können" (Mummendey 1992: 284).

Es ist diese zweckrationale Dimension gewaltförmiger Optionen und Restriktionen, die gleichzeitig eine Möglichkeit bietet, sowohl potenziellen Gewalttransfer als auch den intergenerationalen Kreislauf der Gewalt zu durchbrechen, indem der Nettonutzen gewaltfreien Handelns mittels der Reaktionen sozialer Kontrollagenten relativ zum Nettonutzen gewaltförmiger Praktiken gesteigert wird. Gewaltfreies Verhalten muss aus Sicht des Sozialisanden mindestens den gleichen Nettonutzen erbringen wie die beste gewaltförmige Handlungsalternative, um zur Handlung der Wahl zu werden. Dazu muss gewaltfreies Handeln in den Augen des Sozialisanden zielführend bleiben; er muss etwas davon haben, es muss sich um eine wirkliche Alternative handeln, was den erfolgreichen Umgang mit Frustrationen oder Attacken anderer oder die Durchsetzung eigener Interessen betrifft. Die normativen Erwartungen sozialer Kontrollagenten müssen ihm als legitim und ihre Sanktionspraktiken als angemessen erscheinen, ansonsten werden der Gewalttransfer und der Kreislauf der Gewalt nicht durchbrochen, sondern lediglich verlagert. Werden diese Sachverhalte bei der Problematisierung und Skandalisierung häuslicher bzw. familialer Gewalt von Moralunternehmern berücksichtigt, können ein Norm- und Wertewandel eingeleitet und positive Einstellungen gegenüber gewaltförmigen Praktiken unterminiert werden. Dies scheint in den USA in Bezug auf Gewalt gegen Kinder in den Jahren zwischen 1975 und 1985 tatsächlich gelungen zu sein (Straus/Gelles 1986). Während dieser Dekade erlangte das Problem ein hohes Maß an öffentlicher Aufmerksamkeit. Es wurden Aufklärungskampagnen über die psychischen und sozial unerwünschten Folgen von körperlicher Züchtigung gestartet und damit traditionales Gewalthandeln in Frage gestellt sowie neue Gesetze geschaffen und Programme zur Bekämpfung der Ursachen von Kindesmisshandlung ins Leben gerufen. Die Grenzen hinsichtlich akzeptabler physischer Reaktionen auf kindliche Provokationen wurden dadurch enger gezogen und tatsächlich wurde am Ende der Dekade, also 1985, weit weniger über schwerwiegende Gewalt (im Sinne der Conflict Tactics Scale) gegen Kinder von Seiten ihrer Eltern berichtet als noch 1975. Noch deutlicher zeigte sich eine derartige Entwicklung in Schweden. „Schweden verbot als erstes Land die körperliche Züchtigung von Kindern durch sämtliche Betreuungspersonen. Seit dem Erlass des Verbots im Jahr 1979 hat sich auch die öffentliche Meinung zur körperlichen Züchtigung geändert. Landesweiten Umfragen [...] zufolge sprachen sich 1965 noch 53%

aller schwedischen Eltern für die körperliche Züchtigung aus; 1994 war die Zahl der Befürworter auf 11% gesunken“ (Garbarino/Bradshaw 2002: 913).

Um indessen Problemverhalten von Problemfamilien erfolgreich bekämpfen zu können, die weiterhin ein relativ hohes Maß an physischer Gewalt gegen Kinder aufweisen und billigen, muss bei deren psychosozialen Ursachen, nämlich der überproportionalen Belastung mit als ungerechtfertigt empfundenen Frustrationen und Angriffen, den damit verbundenen Affekten sowie den tradierten gewaltförmigen Problemlösungsmustern, angesetzt werden, also etwa, indem deren Grundversorgung sicher gestellt, den Familienmitgliedern Achtung entgegen gebracht und ihren Problemen Beachtung geschenkt wird. Moralunternehmer, Familienpolitiker, Polizei, Rechtspflege und psychosoziale Dienste müssen ihnen als „Freunde und Helfer“, nicht als weitere Bedrohungen erscheinen; dann können auch die Kontrollagenten mit einem geringeren Ausmaß an gewaltförmigen Reaktionen gegen sich selbst rechnen (Taylor et al. 1994: 442 ff.).

Was wertrationales Gewalthandeln betrifft, gestaltet sich die Herbeiführung eines Einstellungs- und Verhaltenswandels weit schwieriger, weil jenes nicht nur milieugebunden, sondern auch mit Geschlechterstereotypen verbunden ist. Zudem sind wertrationale Verhaltensweisen per definitionem gegenüber äußeren Beeinflussungsversuchen relativ immun. Auch heute noch stehen repressive Vergeltungsmaßnahmen (Forderung bzw. Androhung von Todesstrafe oder lebenslänglichen Haftstrafen), wenn es um Reaktionen auf als besonders abscheulich und schädlich bewerte Gewaltformen geht, hoch im Kurs, unabhängig davon, ob sie auf potenzielle Täter abschreckend wirken oder gar, weil Gewalt Gegengewalt erzeugt, alles noch viel schlimmer mache. Vor allem aber sind gesellschaftliche Vorstellungen von Weiblichkeit und Männlichkeit der Institutionalisierung und Internalisierung gewaltfreier Umgangsformen abträglich, sofern, den Idealen von Männlichkeit und Weiblichkeit so weit wie möglich zu entsprechen, je nach sozialem Milieu mehr oder minder als solches belohnend bzw., diesen nicht zu entsprechen, belastend ist. So wird Männern, Frauen, Jungen und Mädchen beispielsweise traditionell ein unterschiedliches Ausmaß an Ängstlichkeit und Verletzlichkeit zugeschrieben und gestattet. Frauen und Mädchen haben mehr Angst vor Gewalt (zu haben) als Jungen und Männer, zumal wenn Letztere aus sozial unterprivilegierten Milieus stammen, in denen der „Kodex der Straße“ gilt.

Anderson (1999) thematisiert den „Kodex der Straße“ sozial unterprivilegierter Männer als mögliche Ursache von Gewalt. „Junge Männer passen sich an ihre Lebensumstände in der Weise an, dass sie übersteigerte Konzeptionen von Ehre und Achtung entwickeln (Kersten 2003; Findeisen/Kersten 1999). Dies geschehe unter Verhältnissen, in denen sie keine normalen Möglichkeiten haben, Achtung zu erwerben, wie z. B. berufliche Tätigkeit, Karriere und Möglichkeit der Selbstbestimmtheit. Anderson zufolge tritt Gewalt dann auf, wenn diese armen jungen Leute ihre Ehre beschmutzt sehen, wenn sie herablassend oder verächtlich behandelt werden“ (Crutchfield/Wadsworth 2002: 97). Aber auch bei Mädchen bleiben Wohnumfeld und soziale Lage nicht ohne Einfluss. Ethnografische Studien verweisen vielmehr darauf, dass sich der „Kodex der Straße“ bei Mädchen in anderen Formen der Aggression äußert. Jungen wahren ihren Ruf überwiegend mittels direkter physischer Aggression. Mädchen hingegen greifen bei der Auseinandersetzung mit ihrem Umfeld (traditionell) eher auf indirekte Mittel zurück. Sie bedienen sich Dritter, um Gegner auszustechen, manipulieren und kontrollieren auf Umwegen ihre Umwelt im eigenen Interesse (Foster/Hagan 2002). List in diesem Sinne gilt seit eh und je als funktionales Äquivalent für Gewalt, als probates Mittel, körperliche Unterlegenheit auszugleichen und offene Konfrontationen zu umgehen, ohne die eigenen Ziele aufgeben zu müssen (Ottermann 2000). Zudem ist aufgrund milieutypischer Geschlechtsrollenerwartungen und entsprechender informeller Praktiken sozialer Kontrolle davon auszugehen, „dass Mädchen eher sanktioniert werden, wenn sie sich physisch aggressiv verhalten, wohingegen Jungen möglicherweise gerade dann Sanktionen erleben, wenn sie dies nicht tun“ (Foster/ Hagan 2002: 690).

Gemäß Foster und Hagan (2002) ist die geschlechtstypische Differenz hinsichtlich der präferierten Aggressionsformen in sozioökonomisch unterprivilegierten Milieus am deutlichsten ausgeprägt (was für gewaltauffällige Mädchencliquen aber offenkundig nicht gilt; s. u.). Auch das Aggressionsniveau insgesamt fällt hier höher aus als in anderen sozialen Milieus (Foster/Hagan 2002). Die Sitten sind rauer, was in Anbetracht des Umfeldes – des raueren Klimas – durchaus nicht als Verhaltensdefizit zu begreifen ist, sondern als umweltadäquates Verhalten ganz im Sinne des „Kodex der Straße“. Für sozial Unterprivilegierte gilt nach Foster und Hagan (2002) folglich eine doppelte Differenz im Vergleich zu anderen gesellschaftlichen Kreisen, nämlich ein milieutypisch höheres Aggressionsniveau einerseits und eine geschlechtstypisch deutlich ausgeprägtere Präferenz direkter versus indirekter Aggression andererseits. Unabhängig davon aber, d. h. allgemein scheint zu gelten, dass gewalttätige und aggressive Verhaltensweisen, gleichgültig ob direkter oder indirekter Art, am wahrscheinlichsten sind, wenn Menschen mit (subjektiv) positivem, aber instabilem Selbstbild und/oder prekärem Status auf Personen oder Umwelten treffen, die diese positive Selbsteinschätzung oder soziale Position, etwa durch Beleidigung oder mangelnden Respekt, angreifen. Eine beleidigte Person attackiert, direkt oder indirekt, die Quelle der Beleidigung, um Respekt zu erhalten, ihr Selbstwertgefühl zu stabilisieren und ihren sozialen Status zu erhalten (Baumeister/Bushman 2002: 605 f.). Anders ausgedrückt: Die Angst vor sozialer Abwärtsmobilität macht aggressiv. Die Aggression dient der Abwehr von Bedrohungen des Selbstwerts und des sozialen Status. Das Problem der „männlichen“ Präferenz von offenen und direkten Formen der Aggression indes dürfte dafür verantwortlich sein, dass diese Beobachtern aus anderen Milieus eher negativ auffallen als die

„weiblichen“ Formen versteckter und indirekter Aggression. Deshalb kommen junge Männer eher in Konflikt mit der übergeordneten bzw. herrschenden (Rechts-) Kultur.

Je häufiger und intensiver Eltern schlagen, desto eher wird das Kind später Kontakt zu gewaltaktiven Peers haben und selbst durch mehr Gewalt auffallen (Fuchs et al. 2001; Lamnek/Luedtke 2003). Gewaltanwendung wird in solchen gewaltaffinen Milieus überwiegend als Sich-Wehren beschrieben, das nachhaltiger und wirkungsvoller als verbale Klärungsstrategien sei. Der Rückhalt durch die Gruppe ermöglicht, sich in der sozialen Umwelt einen anerkannten bzw. gefürchteten Status zu verschaffen und sich in einem als bedrohlich empfundenen Umfeld zu behaupten. Wer als schwach gilt, hat keine Chancen, sich in einem gewaltaffinen Milieu zu behaupten und Anerkennung zu erhalten. „Ich meine, mit Gewalt kannst du dir Respekt verschaffen, und wenn andere Leute vor dir Respekt haben, dann trauen sie sich auch nichts gegen dich zu sagen oder so. Und wenn du mit Worten jemanden fertig machst, denken die so, du bist feige” (Teilnehmerin einer Gruppendiskussion, zit. nach Bruhns 2003: 220). In sozialen Milieus, in denen beispielsweise Männlichkeit in hohem Maße über physische Stärke definiert ist, erscheint die Weigerung, bei bestimmten Anlässen, wie z. B. einer Beleidigung, Konflikte mittels Androhung und Ausübung von Gewalt zu regulieren, als Ausdruck einer mangelnden männlichen Identifikation (Meuser 2003). Anlass zur Gewalt geben vor allem Gefühle der Herabsetzung aufgrund von Verleumdungen und Beleidigungen. Die Gruppenmitglieder stabilisieren und unterstützen Gewaltanwendung, indem sie sie akzeptieren und erwarten, dass man sich „nichts gefallen lässt”, sondern Beleidigungen, Verleumdungen oder Angriffen auf die Integrität (der eigenen Person, von Verwandten und Freunden) „handgreiflich” entgegentritt. Diejenigen, die selbst keine Gewalt anwenden, sich zurückhalten oder sich zwar gewaltbereit darstellen, in den entscheidenden Situationen aber im Hintergrund bleiben, erhalten keine hohe Wertschätzung. Gewaltbereitschaft und Gewaltanwendung können demnach als Voraussetzungen für ein hohes Ansehen in diesen Gruppen gedeutet werden. Die statushohen Gewaltbereiten wirken auf die Gruppenwirklichkeit wiederum gewaltfördernd ein, indem sie gewalttätig handeln, sich demonstrativ gewaltbereit darstellen und mit ihrer Schilderung und Legitimierung von Gewalthandeln dazu beitragen, dass gewaltbejahende Gruppennormen geschaffen und stabilisiert werden (Bruhns 2003).

Physische Aggression scheint im außerhäuslichen Bereich und anders als psychische Gewalt zwar immer noch weitgehend ein „Privileg“ von (jungen) Männern zu sein. Ein Vergleich mit den Verbreitungsdaten aus früheren Dunkelfeldstudien belegt aber, dass vor allem die weiblichen Jugendlichen aufgeholt haben (Mansel 2003). Dabei scheint Gewalt für Mädchen fast ausschließlich in den subkulturellen Milieus der sozialen Brennpunkte eine akzeptable Verhaltensoption zu sein, während es für Jungen auch darüber hinaus „normal“ ist, Gewalt auszuüben. „Mädchen benötigen offenbar einschlägige Lernerfahrungen und die Bestärkung durch deviante Peer-Einflüsse, bevor sie sich ‚trauen‘, sich so zu verhalten, wie es vom gesellschaftlichen Mainstream ihrer Geschlechtsgenossinnen außerhalb der ‚Ghettos‘ nicht akzeptiert werden würde. Das zeigt auch der sprunghafte Anstieg der Zugehörigkeit von Mädchen zu gewaltbereiten Cliquen in den besonders benachteiligten Stadtvierteln. Diese Ergebnisse können auch als Bestätigung der qualitativen Studie von Bruhns/Wittmann (2002) gesehen werden“ (Oberwittler 2003: 290). Die gewaltbereiten Mädchen und jungen Frauen grenzen sich selbst einerseits zwar von der größeren Brutalität und leichteren Reizbarkeit männlicher Jugendlicher ab und betonen, dass sie im Gegensatz zu diesen nicht mit Gegenständen schlagen, keine Waffen benutzen und in der Regel früher aufhören würden zu prügeln etc., dennoch muss andererseits ihre gewaltbetonende Selbstdarstellung als Konstruktion eines den herkömmlichen Vorstellungen nicht entsprechenden Weiblichkeitsbildes verstanden werden. Ein zentraler Aspekt dieses Weiblichkeitsbildes ist „Durchsetzungsfähigkeit“ (Bruhns 2003: 226). „Das Weiblichkeitsbild, das die Mädchen der untersuchten Jugendgruppen für sich in Anspruch nehmen und das sie in ihrem Auftreten – u.a. über ihre demonstrative Gewaltbereitschaft – konstruieren, richtet sich gegen entsprechende Geschlechtertypisierungen und zeigt ihr Bedürfnis nach Anerkennung, Selbstwirksamkeit und Unabhängigkeit [...] Mädchen und junge Frauen in gewaltbereiten Jugendgruppen nehmen im Streben nach Anerkennung und in Distinktion gegenüber anderen sich in Gewaltkontexten traditionell ‚zurückhaltenden‘ weiblichen Jugendlichen für sich Handlungsoptionen in Anspruch, die nicht mit geschlechtstypischen Verhaltenserwartungen übereinstimmen, und schaffen damit ein neues Bild von Weiblichkeit – nicht angepasst, unterlegen und schwach, sondern selbstbewusst, durchsetzungsfähig, machtvoll und stark“ (Bruhns 2003: 226 ff.). Aus einer Äußerung in einer Gruppendiskussion mit gewaltbereiten Mädchen geht hervor, dass die traditionelle Rolle von Mädchen innerhalb der Familie dann auch keineswegs mehr akzeptiert wird: „letztes mal zum Beispiel vor zwei Wochen oder so, hat sie [die Mutter, Anm. d. Verf.] mich geschlagen und da hab ich sie zurückgeschlagen und meinte – Mama, du weißt genau, dass ich stärker bin und denk nach, ob du mich schlagen willst und da hat sie mir noch eine Ohrfeige gegeben und da habe ich ihre Haare runter gezogen und hab ihr in den Bauch getreten. (.) Da ist sie heulend aus dem Zimmer gegangen und meinte – du hast gar keinen Respekt“ (Teilnehmerin einer Gruppendiskusion, zit. nach Heiland 2003: 242).

Die Delinquenz in der Jugend, insbesondere wenn sie mit aggressivem Verhalten verbunden ist, hat Konsequenzen für den Einsatz von gewalttätigen Konflikttaktiken in intimen Beziehungen im späteren Leben. Der Jugenddelinquenz förderlich ist gewaltförmiges Erziehungsverhalten, kombiniert mit fehlender Zuwendung von Seiten der Eltern und mit mangelnden Kompensationsmöglichkeiten im weiteren sozialen Netzwerk. Zudem erhöht sich sowohl bei männlichen als auch weiblichen Jugendlichen die Wahrscheinlichkeit, dass sie in späteren Intimbeziehungen in gewaltförmige Konfliktlösungsversuche verstrickt werden, wenn sie Gewalt zwischen den Eltern erleben mussten. „Das Erleben harter körperlicher Züchtigung in der Herkunftsfamilie hat nach neusten Befunden Folgen für gewalttätiges Verhalten in intimen Partnerbeziehungen, und zwar direkt und indirekt über die Verursachung von generellen Verhaltensproblemen und Gewaltdelikten in der Jugend und im jungen Erwachsenenalter, die das Risiko gewalttätiger Auseinandersetzungen in der Partnerschaft erhöhen [...] Der Zyklus von Gewalt und Sozialisation ist also doppelt gesichert: Gewalterfahrung erhöht die Wahrscheinlichkeit von Delinquenz, und Delinquenz erhöht die Wahrscheinlichkeit von Gewalt in Beziehungen, in denen typischerweise Sozialisation erfolgt" (Albrecht 2002: 780).

Jungen, die sich nicht wehren, wenn sie von anderen Jungen geschlagen werden, und stattdessen weinend ihrem Vater gegenüber treten, werden selbst heute noch von „ganz normalen" Eltern ermutigt, Ersteres zu tun und Letzteres zu lassen. Eine milieutypische Gleichzeitigkeit des Ungleichzeitigen spiegelt sich indessen in den unterschiedlich bevorzugten Sanktionspraktiken wider, die wiederum unterschiedliche Grade an (ein- oder zugestandener) Ängstlichkeit und Verletzlichkeit erzeugen. Eltern, die argumentative Auseinandersetzungen und Liebesentzug als Erziehungsmaßnahmen bevorzugen, und das sind überwiegend solche aus der Mittelschicht (über die Oberschicht wissen wir zu wenig), produzieren Kinder mit größerer Angst vor Gewalt sowie entsprechenden Argumenten bzw. sozialtechnischen Fertigkeiten als Eltern, die körperliche Bestrafungen präferieren (Taylor et al. 1994: 449). Kinder, die ständiger Gewalt ausgesetzt sind, leben in der Regel in sozial verarmten Gebieten, denen es an sozialer Integration (im Sinne der Mittelschichtstandards) fehle und die eine hohe Konzentration finanziell unter Druck stehender Familien, kaum positive Nachbarschaftserlebnisse und eine hohe Wohnfluktuation aufwiesen und darüber hinaus für die Familien mit einem höheren Stressniveau bei ihren täglichen Aktivitäten verbunden seien. Dieses „toxische" Umfeld erhöhe für Kinder das Misshandlungsrisiko sowohl durch Eltern als auch das weitere Umfeld, unter denen bzw. in dem Gewalt zudem alltäglich beobachtet werde (Garbarino/Bradshaw 2002: 906). Aber auch Garbarino und Bradshaw ziehen eine mögliche Milieuadäquanz gewaltförmiger Handlungsmuster in Betracht: „Es zeigt sich, dass körperliche Disziplinierung und ein eher direktiver Erziehungsstil stärker in Umgebungen mit hohem Risiko zu finden sind, wobei dieser Erziehungsstil Kinder möglicherweise auch vor Gefahren in ihrer Umgebung schützen kann [...] Dagegen wird argumentiert, dass eine autoritäre Erziehung keine derartige Wirkung zeige, sich in einer Umgebung mit geringerem Risiko jedoch nachteilig auswirken könne" (Garbarino/Bradshaw 2002: 913).

Die Entwicklung von häuslicher Gewalt wird dadurch beeinflusst, wie innerhalb und/oder außerhalb des Systems Familie auf Gewaltakte reagiert wird (Kaselitz/Lercher 2002: 12). Allgemein bzw. idealtypisch kann auch hier von der utilitaristischen Grundannahme ausgegangen werden, dass Individuen nach Belohnungen streben und Bestrafungen vermeiden wollen und deshalb Handlungen wählen, von denen sie sich den größten Nettonutzen versprechen. „Die Kosten von Misshandlung und Gewalt werden durch die private Natur der Familie, die Zurückhaltung der sozialen Institutionen und Behörden gegenüber einer Intervention – trotz der gesetzlichen Anzeigepflicht von Kindesmisshandlungen und des [in den USA., Anm. d. Verf.] gesetzlich vorgesehenen Arrests bei ehelicher Gewalt – sowie durch das geringe Risiko eines Einsatzes anderer Interventionsformen verringert. Gleichzeitig wird der potenzielle Nutzen einer Gewaltanwendung durch die kulturelle Billigung von Gewalt als Ausdrucksmittel und Verhaltensinstrument erhöht. Als wichtigster Nutzen ist soziale Kontrolle oder Macht zu sehen" (Gelles 2002: 1069).

Goode (1971) hat als Erster auf Basis der Ressourcentheorie einen Ansatz speziell für die Erforschung von Gewalt in der Familie entwickelt. Er folgt einer strukturfunktionalistischen Interpretation von Familie. Demnach sind Macht, Zwang und Gewalt notwendige Interaktionsmuster zur Aufrechterhaltung von Ordnung. Konkret geht er davon aus, dass Familie wie andere soziale Einheiten ein System ist, das bis zu einem gewissen Grad auf Macht oder deren Androhung beruht (Pflegerl/Cizek 2001a: 44). „Like all other social units or systems, the family is a power system. All rest to some degree on force or its threat, whatever else may be their foundation" (Goode 1971). Gewalt ist nach Goode eine von mehreren Ressourcen, die Individuen dazu veranlassen können, den von anderen vorgegebenen Absichten Folge zu leisten. Neben (1) Gewalt bzw. Machtandrohung zählen dazu (2) ökonomische Faktoren, (3) Prestige oder Achtung sowie (4) Sympathie, Attraktivität, Freundschaft oder Liebe. Die Wahrscheinlichkeit von Gewaltandrohung bzw. -gebrauch steige, wenn die Verfügbarkeit über die anderen Ressourcen sinke. „Gewalt wird eingesetzt weil sie eine der vier großen Gruppen von Ressourcen bildet, die ein Individuum dazu bewegen können, den Absichten anderer zu dienen [...] Da die Kosten von Gewaltanwendung hoch sind, entscheiden sich die meisten Individuen nicht für offene Gewalt, wenn sie über andere Mittel verfügen, sich durchzusetzen. Mit größerer Verfügbarkeit alternativer Ressourcen sinkt die Wahrscheinlichkeit, dass ein Individuum Gewalt einsetzt. Mit geringerer Verfügbarkeit steigt sie" (Habermehl 1999: 428).

Auf die Verfügbarkeit gewaltalternativer Ressourcen haben indes – was Goode nicht expliziert – kulturelle Wert- und Normvorstellungen Einfluss. Der Wandel der idealen Familie vom Patriarchat zur Partnerschaft bzw. zum Egalitarismus ist (nicht nur aus feministischer Sicht) realiter noch nicht in allen sozialen Milieus vollzogen. Es existieren beide Leitvorstellungen in einer Art Gleichzeitigkeit des Ungleichzeitigen nebeneinander. Die Normkonkurrenz – so die einschlägige Literatur – erhöhe letztlich die Wahrscheinlichkeit von Gewalt. Die Wahrscheinlichkeit, dass der Mann Gewalt anwende, nehme in Gesellschaften zu, in denen eine Mischung aus patriarchalischen und egalitären Leitbildern vorherrsche, da hier der Mann nicht allein durch Einkommen oder Status und schon gar nicht durch eine „natürliche" Autorität eine Dominanzstellung erhalte, die patriarchalischen Erwartungen aber weiterhin hege. Er neige deshalb dazu, die Ressource Gewalt einzusetzen, um seine Vormachtsstellung abzusichern. Umgekehrt müsste sich dann aber auch die Wahrscheinlichkeit weiblicher Gewalt erhöhen, wenn die Frau egalitäre Erwartungen an die Beziehung hat und auf patriarchalischen Widerstand des Mannes stößt. Wechselseitige Gewalt scheint unter der Bedingung widersprüchlicher Erwartungen am plausibelsten.

Nach Ansicht von Goode (1971) wird der Gebrauch von Gewalt im Prozess der Sozialisation gelernt. Kinder würden mitunter durch Gewalt dazu gebracht, die gewünschten Familienmuster als richtig und wünschenswert anzunehmen. Nebenbei lernten sie dabei auch, dass Gewalt als Ressource zur Durchsetzung von Zielen nützlich sein kann. Zentral ist Goodes Überlegung, dass sich die meisten Menschen nicht für offene Gewaltanwendung entscheiden, wenn sie über andere Ressourcen verfügen, da die daraus resultierenden Folgen gerade innerhalb von Familien gravierend sein könnten. Je mehr Durchsetzungsmacht Individuen aufbringen könnten, desto weniger würden sie auf Gewalt als Ressource zurückgreifen. Durchsetzungsmacht innerhalb der Familie werde ähnlich wie auf größerer gesellschaftlicher Ebene durch Faktoren wie Erfolg und Prestige geprägt. Nach Ansicht von Goode besitze deshalb ein Ehemann der Mittel- und Oberschicht mehr Durchsetzungsmacht als Angehörige unterer sozialer Schichten. Das höhere Sozialprestige, größerer ökonomischer Besitz und die stärkere Betonung subtiler Sozialtechniken wie gegenseitige Achtung, Zuneigung und Kommunikation ermöglichten ihm größeren Einfluss, so dass Gewaltanwendung als Mittel der Durchsetzung eigener Zielvorstellungen nicht notwendig sei. Zugleich ist Gewalt nach Ansicht von Goode (1971) aber Bestandteil bestehender Familienrollen, Familienstrukturen und Überlieferungen, die im Allgemeinen akzeptiert würden, weil deren Einsatz zur Aufrechterhaltung dieser Rollen und Strukturen, wenn nötig auch von anderen Familienmitgliedern, Verwandten, Nachbarn und Institutionen der Gemeinschaft sowie Polizei und Justiz unterstützt werde. Von den meisten Familienmitgliedern werde bzw. wurde dies – zumindest bis in die 1970er Jahre – auch nicht in Frage gestellt (Pflegerl/Cizek 2001a: 44).

Goode (1971) begreift die Familie zudem als System von Austauschbeziehungen, die idealer Weise ausgeglichen sind. Familienbeziehungen könnten sich jedoch verändern und das Gleichgewicht des Austausches gestört werden. Dies geschehe vor allem dann, wenn das Gefühl entstehe, in der Austauschbeziehung benachteiligt zu werden. Dieses Ungleichgewicht könne Streit und Gewaltanwendung zur Folge haben. Die Gefahr von Gewaltanwendungen erhöhe sich, wenn keine Bereitschaft vorhanden sei, sich entweder dem in der Familie gültigen Normensystem (auch unter nachteiligen Bedingungen) zu unterwerfen oder das System zu verlassen. Große gefühlsmäßige Investitionen in familiale Beziehungen, hohe potenzielle Kosten im Falle von Trennung sowie gesellschaftliche Zwänge, die verwandtschaftlichen Beziehungen aufrecht zu erhalten, veranlassten allerdings viele auch in benachteiligenden Formen des Austausches zu bleiben, wenn es ihnen an „attraktiveren Alternativen" fehle (Pflegerl/Cizek 2001a: 44 f.).

Im Anschluss an Goode gehen Theorien der Statusinkonsistenz und Statusinkompatibilität davon aus, dass ein Ehepartner (gemeint ist in der Regel der Ehemann) aufgrund seines im Vergleich zum anderen Ehepartner niedrigeren Status (etwa an Einkommen, Bildung, Besitz etc.) oder aufgrund der Überlegenheit des Partners aus Frustration oder dem (normativ erwarteten) Bemühen, eine dominante Rolle einzunehmen, zu Gewalttätigkeiten gegen Frauen und Kinder als Mittel der Durchsetzung greife (Godenzi 1994). Nach O'Brien (1971) kommt es in Familien dann zu Gewalt, wenn sich Inhaber übergeordneter Positionen in ihrem Status bedroht sehen. Er konnte dies bei Ehemännern nachweisen, die in der ihnen zugedachten Rolle als Ernährer nicht besonders erfolgreich waren und verschiedene Statuscharakteristika (etwa Bildung und Besitz) aufwiesen, die niedriger waren als die der Frau (Pflegerl/Cizek 2001a: 45).

In ähnlicher Weise argumentiert Hornung (1981), dass untypische Kombinationen von Statusmerkmalen Stress hervorrufen. Atypische Kombinationen seien dafür verantwortlich, dass Stress in Beziehungen und in der Folge Gewalt entstehe. Diese führen nach Hornung zu Gefühlen von Benachteiligung und Unbilligkeit, wenn die Belohnungen im Vergleich zu den Investitionen niedrig seien, und zu Gefühlen von Schuld und Unbilligkeit, wenn umgekehrt die Investitionen im Vergleich zu den Belohnungen gering seien. Sozialer Vergleich führe dazu, dass andere Personen in vergleichbaren Positionen Bezugsgruppen bildeten, an denen man sich orientiere. Für die Situation in partnerschaftlichen Beziehungen bedeute dies, dass Statusinvestitionen und -belohnungen des Partners an den eigenen Investitionen und Belohnungen gemessen würden. Bedingt durch diesen bewertenden sozialpsychologischen Vergleichsprozess führten Statusinkonsistenz und Statusinkompatibilität zu psychologischem Stress und Unzufriedenheit mit der Ehe. Das erhöhe die Wahrscheinlichkeit von gewalttätigem Verhalten in der Ehe (Hornung 1981; Habermehl 1994; Pflegerl/Cizek 2001a: 45 f.).

Schneider (1990) weist darauf hin, dass die Ressourcentheorie zu anderen Hypothesen, Befunden und Prognosen führt als die feministische Theorie über Gewalt im sozialen Nahraum. In ressourcentheoretisch geleiteten Studien zeigt sich, dass die ihrem Partner überlegene, intelligentere, besser ausgebildete und beruflich erfolgreiche Frau damit konfrontiert wird, von ihrem ressourcenschwachen Mann misshandelt zu werden. Der feministische Ansatz gelangt hingegen zur Vorhersage, dass vor allem die wirtschaftlich und sozial von ihren Männern abhängigen Frauen gefährdet seien, Opfer ehelicher Gewalthandlungen zu werden. Sowohl für die eine als auch die andere theoretische Position konnten jeweils empirische Nachweise erbracht werden. Durch die Gegensätzlichkeit der Befunde wird die Folgerung nahe gelegt, dass – mit der Austauschtheorie übereinstimmend – sowohl die einseitige wirtschaftliche Abhängigkeit der Frau vom Mann als auch eine relative soziale Überlegenheit der Frau über den Mann die Gefährdung der Frau steigere (Pflegerl/Cizek 2001a: 46). Auch hierbei wäre zu überlegen, ob nicht die Erwartung einer egalitären Beziehung von Seiten der ressourcenschwachen Frau und die Erwartung einer patriarchalischen Struktur von Seiten des ressourcenschwachen Mannes, also letztlich normativer Konflikt (neben der Austauschtheorie) die plausibelste Erklärung bildet.

Unter den soziologischen Erklärungsansätzen ist nach Hörl und Spannring (2001) die soziale Austauschtheorie besonders geeignet, häusliche Gewalt im Allgemeinen sowie Gewalt gegen alte Menschen im Besonderen zu erklären. Die Affinität zur Ressourcentheorie ist dabei allerdings offenkundig, da sozialer Tausch lediglich zwischen Personen stattfinden kann, die über jeweils für die andere Seite interessante Ressourcen verfügen. Zumindest implizit muss darüber hinaus die Erfüllung der Reziprozitätsnorm erwartet werden, die Beziehung von den Akteuren selbst also als Austauschbeziehung und beispielsweise nicht als Machtbeziehung interpretiert werden (Ottermann 2000). Gewalt entsteht dann aus dem Ärger darüber, dass die Reziprozitätsnorm nicht erfüllt wird (bzw. erfüllt werden kann), also Leistungen im weitesten Sinne nicht mit (äquivalenten) Gegenleistungen materieller oder symbolischer Art vergolten werden: „Nach der Austauschtheorie findet in allen Interaktionen ein wechselseitiges Geben und Nehmen statt. Dabei werden in verschiedener Kombination materielle Güter ebenso ausgetauscht wie Leistungen immaterieller Art und Gefühle (Sympathie, Wertschätzung, Prestige), wobei vorausgesetzt wird, dass die Austauschbeziehungen längerfristig ausgeglichen sind. Wenn die negativen Konsequenzen die erwarteten ‚Belohnungen' übersteigen, so entwickeln sich Gefühle einer ungerechten Behandlung und der Unzufriedenheit. In einer qualitativen Studie mit privaten Pflegepersonen (Hörl 1986) erwies sich das Vorhandensein von drei Austauschformen als geeignet, trotz objektiv sehr großer Belastung Aggression und Konflikt zu vermeiden: Ausdruck der Dankbarkeit seitens der Betreuten, eine ‚Interaktionsbalance' im Sinne von wechselseitig befriedigenden Gesprächen, Kartenspielen usw. sowie materielle Entschädigungen. Fehlte das Austauschmoment, so kam es regelmäßig zu aggressiven Äußerungen (wie Anschreien) oder zu einem Abbruch der Pflegebeziehung mit nachfolgender Heimaufnahme. Es ist austauschtheoretisch allerdings zu beachten, dass bei den Familienbeziehungen von den Beteiligten auch lange zurückliegende Ereignisse und Erlebnisse in die Austausch-‚Bilanz' einbezogen werden" (Hörl/Spannring 2001: 333).

Straus (1973) hat die theoretischen Ansätze der allgemeinen Systemtheorie auf das Phänomen Gewalt in der Familie übertragen. Seine Intention dabei war, bestehende Denkansätze und empirische Ergebnisse der Forschung zu Gewalt in der Familie zusammenzufassen. Straus betrachtet Familie als zielsuchendes, zweckdienliches und anpassungsfähiges System. In seinen Überlegungen wird das Vorhandensein von Gewalt als kontinuierliches Element sozialer Interaktion der Kernfamilie angesehen. Familiale Gewalt sei ein Systemprodukt und keine Folge von Erkrankung oder Normverstößen einzelner Angehöriger in der Familie, wie das etwa in psychopathologischen Erklärungsmodellen angenommen werde (Gelles/Straus 1979). Die Entwicklung von Gewalt in Familien werde dadurch beeinflusst, wie innerhalb und/oder außerhalb des Familiensystems auf Gewaltakte reagiert wird. Positive Rückkoppelung von innen oder außen riefen weitere Gewaltakte hervor, negatives Feedback stabilisiere oder vermindere die Gewalt. Konkret zeige sich, dass Gewalthandeln oftmals Erfolg habe und somit positiv verstärkt werde, also eine positive Rückkoppelung erfahre. Dazu komme, dass der Einsatz von Gewalt die Konfliktlagen meist verschärfe. Des Weiteren erwarteten als gewalttätig etikettierte Personen von sich selbst eine Wiederholung des gewalttätigen Handlungsmusters, wobei sie von der Umwelt darin oftmals bestätigt würden (Pflegerl/Cizek 2001: 47) „What these propositions add up to is the idea that violence is, in part a system product. In brief, the strain of every day interaction, which constitutes the operation of the family as a social system, generates accommodations and conflicts, including violence. Violence as a mode of operation of the system tends to increase when there is 'positive feedback' through such processes such as a) labelling b) creation of secondary conflict over the use of violence, c) reinforcement of the actor using violence through successful use of such violence d) the development of role expectations and self-concepts as tough or violent" (Straus 1973: 106).

Im Übrigen ist der Strausssche Ansatz bei frauenorientierten Gewaltforschern nicht sonderlich beliebt, da Gewalt in Paarbeziehungen als potenziell symmetrisch verteilt gesehen wird, Männer und Frauen ihre Partner vergleichbar häufig misshandeln können. „Aus dieser Sicht ist Gewalt eine Ressource, deren sich Männer und Frauen gleichermaßen mit dem Ziel bedienen, eine bestimmte Ordnung aufrechtzuerhalten und Konflikte innerhalb des Familienverbands zu lösen, wobei beide Geschlechter den Einsatz von Gewalt zur Erreichung dieser Ziele rechtfertigen [...] Nach dieser These gilt das Geschlecht als relativ unwichtig; man konzentriert sich statt dessen auf die ‚geschlechtsneutrale' Auswirkung der im Hintergrund wirkenden Eigenschaften [...] und den durch bestimmte Situationen verursachten Stress" (Dobash/Dobash 2002: 931). Es sei zu bedenken, „dass Männer, die ihre Partnerin durch Gewaltanwendung zu kontrollieren und zu beherrschen suchen, in einem kulturellen

Umfeld leben, das die Gewalt als Problemlösungstechnik unter einer ganzen Reihe von Umständen bejaht" (Dobash/Dobash 2002: 932).

Habermehl (1994) sieht insbesondere drei Gewalt auslösende oder begünstigende Faktoren empirisch am besten bestätigt: Stress, Kindheitserfahrungen mit Gewalt und Legitimierung familialer Gewalt durch Normen und Werte (Pflegerl/Cizek 2001a: 55). Die Häufigkeit von Gewalt gegen Kinder und Gewalt in der Partnerschaft hänge weitgehend von denselben Bedingungsfaktoren ab. Mangelnde Zuneigung und Anerkennung, Stress, Kindheitserfahrungen mit Gewalt und Normen, die Gewalt billigen und legitimieren, führten zu mehr Gewalt gegen Kinder und in der Partnerschaft. Vor allem seien Kindheitserfahrungen auch für die (spätere) Gewalt gegen Eltern mitverantwortlich (Habermehl 1999: 429). „In empirischen Arbeiten konnte der Nachweis erbracht werden, dass Stress wesentlich zur Entstehung familialer Gewalt beiträgt. Familien, die einem hohen Grad an Stress ausgesetzt sind, greifen häufiger zum Mittel körperlicher Gewalt als jene, die kaum unter stresshaften Bedingungen leben. Zu den konkret Gewalt verursachenden Stressfaktoren zählen niedriges Einkommen, geringe Bildung, Arbeitslosigkeit, beengte Wohnverhältnisse, Probleme am Arbeitsplatz und in der Familie, ungewollte Schwangerschaft, Alkohol- oder Drogenkonsum, Trennung oder Scheidung [...] aber auch das Phänomen der Statusinkonsistenz" (Pflegerl/Cizek 2001a: 41). Nicht nur extrafamiliale, sondern auch intrafamiliale Faktoren werden für Stress verantwortlich gemacht.

Nach Farrington (1980) besitzt die Familie als solche bereits strukturelle Charakteristika, die sie für Stress besonders verwundbar machen und damit ein hohes Frustrationspotenzial schaffen. Die moderne Familie sei einem hohen Maß an Stress ausgesetzt, für die Stressbewältigung jedoch, zumal wenn es sich um eine sozial unterprivilegierte bzw. ressourcenschwache Familie handelt, schlecht ausgerüstet, weshalb ein hoher Frustrationsgrad bestehe. Diese Charakteristika erhöhten die Wahrscheinlichkeit impulsiver und instrumenteller Gewalt. Neben fehlenden Stressbewältigungsressourcen bedingen nach Farrington jedoch auch die kulturelle Legitimation sowie das soziale Lernen von Gewalt deren Auftreten (Habermehl 1999: 427).

Böhnisch (2001) macht ebenfalls kulturelle Normen, soziale Lernprozesse sowie die strukturelle Überforderung der Familie für häusliche Gewalt verantwortlich, bezieht dabei aber makrosoziale Strukturen und sozialen Wandel in die Erklärung mit ein. Die strukturelle Überforderung habe in „industriekapitalistischen Gesellschaften" in dem Maße zugenommen, in dem die Arbeitswelt stärker rationalisiert und entemotionalisiert wurde. Dadurch habe der von der Gesellschaft ausgelöste „emotionale Druck" auf die Familie zugenommen. Die Familie solle das bringen und ersetzen, was anderswo nicht mehr zu haben ist (Emotionalität, Intimität, Bindung, Rückhalt, Anerkennung, Selbstwertgefühl etc.). Die Familie sei im Zuge der gesellschaftlichen Individualisierung nicht nur „Aushandlungsfamilie" der Einzelinteressen ihrer Mitglieder gegenüber der tradierten hierarchisch organisierten „Generationenfamilie" geworden, sondern unter diesen Bedingungen auch eine auf sich allein gestellte „Intimgruppe" gegenseitig aufeinander angewiesener „Bedürftiger". Sei diese Bedürftigkeit inner- und außerfamiliär nicht kommunizierbar, sondern tabuisiert, und bestünden keine außerfamilialen Entlastungsmechanismen, dann könne diese Bedürftigkeit in Gewalt umschlagen. „Sei es nun körperliche Gewalt der Partner untereinander und gegen die Kinder, sei es nun sexuelle Gewalt; letztere wird auch als ‚sexuelles Ausbeutungsverhältnis' bezeichnet, was wiederum auf den Bedürftigkeitsantrieb der Täter verweist [...] Die Familie soll die Arbeitsgesellschaft sozialemotional stützen und reproduzieren, muss aber *gleichzeitig* damit zurecht kommen, dass Konflikte und Belastungen aus der Arbeitsgesellschaft in die Familie hineinreichen und ihre Bindungs- und Regenerationsfähigkeit bedrohen. Sie soll also funktionieren, indem sie Probleme integrieren muss, die immer wieder ihre Funktionsfähigkeit bedrohen" (Böhnisch 2001: 112 f.). Dabei erscheine die gesellschaftliche Überforderung der Familie ihren Mitgliedern (aber auch Anderen) als privates Problem und häusliche Gewalt als von sozialen Normen (der Mittelschicht) abweichender Problembewältigungsversuch folglich auch nicht als extern generiert. Nach Böhnisch scheitert die Familie also letztlich an nicht vorhandenen gesellschaftlichen Ressourcen und dem mangelnden gesellschaftlichen Bewusstsein, dass die Ressourcen fehlen (Böhnisch 2001: 112 ff.).

Nach Habermehl (1999) bestätigen empirische Analysen die wesentlichen Grundzüge der Ressourcentheorie: Die Nichtverfügbarkeit alternativer Ressourcen erhöhe die Wahrscheinlichkeit, dass Gewalt als Ressource eingesetzt werde. Dabei seien jedoch nicht sozioökonomische Statusmerkmale entscheidend, sondern in erster Linie der Grad der Zuneigung, Anerkennung und Achtung, die einem Individuum zuteil werden. Das Erleben von strukturellem wie situativem Stress erhöhe die Wahrscheinlichkeit, dass Gewalt eingesetzt werde. Kindheitserfahrungen direkter oder beobachteter Art mit Gewalt hätten den stärksten Einfluss darauf, ob jemand Gewalt gegen seine Familienmitglieder anwende. Voraussetzung dafür, Gewalt als Mittel zur Erreichung eines Ziels einzusetzen, sei, dass Gewalt ein verfügbarer Bestandteil des Verhaltensrepertoires ist und dem Akteur als akzeptables und erfolgversprechendes Mittel erscheine, seine Interessen durchzusetzen. Wer in der Kindheit Gewalt erfahre, übernehme Verhaltensmuster und Einstellungen, die seine „Vorbilder" in der Familie bereitstellten. So führten Gewalterfahrungen in der Kindheit nicht nur zum Erlernen von Gewaltstrategien, sondern auch zur normativen Billigung und Akzeptanz familialer Gewalt. Die Entscheidung über den Einsatz von Gewalt sei abhängig von den strukturellen bzw. situativen Faktoren, die das Stressniveau bestimmen, dem ein Individuum ausgesetzt ist. Je niedriger das Stressniveau, desto eher sei ein Abwägen der Mittel möglich und umso unwahrscheinlicher sei der Einsatz von Gewalt. „Gewalt ist im Vergleich zu anderen Handlungsstrategien mit höheren Kosten für den Akteur verbunden, wie z. B. Missbilligung durch Umgebung und Opfer oder Verstoß gegen gesellschaftliche Normen. In stressfreien Situationen greift der abwägende Akteur zu anderen, mit weniger Nachteilen verbundenen Verhaltensstrategien. Liegt ein hohes Stressniveau vor, wird die naheliegendste, einfachste und schnellste Lösung eingesetzt: Gewalt. Naheliegend ist der Einsatz von Gewalt, wenn Gewalt als Mittel nicht nur verfügbar ist, sondern der Akteur auch über nur unzureichende Handlungsalternativen verfügt und zudem Normen internalisiert hat, die Gewalt in der Familie billigen und legitimieren" (Habermehl 1999: 430).

Nach Albrecht (2002) ist zu beachten, dass Gewalt nur eine von sehr vielen Handlungsstrategien (z. B. neben psychischen Erkrankungen, physischen Erkrankungen, Drogenabhängigkeit, Suizid etc.) darstelle, mit denen Akteure belastenden gesellschaftlichen Bedingungen begegnen könnten. Die allgemeine Stresstheorie habe gezeigt, dass sowohl die Wahrnehmung und Bewertung belastender Bedingungen und Ereignisse als auch die Verfügbarkeit von Coping-Strategien von den personalen und sozialen Ressourcen und damit auch von mikro- und makrosozialen Strukturen abhängig seien und Verhalten bzw. die Wahl zwischen Verhaltensalternativen durch diese erklärbar werde (Albrecht 2002: 795). Böhnisch (2001) verweist im Hinblick auf die Wahrscheinlichkeit, mit der bestimmte Handlungsstrategien gewählt werden, auf die Bedeutung geschlechtstypischer Sozialisation und (Selbst-) Kontrolle: „Von Mädchen wird ein bestimmtes geschlechtertypisches und geschlechterrollenstereotypes Verhalten in familialen Konfliktsituationen – analog der herrschenden Normalitätskonstruktion von Weiblichkeit – erwartet. Wenn sie dieses durchbrechen, sich anders als erwartet verhalten, gelten sie als deviant. Mädchen haben im überkommenen Geschlechterrollenverständnis ihre familialen Konflikte unauffällig, privat und nach innen gerichtet zu bewältigen. Angesichts der alltäglichen Selbstverständlichkeit solcher kulturell legitimierten weiblichen Bewältigungsstrategien werden die ‚eher unauffälligen sozialen und psychischen Signale, die sich als Ängste und Körpersymptome – wie z. B. Gehemmtheit, Depressionen, psychosomatische Reaktionen und Selbstverstümmelungen – äußern, von der Umwelt kaum wahrgenommen'" (Böhnisch 2001: 111). Darüber hinaus sollen Mädchen wegen ihrer Sozialisation andere Ausdrucksformen von Gewalt bevorzugen als Jungen, die zu direkter körperlicher Gewalt tendierten. Mädchen übten sich – zumindest traditionell – eher in indirekter Gewalt und seien auf subtile Weise in verbalen Auseinandersetzungen verletzend (Böhnisch 2001: 203).

Die perzipierten Optionen und Restriktionen bei der Wahl potenzieller Handlungsstrategien scheinen abhängig von geschlechtstypischen Sozialisationsprozessen und entsprechenden Praktiken (informeller) sozialer Kontrolle. Die Restriktion häuslicher Gewalt widerspricht zumindest den traditionellen Geschlechtsrollenerwartungen bzw. -stereotypen. Steinmetz (1977/78) liefert hierfür ein anschauliches historisches Beispiel, nämlich „das, unter anderem in ländlichen Regionen Frankreichs verbreitete, Brauchtum des ‚Charivari', das in dörflichen Gemeinschaften eine rituelle Form der Bestrafung von Fehlverhalten ihrer Bewohner war. Bei diesen Charivaris in Frankreich war es üblich, auch Männer zu sanktionieren, die von ihrer Frau geschlagen wurden. Zunächst stülpte man ihnen eine Maske über und setzte sie anschließend rücklings auf einen Esel, den man durchs Dorf trieb. Die so bestraften Männer wurden zur Zielscheibe des Spotts [...] Ein in [...] Comics immer wieder auftauchendes Thema sind Ehemänner, die vom Idealbild des starken, durchsetzungskräftigen, intelligenten Mannes abweichen. An seiner Stelle werden diesen Männern kulturell üblicherweise nur Frauen zugeschriebene Charaktereigenschaften zugedacht. Die Frau wiederum erscheint als dominante Persönlichkeit, die ihren ‚irrenden' Ehemann dafür bestraft, dass er die ihm zugeschriebenen kulturellen Rollenerwartungen nicht erfüllt hat" (Cizek et al. 2001a: 275). Im Deutschen werden auch heute noch Männer, die keine Kontrolle über ihre Frauen und ihr Eheleben haben, als „Pantoffelhelden" etikettiert und sanktioniert und zum Gegenstand von „Nudelholzwitzen" gemacht. Aufgrund der widersprüchlichen normativen Erwartungen sind derart sozialisierte und kontrollierte Ehemänner gezwungen, sich entweder in der einen oder anderen Art abweichend zu verhalten, also sich entweder den Attacken ihrer Frauen zu erwehren, d. h. sie zu kontrollieren, statt von diesen kontrolliert zu werden und damit den Geschlechtsrollenerwartungen zu entsprechen oder aber auf den Einsatz von Gewalt im Sinne der Androhung oder Erteilung negativer Sanktionen zu verzichten, also dem (frauenorientierten) Gewaltverbot zu folgen, dafür aber als „Weichei" zu gelten und hierfür zumindest von Geschlechtsgenossen negativ sanktioniert zu werden.

Wenn häusliche Gewalt ein von normativen Erwartungen abweichendes Verhalten ist, müssen internalisierte und institutionalisierte Norm- und Wertvorstellungen und entsprechende sanktionsförmige Konsequenzen als potenzielle Kosten internaler bzw. externaler sozialer Kontrolle in das Kalkül oder die Befindlichkeit von Akteuren eingehen, die mit dem Gedanken des Einsatzes von Gewalt spielen. Hinsichtlich des Inzesttabus bzw. sexueller Gewalt beispielsweise ist eine Internalisierung des Verbots sexueller Interaktionen zwischen Blutsverwandten vergleichsweise unwahrscheinlich, wenn in der Herkunftsfamilie gewaltförmiger Inzest praktiziert wurde bzw. als lohnend beobachtet wird. Irrelevant wird das Tabu, wenn es sich gar nicht um leibliche Kinder handelt. Dann bleibt lediglich das Verbot der Unzucht mit Kindern als Risiko- und Kostenfaktor, die heute als sexueller Missbrauch bezeichnet wird, aber nicht notwendig auf sexueller Gewalt (Vergewaltigung) beruhen muss, auch wenn das Kinderschützer und Feministen nicht gerne hören, sofern sie davon ausgehen, dass Unzucht mit Kindern immer psychische Gewalt darstellt (Steinhage 1999: 652). Tatsächlich scheinen sexuelle Übergriffe der leiblichen Eltern auf ihre Kinder (nicht aber von Seiten naher Bekannter und anderer Verwandter) relativ selten, obwohl die Gelegenheit recht günstig bzw. das Risiko, entdeckt zu werden, relativ gering ist. Kinder sind zu klein oder (emotional) zu abhängig von den Eltern, um (gemäß kulturellen Deutungsmustern) zu verstehen, was mit ihnen passiert, oder gegen die Übergriffe anzugehen, indem sie sich direkt wehren oder an Dritte wenden. Der private sowie auch der körperlich intime Charakter familialer Beziehungen ermöglicht den Tätern (Vätern und Müttern) relativ gut (wenn vielleicht auch nicht langfristig) die Abschirmung und Kaschierung dessen, was vor sich geht. Dass sexuelle Übergriffe dennoch von Seiten der leiblichen Eltern seltener zu sein scheinen als etwa von Geschwistern, die die Privatsphäre und ihre körperlich-geistige Überlegenheit in ähnlichem Maße ausnützen können, verweist auf die hemmende Wirkung internalisierter Norm- und Wertvorstellungen bzw. des institutionalisierten Inzest-, Unzucht- und Gewaltverbots. Sowohl das Risiko eines schlechten Gewissens als auch die Gefahr, strafrechtlich belangt zu werden, ist bei gleichen oder doch ähnlichen Gelegenheitsstrukturen für leibliche Eltern, wie diese (zu) wissen (glauben), größer als für die Geschwister, falls diese überhaupt die potenziellen Kosten negativer Sanktionen (adäquat) antizipieren.

Frauen- und Kinderschutzbewegung sehen in intrafamilialer Vergewaltigung von Kindern und Frauen zu Recht einen Machtmissbrauch und die Ausnutzung der Gelegenheitsstruktur des Privaten, das deshalb Sache öffentlicher Kontrolle zu sein habe, übersehen aber bisweilen, dass sexueller Missbrauch nicht nur von Vätern bzw. Ehemännern ausgehen kann, sondern auch von Müttern, Ehefrauen (zumindest im Sinne „psychischer Vergewaltigung“) und Geschwistern (sowie anderen Verwandten) (Lamnek 2003a). Auch die Vergewaltigung der (Groß-, Stief-, Pflege-) Eltern ist denkbar, sofern es sich bei den Kindern um Jugendliche oder Erwachsene handelt. Eine unpolitische soziologische Theorie oder auch nur Analyse sexueller Gewalt in der Familie, die sämtliche Stoßrichtungen umfasst, liegt unseres Wissens nicht vor, obwohl sexueller Missbrauch von Kindern und sexuelle Gewalt gegen Frauen zu den Lieblingsthemen der aktuellen Gewaltforschung gehören. Allerdings scheinen die Demonstration von Überlegenheit, subjektive Berechtigung, Bestrafungsgelüste, sexuelle Frustrationen, einseitige Interessen an sexueller Befriedigung oder ungewöhnlichen, dem Internet oder sonstigen Medien entnommenen Praktiken bzw. sozialbiografisch habitualisierte Fixierungen auf bestimmte Formen der sexuellen Bedürfnisbefriedigung etc. als mögliche Motive sexueller Übergriffe anschlussfähig an die oben behandelten (wert- und zweckrationalen, traditionalen und affektuellen) Bestimmungsgründe häuslicher Gewalt zu sein. Eine Pathologisierung und Dämonisierung jedenfalls ist einer soziologischen Erklärung sexueller Gewalt in der Familie sicherlich nicht zuträglich, wenn sie auch gesellschaftspolitisch höchst funktional sein kann, weil sie im Sinne Durkheims gesellschaftlichen Normen Geltung verschafft. „In dem Maß, wie es keine relevante Geschichte oder Situation gibt, die ihn [den Normbruch, Anm. d. Verf.] erklären könnte, wird der Normbruch als solcher in ungetrübter Reinheit sichtbar sowie der Normbrecher als solcher ein taugliches Objekt für Entrüstung und Bestrafung, an dem dann auch exemplarisch die Wiederherstellung der Geltung der Norm demonstriert werden kann" (Bock 2003: 181). Die normative Erwartung eines potenten Mannes jedenfalls, der „es" sich nach einer weit verbreiteten sozialen Fiktion „nicht aus den Rippen schwitzen kann" (oder können sollte), widerspricht zumindest tendenziell dem in unserer Kultur den Frauen verbürgten Recht, die Entscheidung über die Zugänglichkeit zu ihrem Körper selbst zu treffen. Eine kompensatorische Gelegenheit für sexuelle Frustration ist in unserem Kulturkreis lediglich (aber immerhin) in Form der Prostitution gegeben. Diese Dienstleistung kostet bekanntlich Geld und ihre Inanspruchnahme hat bisweilen weniger Heroisches denn Entwürdigendes an sich (Lamnek 2003b). Geschlechtsverkehr jedenfalls gibt es in unserer Gesellschaft weder auf Krankenschein noch vom Sozialamt, d. h. die normative Erwartung männlicher Potenz wenigstens ansatzweise zu erfüllen, wird gesellschaftlich nicht (mehr) unterstützt. „Der Mann" wird zum „Einzelkämpfer" und allein schon von daher wahrscheinlich ein größeres Ausmaß an sexueller Gewalt zeigen als Frauen. „In Bezug auf die Prävalenz sexueller Aggression sprechen die vorliegenden Befunde klar für ein Überwiegen des männlichen Geschlechts auf der Täterseite, auch wenn inzwischen eine Reihe von Studien vorliegen, die sexuelle Aggression von Frauen gegenüber Männern dokumentieren" (Krahé 2003: 373 f.). Dabei fällt laut Krahé für beide Geschlechter der Erwartungsdruck der gleichgeschlechtlichen Peers zu sexueller Aktivität als Risikofaktor für sexuelle Aggression stärker ins Gewicht als der wahrgenommene Druck der gegengeschlechtlichen Peers (Krahé 2003).

4. Erscheinungsformen häuslicher Gewalt

Häusliche Gewalt bezieht sich auf Gewalt unter Personen, die intim oder eng verwandt sind und ständig oder zyklisch zusammen wohn(t)en.

Folgende Ausrichtungen *häuslicher Gewalt* können dabei in Betracht gezogen werden:

(1) *Partnergewalt,* d. h. solche zwischen Ehepartnern bzw. Partnern einer nichtehelichen Lebensgemeinschaft;
(2) *Eltern-Kind-Gewalt,* d. h. Gewalt der (Groß-, Stief- oder Pflege-) Eltern gegen Kinder;
(3) *Geschwistergewalt,* d. h. Gewalt unter den Kindern;
(4) *Kind-Eltern-Gewalt,* d. h. Gewalt der Kinder an ihren (Groß-, Stief- oder Pflege-) Eltern (vgl. Schneider 1995: 41 f.).

Innerhalb des Bereichs der *Partnergewalt* lassen sich unterscheiden:

(a) *Mann-Frau-Gewalt,* d. h. einseitige Aggressionen von Männern gegenüber ihren Frauen,
(b) *Frau-Mann-Gewalt,* d. h. Gewalt der Frauen gegen ihre Männer und
(c) *beiderseitige Gewalt.*

In den Bereichen *Eltern-Kind-Gewalt* kann differenziert werden nach:

(a) *Vater-Junge-,*
(b) *Vater-Mädchen-,*
(c) *Mutter-Junge-* und
(d) *Mutter-Mädchen-Gewalt.*

Unter Geschwistern sind folgende Konstellationen möglich:

(a) *Junge-Junge-,*
(b) *Mädchen-Mädchen,*
(c) *Junge-Mädchen-* sowie
(d) *Mädchen-Junge-Gewalt.*

Weil die allgemeine Datenlage zur familialen Gewalt einseitig einen Schwerpunkt bei der Gewalt gegen Frauen und danach gegen Kinder hat und weil die Forschung zur Gewalt gegen Männer noch rudimentär ist, ist es wichtig, einen groben Überblick über Arten und Verteilungen von Gewalt zu geben.

4.1 Ein Überblick über Arten und Verbreitung von Gewalt

Um Gewalt in Familie und Partnerschaft zu erfassen, stehen mehrere Datenquellen zur Verfügung: Die *Polizeilichen Kriminalstatistiken* (PKSn) geben das Hellfeld der erfassten Abweichung und Kriminalität wieder. Sie sind abhängig von der Anzeige- und Meldebereitschaft der Bevölkerung bzw. der Geschädigten, von Veränderungen der Rechtslage (Gewaltschutzgesetz) und der jeweiligen Strafverfolgungsintensität. Gerade bei der Gewalt im sozialen Nahraum ist jedoch die Melde- und Anzeigebereitschaft vergleichsweise gering, so dass von einem erheblichen Dunkelfeld nicht bekannter Devianz auszugehen ist. Gründe dafür können sein: das Entschuldigen der Gewalt durch das Opfer, Angst vor dem gewalttätigen Partner oder die Befürchtung, dass eine Anzeige nutzlos ist und an der Lage nichts Wesentliches ändert. Opfer sexueller Gewalt stehen möglicherweise vor dem Problem, dass ihnen die Kontrollinstanzen einen Tatbeitrag zuschreiben, sie also mit verantwortlich für das Geschehene machen: Es erfolgt eine sekundäre Viktimisierung (Kury 2003: 419; Kiefl/Lamnek 1986: 128 ff.). Dies setzt sich aber auch in der Wahrnehmung der Bevölkerung fort. Wie eine Studie von Kury zeigt, werden gerade Frauen, die in einer Ehe oder Beziehung Opfer einer Vergewaltigung werden, sowohl von Männern als auch von Frauen eindeutig negativer bewertet als Frauen, die nicht Opfer geworden sind. Bei den Frauen stehen dahinter vermutlich Entlastungs- und Neutralisierungsstrategien: Die subjektive Sicherheit wird größer, wenn dem Opfer aufgrund bestimmter Merkmale, die man selber nicht hat, Verantwortung zugeschrieben werden kann (Kury 2003: 440).

Statistiken von Beratungseinrichtungen und/oder Frauenhäusern geben nur eine selektive Auswahl wieder – nämlich diejenigen, die den Mut oder die Kraft aufgebracht haben, das von Gewalt geprägte häusliche Umfeld zu verlassen – und dabei zumeist sehr schwere Fälle. Die Klientel ist daher nicht repräsentativ. Auch bedeutet die Zunahme von Fällen über die Jahre nicht unbedingt, dass das Phänomen als solches zugenommen hat – nur die Motivation der Frauen, sich der Situation zu entziehen, ist gestiegen.

Quantitative wissenschaftliche Dunkelfeldstudien versuchen, entweder für eine ausgewählte Bevölkerungsgruppe oder sogar deutschlandweit die Gewaltbelastung in Partnerschaften möglichst repräsentativ zu erfassen. *Qualitative wissenschaftliche Studien* arbeiten an ausgewählten Fällen die Lebenswelt von Tätern und Opfern, ihre subjektiven Sichtweisen, heraus. In Deutschland liegen für die Gewalt in der Erziehung einmal Ergebnisse aus quantitativen Schulgewaltstudien vor, wobei die Reichweite der Aussagen maximal auf Bundeslandgröße liegt. Außerdem gibt es eine deutschlandweite (Jugendlichen- und Eltern-) Untersuchung von Bussmann (2001; 2002; 2005), in der die Entwicklung des Erziehungsverhaltens über die Zeit abgebildet wird. Bei der Gewalt in der Partnerschaft ist die Datenlage ungünstiger und vor allem etwas „geschlechterverzerrt", denn einer großen Zahl an Studien über Gewalt gegen (Ehe-) Frauen steht eine geringe Zahl an Untersuchungen über Gewalt gegen Männer in Partnerschaften gegenüber (Lupri 2004). Während im ersten Fall Studien mit dem Anspruch auf Repräsentativität durchgeführt wurden (für Deutschland sei an die vom BMFSFJ 2002 Auftrag gegebene, deutschlandweite Untersuchung erinnert), fehlen analoge Daten zur Lage von Männern bislang weitgehend: Es handelt sich fast immer um regional und/oder von der Stichprobe her nur relativ eng begrenzte Aussagen. Dennoch: Welche Erkenntnisse liegen nun aus den verschiedenen Datenquellen (nicht nur) für Deutschland vor?

4.1.1 Gewalt in der Partnerschaft auf Grundlage der Polizeilichen Kriminalstatistiken

Auf Basis der PKS-Daten lässt sich (mit allen oben in 2.5 erwähnten methodischen Einschränkungen!) ganz allgemein sagen, dass für Frauen hinsichtlich der Gewalterfahrungen die Familie bzw. der familiale und partnerschaftliche Kontext der gefährlichste Ort ist, für Männer eher der öffentliche Raum.

Eine Ausnahme bilden Straftaten gegen die sexuelle Selbstbestimmung. Mädchen und Frauen kommen bei Körperverletzungen, Tötungen und Einschränkungen der persönlichen Freiheit erheblich häufiger durch bekannte oder vertraute Personen zu Schaden als Jungen und Männer. Bei jugendlichen und erwachsenen Opfern stehen dahinter nicht zuletzt unterschiedliche Alltagsstrukturen der Geschlechter.

Diese Daten ermöglichen aber nur, wie bereits ausgeführt, mehrfach eingeschränkte Aussagen: Es sind nur die der Polizei gemeldeten bzw. zur Anzeige gebrachen Fälle und sie beziehen sich nicht explizit auf die Situation in Partnerschaften bzw. Ehen. Damit gestatten die allgemeinen PKS-Zahlen keinen unmittelbaren Vergleich der Lage von Männern und von Frauen, die innerhalb von Partnerschaften bzw. Ehen leben (ein Manko, das diese Daten mit einigen wissenschaftlichen Studien teilen).

Dem wird von den Landeskriminalämtern (LKAn) seit Einführung des Gewaltschutzgesetzes insofern begegnet, als „Häusliche Gewalt“ seitdem als Delinquenzform in Sonderauswertungen erfasst wird. Allerdings sind nur für wenige Bundesländer die entsprechenden Zahlen veröffentlicht bzw. zugänglich. Zur Einordnung und zum Vergleich sind nicht nur Fallzahlen, sondern die Häufigkeitszahlen (noch besser: Tatverdächtigenbelastungszahlen) vonnöten. Für Niedersachsen und Brandenburg waren Häufigkeitszahlen für häusliche Gewalt zu finden: 89 auf 100.000 Einwohner für Niedersachsen (2004) – zum Vergleich: bei *allen* Rohheitsdelikten und Straftaten gegen die persönliche Freiheit beträgt sie für Niedersachsen 773 (Niedersächsisches Ministerium für Inneres und Sport 2005: 7)) – 96 auf 100.000 Einwohner für Brandenburg. Von 2003 auf 2004 haben die Zahlen hier landesweit deutlich zugenommen (Land Brandenburg 2005: 8 f.), was Ausdruck einer gestiegenen Anzeigebereitschaft bei den Betroffenen bzw. Interventionsbereitschaft bei der Polizei sein kann.

Abb. 5: Männliche und weibliche Opfer nach ihrer Beziehung zum Täter und nach Straftaten

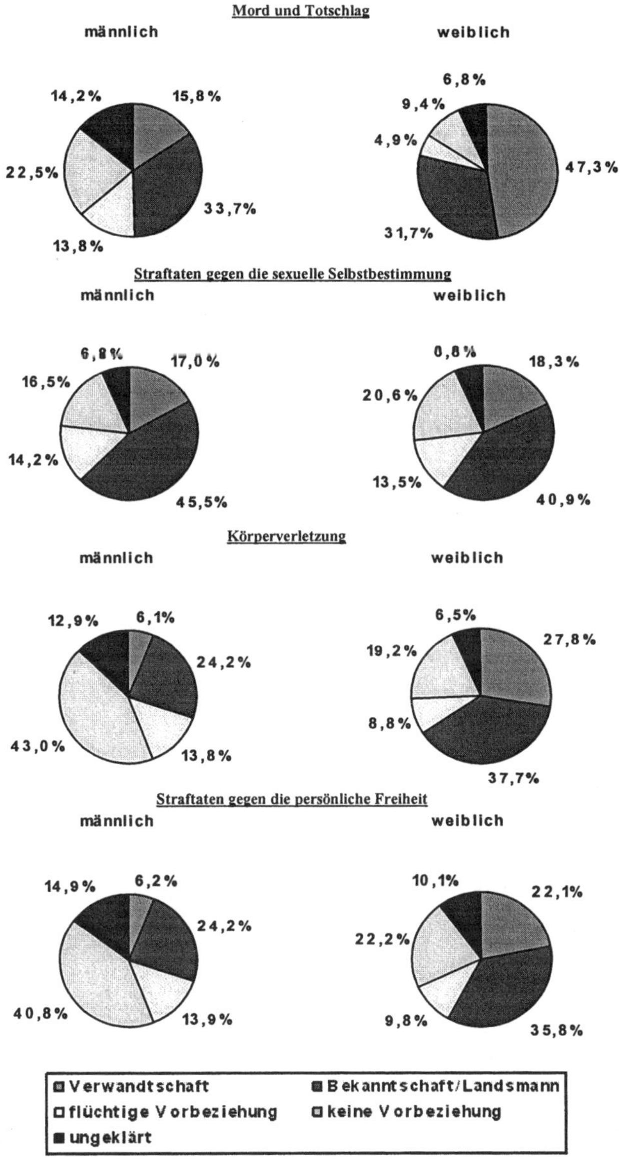

Quelle: PKS (2004: 64)

Allerdings sind die Zahlen auch wegen uneinheitlicher Definitionen nur bedingt miteinander vergleichbar, denn die Restrierungspraxis und die Reichweite der Definition von häuslicher Gewalt können zwischen den verschiedenen Polizeidirektionen und damit auch landesintern variieren. Löbmann/Herbers stellen zu den im Landesvergleich hohen Zahlen für Hannover fest: „Dieser umfassende Begriff von häuslicher Gewalt könnte auf die langjährige Existenz von HAiP und PPS zurückzuführen sein, die zu einer besonderen Sensibilisierung der Polizei im Stadtgebiet Hannover geführt haben dürfte" (Löbmann/Herbers 2004: 121).

Abb. 6: Fallzahlen bei „Häuslicher Gewalt" in verschiedenen Bundesländern

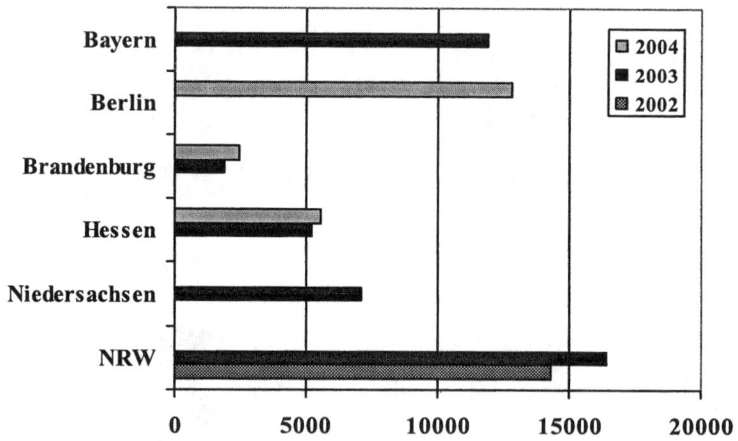

Einige Beispiele zeigen, dass die Fallzahlen bei „häuslicher Gewalt" zunehmen, was aber mit großer Wahrscheinlichkeit als stärkere Ausschöpfung des Dunkelfeldes durch eine erhöhte Sensibilisierung und eine gestiegene Anzeigebereitschaft interpretiert werden kann (und auch von der Polizei entsprechend so gesehen wird (LKA Hessen 2005). Dabei besteht eine Tendenz zur Wochenendgewalt: In Brandenburg liegen 2004 die Anzeigen gerade am Samstag (17,7%), aber auch am Sonntag (15,3%) etwas über denen der anderen Tage (12,5%-14,2%) (Land Brandenburg 2004). Nichtdeutsche Konfliktparteien waren deutlich überrepräsentiert, ihre Anteile bewegten sich zwischen einem Viertel und etwa einem Drittel.

In etwa vier Fünftel bis neun Zehntel der von der Polizei aufgenommenen Fälle war der Mann der Täter; in Niedersachsen kam es in 5,1% der Fälle zur Frauengewalt gegen den Partner, in weiteren 5,4% war es Mann-Mann-Gewalt unter Verwandten (Löbmann/Herbers 2004: 122). Am häufigsten lagen sog. „Rohheitsdelikte“ vor – zwischen drei Viertel und neun Zehntel waren diesem Bereich zuzurechnen –, wobei es sich zumeist um Körperverletzungen handelte. Der Anteil an Bedrohungen variierte zwischen 10% (NRW) und 26% (Niedersachsen) (Löbmann/Herbers 2004: 120; Land Brandenburg 2004: 4); Steffen 2005; Berliner Senat 2005; LKA Hessen 2005: 4; Polizei NRW o. J.). In Brandenburg fällt auf, dass für 2003 die Zahl weiblicher Opfer bei gemeldeter Körperverletzung (n = 1.545) um den Faktor 3,7 größer ist als die männlicher Opfer (n = 418). Dafür ist unter männlichen Opfern der Anteil mit schwerer und gefährlicher Körperverletzung relativ gesehen doppelt so hoch (22%) wie unter Frauen (11%) (Land Brandenburg 2004: 7). Möglicherweise melden Männer einen Vorfall häufiger erst dann, wenn es zu gravierenderen körperlichen Folgen gekommen ist.

4.1.2 Gewalt in der Familie in wissenschaftlichen (Dunkelfeld-) Studien

Für Deutschland bzw. für den deutschsprachigen Raum liegen dagegen Langzeitstudien zur Gewalt in der Familie offensichtlich nicht vor – die Arbeiten von Frehsee/Bussmann (1994) bzw. Bussmann (1995, 1996, 2002, 2005) kommen dem vielleicht noch am nächsten und zwar für den Bereich der Gewalt in der Erziehung. Diese Forschungslinie hat insofern einen Wertbezug, als damit das Interesse verbunden ist, etwas Wünscheswertes zu erreichen, nämlich die Reduzierung der Gewaltbelastung von Kindern und Jugendlichen in ihren Familien durch eine Verhaltensänderung der Erziehungsberechtigten bzw. Eltern. Das deutlich erstarkende Interesse der Politik an diesem Thema bzw. dieser Zielsetzung führte dann nach der Gesetzesänderung im Jahr 2000 (Verbot von Gewalt und entwürdigenden Maßnahmen in der Erziehung) zu einer wissenschaftlichen Auftragsforschung, bei der die Wirksamkeit des Gesetzes überprüft werden sollte (vgl. dazu die Broschüre „Gewaltfreie Erziehung“ von BMFSFJ/BMJ (2003)).

Anders als in Deutschland werden in den USA regelmäßig Wiederholungsbefragungen zur Gewaltbelastung in Familien und zur Opferbelastung in der Bevölkerung durchgeführt, der „Family Violence Survey“ und der „National Crime Victimisation Survey“. So wenden nach dem Family Violence Survey in den USA je etwa ein Achtel der Männer bzw. Frauen Formen körperlicher Gewalt gegen ihre (Ehe-) Partner an, zwischen 3-6% sogar schwere Gewalt. In insgesamt einem Sechstel der Partnerschaften kam es in den vergangenen 12 Monaten zu körperlichen Übergriffen (Straus 2001: 5; 2000: 982). Die relativ ähnliche Gewalthäufigkeit von Männern und Frauen (bzw. Partnern und Partnerinnen) besteht auch bei einseitiger Gewalt: Je etwa ein Drittel der Männer bzw. Frauen waren gewaltaktiv gegen eine Partnerin bzw. einen Partner, die/der ihrer- bzw. seinerseits keine Gewalt ausübte. “These findings show that regardless of whether the analysis is based on all assaults or is focused on dangerous assaults, about as many women as men attacked spouses who had not hit them during the one-year reference period“ (Straus 1997: 214). Die Ähnlichkeit im Gewaltverhalten besteht auch bei verbaler bzw. symbolischer Gewalt, wobei die Wahrscheinlichkeit mit dem Alter der Partner, der Zahl der Kinder und dem Alkoholkonsum bzw. dem Umgang mit anderen Drogen steigt (Straus/Sweet 1992: 346).

Abb. 7: Körperliche Gewalt in Familien

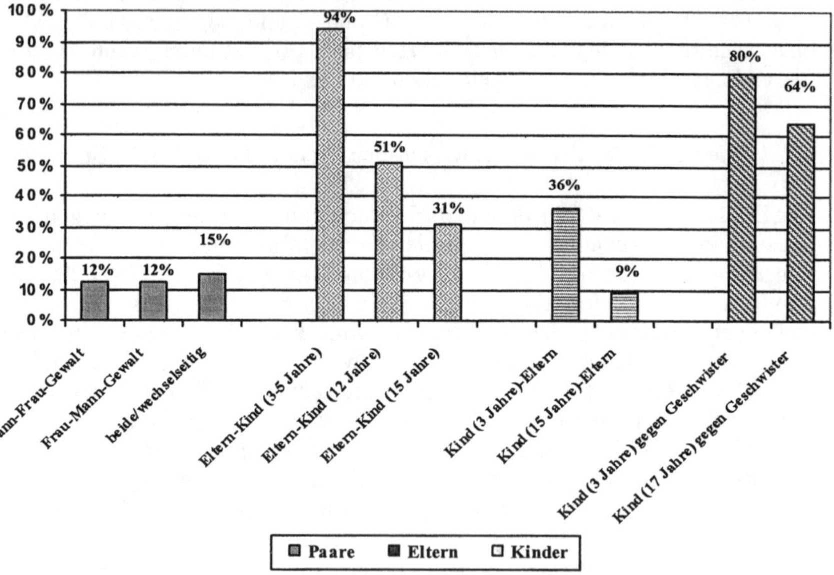

Quelle: Straus (2001: 6)

Jedoch ist bei den schwersten Formen körperlicher Gewalt, den Tötungsdelikten gegen den Partner, die Rate bei Frauen nur etwa die Hälfte bis zwei Drittel so groß wie die der Männer (Straus 1997). Unterschiede bestehen auch bei der Verletzungsintensität: Ergänzend zu den CTS, die ohne Einbezug des Kontextes das Auftreten von bestimmten Handlungen gegen den Partner messen, wurden auch Motivation und Verletzungen erfasst. Dabei zeigte sich, dass bei körperlicher Gewalt von Männern gegen Frauen die Verletzungsrate sechsmal so groß war wie umgekehrt (Straus 1997: 211).

Für England und Wales liegen 2001er Zahlen aus dem British Crime Survey für Männer und Frauen zwischen 16 und 59 Jahren vor (Walby/Allen 2004). „Domestivc violence“ wird dabei mit einer Skala erfasst, die in Teilen an die CTS angelehnt ist. Beim Ausmaß von „domestic violence“ zeigt sich Folgendes (vgl. Abb. 8): Deutlich mehr Frauen als Männer haben seit ihrem

17. Lebensjahr ökonomische und emotionale Nötigung, Gewaltandrohung oder Gewalt erfahren als Männer (ein Viertel gegenüber einem Sechstel), wenngleich die Werte auch für Männer relativ hoch sind. Bei der ausschließlichen Gewaltanwendung liegen die Opferwerte für Frauen mit 18,6% knapp doppelt so hoch wie die der Männer. Demnach ist das Risiko Gewalerfahrungen für Frauen deutlich größer, aber auch Männer sind einem merklichen Gewaltrisiko ausgesetzt.

Abb. 8: Prävalenz von häuslicher Gewalt bei Männern und Frauen ab 16 Jahren (England und Wales 2001)

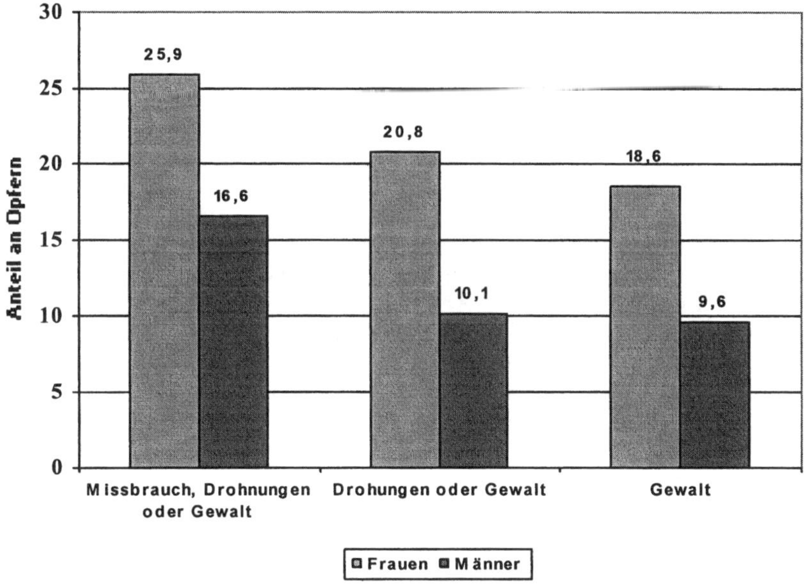

Quelle: Walby/Allen (2004: 12)

Auch bei dieser Studie wird aber kein unmittelbarer Vergleich auf der Ebene von Haushalt und Art der Partnerschaft durchgeführt, sondern die Daten beziehen sich auf die Personenebene. Damit ist nicht ersichtlich, welche Unterschiede bei der Opfererfahrung zwischen Männern und Frauen bestehen, wenn sie in einem vergleichbaren sozialen Kontext (z. B. verheiratetes oder partnerschaftliches Zusammenleben) stehen. Das geht auch aus der Frage nach der Beziehung zwischen Täter und Opfer nicht hervor, weil hier nur Aussagen über die Gesamtheit der (männlichen bzw. weiblichen) Opfer gemacht wird.

Abb. 9: Verhältnis von Täter und Opfer (Gewalterfahrungen im vergangenen Jahr)

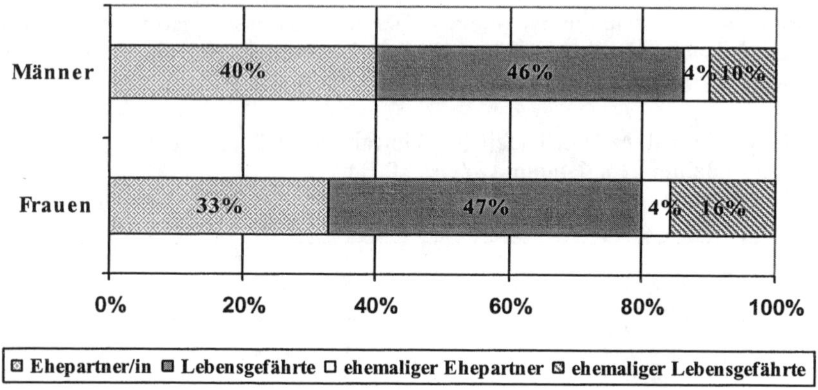

Quelle: Walby/Allen (2004: 58)

Dennoch zeigt sich übereinstimmend, dass für Männer wie für Frauen die bestehenden Partnerschaften gefährlicher sind als die vergangenen: Zusammen etwa (gut) vier Fünftel der Männer bzw. Frauen erfuhren im vergangenen Jahr die schlimmste Gewalt vom aktuellen Partner. Beziehungspartner sind dabei geschlechtsunabhängig gefährlicher als Ehepartner. Der Unterschied zwischen Männern und Frauen besteht darin, dass relativ mehr Männer Opfer ihrer Ehefrauen werden, Frauen dagegen im Vergleich häufiger Opfer ihrer ehemaligen Partner. Alle anderen Kategorien stimmen so gut wie überein. Ähnliche Ergebnisse bei der Verteilung der Gewaltformen zeigen sich auch im Scottish Crime Survey von 2000 (Gadd et al. 2000): Je die Hälfte der männlichen und weiblichen Opfer gaben Sachbeschädigungen an, je etwa neun Zehntel heftiges Wegstoßen. Beim Würgen und beim erzwungenen Sex liegt die Opferrate unter Frauen deutlich höher (40% bzw. 30% zu weniger als 10%), wogegen mehr Männer mit etwas beworfen werden (drei Viertel zu gut drei Fünftel) und auch häufiger von irgendetwas getroffen bzw. mit etwas geschlagen werden (ca. ein Drittel zu gut einem Viertel) (Gadd et al. 2002: 27).

Auch nach diesen Ergebnissen wären insgesamt gesehen Männer bei den schwerwiegenden, strafrechtlich relevanten Formen häufiger als Täter vertreten, Frauen bei den weniger gravierenden (mit Ausnahme der Tritte). Männer wenden auch häufiger Gewalt mit Verletzungsfolgen an als Frauen. Dobash/Dobash sehen daher gerade mit dem Verweis auf die Verletzungsraten und „andere Formen von emotionalen und psychologischen Schäden" als „das wesentliche soziale Problem bei der Gewalt in heterosexuellen Partnerschaften die fortgesetzte Gewalt gegen Frauen" (Dobash/Dobash 2002: 925), gehen also von einer deutlichen Asymmetrie im Gewaltverhältnis der Geschlechter aus.

Die Ergebnisse können noch anders interpretiert werden, denn sie belegen zweierlei: zum einen, dass Gewalt von Männern gegen Frauen in Beziehungen sehr wohl ein ernsthaftes soziales Problem darstellt, dem die Gesellschaft unbedingt begegnen muss. Sie dokumentieren aber auch, dass die Annahme von der nur friedlichen Frau keinesfalls zutrifft. Allgemein lässt sich sagen: „Es gibt nicht ‚die' häusliche Gewalt und es gibt nicht ‚das" Opfer" (Helffrich 2005: 312).

Leider gibt es für Deutschland immer noch keine verlässlichen Zahlen. Ein zentrales Problem liegt nach wie vor in der Forschungsrichtung: Gewalt gegen Frauen in Partnerschaften wurde meist intensiver und umfassender untersucht als das Gegenstück; für Deutschland zeigt sich diese Schieflage daran, dass Gewalt gegen Frauen im Auftrag des BMFSFJ mit einer groß angelegten, differenzierten, repräsentativen deutschlandweiten Studie mit 10.264 Frauen erhoben wurde, wogegen eine erst durch politisches Nachfassen bewirkte Untersuchung zur Gewalt gegen Männer sich auf eine kleine Pilotstudie mit gerade einmal 260 Probanden beschränkte, die von der Erklärungskraft und der Generalisierbarkeit her selbstredend mit der Frauenstudie nicht mithalten konnte. Lupri (2004: 6) kritisiert die Schieflage zwischen der großen Zahl an Untersuchungen über Gewalt gegen Frauen und der sehr geringen Zahl an Untersuchungen über Gewalt gegen Männer und führt sie auf die stabile und politisch sowie sozial etablierte Konstruktion zurück, dass Männer so gut wie immer die Täter und Frauen so gut wie immer die Opfer sind. Der vernünftigste Weg, um den Diskussionen zu begegnen, wäre, das Gewaltverhalten in und außerhalb von Partnerschaften für beide Geschlechter repräsentativ zu erheben – und dies als Längsschnittuntersuchungen und paarbezogen zu konzipieren.

In einer durch das BMFSFJ vergebenen Studie von 2002 wurden die Gewalterfahrungen von 10.264 Frauen in Deutschland zwischen 16 und 85 Jahren erhoben. Das Erhebungsinstrument basierte von den erfassten Handlungen her auf den CTS2. Einige Ergebnisse in der Zusammenfassung:

- Etwa 86% (n = 8.862) haben aktuell eine Partnerschaft oder im Leben eine Partnerschaft gehabt. Gut ein Viertel dieser Frauen gab an, durch den aktuellen oder einen früheren Partner bereits Gewalt erlitten zu haben. Die Rate liegt unter türkischen Frauen (38,3%) deutlich höher (BMFSFJ 2004: 121).
- Aktuelle Beziehungen sind seltener gewaltbelastet: Bei knapp einem Fünftel, war ein früherer Partner gewalttätig, ein Zehntel berichtete von Gewalt des aktuellen Partners; bei 3% bestanden Überschneidungen.
- Ein Drittel der Frauen erlebte nur einmal körperliche Gewalt, immerhin knapp ein Viertel mehr als zehnmal (BMFSFJ 2004: 233 f.).

- Getrennt Lebende und Geschiedene haben mit knapp drei Fünfteln den deutlich größten Anteil an Gewalterfahrung. Bei Ledigen sind es ein Drittel, bei Verheirateten gut ein Fünftel und bei Verwitweten gut ein Zehntel. Gewalt ist ein Trennungs- bzw. Scheidungsgrund.
- In deutlicher Mehrheit (83%) wurde der (jeweilige) Partner als derjenige benannt, von dem die körperliche Gewalt ausging, etwa ein Siebentel der Frauen gab an, selbst die Gewalt begonnen zu haben. (Um aber die Gewaltdynamiken nachzeichnen zu können, müssten typische Konfliktmuster und Aufschaukelungsprozesse nachgezeichnet werden!).
- Der Bildungsstatus des gewalttätigen Partners ist etwas höher als der der Frau (BMFSFJ 2004: 242).
- Als häufigste Zeitpunkte des ersten Auftretens der Gewalt wurden genannt: nach dem Zusammenziehen (knapp zwei Fünftel) bzw. erst nach der Eheschließung (ein Drittel) (BMFSFJ 2004: 261). Regelmäßige, fortwährende Interaktionen wie sie beim Zusammenleben bestehen, erhöhen die Wahrscheinlichkeit von Konflikten. Dabei können sich beide Seiten der Situation nicht einfach entziehen. Das kann zu Aufschaukelungsprozessen führen, die bei unzureichender sozialer Kompetenz, Hilflosigkeit oder Sprachlosigkeit des Partners – vielleicht noch bei gleichzeitigem Wunsch nach Dominanz – in körperlicher Gewalt enden. Auch können hier Dominanzvorstellungen eine Rolle spielen, wenn nämlich der Partner mit dem Zusammenleben im Haushalt bzw. der Ehe die Vorstellung verbindet, er habe als „Herr im Hause" die dominante Position bzw. das Recht, diese Dominanz zur Not auch mit Gewalt herzustellen.
- Die häufigste Gewalterfahrung war für drei Viertel aller betroffenen Frauen das „wütende Wegschubsen", gefolgt von der „leichten Ohrfeige" bei gut einem Drittel. Immerhin gut ein Fünftel wurde vom (ehemaligen) Partner schmerzhaft getreten, gestoßen oder angefasst.
- Körperliche Gewalt in der Beziehung scheint mit deren Dauer zu eskalieren: Etwa die Hälfte der Opfer ist der Ansicht, mit der Zeit habe die Gewalt ihres Partners zugenommen. Ihnen steht nur je etwa gut ein Achtel gegenüber, bei denen sie zurückging bzw. sogar ganz aufhörte. Für ein Viertel der Frauen blieb das Gewaltniveau unverändert (BMFSFJ 2004). Dafür lassen sich mehrere ad-hoc-Erklärungen anführen: Die Gewalt kann zur Gewohnheit für die Bewältigung bestimmter Konfliktsituationen geworden sein; diese „Veralltäglichung" kann die Hemmschwelle sinken lassen. Weiter kann der schlagende Partner gelernt haben, dass Gewalt ein (scheinbar) effektives Mittel zur Durchsetzung seiner Interessen ist, zumal, wenn er gerade dann auf keinen Widerstand stößt.

Ein methodisches Problem ist jedoch, dass wegen der Art der Auswertung in dieser Studie bei vielen Fragestellungen letztlich nur ein sehr begrenzter Hypothesentest möglich ist: Erfasst werden in weiten Teilen nur die Strukturunterschiede zwischen aktuell gewaltbelasteteten und den aktuell nicht gewaltbelasteten Beziehungen. Daraus kann aber kein Umkehrschluss gezogen werden. Auswertungstechnisch wurde häufig (aus welchen Gründen auch immer) letztlich die eigentlich abhängige Variable – nämlich das Maß der Gewaltbelastung in der Partnerschaft – zur unabhängigen Variablen gemacht, während die Variablen, die im Rahmen dessen, was in einem Ex-post-facto-Design möglich ist, als ursächlich gesehen werden sollten – z. B. Kontrolle und Dominanz in Partnerschaften (BMFSFJ 2004: 267) oder die Aufgabenteilung im Haushalt (2004: 265) – zu abhängigen werden. Es ist also nicht möglich, vom Ausmaß der Kontrolle durch den (Ehe-) Partner auf das Maß an Gewaltbelastung in der Partnerschaft zu schließen.

D. h.: Das eigentliche Ergebnis dieser Studie besteht einmal in Aussagen über Umfang und innere Struktur der Frauenpopulation, die in gewaltbelasteteten Beziehungen leben bzw. schon einmal gelebt haben und zum anderen zu weiten Teilen in Aussagen über die Strukturunterschiede zwischen den Kategorien unterschiedlich gewaltbelasteter Partnerschaften. Mit diesem Vorgehen kann nicht die eigentlich interessierende Frage beantwortet werden: Wie groß ist die Wahrscheinlichkeit, dass es bei Vorliegen bestimmter Merkmale auf Individualebene (beim Mann bzw. der Frau) zur Gewalt in der Partnerschaft kommt? Dies wäre nur über ein gänzlich anderes Design möglich, nämlich die prospektive Längsschnittanalyse (Trendanalyse) einer Partnerschaftskohorte (z. B. einer Eheschließungskohorte).

Die Frage zu stellen, ob es originäre Frauengewalt gegen Männer gibt, heißt aber, an einem mehrfach „gesicherten" Tabu zu rütteln: a. Der Mann ist per definitionem stärker, körperlich überlegen und *kann* damit nicht Opfer der körperlichen Gewalt der definitionsgemäß schwächeren Frau werden. b. Wenn Frauen körperliche Gewalt anwenden, dann wehren sie sich gegen die Gewalt ihres Partners. Vorliegende Forschungsergebnisse zeigen aber, dass körperliche Gewalt in Beziehungen nicht ausschließlich „Männersache" ist (s. o.). Es gibt eine Reihe von Gründen, weshalb Männer, die geschlagen werden, dies nicht öffentlich machen; dahinter stehen stereotype Vorstellungen vom Verhalten der Geschlechter:

- Ein Mann, der Opfer weiblicher Gewalt ist, schämt sich, dies zuzugeben.
- Einem Mann, der Opfer weiblicher Gewalt ist, wird nicht geglaubt – auch nicht von der Polizei.
- Ein Mann, der Opfer weiblicher Gewalt ist, wird lächerlich gemacht.
- Die Gewalt der Frau wird öffentlich neutralisiert und entschuldigt.

Ein wichtiger Faktor ist die Frage nach der Glaubwürdigkeit eines Opfers familialer Gewalt vor der Polizei. Dieses Problem ist mehrschichtig und verändert sich über die Zeit hinweg. Bis Anfang der 90er Jahre hielt sich die Polizei aus „häuslichen Streitigkeiten" mehr oder weniger zurück, mit der

Argumentation, sie könne auch aufgrund der Ausbildung wenig zur Lösung dieser Art von Problemen beitragen. Wie Steffen festhält, hat sich die Haltung seitdem grundlegend geändert, nicht zuletzt aufgrund der Ergebnisse kriminologischer Untersuchungen (Steffen 2005: 23). Zu vermuten ist, dass die geänderte Rechtslage ebenfalls einen Einflussfaktor bildete. Zunächst hatten Frauen ganz erhebliche Probleme, gegenüber meist männlichen Polizeibeamten glaubhaft machen zu können, dass sie Opfer von körperlicher Gewalt durch ihren Partner geworden seien: Das Verhalten wurde gesellschaftlich noch nicht in der Weise als Gewalt wahrgenommen, wie das heute der Fall ist. Zudem mag eine gewisse Geschlechtersolidarität zwischen Tätern und Polizeibeamten existiert haben. Diese (vermutete) Negativerfahrung führte bei den weiblichen Opfern häufig dazu, auf Anzeigen überhaupt fortan zu verzichten (Steffen 2005: 22). Inzwischen hat sich das Klima deutlich verändert. Nunmehr wird nur noch eine Frau als Opfer wahrgenommen, ein Mann dagegen kann qua Definition nur Täter, nicht aber originäres Opfer sein. Die früher bestehende, beinahe stillschweigende Komplizenschaft mit dem männlichen Täter wurde ersetzt durch ein normatives Deutungsmuster, das die Rollenverteilungen apriorisch festlegt.

Unsere Befragung zum Thema „Gewalt in der Familie" beschäftigte sich ausschließlich mit Gewalt zwischen den Partnern und mit Gewalt gegen Kinder durch ihre Eltern. Dabei wurden vier Formen von Gewaltkonstellationen in der Familie untersucht. Zum einen Familien, in denen keine Gewalt vorkommt, solche, in denen sowohl Eltern-Kind-Gewalt als auch Partnergewalt festzustellen war und jene, in denen entweder Partnergewalt oder Eltern-Kind-Gewalt vorhanden ist. Daraus ergibt sich folgende Verteilung:

Abb. 10: Gewalt in der Familie

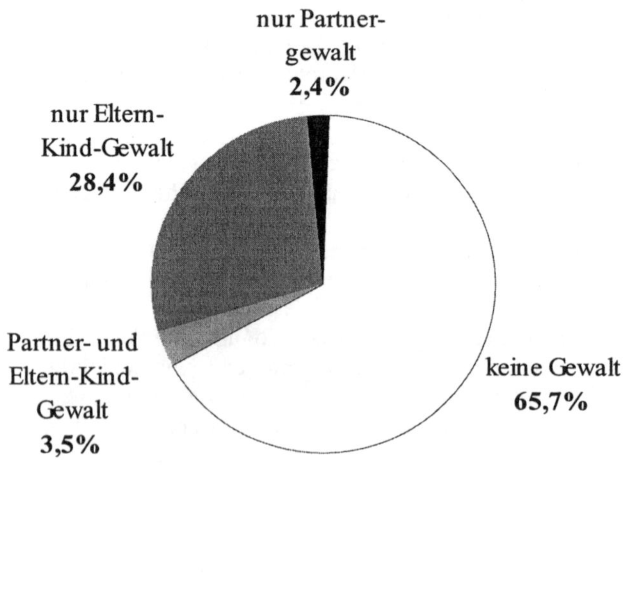

Es zeigt sich, dass eine Zwei-Drittel-Mehrheit (65,7%, (815)) der befragten Familien weder Partnergewalt noch Eltern-Kind-Gewalt angaben (oder angeben wollten) und somit ein (physisch) gewaltfreies Familienleben führen (bzw. zu führen vorgeben). Komplementär kommt in einem Drittel der befragten Haushalte Gewalt vor. Im Detail: in 28,4% der befragten Haushalte wurde Eltern-Kind-Gewalt angegeben (353), in 2,4% (30) der Fälle kam ausschließlich Partnergewalt vor. Sowohl Eltern-Kind-Gewalt als auch Partnergewalt nannten 3,5% (43) der Befragten.

Im Bereich der Kind-Eltern-Gewalt (die nicht Gegenstand unserer Untersuchung war) ist neben dem Geschlecht das Alter der Kinder von besonderer Bedeutung, d. h. ob diese (Klein-) Kinder, Jugendliche oder erwachsen sind und eventuell Sorge- und Pflegefunktionen übernommen haben. Und schließlich lassen sich physische oder psychische Gewalttaten nach Schwere- bzw. Verletzungsgrad sowie Häufigkeit bzw. Regelmäßigkeit unterscheiden und den Geschlechts-, Generations- sowie Alterskategorien zuordnen und auch dahingehend prüfen, ob Art und Ausmaß der Gewalt z. B. mit Dauer, rechtlichem Status der Beziehung, soziokulturellem Milieu (einschließlich Peers) und sozioökonomischer Lage im Zusammenhang stehen.

In der aktuellen Literatur zu Gewalt in der Familie wird von drei Hauptformen häuslicher Gewalt ausgegangen: (1) *physischer* (einschließlich Gewalt gegen Sachen), (2) *psychischer* (einschließlich verbaler Gewalt) und (3) *sexueller* Gewalt (Kaselitz/Lercher 2002: 11).

Beispiele für *physische Gewalthandlungen* sind: stoßen, treten, schlagen, boxen, mit Gegenständen werfen, an den Haaren ziehen, mit den Fäusten prügeln, mit dem Kopf gegen die Wand schlagen, mit Zigaretten verbrennen, prügeln mit Gegenständen, Attacken mit Waffen bis hin zum (Mordversuch).

In unserer telefonischen Befragung wurden, wie bereits erwähnt, Partnergewalt und Eltern-Kind-Gewalt unter dem Aspekt der physischen Gewaltanwendung behandelt. Sowohl die Partnergewalt als auch die Eltern-Kind-Gewalt wurden mit Indikatoren zur leichten und schweren physischen Gewalt erfasst. Bei der Partnergewalt wurden daher als Indikatoren für physische Gewalt der Schlag mit der flachen Hand bzw. mit der Faust, der Tritt sowie der Schlag mit einem Gegenstand verwendet. Physische Gewalt gegen Kinder wurde mit den Indikatoren heftiges Wegschubsen des Kindes, Schlag mit der flachen Hand, Schlag mit der Faust und Schlag mit einem Gegenstand erfasst.

Unter die Rubrik physischer Gewalt wird in anderen Studien darüber hinaus die Gewalt gegen Sachen subsumiert, die sowohl der Intention als auch der Wirkung nach aber auch als psychische Gewalt betrachtet werden kann. Zur Gewalt gegen Sachen zählt z. B. die Zerstörung von Eigentum wie etwa das Zerschlagen von Möbeln oder das Zerstören von Dingen, die für das Opfer einen besonderen Wert haben.

Generell wird zwischen leichteren und schwereren Formen physischer Gewalt unterschieden. Bei den so genannten leichteren Formen handelt sich um

Gewalthandlungen, die teilweise gesellschaftlich toleriert und als „normal" akzeptiert werden. Hierzu zählen „Erziehungsmaßnahmen" wie etwa der Klaps auf den Po, eventuell noch der leichte Schlag auf den Hinterkopf oder sogar die Ohrfeige. Schwere Formen körperlicher Gewalt werden gesellschaftlich weit weniger toleriert.

Psychische Gewalt ist schwerer zu identifizieren als körperliche. Sie ist daher auch seltener Gegenstand der Forschung und öffentlicher Diskussion. Das Spektrum psychischer Gewalthandlungen ist jedoch sehr umfangreich und die „Narben", die sie hinterlassen, sind nicht selten gravierender und nachhaltiger als bei physischen Übergriffen und werden auch von den Betroffenen nicht selten als schwerwiegender empfunden. Zu den „psychischen Grausamkeiten" gehören beispielsweise die soziale Isolation, die darauf abzielt, die betroffene Person z. B. durch ein Kontaktverbot – Verwandte, Bekannte bzw. Freunde betreffend – von wichtigen Bezugspersonen und potenziellen Kontrollagenten abzuschirmen. Intrafamilial gehört zu diesem Bereich der sozialen Isolation der Liebesentzug, der als „Erziehungsmaßnahme" nicht nur gegen Kinder eingesetzt wird. Der vorübergehende Liebesentzug dürfte indes weithin als legitime Form negativer Sanktionierung gelten, gerade weil er gemeinhin als Alternative zu gewaltförmigen Praktiken im Sinne körperlicher Bestrafungen betrachtet werden kann. „Die Grenzen zwischen gesellschaftlich akzeptiertem Erziehungsverhalten und psychischer Gewalt sind fließend" (Kaselitz/Lercher 2002: 14).

Weitere Formen psychischer Gewalt, die weit weniger auf Verständnis stoßen als der kurzfristige Liebesentzug, sind Drohungen, Nötigungen und Angstmachen. Auch die Androhung, Dritte zu verletzen (Verwandte, Haustiere) wird eingesetzt, um den eigenen Willen durchzusetzen. Verbale Formen wie Beschimpfungen, Abwertungen und Diffamierungen werden der psychischen Gewalt zugerechnet, da sie dem Selbstwertgefühl des Opfers abträglich sein können. Hierzu gehören etwa das Lächerlichmachen in der Öffentlichkeit, beleidigende und abfällige Äußerungen (Kaselitz/Lercher 2002: 11).

Sexuelle Gewalt ist ein Synonym für Vergewaltigung. Das Zielobjekt wird zum Sex überhaupt oder zu bestimmten sexuellen Praktiken bzw. dazu gezwungen, diese über sich ergehen zu lassen. Zielobjekte sexueller häuslicher Gewalt können die (Ehe-, Intim-) Partner, die (Enkel-, leiblichen, adoptierten) Kinder jeden Alters oder (Stief-, Groß-, Pflege-) Eltern sein.

4.2 Gewalt gegen Kinder

Ab Mitte der 1970er Jahre wurde familiale Gewalt zunehmend als ein gesamtgesellschaftliches bzw. gesellschaftspolitisches Problem angesehen. „Im Zuge dieser Entwicklung wurde das Problem Gewalt gegen Kinder aus dem Tabubereich befreit und öffentlich skandalisiert" (Pflegerl/Cizek 2001c: 121) und für Sozialwissenschaftler zunehmend attraktiv. Nicht nur in quantitativer Hinsicht, was die Anzahl an Publikationen zu diesem Thema betrifft, sondern auch qualitativ, was die theoretische Durchdringung anbelangt, ist dieser Bereich aus dem Themenkomplex „Gewalt in der Familie" relativ gut erschlossen (was man in Bezug auf andere Ausrichtungen häuslicher Gewalt nicht unbedingt feststellen kann).

Gewalt gegen Kinder lässt sich in den Ausprägungsformen der physischen und psychischen Gewalt beschreiben. In beiden Formen ist auch der Bereich der Vernachlässigung mit eingeschlossen (Kapella/Cizek 2001b: 82). Inzwischen wird auch das Wahrnehmen der Gewalt zwischen Eltern als psychische Gewalt gegen Kinder interpretiert. „Das Miterleben von Gewalt liegt im Schnittpunkt zwischen Kindesmisshandlung und -vernachlässigung und häuslicher Gewalt" (Gelles 2002: 1058). Es ist darüber hinaus aber auch aus sozialisationstheoretischer Sicht von Interesse: „In einer Untersuchung an über 4.000 Erwachsenen (Kalmuss 1984) wurde festgestellt, dass das Miterleben elterlicher Gewalt als der Hauptrisikofaktor angesehen werden konnte, der vorhersagte, welche Mädchen später selbst Opfer ehelicher Gewalt werden würden. Bei Männern, die als Kinder Misshandlung bei ihren Eltern miterlebten, konnte festgestellt werden, dass sie sich später selbst gegenüber dem Ehepartner gewalttätig verhalten. Jungen, die Zeugen von Gewaltakten ihres Vaters wurden, haben gegenüber Jungen, die keine elterliche Gewalt erlebt haben, eine um 1.000% höhere Wahrscheinlichkeit, später selbst gegenüber ihrem Partner gewalttätig zu werden" (Kolk/Streeck-Fischer 2002: 1026).

Auch in unserer Studie wurde nach beobachteter Gewalt zwischen den Eltern gefragt. Diese Frage beschränkte sich auf eventuelle (Gewalt-) Erfahrungen in der Kindheitsphase der Befragten. Es erlebten nicht ganz ein Zehntel der Befragten Gewalt zwischen den eigenen Eltern (9,8%, (118)). Die große Mehrheit hat dagegen in ihrer Kindheit keine Gewalt zwischen den Eltern beobachtet. (90,2%, (1.085)).

Die Befragten, die in der Kindheit Gewalt zwischen den Eltern beobachteten, übten aus bzw. erfuhren in einem Fünftel der Fälle auch im späteren partnerschaftlichen Leben Gewalt (20,3%, (24)). Wurde keine Partnergewalt im Kindesalter erfahren, so erleben nur 4,5% (49) der Befragten später Gewalt in der eigenen Partnerschaft.

In der Tabelle 4 ist eine Tendenz zu erkennen, wonach mit dem Erleben von partnerschaftlicher Gewalt in der Kindheit die Wahrscheinlichkeit steigt, später selbst in einer gewalttätigen Partnerschaft zu leben. Es besteht offensichtlich ein hoch signifikanter Zusammenhang zwischen dem Beobachten von Gewalt zwischen den Eltern und dem späteren Leben in einer gewalttätigen Partnerschaft (alpha = 0,000). Jedoch ist die Stärke des Zusammenhangs eher mäßig ausgeprägt (Phi = –0,20).

Interessanterweise ist bei Frauen eine leicht stärkere Beziehung zwischen dem Beobachten von Partnergewalt in der Kindheit und dem späteren Leben in einer gewalttätigen Partnerschaft festzustellen (Chi^2 = 22,79; alpha = 0,000; Phi = –0,23). Bei den Männern fällt der Zusammenhang signifikant aus, jedoch geringer als bei Frauen (Chi^2 = 8,1; alpha = 0,004; Phi = –0,15). Dieser Zusammenhang beschränkt sich aber nicht nur auf die Gewalt zwischen den Eltern, sondern umfasst auch die Gewalt in der Erziehung bzw. Kombinationen beider (vgl. Tab. 5):

Tab. 4: Gewalt gegen den Partner nach dem Erleben von Partnergewalt in der Kindheit der Befragten

Gewalt gegen den Partner	**Erleben von Partnergewalt in der Kindheit der Befragten**		Summe
	Gewalt	Keine Gewalt	
Keine Gewalt	79,7% (94)	95,5% (1.036)	93,9% (1.130)
Gewalt	20,3% (24)	4,5% (49)	6,1% (73)
Summe	100% (118)	100% (1.085)	100% (1.203)

(Chi^2 = 32,08; alpha = 0,000; Phi = –0,20)

Tab. 5: Gewalt in der eigenen Familie nach Gewalt in der Herkunftsfamilie (Haushaltsebene)

Gewalt in eigener Familie	**Gewalt in der Herkunftsfamilie**				Summe
	keine	nur Partner gewalt	nur Eltern-Kind-Gewalt	Partner + Eltern-Kind-Gewalt	
keine	75,8% (395)	61,9% (13)	59,4% (334)	45,7% (43)	65,5% (785)
nur Partnergewalt	1,7% (9)	4,8% (1)	2,1% (12)	6,4% (6)	2,3% (28)
nur Eltern-Kind-Gewalt	20,3% (105)	23,8% (5)	35,6% (200)	34,0% (32)	28,5% (342)
Partner + Eltern-Kind	2,3% (12)	9,5% (2)	2,8% (16)	13,8% (13)	3,6% (43)
Summe	100,0% (521)	100,0% (21)	100,0% (562)	100,0% (94)	100,0% (1.198)

(Chi^2 = 68,9; d. f. = 9; alpha = 0,000; C_{korr} = 0,29)

Das bedeutet zum einen: Wer friedlich aufwuchs, hat die vergleichsweise größte Chance, in einer gewaltfreien Familie zu leben; Für immerhin ein Viertel aus dieser Gruppe trifft das allerdings nicht zu; am häufigsten wenden sie dabei selbst erzieherische körperliche Gewalt gegen ihre Kinder an und eine kleine Gruppe von zusammen 4,0% (21) erlebt auch Partnergewalt. Je mehr Gewaltformen nun während des eigenen Aufwachsens vorhanden waren, desto kleiner wird der Anteil derer, in deren eigener Familie es körperlich gewaltlos zugeht; von denen, die selbst Elterngewalt erfuhren und Partnergewalt zwischen den eigenen Eltern beobachten mussten, leben nur weniger als die Hälfte in einer körperlich gewaltlosen eigenen Familie. Gut ein Drittel schlagen die eigenen Kinder und ein Fünftel erlebt Gewalt mit dem eigenen Partner. Das bedeutet einmal: Vorkommen und Art der Gewalthandlungen in der eigenen Familie hängen mit Vorkommen und Art der Gewalterfahrungen in der Herkunftsfamilie zusammen. Der Zusammenhang gilt für Männer und Frauen gleichermaßen.

Wir können konstatieren, dass Gewalt in einem doppelten Sinne sozial vererbt wird: Einmal erscheint Gewalt als eine selbstverständliche Handlungsoption, weshalb man sie auch selbst praktizieren zu dürfen glaubt. Zum anderen wird auch die Partnergewalt als „normal" akzeptiert, da man sie in der Herkunftsfamilie erfahren hat.

Werden Männer und Frauen direkt miteinander verglichen, bestehen bei gewaltlos Sozialisierten eindeutige Unterschiede: Gewaltlos sozialisierte Frauen leben etwas seltener (-2,8%-Punkte) in gewaltfreien Familien als Männer. Bei ihnen kommt es etwas häufiger zu Eltern-Kind-Gewalt (+5,4%-Punkte). Dagegen geben mehr Männer an, dass es zu Partner- und Eltern-Kind-Gewalt kommt (4,6% zu 1,2%). Diese Befunde deuten auf eine differenzierte soziale Vererbung der Gewalt hin, die näher untersucht werden müssten. Andererseits belegen die Daten, dass soziale Weitergabe von Gewalt kein deterministischer Automatismus ist.

Das bedeutet also: Selbst bei Gewalterfahrungen in der eigenen Sozialisation schaffen es immer noch vergleichsweise viele Männer und Frauen, das Gewaltverhalten ihrer eigenen Eltern zu umgehen, möglicherweise gerade wegen der einschneidend negativen Erlebnisse. Um aber die Wahrscheinlichkeit zu verringern, dass sich die Gewalt in der nächsten Generation wiederholt, muss die Gewalt in der vorangegangenen Generation bzw. durch die vorangegangene Generation reduziert werden (Lamnek/Luedtke 2005).

Einen besonderen Bereich der Gewalt gegen Kinder stellt die sexuelle Gewalt dar. „Diese Gewaltform wurde vor allem in den letzten Jahren vermehrt Gegenstand der Forschung und von Untersuchungen. Dies zeigt sich auch sehr deutlich an den massiv zunehmenden Publikationen zu dieser Thematik in den letzten Jahren" (Kapella/Cizek 2001b: 82). Sexuelle Gewalt gegen Kinder war nicht Gegenstand unserer Untersuchung. Wir thematisieren diese im Folgenden ausschließlich unter Rückgriff auf andere Studien. Sie wird in diesen Studien irgendwo im Grenzbereich zwischen physischer und psychischer Gewalt angesiedelt. Die Rede von „sexueller Gewalt gegen Kinder“ bzw. „sexuellem Missbrauch“ impliziert in diesen Studien jedenfalls keineswegs immer physische Gewaltanwendung, also Vergewaltigung im engeren Sinne.

In der Literatur wird von „Kindesmisshandlung“ und „Kindesvernachlässigung“ sowie „Kindesmissbrauch“ gesprochen. Mit diesen Begriffen wird ein weites Feld von Handlungen und Unterlassungen abgedeckt, „die von einer Person ausgeübt oder zugelassen werden und die zu einer ganzen Reihe von Verletzungen führen können – von Unterernährung und Krankheit über schwere Behinderungen und emotionale Verletzungen bis hin zum Tod“ (Gelles 2002: 1048 f.). Das National Center on Child Abuse and Neglect unterscheidet beispielsweise (allerdings keineswegs trennscharf) (1) körperliche Misshandlung, (2) körperliche Vernachlässigung, (3) emotionale Verletzung, (4) emotionale Vernachlässigung, (5) erzieherische Vernachlässigung und (6) sexuellen Missbrauch (Gelles 2002: 1049).

Verglichen mit den psychischen Varianten handelt es sich bei der *körperlichen Gewalt* an Kindern um eine in Bezug auf sichtbare Folgen (z. B. Verletzungen) relativ eindeutige Form der Gewalt (Kapella/Cizek 2001b: 82). Hierbei werden in der Literatur „leichte“ und „schwere“ Formen der körperlichen Misshandlung unterschieden. „Leichtere“ Arten der Misshandlung werden oft auch als „normale“ oder „gewöhnliche“ Gewalthandlungen gegen Kinder bezeichnet. Sie beschreiben Handlungen wie kneifen, drücken, festhalten usw. Bei derartigen Ausprägungen von physischer Gewalt handelt es sich um gesellschaftlich tolerierte Handlungen. Die „schwere“ Form der körperlichen Misshandlung oder des körperlichen Missbrauchs zeigt sich meist an deutlichen Zeichen, wie z. B. Verbrennungen, Brüchen, Schnitten, inneren Blutungen, Quetschungen, Stichverletzungen usw. Gewalthandlungen unterliegen gesellschaftlichen Norm- und Wertvorstellungen und diese bestimmen, ob eine Handlung, z. B. eine Ohrfeige, noch als Erziehungsverhalten gilt oder ob sie bereits in den Bereich der physischen Misshandlung einzuordnen ist (Kapella/Cizek 2001b: 82). „Rensen (1992) beschreibt neben den bisher beschriebenen Formen der körperlichen Gewalt, noch die ‚fötale Misshandlung'. Unter dieser Gewaltform fasst er z. B. Gewalttätigkeiten gegen eine schwangere Frau (z. B. das Treten in den Bauch), rauchen, chronischen Alkoholmissbrauch und Missbrauch von Drogen zusammen. Als eine weitere Form der Gewalt gegen Kinder beschreibt Rensen (1992) die körperliche Vernachlässigung. Sie umfasst für ihn die Unterlassung von medizinischer Hilfe, die Unterlassung von Sicherheitsmaßnahmen (z. B. das Kind unbeaufsichtigt lassen) und die unzureichende Ernährung als auch Pflege des Kindes“ (Kapella/Cizek 2001b: 82 f.).

Die Form der *psychischen Gewalt* ist eine schwierig zu definierende Art der Misshandlung und aufgrund der Probleme ihrer Messbarkeit auch Gegenstand von nur wenigen wissenschaftlichen Untersuchungen (Godenzi 1994; Kapella/Cizek 2001b: 83). Psychische Gewalt hinterlässt zwar keine augenscheinlich sichtbaren „Narben“, wie es z. B. bei den schweren Formen physischer Gewalt der Fall ist, kann aber für das Kind ebenso, wenn nicht schwerwiegendere und langfristigere Folgen haben und sich darüber hinaus in sozialen Auffälligkeiten äußern. „Die psychische Gewalt wird meist beschrieben als Drohungen, Liebesentzug, verletzende verbale Äußerungen und Redensarten, Abwendung und Ablehnung, Zwänge, emotionales Erpressen, besonders im Bereich der sexuellen Gewalt auch mit einem Schweigegebot verknüpft, usw.“ (Kapella/Cizek 2001b: 83). Bründel und Hurrelmann (1994) differenzieren zwischen psychischer und verbaler Gewalt. Verbale Gewalt definieren sie als „die Schädigung und Verletzung eines anderen durch beleidigende, erniedrigende und entwürdigende Worte“ (Bründel/Hurrelmann 1994: 23). Psychische Gewalt „ist dann besonders zerstörerisch, wenn einem Kind in seinen Entwicklungsjahren an Stelle einer optimistischen Haltung sich selbst und seinen Mitmenschen gegenüber eine Haltung der Wertlosigkeit vermittelt wird“ (Plaute 2001: 352), d. h. ein stabiles Selbstwertgefühl nicht entwickelt werden kann, das der Bewältigung mehr oder minder alltäglicher Frustrationen und Angriffe dienlich sein könnte.

Nach Hirsch (1990) gehört in den Bereich der psychischen Gewalt gegen Kinder der „Terrorismus des Leidens“. Hierbei werden beim Kind durch (angebliche) chronische Krankheiten der Eltern Schuldgefühle erzeugt. „'Eine ihr Leiden klagende Mutter kann sich aus dem Kind eine lebenslängliche Pflegerin, also eigentlich einen Muttterersatz schaffen, die Eigeninteressen des Kindes gar nicht berücksichtigend.' Hier wird dem Kind die Schuld für die Entstehung, bzw. für die Aufrechterhaltung einer körperlichen (chronischen) Krankheit gegeben“ (Kapella/Cizek 2001b: 84).

Was die *sexuelle Gewalt* an Kindern betrifft, so ist diese in den letzten Jahren dank der feministischen und der Kinderschutzbewegung zwar stark diskutiert und zum Gegenstand von zahlreichen Untersuchungen geworden; „eine einheitlich abgegrenzte Definition von sexueller Gewalt an Kindern findet sich jedoch in der Literatur nicht“ (Kapella/Cizek 2001b: 84). Tatsächlich ist nicht nur von Vergewaltigung im engeren Sinne die Rede. Es werden vielmehr die Altersdifferenz, die Unmündigkeit oder die Unwissenheit des Kindes und ähnliche von Gewalthandlungen unabhängige Kriterien herangezogen, um sexuellen Missbrauch festzustellen (Inflationsfalle). Das erschwert natürlich die Interpretation der statistischen Daten bezüglich sexueller Übergriffe.

Dass Gewalt an Kindern überhaupt als soziales Problem anerkannt ist, beruht auf den Schäden vor allem psychischer und sozialer Art, die sie verursachen kann. Bisweilen sind die betroffenen Kinder in ihrer sozial-emotionalen Entwicklung so dramatisch gestört, dass sie mit ihrem aggressiven und antisozialen Verhalten für eine delinquente Karriere fast prädestiniert erscheinen. Gerade dieser Zusammenhang zwischen Misshandlung und Delinquenz findet in neueren Studien immer stärkere Beachtung (McCord 1983; Cizek/Kapella/Steck 2001: 197). In einer Zeit, in der die Gesellschaft sensibler für die Problematik Gewalt gegen Kinder geworden ist und so die Wahrscheinlichkeit frühzeitiger Interventionsmaßnahmen größer ist, erkennt man zunehmend die Probleme in Bereichen wie sprachliche Entwicklung und Schulleistung als Folge von Misshandlungserfahrungen an (Amelang/Krüger 1995; Cizek/Kapella/Steck 2001: 199). Folgende Störungen werden in Studien zur psychischen und physischen Misshandlung und/oder Vernachlässigung genannt (Martin 1976; Kinard 1980; Lynch/Roberts 1982; Bousha/Twentyman 1984; Oates 1986; Conger 1992; Cizek/Kapella/Steck 2001: 200):

- Niedergeschlagenheit, Depression, Teilnahmslosigkeit bzw. Passivität, Freudlosigkeit, Gefühle der Hilflosigkeit bzw. der Verlust externaler Kontrollüberzeugungen, Beeinträchtigung des Selbstwertgefühls;
- autoaggressives Verhalten wie z. B. Selbstverstümmelung, Selbstmordversuche;
- psychosomatische Beschwerden wie etwa Schlafstörungen, Migräne, Essstörungen;
- psychiatrische Auffälligkeiten wie Persönlichkeitsstörungen, Schizophrenie, Suchterkrankungen;
- Verhaltensprobleme wie Wutanfälle, Delinquenz, Hyperaktivität, Ticks, Enuresis (= Ein- und Bettnässen);
- soziale Kontaktstörungen wie Misstrauen, Schüchternheit, gehemmtes Verhalten, Aggressivität, Ambivalenz, unsichere Bindungsmuster;
- Schulprobleme aufgrund von Eigensinn, Ungehorsam, Rücksichtslosigkeit, geringer Frustrationstoleranz, geringem Ehrgeiz.

Vor allem Aggressivität und Depressivität haben sich in den vergangenen Jahren als Hauptproblemfelder im Zusammenhang mit Misshandlung herauskristallisiert (Ziegler 1994; Cizek/Kapella/Steck 2001: 200). „Probleme der *Aggressivität* zeigen sich innerhalb der Familie, in der Schule, im Kontakt mit anderen Personen oder gegen Gegenstände und Objekte der Umgebung. Sie kann die unterschiedlichsten Formen wie Zerstörung, Wutanfälle, Ungehorsam, oder Rücksichtslosigkeit annehmen“ (Cizek/Kapella/Steck 2001: 200).

4.2.1 Gewalt der Eltern an ihren Kindern

In der Literatur wird im Allgemeinen davon ausgegangen, dass nur ein geringer Anteil der tatsächlich verübten physischen Übergriffe auf Kinder zur Anzeige gelangt, z. B. weil die Opfer zu jung sind, um sich mitzuteilen, oder unter Druck gesetzt werden zu schweigen. Auch bringt es die geschlechtstypische Sozialisation mit sich, dass es Jungen zumeist schwerer fällt, sich um

Hilfe nach außen zu wenden. Darüber hinaus scheint generell zu gelten: Je enger die Beziehung zwischen Opfer und Täter ist, desto geringer ist die Wahrscheinlichkeit, dass es zu einer Anzeige kommt (Kaselitz/Lercher 2002: 16 f.). Dennoch liegen Studien vor, die Aussagen über das Ausmaß physischer, psychischer und auch sexueller Gewalt an Kindern machen.

Sozialwissenschaftliche Untersuchungen aus dem deutschen Sprachraum zeigen, dass bis in die 1990er Jahre ca. die Hälfte bis zwei Drittel der Eltern ihre Kinder körperlich bestraften (Markefka/Nauck 1993; Wahl 1990). Auch seien der Mythos von der Ohrfeige, „die noch niemandem geschadet hat" (Haller et al. 1998: 27), und die entsprechende Handlung weit verbreitet.

Um die gesellschaftliche Akzeptanz einer Ohrfeige in der Kindererziehung zu ermitteln, sollten in unserer Untersuchung die Befragten angeben, inwieweit sie der Aussage „Ab und zu eine Ohrfeige hat noch keinem Kind geschadet." zustimmen können.

Tab. 6: Zustimmung zu „Ab und zu eine Ohrfeige hat noch keinem Kind geschadet."

Stimme zu	18,2% (224)
Stimme teilweise zu	27,8% (342)
Stimme nicht zu	54,1% (666)
Gesamt	100,0% (1.232)

Eine knappe, absolute Mehrheit der Befragten lehnt die Aussage „Ab und zu eine Ohrfeige hat noch keinem Kind geschadet" ab. Etwas weniger als ein Fünftel stimmt allerdings dieser Aussage zu. Etwa ein Viertel konnte diesem Statement immer noch teilweise folgen. Da knapp die Hälfte aller Befragten die Ohrfeige als Erziehungsmittel für mehr oder weniger angebracht hält, ist die gesellschaftliche Akzeptanz dieser „leichten Form der Gewalt" durchaus verbreitet.

Dieser Befund stimmt mit anderen (deutschsprachigen) Studien überein: „Es wird angenommen, dass gerade ‚mildere' Formen des Schlagens, Drückens, Tretens usw. am häufigsten in Familien auftreten. Der Grund könnte in der seit Jahrhunderten bestehenden und noch immer aufrechten allgemeinen gesellschaftlichen Akzeptanz dieser ‚normalen' Gewaltanwendung gegen Kinder liegen" (Buchner/Cizek 2001c: 140).

Im Unterschied zu den „milderen" Formen körperlicher Gewaltanwendungen gegen Kinder, scheinen die „härteren" Formen sozial weniger toleriert. Über das Vorkommen dieser Gewaltformen existieren unterschiedliche und kaum aktuelle Angaben, auch dort wo die Umfrageforschung eine lange Tradition hat, nämlich in den USA. Dort variiert die Anzahl von schweren Misshandlungsfällen zwischen 6.000 (Gil 1970) und einer halben Million (Light 1974). Nach Straus et al. (1980) wurde in den 1970er Jahren jedes zehnte amerikanische Kind mindestens einmal von einem Elternteil verprügelt, gebissen oder getreten. In den 1980er Jahren konstatierten Gelles und Straus (1988), „dass die körperliche Gewalt gegen Kinder im Vergleich zur Voruntersuchung im Jahr 1975 um beinahe die Hälfte zurückgegangen war. Dieser Wandel sei besonders durch ‚eine öffentliche Sensibilisierung, Modifikationen in der Erziehungspraxis, einem Ausbau der sozialen Hilfsangebote und eingeleiteter Interventionsprogramme' hervorgerufen worden" (Buchner/ Cizek 2001c: 140). Ähnliche Ergebnisse erzielte Bussmann (1995, 1996) in repräsentativen Untersuchungen in Deutschland (Wetzels 1997; Buchner/ Cizek 2001c: 140).

In unserer Untersuchung zeigte sich, dass in etwa einem Drittel der Fälle die Eltern Gewalt gegen ihre Kinder angewendet haben (32,1%, (396)). Zwei Drittel der Eltern praktizierten dagegen keine der erfragten Gewaltformen gegenüber ihren Kindern (67,9%, (837)). Wird jedoch die Verteilung der verschiedenen Gewaltformen gegen das Kind betrachtet, zeigt sich, dass in „nur" 3,3% der Fälle (13) schwere Gewalt, also Tritte und Schläge mit Gegenständen, angewendet werden. Weit häufiger werden Ohrfeigen und/ oder Schubser, die zur leichten Gewalt gezählt werden, gegen die Kinder eingesetzt.

Abb. 11: Häufigkeit der elterlichen Gewaltformen gegen ihre Kinder

Einen weiteren Aufschluss über das Gewaltverhalten der Eltern gegenüber ihren Kindern erhält man, wenn die Häufigkeit der Ohrfeigen im letzten Monat betrachtet wird (vgl. Tab. 7). Fast Neun-Zehntel der Eltern ohrfeigten ihre Kinder im letzen Monat nicht. Etwa ein Neuntel der Befragten gab an, dass sie ihrem Kind ein- bis zweimal im letzen Monat eine Ohrfeige gegeben hatten. In nicht einmal einem Prozent der Fälle (0,8%, (2)) wurden die Kinder öfter als zweimal im letzen Monat geohrfeigt. Während also die Akzeptanz einer Ohrfeige als Erziehungsmaßnahme durchaus auf verbreitete Zustimmung bei den Eltern stößt, wird sie tatsächlich relativ seltener praktiziert.

Tab. 7: Häufigkeit einer Ohrfeige im letzten Monat

Gar nicht	87,7% (221)
Ein- bis zweimal	11,5% (29)
Öfter als zweimal	0,8% (2)
Gesamt	100,0% (252)

Trotz des von Wissenschaftlern in den letzten (zwei bis drei) Jahrzehnten festgestellten Rückgangs der Anwendung körperlicher Gewalt der Eltern gegenüber ihren Kindern scheint es jedoch so, als ob eine immer größere Zahl an Misshandlungsfällen öffentlich bekannt würde. Dies liegt offenbar weniger am realen Zuwachs der Gewalt gegen Kinder, als vielmehr an der diesbezüglich erhöhten Sensibilisierung (Markefka/Nauck 1993). Dies bestätigt nach Buchner und Cizek (2001c) auch das Ergebnis einer österreichischen Medienanalyse, in der nicht nur ein sukzessiver Anstieg der Anzahl der Fallberichte in verschiedenen österreichischen Tageszeitungen im Verlauf der letzten zehn Jahre festgestellt wird, sondern ebenso eine signifikante Zunahme anderer mit Kindesmisshandlung in Zusammenhang stehender Berichte (z. B. Artikel über Hilfseinrichtungen, Gesetzesänderungen, Veranstaltungen) (Buchebner-Ferstl 2000: 68 ff.). Letztlich zeige sich aber, „dass trotz zunehmenden Problembewusstseins noch immer große Akzeptanz und weite Verbreitung körperlicher Züchtigung von Kindern durch die Eltern besteht – sofern die Grenzen zur Misshandlung nicht überschritten werden. Somit ist die Verbreitung elterlicher Gewalt offenbar noch immer stark von kulturellen und sozialen Auffassungen zu deren Legitimität abhängig“ (Buchner/Cizek 2001c: 140 f.).

Zur Frage, ob mehr Männer oder mehr Frauen Kinder misshandeln, liegen in der wissenschaftlichen Literatur widersprüchliche Aussagen vor. Ausgehend von österreichischen Daten ist das Verhältnis zwischen leiblichen

Müttern und Vätern als Tätern physischer Gewalt gegen ihre Kinder in etwa gleich verteilt (Fleischmann 1999: 6; Buchner/Cizek 2001c: 141):

- leichte körperliche Gewalt gegen Kinder (Klaps, Ohrfeige etc.) wendeten 61% der Mütter und 67% der Väter an;
- schwere körperliche Gewalt gegen Kinder (Tracht Prügel, Schläge mit Gegenständen) 29% der Mütter und 26% der Väter;
- häufige Gewaltanwendung gegen Kinder ginge zu 4% von Müttern und zu 5% von Vätern aus.

Auch in unserer Studie wurde keine signifikante, geschlechtsspezifische Auffälligkeit bei der Anwendung von Gewalt gegen Kinder festgestellt (alpha = 0,901). Es zeigt sich zwar eine äußerst schwache Tendenz, wonach Väter eher Gewalt gegen ihre Kinder anwenden als Mütter. Der Anteil der Väter, die Gewalt gegenüber ihren Kindern ausübten, liegt aber bei 32,3% (160) und nur 0,3 Prozent-Punkte über dem Anteil gewalttätiger Mütter (32,0%, (236)).

Bei der Zuständigkeit für die Kindererziehung zeigt sich, dass eine Drei-Fünftel-Mehrheit der Befragten gemeinschaftlich für die Kindererziehung verantwortlich ist (57,7%, (713)), in Zwei-Fünfteln der Fälle dagegen ist die Frau überwiegend für die Erziehung zuständig (40,5%, (500)) und bei der hauptsächlichen Erziehung durch den Mann sind es gerade einmal 1,8% (22).

Ausgehend von der Annahme, dass Gewalt gegen Kinder als Mittel der Erziehung eingesetzt wird, ist zu bedenken, dass Frauen zeitlich in einem viel stärkeren Maße in der Kindererziehung engagiert sind, d. h. wesentlich längere Kontaktzeiten haben als die Väter. Das würde darauf hindeuten, dass Väter – relativ – doch häufiger zur Gewaltanwendung als Mittel der Erziehung neigen. Quantitativ belegt werden konnte dies allerdings aus dem Datenmaterial nicht, da das Zeitbudget nicht Gegenstand der Befragung war.

Ebenso zeigt sich in der österreichischern Untersuchung von Haller et al. (1998) das Geschlechterverhältnis der leiblichen Eltern in Bezug auf tätliche Übergriffe gegen ihre Kinder als relativ ausgeglichen (55% Väter, 45% Mütter). Gehe körperliche Gewalt von Müttern aus, so verteile sich diese gleichmäßig auf die Kinder beiderlei Geschlechts. Dagegen würden bei Gewaltanwendung durch Väter eindeutig die Söhne vermehrt Opfer der tätlichen Übergriffe. Als Erklärung dieses Phänomens geben Haller et al. das Vorherrschen des traditionell-patriarchalen Erziehungsstils in den Gewaltfamilien an (Buchner/Cizek 2001c: 140). „In diesen Familien sind die Rollen nach klassischem Muster verteilt; so lernt die Mehrzahl der [...] Buben, wie ‚Mann' sich gegen Schwächere durchsetzt" (Haller et al. 1998: 71). Richter-Appelt und Tiefensee vermuten weiter, „dass eine Ohrfeige für ein Mädchen etwas anderes bedeutet als für einen Jungen. Dieser erlebt sie vielleicht als völlig normal und käme nicht auf die Idee, sich nach häufigen Prügeln in der Kindheit als körperlich misshandelt einzustufen" (Richter-Appelt/Tiefensee 1996: 377).

Eine Vielzahl empirischer Untersuchungsergebnisse deutet nach Buchner und Cizek (2001c) darauf hin, dass das Alter der Täter, die physische Gewalt gegen Kinder in der Familie ausüben, am häufigsten zwischen 20 und 35 Jahren liege (Ziegler 1994). Andere Studien belegten jedoch, dass besonders sehr junge (d. h. eher „infantil-unreife“) Eltern ein wesentlich höheres Misshandlungsrisiko darstellten als ältere (Engfer 1986; Habermehl 1994). Dies spiegelten besonders angloamerikanische Untersuchungen wider, in denen Mütter, die schwere körperliche Gewalt beim Säugling oder erstgeborenen Kind ausübten, dreimal so häufig unter 20 Jahre alt waren wie im übrigen Bevölkerungsdurchschnitt (Creighton 1984). Die Begründung hierfür könnte gemäß Habermehl (1994) vor allem darin liegen, dass jugendliche Eltern durch die Geburt eines Kindes grundsätzlich mehr Belastungen (durch Unerfahrenheit, unrealistische Erwartungen etc.) und folglich mehr Stress ausgesetzt seien als ältere (Buchner/Cizek 2001c: 141). Aus Gründen der Überforderung soll auch das Risiko, misshandelt zu werden, für Kinder allein erziehender Eltern doppelt so hoch sein wie für andere Kinder (Garbarino/Bradshaw 2002: 905).

In unserer Studie ließ sich dies nicht bestätigen. Wenn Gewalt gegen Kinder angewendet wird, dann ist dies relativ gleichverteilt auf die verschiedenen Altersgruppen der Eltern. In allen Altersgruppen wenden etwa ein Drittel der Eltern Gewalt gegen ihre Kinder an. Es zeigt sich eine minimale Tendenz, wonach mit steigendem Alter die Gewalt gegen die Kinder abnimmt. Jedoch sind die Unterschiede derart gering, dass von keinem Zusammenhang ausgegangen werden darf, was auch die statistischen Kennwerte nahe legen (alpha = 0,66; C_{korr} = 0,04).

Querschnittuntersuchungen aus den 1970er und 1980er Jahren eruierten einen statistischen Zusammenhang zwischen belastenden sozioökonomischen Lebensumständen der Familien, wie Armut, Arbeitslosigkeit, schlechte Berufschancen etc., und familialer Gewalt. Nach diesen Studien beeinflussen Faktoren wie knappe finanzielle und wirtschaftliche Ressourcen und Mangel an sozialen Kontakten die Anwendung familialer Gewalt (Elmer 1967; Gelles 1979; Gil 1970; Gil 1974; Pelton 1981; Straus et al. 1980). Zu ähnlichen Ergebnissen kommen auch neuere Untersuchungen (Habermehl 1994; Haller et al. 1998). In der Studie von Haller et al. (1998) weisen bei Einstufung der gewaltausübenden Elternteile nach Erwerbsstatus Hausfrauen (57%) und arbeitslose Väter (32%) die höchsten Anteile in Bezug auf Gewaltanwendung auf. Berufstätige, gewalttätige Mütter waren dabei zu 70% und Väter zu 40% ungelernte Arbeitskräfte. „Jedoch enthalten diese Ergebnisse Verzerrungen, da die Anteile an Arbeitslosen bzw. Personen mit manuellem und ungelerntem Beruf, gemessen an der Gesamtbevölkerung, in der Stichprobe stark überproportional vertreten sind. Begründet wird dies mit dem Auswahlverfahren. Untersucht wurden nämlich durch das Jugendamt bekannt gegebene Fälle. Somit waren gewalttätige Personen, die keinen Kontakt mit dem Jugendamt hatten, nicht im Sample enthalten. Zu dieser Gruppe zählen gemäß

Haller et al. besonders Mittelschichtfamilien. Diese hätten, argumentieren sie, grundsätzlich mehr Möglichkeiten, ihre sozialen und sonstigen Probleme ohne Intervention einer Behörde zu lösen. Daher werden familiale Gewaltfälle in dieser Schicht weniger leicht bekannt" (Buchner/Cizek 2001c: 143), „zumal ja in der Mittelschicht ein besonders großes Interesse an der Wahrung des äußeren Scheins gegeben ist" (Haller et al. 1998: 74). Hier wäre es interessant, der Frage nachzugehen, ob Personen aus sozial unterprivilegierten Milieus vielleicht eine genau entgegengesetzte Tendenz aufweisen, also „Stigmaaktivisten" sind, weil dies im Vergleich dazu, gesellschaftlich völlig vergessen zu werden, die attraktivere Alternative darstellt (Böhnisch 2001). Auch ist die Chance, sich aus einer sozial unterprivilegierten Familiensituation mittels der Hilfe Dritter (Frauenhäuser, Rechtspflege etc.) zu lösen, attraktiver, als aus einer sozioökonomisch sicheren Beziehung, deren Nettonutzen trotz der Kosten häuslicher Gewalt den Betroffenen größer als derjenige der perzipierten Alternativen erscheinen kann, auszubrechen bzw. ein „unterm Strich" relativ günstiges Arrangement von außen irritieren zu lassen.

Aus Sicht der Eltern stellen ihre körperlichen Übergriffe auf die Kinder gewissermaßen das letzte Mittel der Erziehung dar. „Die elterliche Züchtigung bzw. Kindesmisshandlung ist demnach in vielen Fällen eine Affektreaktion in Situationen, in denen einer Mutter oder einem Vater die Kinder wieder einmal ‚über den Kopf wachsen'" (Haller et al. 1998: 88). Auch der Machtaspekt wird als Begründung eingebracht, indem manche Eltern ihre Kinder verprügeln, da sie sich anders nicht durchsetzen können, jedoch tun sie „dies (nur) solange, als sie ihnen physisch überlegen sind" (Haller et al. 1998: 88).

In unserer Untersuchung konnten verschiedene Motive für die Gewaltanwendung von Eltern angegeben werden. Das folgende Schaubild enthält die jeweiligen absoluten Häufigkeiten der verschiedenen Gründe der Eltern für die Gewaltanwendung (jeweiliges n aufgrund von Verweigerung etc. geringfügig unterschiedlich).

Abb. 12: Gründe für Gewalt gegen Kinder (Mehrfachnennung möglich, absolute Zahlen)

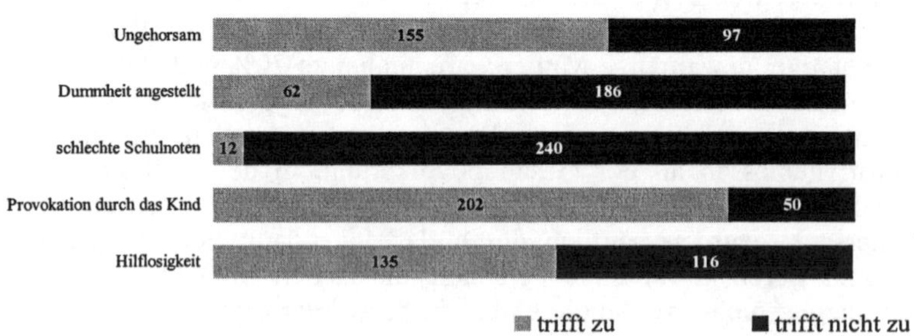

Schlechte Schulnoten führen in den wenigstens Fällen zu Gewalt gegen Kinder, Ähnliches gilt für „Dummheiten", die das Kind angestellt hat. Provokationen durch das Kind scheinen dagegen einer der häufigsten Gründe für Gewalt zu sein. Auch der Ungehorsam des Kindes und die Hilflosigkeit gegenüber dem Kind sind wesentliche gewaltauslösende Ursachen. Nach Luedtke (2003) begründen die Eltern (unter den veränderten, rechtlich verschärften Rahmenbedingungen) den Einsatz körperlicher Gewalt gegen ihre Kinder folgendermaßen: Die elterlichen Handlungsmotive sind am häufigsten affektuell geprägt (Hilflosigkeit), bilden den vorläufigen Endpunkt einer Steigerung der Auseinandersetzung (Provokation) oder dienen eher instrumentell dem Bemühen, elterliche Autorität zu dokumentieren (Disziplinierung) (Luedtke 2003: 178). Ein mit entscheidendender Faktor, der auf den Gewalteinsatz einwirkt, ist eine Art von elterlicher „Nützlichkeitsethik": Scheint die Ohrfeige Erfolg versprechend, wird sie durchaus eingesetzt, selbst wenn Eltern(teile) damit gegen ihre generelle (bildungsbürgerliche) Maxime verstoßen, „eigentlich" mehr mit Kindern zu reden, anstatt sie zu schlagen. Sind die Eltern von ihrer relativen Wirkungslosigkeit überzeugt, sanktionieren sie relativ selten körperlich, auch wenn ihre (autoritäre) Einstellung dies zulassen würde (Luedtke 2003: 176). Das Bildungsniveau hängt mit der Provozierbarkeit und der Hilflosigkeit eindeutig zusammen, und zwar sowohl bei Vätern als auch bei Müttern: Je höher das Bildungsniveau ist, desto häufiger geben die Eltern(teile) an, sich provoziert gefühlt zu haben. Tendenziell analog sind die Ergebnisse für die Hilflosigkeit: Eltern(teile) mit niedrigem Bildungsniveau benennen am seltensten „Hilflosigkeit" als Grund für die Schläge. Was die Häufigkeit leichter körperlicher Gewalt angeht, unterscheiden sich die Bildungsniveaugruppen nicht voneinander, wohl aber, was ihre Motivation bzw. ihre Rechtfertigung betrifft. Möglicherweise erziehen höher gebildete Eltern ihre Kinder zu mehr Autonomie und sind daher häufiger mit Situationen konfrontiert, in denen ihre Kinder diese Autonomie gegen ihre Eltern wenden. Weiter zeigt sich, dass höher gebildete Eltern Körperstrafen eher als unwirksam und schädlich ansehen. Wenden sie dann aber in Konfliktsituationen dennoch Gewalt an, fehlt ihnen eine rationale, normative Begründung dafür (Luedtke 2003: 174).

Das (vermeintlich) häufigere Vorkommen von körperlicher Gewalt gegen Kinder in Stiefelternfamilien übrigens (familiale Verhältnisse, die von uns nicht näher thematisiert bzw. analysiert wurden) wird in der Literatur damit begründet, dass es Kindern teilweise schwer falle, den (neuen) Ersatzvater zu akzeptieren bzw. umgekehrt der Partner Probleme damit habe, die Kinder des Lebenspartners so anzunehmen, als wären es die eigenen (Haller et al. 1998; Buchner/Cizek 2001c: 144).

Nach Buchner und Cizek (2001c) zeigt sich wiederholt, dass Väter und Mütter, die ihre Kinder misshandelten, meist selbst von den Eltern misshandelt wurden oder körperlicher Bestrafung ausgesetzt waren (Farber/Joseph

1985; Habermehl 1994; Kaufman/Zigler 1989; Kaufman 1993; Belsky/Vondra 1989; Widom 1989). Bereits in den 1970er Jahren stellten Forscher fest, dass Eltern, die in ihrer Kindheit Gewalt zwischen ihren Eltern und/oder Gewalt gegen sich selbst erlebt haben, auch ihre Kinder deutlich häufiger misshandelten als Eltern aus gewaltfreien Familien (Owens/Straus 1975; Steinmetz/Straus 1973; Kalmar 1977). Neben der Tatsache, dass Gewalterfahrungen in der Kindheit dazu beitrügen, kulturelle Normen, die die Anwendung von Gewalt billigen und fördern, zu perpetuieren, ergebe sich als eine weitere Konsequenz, dass Kinder als Opfer von Gewalt lernen, dass Gewalt in bestimmten Situationen als Mittel eingesetzt werden kann, um ein bestimmtes Ziel zu erreichen (Owens/Straus 1975; Buchner/Cizek 2001c: 144) „Ein Kind, das den Einsatz von Gewalt auf diese Weise erlernt hat, neigt dazu, als Erwachsener, allen guten Absichten den eigenen Kindern gegenüber zum Trotz, in ähnlichen Situationen auf Gewalt als Mittel zurückzugreifen, vor allem wenn andere, adäquatere Mittel nicht verfügbar sind“ (Habermehl 1994: 37).

In unserer Studie wurden über die Hälfte der befragten Elternteile in ihrer Kindheit Opfer von Gewalt von Seiten ihrer Eltern. Genauer betrachtet zeigt sich, dass Zwei-Fünftel „öfter von ihren Eltern geohrfeigt wurden“ (41,4%, (509)) und etwa ein Achtel wurde oft geohrfeigt und heftig geschlagen (13,5%, (166)). 45,1% der befragten Elternteile erlebten dagegen in ihrer Kindheit keine Gewalt am eigenen Leib (555).

Ein Zusammenhang zwischen der „Gewaltanwendung der Befragten gegen ihre Kinder“ und der „Erfahrung von Gewalt in der Kindheit durch die Eltern“ der Befragten konnte festgestellt werden (vgl. Tab. 8).

Tab. 8: Gewalt gegen Kinder in Abhängigkeit von der Gewalterfahrung in der Kindheit durch die Eltern der Befragten

Gewalt gegen Kinder durch die Befragten	**Gewalterfahrung in der Kindheit durch die Eltern**			Summe
	Keine Gewalt	Oft Ohrfeigen	Oft Ohrfeigen & heftige Schläge	
Gewalt	22,7% (126)	36,9% (188)	48,2% (80)	32,0% (394)
Keine Gewalt	77,3% (429)	63,1% (321)	51,8% (86)	68,0% (836)
Summe	100% (555)	100% (509)	100% (166)	100% (1.230)

($Chi^2 = 47, 75$; alpha = 0,000; $C_{korr} = 0,27$)

Mit der Erfahrung von Gewalt in der Kindheit steigt die Wahrscheinlichkeit, gegen die eigenen Kinder im späteren Leben selbst Gewalt anzuwenden. Dieser Zusammenhang ist hoch signifikant, aber in seiner Ausprägung doch eher mäßig ($C_{korr} = 0,27$; alpha = 0,000).

Die Randverteilung zeigt, dass ein Drittel der befragten Eltern gegenüber ihren Kindern gewalttätig ist. Etwa die Hälfte der Eltern, die in ihrer Kindheit oft geohrfeigt und heftig geschlagen wurden, wendet wiederum Gewalt gegen ihre Kinder an. Es scheint, dass der Gewaltkreislauf tendenziell doch durchbrochen werden kann. Jedoch lässt er sich eher aufhalten, wenn die eigene, kindliche Gewalterfahrung leichterer Natur war. Gerieten die betreffenden Elternteile als Kinder hingegen erst gar nicht in gewaltförmige Situationen, gibt es auch keinen vernünftigen Grund für den Einsatz von Gewalt der Eltern gegenüber ihren Kindern. Dafür zu sorgen, dass gewalttätige Situationen nicht eintreten, bietet daher eine Möglichkeit, den intergenerationellen Kreislauf der Gewalt zu durchbrechen, und zwar ohne dass Gewalt als Handlungsoption erst verlernt werden müsste.

Nach Habermehl (1994) haben 85% aller Mädchen und 90,5% aller Jungen zwischen 10 und 15 Jahren bereits irgendeine Form physischer Gewalt durch ihre Eltern erlebt. Haller et al. (1998) stellen fest, dass Knaben bis zum 11. Lebensjahr deutlich häufiger Opfer körperlicher Übergriffe werden als Mädchen. Ab dem 11. Lebensjahr nehmen die gewalttätigen Handlungen an Jungen stark ab, an Mädchen hingegen zu. Insgesamt aber kann davon ausgegangen werden, dass die Häufigkeit von Gewaltanwendung durch die Eltern mit steigendem Alter des Kindes sinkt. Die meisten gewalttätigen Übergriffe erfolgen auf Kinder, die jünger als sechs Jahre sind (Habermehl 1994; Kaselitz/Lercher 2002: 16; Buchner/Cizek 2001b: 130). Jüngere Kinder seien wegen ihrer Schutzbedürftigkeit und Abhängigkeit ganz besonders auf Erwachsene angewiesen, weshalb ihr Risiko, vernachlässigt oder misshandelt zu werden, größer sei als bei älteren Kindern. Auch für Kinder mit Entwicklungsstörungen sei das Risiko größer. Behinderte Kinder benötigten eine intensivere Aufsicht und Pflege, was bei ihren Bezugspersonen oft zusätzlichen Stress auslöse. Geistig Behinderte seien darüber hinaus ein bevorzugtes Objekt sexuellen Missbrauchs, sofern der Täter annehme, dass sie sich nicht hinreichend mitteilen können (Garbarino/Bradshaw 2002: 903).

Amerikanische Studien belegten, dass Knaben bis zum zirka 12. Lebensjahr häufiger Opfer von familialer Gewalt waren als Mädchen. Danach ändere sich die Relation (Gil 1975; Straus et al. 1981). Nach Newson (1976) sind Kinder jüngeren Alters unverhältnismäßig oft von elterlicher Gewaltanwendung betroffen. Physische Gewalt werde häufiger gegen Kleinkinder als gegen größere Kinder angewendet. Zu diesem Ergebnis kommt auch Engfer (1986). Sie stellt fest, dass besonders Kinder im Alter bis zu drei oder vier Jahren am häufigsten Opfer schwerer Formen physischer Gewalt sind. Eine mögliche Begründung für den hohen Anteil an gewaltbedrohten Kleinkindern liegt für Straus et al. (1980) darin, dass die Eltern eine körperliche Bestrafung für zielführend halten, weil sie meinen, dass die Kinder verbale Erklärungen noch nicht verstehen (Buchner/Cizek 2001b: 132 f.).

Hinsichtlich der vorherrschenden sozialen Bedingungen in Gewaltfamilien konnten Richter-Appelt und Tiefensee (1996) folgende Begleitfaktoren feststellen (Buchner/Cizek 2001b: 134):

- Verschlechterung der finanziellen Situation und der Wohnverhältnisse der Familie (vermutet wird, dass Eltern ihre Kinder unbewusst für die verschlechterten Bedingungen verantwortlich machten und sie deshalb vermehrt misshandelten);
- Probleme der Eltern in der Partnerschaft;
- Alkohol- und Drogenmissbrauch;
- Überforderung der Mutter.

Zahlreiche Studien ergaben, dass die Wahrscheinlichkeit, physische Gewalt durch die Eltern zu erfahren, mit der Anzahl der Kinder steigt. Begründet wird dies damit, dass sich bei steigender Kinderzahl Belastungsfaktoren und Aufwand im Haushalt erhöhten. Die These lautet: „Je mehr Kinder, desto mehr Stress, desto häufiger Schläge und Misshandlungen“ (Godenzi 1996: 192). In sehr großen Familien (z. B. mit acht oder neun Kindern) dagegen sinkt die Zahl körperlicher Gewaltanwendungen (Buchner/Cizek 2001b: 135 f.). Hier wäre denkbar, dass ältere Geschwister im Haushalt und bei der Erziehung „mithelfen“, so dass es zur Entlastung der Eltern kommt.

In unserer Studie waren Familien mit ein (42,6%, (527)) bzw. zwei Personen (42,1%, (520)) unter 18 Jahren im Haushalt am häufigsten. In 14,6% (180) der Haushalte gab es zum Zeitpunkt der Erhebung drei Personen unter 18 Jahren (vgl. Abb. 13).

Abb. 13: Anzahl der Kinder unter 18 Jahren im Haushalt

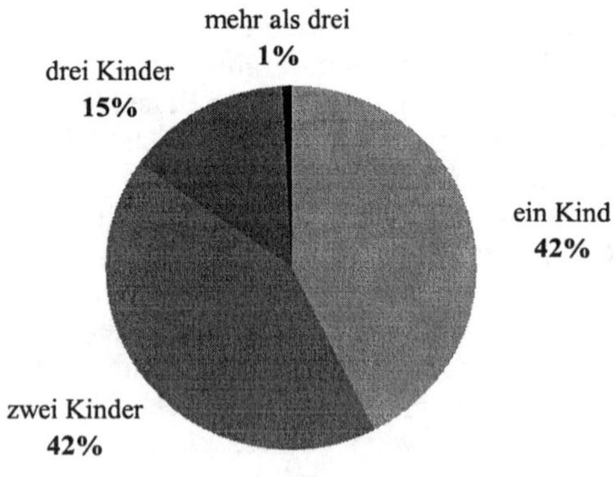

Auch unsere Studie zeigte, dass die Wahrscheinlichkeit von Gewalt gegen Kinder mit deren Anzahl im Haushalt ansteigt, also ein signifikanter Zusammenhang besteht (Chi^2 = 9,92, alpha = 0,02). Die Abbildung 14 zeigt die Tendenz „Je mehr Personen unter 18 Jahren im Haushalt leben, desto eher wird Gewalt gegen Kinder angewendet".

Jedoch muss erwähnt werden, dass wegen der geringen Fallzahlen die Stärke des Zusammenhangs zwar mit einer Irrtumswahrscheinlichkeit von 2% signifikant, aber sehr schwach (C_{korr} = 0,12) ausgeprägt ist.

Abb. 14: Anteil der Gewalt gegen Kinder nach der Anzahl der unter 18-jährigen im Haushalt

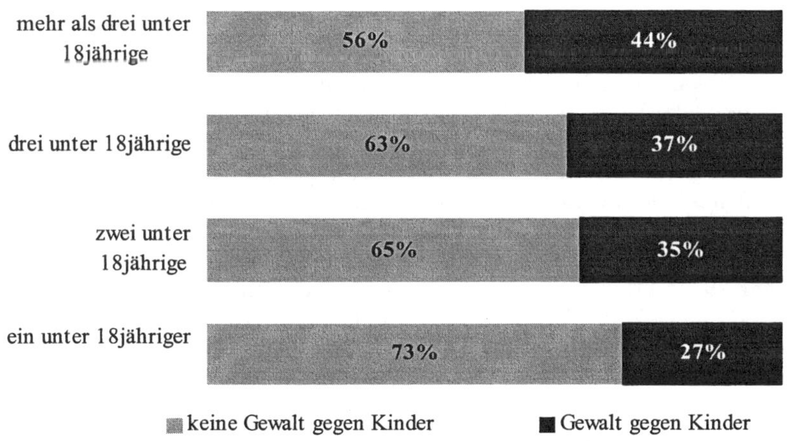

Nicht nur die Anzahl der Kinder, sondern auch ihre Rolle innerhalb des Familienzyklus bzw. familialen Systems findet in der Literatur Berücksichtigung. Erstgeborene Misshandlungsopfer verfügten häufig über Merkmale, die ihr Viktimisierungsrisiko erhöhten, wie vor- oder unehelich geboren oder ungeplant gewesen zu sein oder bei der Geburt eine noch sehr junge Mutter gehabt zu haben (Engfer 1986). Am zweithäufigsten finde die Gewaltanwendung bei Letztgeborenen statt. Eine mögliche Erklärung hierfür könnte gemäß Steinhausen (1975) darin liegen, dass das zuletzt geborene Kind ebenfalls nicht geplant war und damit eine zusätzliche Belastung der sozioökonomischen Dauerkrise der Familie darstelle (Buchner/Cizek 2001b: 136).

Wenn auch nicht durchgängig, so doch im Einzelfall, werden Frühgeburten und untergewichtige Kinder überproportional häufig misshandelt, sofern deren Betreuung für die Pflegepersonen schwieriger als die normalgewichtiger Säuglinge ist. Mehrere Untersuchungen bestätigen einen Zusammenhang zwischen Misshandlung und häufigen Erkrankungen des Kindes im ersten Lebensjahr. Kranke Kinder schreien häufiger und sind schwerer zu beruhigen. Daraus können Gefühle der Ohnmacht und Überforderung resultieren, die mitunter in Misshandlungen münden (Kaselitz/Lercher 2002: 13).

Kein empirischer Beleg konnte hingegen für die These gefunden werden, dass so genannte „schwierige" Kinder stärker gefährdet sind, misshandelt zu werden. Dieser relativ überraschende Befund wird darauf zurückgeführt, dass in den bisher vorliegenden Studien lediglich Charaktereigenschaften und Verhaltensmerkmale des Kindes als Untersuchungsbasis herangezogen wurden, nicht aber die Interaktion zwischen Kind und Eltern. Es wurde demnach nicht der eigentlich interessierende Sachverhalt geprüft, ob nämlich Kinder, mit denen sich *die Interaktion* als schwierig gestaltet, von Gewalt eher betroffen sind als Kinder, die diesbezüglich ihren Eltern weniger Probleme bereiten.

Relativ gut wissenschaftlich abgesichert ist andererseits die Annahme, dass Überforderung oder gar erzieherische Unfähigkeit der Eltern ein hohes Misshandlungsrisiko in sich birgt. Dazu kommt, dass Eltern ihre Kinder mit zu hohen Erwartungen belasten, so dass jene diesen gar nicht gerecht werden können, was letztlich Stress auf beiden Seiten erzeugt (Kaselitz/Lercher 2002: 13). „Neben Stress zählen Krisen und Belastungen in der Familie zu den Risikofaktoren für Gewalt an Kindern. Dabei kann es sich um Stress handeln, der von den Kindern verursacht wird, oder um persönlichen, finanziellen und beruflichen Stress. Im Allgemeinen sind jüngere Kinder unter diesen Voraussetzungen mehr von Gewalt betroffen als ältere. Sie beanspruchen die Eltern, vor allem die Mutter, stärker, was wiederum zu mehr Stress führen kann" (Kaselitz/Lercher 2002: 14). Zudem ist die Gefahr der sozialen Isolation ein Problem, das gerade in Krisensituationen Stress verstärkt. Soziale Isolation scheint vor allem bei der Vernachlässigung von Kindern eine große Rolle zu spielen (Kaselitz/Lercher 2002: 14).

Das intrafamiliale Gewaltpotenzial wird durch bestimmte gesellschaftliche Rahmenbedingungen, die Familien sowie einzelne Familienmitglieder belasten, erhöht. Dazu zählen etwa Stressfaktoren wie Armut, beengte Wohnverhältnisse, Arbeitslosigkeit oder auch Umweltbelastungen wie Lärm, Luftverschmutzung, räumliche Dichte und Beengtheit (Kaselitz/Lercher 2002: 12). Auf Makroebene werden darüber hinaus gesellschaftliche Strukturprobleme wie Entfremdung, Konkurrenz und Isolierung bei gleichzeitigem Verlust von verwandtschaftlichen und nachbarschaftlichen Beziehungen in kapitalistischen Produktionsverhältnissen als hinsichtlich dem gesellschaftlichen Anspruch auf gewaltfreie Erziehung abträgliche Faktoren geltend gemacht. „Die Anforderungen an die Familie in punkto Kindererziehung haben enorm zugenommen, die Chancen, die Aufgaben zu bewältigen, jedoch abgenommen [...] Kernaussage ist, dass Gewalt an Kindern kein familieninternes Problem, sondern Indiz für einen Mangel an Ressourcen ist" (Kaselitz/Lercher 2002: 14).

Während schwere Kindesmisshandlung in den westlichen Industriestaaten weitgehend geächtet ist, bleibt die leichte körperliche Züchtigung im Bewusstsein weiter Kreise der Bevölkerung unter bestimmten Umständen ein akzeptiertes Mittel der Erziehung. Jedoch ist sie heute keine unumstrittene Erziehungspraktik mehr: Bei Anwendung vor allem von härteren Formen physischer Gewalt gegen die eigenen Kinder gerät man unter Erklärungszwang (Ludmann 1996) und macht sich darüber hinaus strafbar (Buchner/Cizek 2001a: 95 f.). „International gesehen hat sich, trotz der bestehenden Gesetze zum Schutz der Kinder und der inzwischen bestehenden UN-Konvention über die Rechte der Kinder, an der Praxis, eigene Kinder zu schlagen, bisweilen wenig geändert [...] Ludmann spricht davon, dass sogar Kindestötungen wie zum Beispiel das Ertränken von erstgeborenen Mädchen in China oder die Ermordung von unehelichen Kindern in Indien (aus Gründen der Mitgift oder der Stigmatisierung von allein stehenden Müttern) noch immer vorkommen (Ludmann 1996). Ebenso wird von Verstümmelungen wie der Beschneidung von Mädchen in verschiedenen Gesellschaften (z. B. Iran, Irak, Subsahara etc.) oder der Kinderprostitution besonders in ostasiatischen Staaten berichtet (Janssen-Jurreit 1976). Tendenzen einer gesellschaftlichen Sensibilisierung und eines Einstellungswandels in Bezug auf Gewalt gegen Kinder sind somit, *wenn,* dann vorwiegend in den reicheren westlichen Industriestaaten zu finden. Aber auch hier wird in den Medien immer wieder über zum Teil sehr schwere Kindesmisshandlungsfälle berichtet (z. B. ‚Baby zu Tode geprügelt'; ‚Kind in einer Kiste eingesperrt gehalten'; ‚Verwahrlosung' etc.)" (Buchner/Cizek 2001a: 95 f.).

Das Misshandlungsrisiko ist vor allem bei sehr jungen Eltern hoch. Begründet wird dies damit, dass sie oft mehr Belastungen und größerem Stress ausgesetzt sind als ältere Eltern. Zahlreiche Untersuchungen stellen einen Zusammenhang zwischen belastenden sozioökonomischen Lebensverhältnissen und Gewalt in der Familie her. Sie belegen, dass gewalttätige Eltern häufig in Armut leben, arbeitslos sind oder schlecht bezahlten Tätigkeiten nachgehen. „An der Aussagekraft der Ergebnisse gibt es jedoch begründete Zweifel. ForscherInnen argumentieren, sie seien verzerrt, weil in Mittelschichtfamilien eher versucht würde, (soziale) Probleme selbst zu lösen und die Intervention einer Behörde nur sehr selten gewünscht werde. Somit würden aber auch Fälle von Gewalt in der Familie weniger oft bekannt" (Kaselitz/Lercher 2002: 25). Zumindest aber bezüglich des Risikos von Kindern, vernachlässigt zu werden, gibt es hinreichend Belege dafür, dass extreme Armutsverhältnisse und soziale Randständigkeit Risikofaktoren darstellen.

Gerade leichtere Formen der Gewaltanwendung, wie etwa Ohrfeigen, stellen in weiten Kreisen der Gesellschaft ein nach wie vor toleriertes Erziehungsmittel dar. Diese Akzeptanz wird auch als wesentlicher Grund für die Häufigkeit von körperlicher Gewalt an Kindern gesehen. Der Eindruck indes, dass die Zahl der öffentlich bekannt gewordenen Misshandlungsfälle steige, ist wohl weniger auf ein wachsendes Ausmaß an Gewalt zurückzuführen als vielmehr darauf, dass das Problembewusstsein in der Bevölkerung zugenommen hat. Körperliche Übergriffe von Erziehungsberechtigten werden immer weniger gut geheißen (Kaselitz/Lercher 2002: 25).

Zahlreiche Studien bestätigen, dass viele (wenn auch bei weitem nicht alle) Väter und Mütter, die ihre Kinder misshandeln, selbst von ihren Eltern misshandelt oder körperlich bestraft wurden. Neben der Tatsache, dass Gewalterfahrungen in der Kindheit dazu beitragen, dass subkulturelle Normen, die die Anwendung von Gewalt billigen oder sogar fördern, weiter getragen werden, ergibt sich als weitere Konsequenz, dass Kinder als Opfer oder Beobachter von Gewalthandlungen lernen, dass diese in bestimmten Situationen als Mittel eingesetzt werden können, um sich gegenüber anderen erfolgreich durchzusetzen. Neben diesem intergenerationalen Gewalttransfer gibt es darüber hinaus noch einen transpositionalen, der darauf verweist, dass der Einsatz von Gewalt sich tendenziell gegen den relativ Schwächeren richtet. So scheint etwa die Gefahr zu bestehen, dass Mütter, die Gewalt durch ihren Partner erfahren, ihre Kinder häufiger misshandeln. Sie geben demnach die Gewalt innerhalb des Familiensystems nach unten weiter (Kaselitz/Lercher 2002: 25). Zumindest für patriarchalisch strukturierte Familien, in denen Partnergewalt einseitig gegenüber der schwächeren Frau ausgeübt wird, klingt das plausibel.

In unserer Studie wendeten ein Drittel der Frauen Gewalt gegen ihr Kind an (vgl. Tab. 9). Eine Zwei-Drittel-Mehrheit ist ihren Kindern gegenüber in keiner der erfragten Formen gegenüber gewalttätig. Angemerkt werden sollte, dass für die Mutter-Kind-Gewalt und die Gewalt gegen Frauen nur die Angaben der weiblichen Befragten (738) verwendet wurden. Bemerkenswert ist, dass nur 20 Frauen angaben, Opfer von Gewalt durch ihre Partner geworden zu sein. Diese Frauen neigen allerdings um fast 20%-Punkte eher zu Gewalt gegenüber ihren Kindern, als solche Frauen, die in einer gewaltlosen Partnerschaft leben.

Tab. 9: Mutter-Kinder-Gewalt nach Gewalt gegen die Frau

Mutter-Kind-Gewalt	**Gewalt gegen die Frau**		Summe
	Keine Gewalt	Gewalt	
Gewalt	31,5% (226)	50,0% (10)	32,0% (236)
Keine Gewalt	68,5% (492)	50,0% (10)	68,0% (502)
Summe	100% (718)	100% (20)	100% (738)

($Chi^2 = 2,87$; alpha = 0,091; Phi = –0,06)

Insgesamt wird davon ausgegangen, dass körperliche Misshandlungen in den letzten Jahrzehnten zahlenmäßig abgenommen haben, *seelische* Gewalt hingegen angestiegen ist. Häufig setzten Eltern psychische Gewalt als Disziplinierungsmittel ein, weil sie der Meinung seien, dass man auf diese Art erziehen müsse. Stünden Eltern unter besonderen Druck durch Stress oder außergewöhnliche Belastungen (wie materielle Probleme, Berufsschwierigkeiten, Scheidung etc.), so sei die Gefahr groß, es am Kind auszulassen. Obwohl gemäß Werneck (1999) „das Ausmaß der physischen Gewaltanwendung in der Erziehung von Kindern in den letzten Jahrzehnten gesunken ist, scheint dagegen die psychische Gewalt sukzessive zuzunehmen. Dieses Faktum werde jedoch, gemessen an den zu erwartenden Spätfolgen psychischer Gewalt, im Vergleich zur physischen Gewalt in der Regel noch völlig unterbewertet" (Buchner/Cizek 2001c: 146). Hierbei wäre zu überlegen, ob dies deshalb der Fall ist, weil psychische Gewalt als legale und teils legitime Alternative zu illegalen Praktiken physischer Gewalt gilt. Die Erklärungen für psychische Gewalt an Kindern entsprechen jedenfalls größtenteils denen, die zur Erklärung von physischer Gewalt herangezogen werden (Kaselitz/Lercher 2002: 26):

- Eltern seien in ihrer Kindheit selbst psychischer Gewalt ausgesetzt gewesen (intergenerationaler Gewalttransfer).
- Eltern übten psychische Gewalt unbewusst und nicht gewollt aus; es mangele ihnen nach heutigen pädagogischen Maßstäben an elterlicher Kompetenz. Häufig komme es vor, dass Eltern Verhaltensweisen, die als psychische Gewalt einzustufen sind, als angemessenes Erziehungsmittel betrachten.
- Stünden Eltern unter besonderem Druck durch Stress oder außergewöhnliche Belastungen, wie finanzielle Probleme, berufliche Schwierigkeiten, Scheidung usw., sei die Gefahr von psychischen Übergriffen auf Kinder besonders groß.

Was *sexuelle Gewalt* betrifft, so zeigen internationale Studien, dass Mädchen zwei- bis viermal häufiger Opfer sexueller Übergriffe werden als Jungen. Dieses Ergebnis bestätigt sich auch in der Studie von Haller et al. (1998), in der die Zahl der weiblichen Opfer viermal höher ist als die der männlichen. Untersuchungen mit Zufallsstichproben aus der Allgemeinbevölkerung in Deutschland weisen im Durchschnitt ca. 70% weibliche und 30% männliche Opfer aus (Badgley 1984; Finkelhor 1984; Finkelhor 1990). Bei der Betrachtung von Daten aus klinischen Stichproben fällt allerdings auf, dass der Anteil der Jungen um gut 10% niedriger ist als in Allgemeinbevölkerungssamples. Dies wird folgendermaßen begründet (Buchner/Cizek 2001b: 132):

- Männliche Opfer von sexueller Gewalt hätten größere Schwierigkeiten als weibliche Betroffene, sich selbst als Opfer zu sehen, weil der Opferstatus nicht in das Bild von Männlichkeit passe.

- Die traditionelle männliche Geschlechterrolle vermittelt Jungen, dass sie ihre Probleme alleine bewältigen müssten. Viele agierten diesem Rollenbild entsprechend, das von Idealen wie Stärke, Tapferkeit, Unverletzbarkeit und Heldentum geprägt sei. Sie versuchten, Krisen eigenständig und ohne Unterstützung zu bewältigen. Die Orientierung am Ideal, stark zu sein, führe zur Unterdrückung von Emotionen wie Traurigkeit, Schmerz oder Hilflosigkeit. Es werde vermieden, über Gefühle und Schmerz zu sprechen, um von Anderen nicht abgelehnt oder als Schwächling gehänselt zu werden. Vermutlich suchten Jungen aus diesen Gründen auch seltener Unterstützung von außen.
- Jungen, die einen sexuellen Übergriff durch einen Mann öffentlich machten, müssten häufig gegen das Stigma der Homosexualität ankämpfen.

Nach Brockhaus/Kolshorn (1993) werden mindestens 60% der von sexueller Gewalt betroffenen Kinder bereits vor der Pubertät missbraucht. Am meisten betroffen ist die Altersgruppe zwischen zehn und elf Jahren (Kaselitz/ Lercher 2002: 16). Sexuelle Gewalt gegen Kinder komme in allen sozialen Schichten vor. Der Anteil der Väter unter den Missbrauchstätern liegt dabei unter 10%. Kinder werden in erster Linie von Onkeln, Großvätern, Brüdern, Cousins oder Freunden und Bekannten der Familie missbraucht (Kaselitz/ Lercher 2002: 27). „In den letzten Jahren wurde jedoch deutlich, dass auch Frauen Kinder missbrauchen. In den wenigen und teils widersprüchlichen Untersuchungsergebnissen liegt die Zahl der Täterinnen deutlich unter jener der Täter. Die Angaben schwanken zwischen einem und zwanzig Prozent [...] In vielen Fällen ist die Täterin die Mutter des Opfers. Durch ihre Rolle als Versorgerin und Erzieherin des Kindes ist es für sie leicht, den Missbrauch zu vertuschen“ (Kaselitz/Lercher 2002: 31). Sexuelle Gewalthandlungen von Müttern an ihren Söhnen seien oftmals in Pflegehandlungen eingebunden. Viele Übergriffe seien eher subtil, so dass klare Tatbestände meist nur schwer nachweisbar seien (Haller et al. 1998). Da Frauen in der Rolle als Mütter und Versorgerinnen des Kindes häufig in Abwesenheit anderer Menschen Pflege- und Erziehungsaufgaben erfüllten, seien sexuelle Delikte durch Täterinnen im Allgemeinen besser zu verbergen (Elliott 1992; Buchner/Cizek 2001c: 166).

Während in der Wissenschaft lange Zeit die Meinung vorherrschte, dass sexuelle Gewalt ausschließlich von Männern begangen werde und diese vorwiegend an Mädchen, kam man in den letzten Jahren zur Erkenntnis, dass auch Frauen sexuelle Gewalt gegen Kinder ausübten. Dieses Faktum der weiblichen Täterschaft wird jedoch in der Literatur nach wie vor als ein „Tabu im Tabu“ (Zemp/Pircher1996) dargestellt (Allen 1991; Elliott 1992; Buchner/Cizek 2001c: 164 f.), da

- sich sexuelle Gewalt durch Frauen kaum mit unserer soziokulturellen Vorstellung von weiblichem und mütterlichem Umgang mit Kindern vereinbaren lasse und daher zu großer Erschütterung führe;

- dies der Anschauung widerspreche, dass Frauen keine Aggressivität aufbrächten und schon gar nicht eine sexuelle Aggression;
- es einen groben Gegenpart zum feministischen Ansatz darstelle, der den Ursprung sexueller Gewalt in der männlichen Sozialisation („Alle Macht geht von den Männern aus") sehe und daher eine Thematisierung von Frauen als Tätern ausgespart bleibe;
- sich einfach viele Menschen nicht vorstellen könnten, dass eine Frau überhaupt dazu in der Lage ist, ein Kind sexuell zu missbrauchen. Es werde in diesem Zusammenhang häufig danach gefragt, *wie* sie dies denn tun könne (Elliott 1992). „Dass sie [die Mutter; Anm. d. Verf.] ein hilfloses Kind zu sexuellen Spielen verführen sollte, ist undenkbar, und selbst wenn sie es täte – welcher Schaden kann ohne Penis schon angerichtet werden?" (Mathis 1972: 53 f.).

Das Thema „Frauen als Täterinnen" wurde lange Zeit tabuisiert und bagatellisiert, da man Frauen ein sexuell gewalttätiges Verhalten anatomisch bedingt und aufgrund der sozialen Rollenzuschreibung als Mutter nicht zutraute. In der hierzu spärlich vorliegenden Literatur geht man von einer Minderheit von Sexualstraftäterinnen (1-20%) aus. Die Opfer stammten überwiegend aus dem engeren Familienkreis. Es handle sich um leibliche, Stief-, Pflege- oder adoptierte Kinder. Häufig verschaffe sich dabei die Täterin unter dem Mantel der Kindesfürsorge Raum für die sexuellen Übergriffe am Kind. Hinsichtlich der Unterschiede bei der sexuellen Gewaltanwendung zwischen Täterinnen und Tätern konnte festgestellt werden, dass Frauen im Gegensatz zu Männern keine Komplizen suchen, weniger Opfer aufweisen, bei der ersten Tat ein höheres Alter haben als Männer, sich eher zur Tat bekennen, weniger Drohungen bei ihren Opfern anwenden, um sie zum Schweigen zu bringen, und weniger lange und häufig sexuelle Gewalt am Kind ausüben. Der Beobachtung, dass sie dabei auch geringere physische Gewalt als Männer anwenden, wird von einigen Autoren vehement widersprochen (Buchner/Cizek 2001c: 169 f.). Eine befriedigende Erklärung sexueller Gewalt an Kindern von Seiten der Eltern liegt unseres Erachtens nicht vor. Etwas günstiger ist die Situation bei den anderen Gewaltformen.

Folgende Erklärungen für elterliche Gewalt physischer und psychischer Art an ihren Kindern finden sich in der (neueren) Literatur (Pflegerl/Cizek 2001c):

- Eltern, die in ihrer Kindheit wenig Zuwendung und emotionale Wärme erfahren haben, stattdessen hart bestraft, überfordert und mit autoritären Erziehungsprinzipien konfrontiert wurden, neigten dazu, diese Erziehungsmuster bei ihren eigenen Kindern anzuwenden (Ammon 1979; Sommer 1995). Verhaltensweisen der Kinder, wie etwa Trotz oder Weinen, würden als Angriff auf das eigene Selbstwertgefühl und somit neuerlich als Kritik und Ablehnung gedeutet. Da sich die Eltern nun auch von ihrem Kind abgelehnt und enttäuscht fühlten, käme es zu Aggression. Obwohl misshandelnde Eltern keine Symptome zeigten, die eindeutig auf psychische „Erkrankungen“ hinwiesen, zeigten sich bei ihnen doch auf Stress rückführbare Symptome, wie etwa Depressionen und gesundheitliche Probleme, die wahrscheinlich ihre Kompetenz als Eltern schwächten. Die wechselseitige Verbindung zwischen psychologischem Funktionieren, als einem Resultat der Sozialbiografie, und aktuelle Anpassungsfähigkeit an ein stressvolles Leben erscheine demnach als plausible Erklärung für die Gewalt der Eltern an ihren Kindern. Gewalt an Kindern sei wahrscheinlich, wenn auf Seiten der Eltern Merkmale wie hohe Frustration, geringe Bewältigungskompetenz und instabile Selbstwertschätzung miteinander interagierten (Wolfe 1985; Pflegerl/Cizek 2001c: 99 f.).

- Andere Erklärungsansätze gehen davon aus, dass bestimmte Merkmale des Kindes die Betreuung erschwerten und in der Folge auch zur Misshandlung beitragen könnten. Da z. B. kranke Säuglinge länger und intensiver schreien und schwerer zu beruhigen sind, seien sie besonders gefährdet. Diese kindlichen Verhaltensweisen könnten bei Eltern Ohnmachtsgefühle und Überforderung bewirken, die auch zu Misshandlungen führten (Engfer 1986). „Schwierige Kinder“ wären dadurch charakterisiert, dass sie schwer an Alltagsroutinen zu gewöhnen und in ihrem Verhalten nur wenig berechenbar seien, sich schlecht auf neue Situationen einstellen könnten und häufig mit Protest reagierten. Zudem seien sie häufig verstimmt, weinten viel, bauten negative Emotionalität rasch auf und brächten diese intensiv zum Ausdruck. „Schwierige Kinder“ seien deshalb stärker gefährdet, misshandelt zu werden, weil sie die Geduld der Eltern besonders auf die Probe stellten (Pflegerl/Cizek 2001c: 103 ff.).

- Aus Studien, die den Einfluss der frühen Mutter-Kind-Interaktion auf Kindesmisshandlungen untersuchten, ergibt sich eher folgendes Bild: Während zunächst vor allem die Mütter durch distanziertes, ungeschicktes und wenig feinfühliges Vorgehen dazu beitrügen, dass Kinder für Bezugspersonen oft widerständiges und ungehorsames Verhalten entwickelten, führten diese schwer erträglichen Verhaltensweisen im weiteren Verlauf der Mutter-Kind-Beziehung zu Konfliktsituationen und gewalttätigen Formen der Bestrafung. Generell scheinen nach diesen Studien die später beobachtbaren Verhaltensmerkmale häufig bestrafter und ungenügend betreuter Kinder für die Erklärung von Misshandlungen aussagekräftiger als die bei der Geburt erfassbaren Verhaltenweisen von Neugeborenen (Pflegerl/Cizek 2001c: 105 f.).

- Ähnlich werden auch fehlende elterliche Kenntnisse und Fähigkeiten im Umgang mit den eigenen Kindern als bedeutsame Faktoren zur Erklärung von Gewalt gegen Kinder angesehen. Diese wird insbesondere auf eine, dem Kind nicht angemessene, Wahrnehmung desselben, viel zu hohe Erwartungen an dieses und mangelnde Kompetenzen, Probleme zu lösen, zurückgeführt. Nach Haller et al. (1998) ist erzieherische Überforderung der Eltern mit einigem Abstand die am häufigsten genannte Ursache bei Fällen von Gewalt gegen Kinder. Neben Gefühlen der Überforderung machen sie auch das Empfinden von Ohnmacht für die elterliche Ausübung von Gewalt verantwortlich. Dabei wird diese als Mittel zur vermeintlichen Konfliktlösung oder -vermeidung eingesetzt. Demnach wäre Gewalt am Kind als Ergebnis eines beschränkten Kommunikationsrepertoires zu deuten. Den betroffenen Familien wird in diesem Zusammenhang ein Mangel an Diskussions- und Aushandlungsfähigkeit zugeschrieben (Pflegerl/Cizek 2001c: 106 f.).

- Des Weiteren verweisen Pflegerl und Cizek (2001c) auf Studien, nach denen ebenfalls Stress, Krisen und Belastungen bedeutsame Ursachen für Gewalt gegen Kinder darstellen, die nun aber auf mit dem Lebens- bzw. Familienzyklus verbundene Krisen, auf schichtspezifische Unterschiede der Belastung und auf sozialen Wandel zurückgeführt werden. Wenn Kinder geboren werden, setze sich die Familie völlig neu zusammen. Dies habe zur Folge, dass jedes neue Mitglied seine jeweils eigenen Schwierigkeiten in den Alltag einbringe, die es innerfamiliär zu lösen gelte. Es könnten in unterschiedlichen sozialen Schichten jeweils andere Formen von Stress auftreten. Dazu komme, dass durch den Strukturwandel der Familie insbesondere Frauen vor neue Herausforderungen gestellt seien. Da sich ihr gesellschaftliches Rollenbild gewandelt habe, stünden sie oft vor der Entscheidung, entweder die Rolle als Mutter mit der Rolle der Erwerbstätigen unter schwierigen Bedingungen zu vereinen oder zwischen dem Verbleib bei den Kindern bzw. der Erwerbstätigkeit zu wählen (Pflegerl/Cizek 2001c: 107).

- Habermehl (1994) habe den Nachweis erbracht, dass es einen deutlichen Zusammenhang zwischen Stress und Gewalt gegen Kinder gäbe. Kinder erlebten mehr Gewalt und Misshandlung, wenn die Eltern Stress ausgesetzt seien. Dazu zähle Habermehl durch Kinder verursachten Stress, Stress durch persönliche, finanzielle oder berufliche Probleme, durch finanzielle Schwierigkeiten, Alkoholkonsum usw. (Pflegerl/Cizek 2001c: 107). Generell zeige sich, dass kleine Kinder mehr von Gewalt betroffen seien als größere. Dies sei darauf zurückzuführen, dass sie die Eltern, insbesondere die Mütter, stärker beanspruchten und dadurch mehr Stress auslösten. Auch zeige sich, dass sich die Partner der Befragten Kindern gegenüber gewalttätiger verhielten, wenn sie unter Stress stünden. Dabei setzten Partner, denen ehrliche Anerkennung durch andere Menschen fehle, deren Partnerinnen untreu seien, die finanzielle Sorgen hätten, arbeitslos seien etc. mit höherer Wahrscheinlichkeit Gewalt gegen ihre Kinder ein (Pflegerl/Cizek 2001c: 108).

- Gelles (1975) hingegen weist darauf hin, dass Belastungen in der Familie, die mit Kindesmisshandlungen in Zusammenhang stehen, keine ausreichende Erklärung für die Misshandlung von Kindern darstellten. Um ein darüber hinaus gehendes Modell der Kindesmisshandlung zu entwickeln, müsste man erklären, warum Konflikte gerade zu Misshandlungen und nicht zu anderen Reaktionen führten. Nach Gelles Befunden (1975) sind nicht nur die Stressunterschiede signifikant, sondern auch die Unterschiede zwischen den Einstellungen der Eltern gegenüber Gewalt. Gewalt anwendende Eltern sähen Gewalt als sozial akzeptierte Form des Umgangs mit Stress oder als Mittel zur Problemlösung (Justice/Calvert 1985; Pflegerl/Cizek 2001c: 108).

- Nach Wolff (1982) schließlich hat sich, sozialhistorisch betrachtet, die personale Gewalt minimiert, während die staatliche Gewalt ausgedehnt wurde. Zudem sei es zu einer Abtrennung der Kindheit vom Leben der Erwachsenen und zu einer Verrechtlichung der Kindheit gekommen. In seiner soziologischen Analyse zeigt Wolff, dass die Anforderungen an die Familie und ihre Kompetenz, Kinder zu erziehen, enorm zugenommen haben. Andererseits seien die Chancen, diese Aufgabe auch zu bewältigen, zumindest in sozial unterprivilegierten Milieus, deutlich gesunken. Infolge dieser ambivalenten Situation könne das Muster einer gewaltsamen Konfliktlösung zwischen Eltern und Kindern aktiviert werden (Pflegerl/Cizek 2001c: 117).

In soziologischen Modellen, die zur Erklärung von Gewalt gegen Kinder auf sozialstrukturelle Faktoren Bezug nehmen, wird gemäß Pflegerl und Cizek (2001c) davon ausgegangen, dass spezifische, meist ungünstige gesellschaftliche Rahmenbedingungen den Grad der Belastung von Familien sowie einzelnen Familienmitgliedern und das innerfamiliäre Gewaltpotenzial erhöhten. Soziale Rahmenbedingungen könnten einerseits als Stressfaktoren, wie z. B. Armut, beengte Wohnverhältnisse, Arbeitslosigkeit, Isolation oder etwa auch Umweltbelastungen wie Lärm, Luftverschmutzung, räumliche Dichte und Beengtheit, intrafamiliale Konflikte hervorrufen. Darüber hinaus seien in diesem Zusammenhang aber auch soziale Normen und Werte sowie das Ausmaß der Akzeptanz von Gewalt als Mittel der Konfliktaustragung und Erziehung von Kindern in einer Gesellschaft dafür bedeutsam, inwieweit diese Konflikte auch gewalttätig ausgetragen würden (Ziegler 1994; Wetzels 1997; Engfer 1986). Bei einer überblicksartigen Betrachtung der empirischen Befunde über den Zusammenhang zwischen strukturellen Belastungsfaktoren und Kindesmisshandlungen zeige sich, dass Familien, in denen Kinder misshandelt bzw.

hart bestraft oder vernachlässigt werden, mehr strukturellen Belastungsfaktoren ausgesetzt seien als andere Familien. Engfer (1986) habe in einer Analyse bisher durchgeführter Forschungsarbeiten unter anderem feststellen können, dass Alkohol- und Drogenprobleme relativ häufig in jenen Familien vorkämen, in denen Kinder vernachlässigt würden. Eindeutiger aber sei der Zusammenhang zwischen Arbeitslosigkeit und Gewalt gegen Kinder. Sie sei eine der zentralen Ursachen, die zu wesentlichen ökonomischen Belastungen für Familien führe, vor allem wenn sie länger andauere. Arbeitslosigkeit bringe nicht nur finanzielle, sondern auch soziale und psychische Erschwernisse für die Beteiligten mit sich. Sehr oft würden letztere gravierender als die finanziellen Probleme erlebt (Pflegerl/Cizek 2001c: 109 f.).

Viele Familien seien nicht nur mit finanziellen Problemen belastet, sondern ihre Situation sei darüber hinaus durch soziale Armut charakterisiert. Durch das Fehlen von Beziehungen zu anderen könnten im Fall von Konflikten keine anderen Problemlösungsressourcen aktiviert werden. Isolation wirke daher gerade in Krisensituationen Stress verstärkend. Daher seien Familien gerade in diesen Fällen auf Hilfe von außen, insbesondere auf ein vielfältiges soziales Netzwerk von Beziehungen angewiesen. Zu den unterstützenden sozialen Ressourcen zählten nicht nur Verwandte, Freunde, Nachbarn und Arbeitskollegen, sondern insbesondere auch das soziale Dienstleistungsangebot (Ziegler 1994). Umgekehrt könne die Isolation gewaltbelasteter Familien auch die Folge von fehlenden Ressourcen sein. Die betroffenen Familien seien meist nicht nur weniger im Stande, die alltäglichen Probleme mit ihren Kindern zu lösen, sondern darüber hinaus auch als Ansprechpartner für andere unattraktiv, weil sie selbst wenig Hilfe anbieten könnten und misshandelnde Mütter durch ihr geringes Selbstwertgefühl und depressive Tendenzen daran gehindert seien, soziale Kontakte zu knüpfen und zu pflegen. In Krisenzeiten sinke diese Bereitschaft wahrscheinlich noch zusätzlich und führe möglicherweise auch zur Entmutigung jener, die Hilfe anbieten wollen (Pflegerl/Cizek 2001c: 110 f.).

Zentrale These vieler soziologischer Erklärungsmodelle sei die Annahme, dass Kinder deshalb misshandelt würden, weil die Eltern durch eine Reihe von Lebensbelastungen überfordert seien und diese Überforderung durch Bezug auf in der eigenen Herkunftsfamilie erlernte Erziehungsmethoden in Form von Aggression an die Kinder weitergegeben werde. Diesen Erklärungsmodellen zufolge könne die Weitergabe von Gewalt nur durch soziale Unterstützungssysteme verhindert werden, die das familiäre Geschehen überwachten und in Krisenzeiten auch entlasteten. Selbst wenn bestimmte Lebenssituationen wie Arbeitslosigkeit, Krankheiten, Ehekonflikte etc. das Risiko von Gewalthandlungen (scheinbar) erhöhten, sei dieser Zusammenhang allerdings nicht notwendig gegeben, sondern könne laut Engfer (1986) und Wetzels (1997) durch in der Familie und im sozialen Nahraum vorhandene persönliche und soziale Ressourcen gemäßigt werden (Pflegerl/Cizek 2001c: 113 f.).

Honig (1986) verweist auf Probleme, die sich aus Unvereinbarkeiten von Lebensabschnitt bzw. -situation und familienzyklischen Anforderungen ergeben können. Zentral sei der falsche Zeitpunkt, zu dem wichtige Ereignisse stattfinden. Eine Schwangerschaft zu einem ungünstigen Zeitpunkt etwa erfordere einen oftmals zu raschen Übergang in die Elternrolle. Zusammen mit schwachen ökonomischen Ressourcen könne dies zu einer Krise für junge Familien führen. Umgekehrt könne sich eine Wirtschaftskrise, die Arbeitslosigkeit zur Folge habe, auf die Eltern-Kind-Beziehung auswirken, indem die Eltern den Versuch unternähmen, die Kontrolle über die Familiensituation durch strenge Disziplinierung der Kinder zurückzugewinnen. Diese Bedingungen machten Familien strukturell verwundbar. Daraus ergebe sich aber nicht notwendigerweise, dass Kinder misshandelt und vernachlässigt würden. Dies erfordere die Erfüllung von zwei weiteren Bedingungen: Die Anwendung körperlicher Gewalt gegen Kinder müsse kulturell akzeptiert und die Familie von sozialen Unterstützungssystemen ausgeschlossen sein. Relative Armut und der Mangel an Unterstützungssystemen führten zu einer sozialen Verarmung und schwächten die einer Familie zur Bewältigung von persönlichen Schwierigkeiten und Beziehungsproblemen zur Verfügung stehenden Ressourcen. „Nicht die Störung ist das Problem, sondern der Mangel an Ressourcen, um ihr abzuhelfen. Diese Störung ist strukturell angelegt in der Relation von Eltern, Kindern und gesellschaftlicher Umwelt. Daraus ergibt sich folgende Schlussfolgerung: Die Veränderung kultureller Wertorientierungen, der Wandel der traditionellen Familienstruktur und die Schwächung der wirtschaftlichen Basis von Familie beeinträchtigen ihre persönlichen Ressourcen, aus eigener Kraft die Gefährdung von Kindern zu vermeiden, wenn es zu Krisen kommt oder andere belastende Faktoren dazu treten. Familien ohne soziale Unterstützung durch Nachbarn oder Freundschaften bzw. soziale Dienstleistungen sind überfordert“ (Pflegerl/Cizek 2001c: 119).

4.2.2 Gewalt unter Geschwistern

„Wie häufig schlagen sich Schwestern und Brüder im realen Alltag tatsächlich? Wo liegen die Grenzen zwischen ‚normaler' Balgerei und Besorgnis erweckender Gewalt bzw. ‚normalen Doktorspielen' und Inzest? Welche Ursachen für Gewalt zwischen Geschwistern findet man in der Fachliteratur?“ (Steck/Cizek 2001a: 173). Obwohl diese Fragen aus familiensoziologischer Sicht nicht weniger interessant sind als solche nach Quantitiät und Qualität elterlicher Übergriffe, gibt es nach Steck und Cizek (2001a) lediglich wenige Studien über häusliche Gewalt zwischen Geschwistern. Zu *psychischer Gewalt* zwischen Geschwistern konnten sie sogar überhaupt keine Untersuchung finden. Auch hinsichtlich sexueller Gewalt zwischen Geschwistern erweist sich das Erkenntnisinteresse als offenbar relativ gering und das Fachwissen eher als dürftig. Ob es diesem Themenkomplex an gesellschaftspolitischer

Brisanz fehlt oder es aber geradezu politisch inkorrekt wäre, das Verhalten von Kindern (und nicht das der Eltern oder Männer) zu problematisieren, sei dahingestellt.

Nach einer amerikanischen Studie (Finkelhor 1979) haben rund ein Fünftel der Männer und nahezu doppelt so viele Frauen *sexuelle Gewalt* durch Bruder oder Schwester in ihrer Kindheit erfahren (Kaselitz/Lercher 2002: 44). Wimmer-Puchinger und Lackner (1997) weisen in diesem Kontext darauf hin, dass von sexueller Gewalt bei Geschwistern nur dann gesprochen werden sollte, wenn tatsächlich Gewalt im Spiel ist und die Beziehung von einem der Kinder nicht freiwillig eingegangen wird sowie die Altersdifferenz zwischen den Kindern groß ist. Während die ersten beiden Kriterien nahezu selbstverständlich, weil gewissermaßen konstitutiv für jegliche Gewalt sind, schränkt das dritte Kriterium den Begriff und Gegenstandbereich geschwisterlicher Vergewaltigung unnötig ein. Auch in theoretischer Hinsicht ist nicht der Altersunterschied als solcher, sondern das Macht-Ohnmacht-Gefälle, auf das er hinweisen kann, interessant. Nach Lenz (1996: 133) beträgt das Alter der weiblichen und männlichen Täter durchschnittlich 15,5 Jahre, während das Opfer im Schnitt sieben Jahre alt ist (Steck/Cizek 2001a: 180 f.). Viel mehr ist hinsichtlich dieser Thematik über die Fachliteratur nicht zu erfahren.

Physische Gewalt zwischen Geschwistern wird zwar selten untersucht, dürfte aber nach Gemünden (1996) sehr häufig auftreten. Mit dieser Meinung steht er nicht allein: „Obwohl elterlicher Gewalt gegen Kinder und Gewalt gegen Frauen die bisher größte öffentliche Aufmerksamkeit zuteil wurde, sind Raufereien unter Geschwistern die bei weitem häufigste Form innerfamiliärer Gewalt" (Gelles 2002: 1059). Straus et al. (1981) fanden mehr gewalttätige Zwischenfälle unter Geschwistern als von Eltern gegen Kinder gerichtete Gewalt und Gewaltaktionen zwischen erwachsenen Partnern. In ihrer Studie waren 82% der 733 untersuchten Kinder in einem Zeitraum von einem Jahr gegen ihre Geschwister gewalttätig geworden. Dabei fassten Straus et al. allerdings leichte und schwere Formen geschwisterlicher Gewalt zusammen. Abramovitch et al. (1979) stellten fest, dass antagonistisches Verhalten mit Angriffs- und Gegenangriffsmustern, also wechselseitige Gewalt bei Geschwistern, eher die Regel als die Ausnahme bildet. Jungen erweisen sich bei Straus et al. (1981) gewalttätiger als Mädchen. Es handelt sich dabei allerdings um geringfügige Unterschiede in der Gewaltrate zwischen Jungen und Mädchen. In der Untersuchung von Habermehl (1994) waren die Schwestern hingegen genauso gewalttätig wie die Brüder. Ebenso vertritt Kammerer (1993) die Auffassung, dass Mädchen im Vergleich zu Jungen nicht „weniger zimperlich" hinsichtlich der Anwendung physischer Gewalt gegen Geschwister seien (Steck/Cizek 2001a: 175). In kinderreichen Familien kommt es nach Habermehl (1999) zu etwas mehr Gewalt zwischen Geschwistern als in Haushalten mit niedriger oder durchschnittlicher Kinderzahl. Geschwisterliche Gewalt richte sich häufiger gegen Geschwister des gleichen Geschlechts. Am meisten geschwisterliche Gewalt passiere in reinen Mädchenhaushalten. Dem geringsten Gewaltrisiko seien Jungen ausgesetzt, die nur Schwestern haben (Habermehl 1999: 425). Mit zunehmendem Alter nimmt der Einsatz physischer Gewalt zwischen Geschwistern ab.

Übergriffe wie stoßen, schubsen, ohrfeigen seien gewissermaßen „alltäglich“. Sehr oft würden die Übergriffe jedoch als „raufen“, „Kräfte messen“, „balgen“ verharmlost. Weil Gewalt unter Geschwistern bis zu einem gewissen Ausmaß aber auch zur „normalen“ Entwicklung von Kindern gehöre, sprechen sich Experten dafür aus, zwischen „normalen“ und „extremen“ Formen von Gewalt zu unterscheiden (Kaselitz/Lercher 2002: 42).

Normale Formen physischer Gewalt treten dann auf, „wenn sich die Geschwister gegeneinander behaupten und abgrenzen und noch nicht gelernt haben, wie Konflikte konstruktiv auf verbaler Ebene ausgetragen werden können. Kinder werden nicht mit der Fähigkeit zur verbalen Konfliktaustragung geboren, sondern müssen diese erst im Laufe ihrer Entwicklung erlernen. Insofern ist die empirisch gemessene Abnahme der Gewaltrate zwischen Geschwistern mit zunehmenden Alter der Kinder eine logische Konsequenz der kindlichen Entwicklung zur Konfliktaustragung [...] Geschwisterkonflikte werden in diesem Zusammenhang als ‚soziales Labor' verstanden, in dem die Kinder lernen, mit Aggression umzugehen (Bank/Kahn 1991). So ist es nicht weiter verwunderlich, dass neun von zehn Befragten der Studie von Habermehl (1994) angeben, in ihrer Kindheit seien Gewalthandlungen in Form von ‚Schubsen' und ‚Knuffen' unter den Geschwistern vorgekommen“ (Steck/Cizek 2001a: 174).

Extreme Formen physischer Gewalt werden als eine Folge von Hass und Rivalität zwischen Geschwistern interpretiert, verbunden mit der Absicht zu verletzen oder sogar zu töten. „Die Gewalt geht hier bis zur Drohung mit oder der tatsächlichen Verwendung von Messern oder Schusswaffen [...] Je nach Kriterien und untersuchter Population schwanken die Angaben zum Ausmaß der Gewalt unter Geschwistern zwischen rund 5% und mehr als 90% – wobei Angaben, nach denen mehr als 50% der Kinder gegen Geschwister gewalttätig waren, überwiegen. Mädchen und Buben weisen etwa gleich hohe Neigungen zu Gewalttätigkeit auf [...] Rivalität wird als der häufigste Grund für Geschwisterzwiste angeführt. Geschwister rivalisieren in vielen Bereichen miteinander. Sie kämpfen um Liebe und Anerkennung, um materielle Zuwendung, um FreundInnen, etc.“ (Kaselitz/Lercher 2002: 42 f.). Präventiv soll nach Gottschalch (1997) ein liebevoller Erziehungsstil der Eltern wirken: „Ein Kind muss sich selbst gern haben, bevor es andere lieben kann. Das setzt voraus, dass es Liebe erfährt. Oft sind es die sehnlichsten Wünsche nach Liebe und Zuwendung, die unerfüllt bleiben und dann zu Hass gegenüber der bevorzugten Schwester oder dem Bruder führen“ (Steck/Cizek 2001a: 178).

Habermehl (1994) fand bei zwei Drittel ihrer Befragten, die Gewalt zwischen ihren Eltern beobachtet haben, auch körperliche Gewalthandlungen zwischen den Geschwistern. Wenn von Eltern vorwiegend Gewalt als Mittel zur Durchsetzung ihrer Interessen und den Kindern gegenüber gewählt würde, so sei es nicht verwunderlich, dass Kinder, vor allem Jüngeren bzw. Schwächeren gegenüber, dieses Prinzip ihrerseits anwendeten. Ebenso ist Hilpert (1996) der Auffassung, dass Gewalt bei Kindern und Jugendlichen generell auf Erfahrungen und Lernmustern beruhe. Seiner Auffassung nach sind neben den Eltern unter anderem die Peer Groups Quelle solcher Lernerfahrungen. Die Kinder erführen in einer gewalttätigen Umgebung häufig, dass Aggression eine viel versprechende, wenn nicht sogar die einzige Methode zur Durchsetzung und Sicherung eigener Interessen darstelle. „Gewalt wird somit als subjektiv sinnvolle Form der Lebensbewältigung, Konfliktlösung und Interessensdurchsetzung erfahren“ (Steck/Cizek 2001a: 179). Neben den Eltern und den Gleichaltrigen werden auch Filme, Fernsehen und Videos als Sozialisationsagenten in diesem Zusammenhang genannt (Kaselitz/Lercher 2002: 42).

4.3 Gewalt gegen Eltern

„Auch die Gewalt von Kindern gegen ihre Eltern wird in der öffentlichen Diskussion um familiäre Gewalt nur selten erwähnt. Der Grund hierfür liegt weniger in der öffentlichen Akzeptanz eines solchen Verhaltens, als eher darin, dass die Opfer, in diesem Fall die Eltern, aus Scham selten Hilfe suchen oder auf ihre Lage aufmerksam machen, da sie fürchten, selbst für die Gewalt verantwortlich gemacht zu werden“ (Gelles 2002: 1059). Oder sie befinden sich in einer ähnlich hilflosen Lage wie Kinder, denn Gewalt gegen Eltern umfasst nicht nur

(1) die Gewalt von Kindern bzw. Jugendlichen gegenüber ihren Erziehungsberechtigten, sondern auch
(2) häusliche Gewalt erwachsener Kinder gegenüber ihren (alten, pflegebedürftigen) Eltern. In diesem Zusammenhang soll auch auf
(3) häusliche Gewalt gegenüber pflegebedürftigen Lebenspartnern eingegangen werden.

4.3.1 Gewalt der Kinder gegen ihre Eltern

Gewalt von Kindern gegen ihre Eltern ist eines der am wenigsten beachteten Themen in der öffentlichen Gewaltdiskussion (Agnew/Huguley 1989). Ein öffentlicher bzw. wissenschaftlicher Diskurs darüber finde kaum statt. Nur in vereinzelten Abhandlungen würden die Eltern als Opfer kindlicher Gewaltanwendungen erwähnt. Die Diskussion über Gewalt von Kindern gegen ihre Eltern scheine generell auf Ablehnung zu stoßen und das Thema Gewalt in der Familie werde meist einseitig als Gewaltverhalten von Eltern gegen ihre

Kinder behandelt. So herrsche in unserer westlichen Zivilisation ein Bild von Kindern, zu dem gewalttätiges Verhalten gegenüber ihren Eltern nicht passe (Kammerer 1993). Tatsächlich gehe der größte Teil familiärer Gewalthandlungen – was die Interaktion zwischen Eltern und Kindern betrifft – von den Eltern aus. Dennoch finde man vereinzelt das Phänomen „Eltern als Opfer kindlicher Gewalt“ (Habermehl 1989).

Die Formen *physischer Gewalt* von Kindern gegenüber ihren Eltern reichen von An-den-Haaren-Ziehen, Beißen und Stoßen über Treten bis hin zu festen Schlägen und dem Gebrauch von Schusswaffen oder Messern (Habermehl 1989; Rensen 1992). Am häufigsten würden Eltern geknufft oder geschubst (Habermehl 1994). In ca. einem Drittel der vorgefundenen Fälle kindlicher Gewalt handelt es sich gemäß den Aussagen der betroffenen Eltern um schwere körperliche Gewalt (Straus et al. 1981). In seltenen Fällen komme es zu Tötungsdelikten seitens der Kinder an ihren Eltern (Habermehl 1989).

Bezüglich *psychischer Gewalt* von Kindern gegen Eltern liegt nach Steck und Cizek (2001b) kaum Literatur vor. Rensen beschreibe zwar Verhaltensweisen wie Ärgern, Quälen, Beschimpfen, Drohen, Erpressen, Stehlen, Verfassen von Drohbriefen sowie Telefon- oder TV-Terror seitens der Kinder als Formen psychischer Gewalt gegen Eltern, nenne allerdings keine statistischen Zahlen zu ihrer Auftrittshäufigkeit (Rensen 1992). Auch fänden sich kaum Fachpublikationen zum Thema *sexuelle Gewalt* von Kindern gegen ihre Eltern (Steck/Cizek 2001b: 184).

Straus et al. (1981) untersuchten in ihrer für die USA repräsentativen Studie auch Gewalthandlungen von Kindern gegen ihre Eltern. Dabei stellten sie fest, dass 18% der Kinder ihrer Untersuchungsgruppe die Eltern innerhalb des letzten Jahres vor der Befragung geschlagen hatten. Habermehls (1994) Untersuchung ergab, dass 20% der befragten Eltern im letzten Jahr und 47,6% zu irgend einem Zeitpunkt Gewalt durch ihre Kinder erfahren hatten. Die meisten physischen Gewaltvorkommnisse gegen Eltern seitens der Kinder seien in Familien mit noch nicht schulpflichtigen Kindern zu verzeichnen (Habermehl 1994). In den von Habermehl (1994) untersuchten Fällen gab es bei 55% der Familien, in denen das älteste Kind unter sechs Jahre alt war, im letzten Jahr Gewalt der Kinder gegen die Eltern. Die Autorin fand bei Kindern dieser Altersgruppe am häufigsten leichte Formen gewalttätigen Verhaltens. Mit zunehmendem Alter verringere sich die Häufigkeit der meisten Formen kindlicher Gewalthandlungen gegen die Eltern (Habermehl 1994). In einer Studie von Gelles (1976) wurden Kinder zwischen 10 und 17 Jahren untersucht, wobei sich herausstellte, dass 9% der Kinder irgendeine Form der Gewalt gegen ihre Eltern anwendeten. Der Prozentsatz jener Eltern, die in der Habermehl-Studie (Habermehl 1994) von Gewalterfahrungen durch ihre Kinder zwischen 6 und 18 Jahren berichteten, ist indessen deutlich höher als der bei Gelles. Bei Habermehl gaben 47,6% der Eltern, deren ältestes Kind zwischen sechs und neun Jahre alt war, an, physische Gewalt durch ihre Kinder erfahren zu haben. War das älteste Kind 10 bis 13 Jahre alt, berichteten 24,4%, war es 14 bis 17 Jahre alt 16% und war es 18 Jahre oder älter, berichteten 5,2% der Eltern von Gewalt seitens der Kinder gegen sie selbst (Steck/Cizek 2001b: 185).

Betrachtet man die Formen physischer Gewalt, die Kinder gegen ihre Eltern ausagieren, zeigt sich in der Untersuchung Habermehls (1994), dass bei Kindern um das vierzehnte Lebensjahr eine neue Form physischer Gewalt gegen die Eltern auftritt, die bei kleinen Kindern noch nicht festzustellen ist. Dabei handelt es sich um das Verprügeln der Eltern, das bei den 14 bis 17 Jährigen in 1,8% und bei den Kindern ab 18 Jahren in 2,5% der untersuchten Fälle anzutreffen war. Im Vergleich zu den oben beschriebenen Formen kindlicher Gewalt im Vorschulalter ist dies eine deutlich schwerere Gewalthandlung (Steck/Cizek 2001b: 185).

Bei Vorschulkindern wurde in vorliegenden Studien kein Unterschied zwischen Mädchen und Jungen in Bezug auf ihre Gewalttätigkeit gegenüber den Eltern gefunden (Charles 1986). In der Gruppe der 10 bis 17-jährigen Kinder wurden in der Untersuchung von Straus et al. (1981) mehr Töchter als Söhne gegen ihre Eltern gewalttätig (Gemünden 1996). Hingegen finden sich in der Studie von Charles (1986) mehr gewalttätige Jungen. Insofern konnte die allgemein verbreitete These, hauptsächlich Jungen wären gegen ihre Eltern gewalttätig, nicht durchgehend bestätigt werden (Agnew/Huguley 1989; Steck/Cizek 2001b: 185 f.). Widersprüchliche Ergebnisse fanden Forscher zudem in Bezug auf die Geschlechterverteilung bei den Opfern. „In der Straus-Studie erfolgte ein Drittel der Angriffe gegen den Vater, während in zwei Dritteln der Fälle die Mutter von kindlichen Gewalthandlungen betroffen war (Straus et al. 1981). Bei Habermehl (1994) hingegen berichten häufiger die Väter (53,6%) als die Mütter (42%), irgendwann Gewalt durch ihre Kinder erlebt zu haben. In Bezug auf geschlechtliche Differenzen bei den Opfern fällt zudem auf, dass Väter häufiger von ihren Söhnen und Mütter häufiger von ihren Töchtern angegriffen werden. So zeigt sich, dass 60% aller Angriffe gegen die Väter von Söhnen und 40% von Töchtern ausgehen. Bei Müttern verhält es sich genau umgekehrt. Hier finden 60% der Angriffe seitens der Töchter und 40% seitens der Söhne statt (Gemünden 1996). Trotzdem gelangen die Angriffe der Söhne gegen ihre Mütter häufiger zur Anzeige [...]. Bei Mordanschlägen von Kindern gegen ihre Eltern finden Tötungen der Mutter seltener statt als Tötungen des Vaters“ (Steck/Cizek 2001b: 186).

Habermehl (1994) macht im Rahmen ihrer Studie zur Gewalt im familialen Kontext einen Zusammenhang zwischen der Anzahl der Kinder in einer Familie und deren Gewaltbereitschaft gegenüber den Eltern aus. Bei 19,8% der Familien mit einem Kind komme Gewalt seitens desselben gegen die Eltern vor. Lebten zwei Kinder in einem Haushalt mit den Eltern, so komme es in 23,7%, bei drei Kindern in 28,6% und bei vier und fünf Kindern in 60%

der untersuchten Familien zu Gewalthandlungen der Kinder gegen die Eltern (Steck/Cizek 2001b: 186).

In theoretischer Hinsicht geht Habermehl davon aus, dass vor allem Kinder, die Gewalt – meist durch die Eltern – am eigenen Körper erfahren, ihrerseits gewalttätig gegen Mutter und/oder Vater werden. Sie fand bei 51,6% der Eltern, die gegen ihre Kinder gewalttätig waren, Gewalthandlungen seitens der Kinder vor. Dabei müssten laut Habermehl Kinder nicht erst schwer geschlagen werden, um Gewalt zu erlernen (Habermehl 1989). Die Legitimation familiärer Gewalt durch gelegentliche körperliche Züchtigungen seitens der Eltern reicht auch laut Larzelere (1986) aus, um eine erhöhte Gewaltbereitschaft der Kinder gegenüber ihren Eltern zu bewirken. Ebenso meint Gemünden (1996), dass Gewalt gegen Eltern von elterlicher gegen die Kinder und des Weiteren von der von den Kindern beobachteten Gewalt zwischen den erwachsenen Partnern abhänge. Seiner Auffassung nach werden Mütter und Väter, die gegeneinander Gewalt anwenden, häufiger von ihren Kindern angegriffen. Diese Annahme lässt sich auch mit Habermehl (1994) erhärten. Sie stellte bei 47,1% der Eltern, die gegenüber ihrem Partner Gewalt einsetzten, auch Gewalthandlungen von Seiten ihrer Kinder fest (Steck/Cizek 2001b: 186).

Des Weiteren verkehren nach Schneider (1995) Jugendliche, die gegenüber ihren Eltern Gewalt anwenden, signifikant häufiger mit Peers, die ihre Eltern ebenfalls gewaltsam angreifen. Habermehl (1994) ermittelt bei Familien, in denen die Eltern arbeitslos sind bzw. keinen Schulabschluss haben, mehr Gewalthandlungen der Kinder gegen die Eltern. Zudem stellt sie fest, dass die Unerwünschtheit eines Kindes ebenfalls Einfluss auf seine Gewalttätigkeit gegenüber den Eltern habe. Haben die Eltern das Kind nicht gewollt, so zeige dieses in der Folge dreimal so viel Gewalt gegen die Eltern als erwünschte Kinder (Steck/Cizek 2001b: 186 ff.)

4.3.2 Häusliche Gewalt gegen alte Menschen

Das Thema „Gewalt gegen alte Menschen“ hat zu Beginn der 1980er Jahre, ausgehend von den Erfahrungen der Sozialarbeit in Großbritannien und in den USA, Eingang in die öffentliche Diskussion gefunden (Kaselitz/Lercher 2002: 71). Die Attraktivität seiner Problematisierung hat indes eine lange Tradition.

Das IV. Gebot „Ehre deinen Vater und deine Mutter, wie der Herr, dein Gott, dir befohlen hat, damit du lange lebest und dass es dir wohl ergehe in dem Lande, das der Herr, dein Gott, dir gibt!“ sowie die Strafandrohungen des Alten Testaments „Wer seinen Vater oder seine Mutter schlägt, der soll des Todes sterben“ und „Wer seinem Vater oder seiner Mutter flucht, ist des Todes“ weisen nach Hörl und Spannring (2001) darauf hin, wie brisant die Frage des angemessenen Verhaltens gegenüber den Eltern schon immer gesehen worden ist. Demgegenüber steht aber die Institution der Altentötung. Die Tötung habe indes immer nur jene alten Personen betroffen, „die nach dem kulturimmanenten Verständnis als siech bezeichnet wurden und beispielsweise nicht mehr in der Lage waren, lange Märsche zur Nahrungsbeschaffung mitzumachen. Die Altentötung, z. B. bei den Tschukschen in Sibirien durch das überfallartige Erwürgen mit einem Seehundknochen (de Beauvoir 1977), ging keineswegs mit einem Mangel an Respekt einher. Im Gegenteil, die Tötung war stets von einem feierlichen Ritus umgeben, es fand ein Fest unter zustimmender Beteiligung des Todesopfers statt. Somit war die Altentötung Bestandteil und Ausdruck einer bestimmten moralischen Ordnung mit religiöser Verankerung“ (Hörl/Spannring 2001: 309).

In der Industriegesellschaft verlieren nach Hörl und Spannring (2001) die Familie und mit ihr die Alten viele ihrer sozioökonomischen Funktionen. Real und im Bewusstsein der Menschen verlagere sich die Bedeutung der Familie ins Private. Durch die Privatisierung der Familie werde die familiale Position der alten Menschen in bestimmter Weise prekär. „Deren Stellung beruht nämlich jetzt fast ausschließlich auf traditioneller Pietät, allenfalls gestützt (aber nicht gewährleistet!) durch quasi-ökonomische Leistungen der (Groß-) Eltern, etwa in Form von Kinderbeaufsichtigung oder der Hingabe von finanziellen Gaben an die Nachkommen. Darüber hinaus entwerteten die verstärkten Erfordernisse an formalen Ausbildungen im Berufssystem das Wissen der alten Menschen und mündeten in deren tendenziell immer mehr zunehmenden Ausgrenzung aus dem Produktionsprozess; zugleich führen Urbanisierung und die beschleunigte regionale Mobilität zu einer Lockerung der wechselseitigen Abhängigkeit zwischen den Generationen. Schließlich wirken die strikten religiösen Vorschriften infolge des Säkularisierungsprozesses bestenfalls in Restbeständen des kollektiven Gedächtnisses weiter, sind aber für das praktische Leben irrelevant, wie auch die Verbindung zu den Ahnen über die Alten bedeutungslos geworden ist. Dass diese Entwicklung nicht nur eine abendländisch-christliche Besonderheit ist, zeigt Ikels (1980), indem sie nachweist, dass in China der Respekt vor dem Alter zwar die (konfuzianische) Norm ist, dass aber die Realität vor allem in Situationen eines Ressourcenmangels schon immer erheblich davon abweichen konnte. Es scheint, als sei die Norm der Altenversorgung bereits im alten China nur bei den Wohlhabenden einigermaßen in Einklang mit dem tatsächlichen Verhalten gestanden“ (Hörl/ Spannring 2001: 311 f.).

Gewalt gegen alte Menschen umfasst nach Gelles (2002: 1058) neben körperlicher und seelischer Misshandlung bzw. Vernachlässigung den materiellen Missbrauch in Form finanzieller Ausbeutung oder materieller bzw. finanzieller Vernachlässigung. Nach Pillemer und Finkelhor (1988) gehen Misshandlung und Vernachlässigung meist vom Ehepartner und weniger von den Kindern im mittleren Erwachsenenalter aus. Andere Studien kommen zu genau entgegengesetzten Ergebnissen (s. u.). Männer und Frauen seien in etwa gleichem Maße betroffen. Allerdings müssten „Frauen die schwerwiegendsten Misshandlungsformen, wie etwa Schlagen, Treten, Prügeln und Würgen, hinnehmen" (Gelles 2002: 1059).

Nach Hörl und Spannring (2001: 314) sind zu unterscheiden:

(1) die häusliche Gewalt gegen alte Menschen durch aktives Tun, differenziert in
   - *körperliche Misshandlung* wie z. B. Schlagen, Verbrennen, Immobilisieren, etwa durch Festbinden an Möbelstücke, Verwendung von Gitterbetten, Verabreichung von deutlich überdosierten Medikamenten, sexueller Missbrauch;
   - *psychische Misshandlung bzw. Verletzungen* wie etwa Beschimpfungen, Verunglimpfungen, Einschüchterungen, Drohungen, Ausdrücken von Verachtung;
   - *finanzielle Ausbeutung* wie beispielsweise die Entwendung von Geld oder Vermögensbestandteilen, Unterbindung der Verfügungsmacht, Pressionen zur Eigentumsübertragung;
   - *Einschränkung des freien Willens* wie z. B. Unterbindung der freien Wahl des Wohnorts, Behinderung oder Manipulation in der Abfassung des Testaments, Zwang zu Verhaltensweisen, z. B. bestimmte Kleidungsstücke (nicht) anzuziehen.

(2) Vernachlässigung durch Unterlassung von Handlungen:
   - *passive Vernachlässigung* wie etwa Mangelernährung, Zulassung von Dehydration oder der Entwicklung von Druckgeschwüren;
   - *aktive Vernachlässigung* wie z. B. keine Reinigung des Bettes, Verweigerung hinreichender Pflege, des Waschens, der Versorgung mit Essen, mit Medikamenten;
   - *psychische Vernachlässigung* wie beispielsweise Alleinlassen, Isolierung, beharrliches Schweigen.

Nach Lamnek (1997) führen Gewaltdelikte aller Art und in allen Altersstufen lediglich in 46% der Fälle zur Anzeige durch die Opfer, wobei Gewalttaten unter Bekannten, Freunden und innerhalb der Familie noch seltener angezeigt werden als bei fremden Tätern. Demnach bleiben 55% der Gewalttaten unter Intimpersonen (z. B. Körperverletzung oder Vergewaltigung der Ehefrau) unentdeckt. Hörl und Spannring (2001) vermuten, dass bei der Gewalt gegen alte Menschen im sozialen Nahbereich ein noch größeres Dunkelfeld bestehe. Anzeigen und erst recht strafrechtliche Verfolgung seien extrem selten. Verantwortlich dafür seien zunächst die Bandbreite und die fließenden Grenzen in der Gewaltdefinition. Selbst für kundige Beobachter seien Symptome von Misshandlung nicht immer von Symptomen des Alterns zu unterscheiden (Pagelow 1989). So werde Gewalt von den alten Menschen, die Gewalt erfahren, von Zeugen, wie z. B. Nachbarn, aber auch von den Gewaltausübenden selbst häufig gar nicht als solche erkannt und wahrgenommen. Dazu komme die besondere Gefühlsdynamik in der Täter-Opfer-Beziehung. Die Bewertung der sich zumeist über lange Zeiträume erstreckenden Beziehungen und des Verhaltens erfolge nicht primär nach den offiziellen Rechtsnormen, sondern es herrschten private Standards und Verständnisweisen vor, die sowohl von den sozialen Milieus als auch von der je spezifischen Familiengeschichte beeinflusst seien. Zusammen mit den Vorstellungen der unbedingt zu wahrenden Privatsphäre in der Familie werde ein kaum zu durchdringendes Dunkelfeld erzeugt. Insgesamt seien die Bestrebungen nach informeller Konfliktregelung („Konfliktintimisierung" nach Beste 1986) bei engen sozialen Bindungen oder längerfristigen Abhängigkeiten sehr stark (Hörl/Spannring 2001: 316).

In einer Studie des Kriminologischen Forschungsinstituts Niedersachsen (Wetzels et al. 1995) wurden Informationen von 2.456 Befragten über 60 Jahren zu Gewalterfahrungen in der Familie ausgewertet. Personen im Alter von über 75 Jahren bzw. Pflegebedürftige und Kranke waren in der Stichprobe jedoch nur gering bzw. gar nicht vertreten. Insgesamt berichteten 6,9% der befragten Personen ab 60 Jahren von körperlichen Gewalterfahrungen durch Familien- oder Haushaltsmitglieder im Zeitraum 1987-1991. 1,8% erlitten schwere körperliche Gewalt. Am häufigsten kam es zu physischen Gewaltanwendungen (3,4%), gefolgt von Vernachlässigung und Medikamentenmissbrauch (2,7%), wirtschaftlicher Ausnutzung (1,3%) und chronisch-verbaler Aggression (0,8%).

Eine postalische Umfrage in Deutschland (Brendebach/Hirsch 1999) mit 459 Befragten über 60 Jahren ergab einen Anteil von 10,8% an familialen Gewaltopfern, deren Durchschnittsalter 70 Jahre war. Für rund die Hälfte lag das schlimmste Erlebnis kürzer als ein halbes Jahr zurück. In der Regel traten die Ereignisse wiederholt auf. Seelische Misshandlung und finanzielle Schädigung standen an der Spitze. Als Gewaltfolgen wurden solche aus dem psychisch-emotionalen Bereich, wie Ängste, Nicht-vergessen-Können, genannt, als Aussprechpartner überwogen Menschen aus der Verwandtschaft; nicht selten wurde auch der Gewaltanwender selbst genannt (Hörl/Spannring 2001: 321).

Gemäß Hörl und Spannring kann man mit einiger Sicherheit sagen, dass höchstens 10% aller alten Menschen Gewalterfahrungen in ihrem sozialen Nahbereich explizit angeben, wozu freilich noch die horrende Dunkelziffer hinzuzurechnen wäre. Eine klare Rangordnung der Gewaltformen sei nicht zu erkennen. Fest stehe lediglich, dass die offene, körperliche Gewalt nur eine und wahrscheinlich nicht die häufigste Spielart von Gewalt darstelle (Hörl/Spannring 2001: 322).

Als primäre Opferrisikogruppe würden überwiegend Frauen im Alter von 75 und mehr Jahren identifiziert (Lachs et al. 1997; National Center on Elder Abuse and Neglect 1997; Norberg/Saveman 1996; Pitsious-Darrough/Spinellis 1995; Steinmetz 1988), was allerdings in erster Linie mit der einfachen

Tatsache zusammenhänge, dass Frauen diesen Alters in der Bevölkerung zahlenmäßig überwiegen und sie außerdem eine längere Lebensspanne im Zustand der Pflegebedürftigkeit verbrächten. Untersuchungen, die diese Tatsachen zu kontrollieren suchten, fänden denn auch keine Unterschiede zwischen den Gewalterfahrungen der Geschlechter (Carell 1999; Pillemer/Finkelhor 1988).

Weitgehend übereinstimmend werde berichtet, dass Gewalt gegen pflegebedürftige ältere Menschen in allen sozialen Schichten anzutreffen sei (Decalmer/Glendenning 1997; Eastman 1985; Pillemer/Finkelhor 1988). Gewalt in nicht-pflegerischen Zusammenhängen werde indes eher in den unteren sozioökonomischen Schichten ausgeübt, wobei allerdings zusätzlich die Verschleierungstaktiken in den höheren Schichten erfolgreicher sein dürften (Wolf/Li 1999).

Widersprüchliche Ergebnisse gebe es zur Frage, ob das Opferrisiko umso höher ist, je schlechter der Gesundheitszustand einzuschätzen ist. Die Mehrzahl der Autorinnen und Autoren bejahe diese Frage (Norberg/Saveman 1996; Pillemer/Finkelhor 1988; Pitsious-Darrough/Spinellis 1995; Steinmetz 1988), doch gebe es auch gegenteilige Resultate (Homer/Gilleard 1990; Paveza et al. 1992; Pillemer/Suitor 1992). Es scheine so zu sein, dass anstatt ein Risiko an sich darzustellen, Gebrechlichkeit die Fähigkeit des Individuums vermindere, sich erfolgreich zu wehren bzw. der Situation aus dem Wege zu gehen. Übereinstimmend werde die Meinung vertreten, dass es weniger im Zusammenhang mit körperlich pflegebedürftigen als vielmehr bei dementen alten Angehörigen zu Gewalt in der Pflege komme.

Des Weiteren scheine gesichert, dass die Wahrscheinlichkeit von Gewalthandlungen steige, wenn ein gemeinsamer Haushalt bestehe (Pillemer/Finkelhor 1988; Pitsious-Darrough/Spinellis 1995). Enges Zusammenleben bedeute latenten und manifesten Konflikt und das gelte natürlich auch für durch Stress so hoch belastete Situationen wie das Wohnen mit einer hilfe- und pflegebedürftigen Person. Paveza et al. (1992) beispielsweise ermittelten, dass Alzheimerpatienten, die mit Angehörigen (allerdings nicht mit dem Ehepartner) zusammenlebten, dreimal häufiger misshandelt wurden als Patienten in anderen Wohnumständen.

In den überwiegenden Fällen seien die Täter erwachsene Kinder bzw. Schwiegerkinder, seltener identifiziert würden Ehepartner. Die Täter müssten aber nicht immer direkt in die Pflege involviert sein. Bei Norberg und Saveman (1996) waren es nur ein knappes Drittel. Matlaw und Spence (1994) weisen darüber hinaus auf den Zusammenhang zwischen Geschlecht und Misshandlungsform hin. Töchter seien häufiger in psychische Gewalt und Vernachlässigung verstrickt, während ältere Söhne eher körperlich gewalttätig wären (Hörl/Spannring 2001: 322 ff.).

Pillemer und Suitor (1992) verweisen auf die Bedeutung der umgekehrten Abhängigkeit, nämlich der Abhängigkeit des Misshandlers vom Opfer.

Diese könne etwa in emotionaler oder finanzieller Hinsicht oder in der Bereitstellung von Wohnraum bestehen. Baron und Welty (1996) berichten ebenfalls, dass viele Täter vom Opfer abhängig seien und dass dieses Gefühl der Machtlosigkeit und Abhängigkeit durch gewalttätiges Verhalten kompensiert werde. Ihren Analysen zufolge bestünden häufig wechselseitige Abhängigkeitsverhältnisse zwischen Täter und Opfer (Hörl/Spannring: 2001: 324).

Eine Studie von Stolley und Szinovacz (1997) über jüngere Mütter (mit Kindern im Alter von 1 bis 11 Jahren), die gleichzeitig als Pflegerinnen von älteren Menschen tätig waren, erbrachte den Befund, dass ein höherer Anteil dieser Mütter ihre Kinder schlug als andere (nicht Alte pflegende) Mütter. „Wenngleich die Konstellation einer simultanen Betreuung mehrerer Generationen relativ selten auftritt, zeigt dieses Ergebnis doch, wie sehr Pflegebelastungen auf die Beziehungen zu den anderen Familienmitgliedern ‚durchschlagen'. [...] Es zeigen so gut wie alle Untersuchungen, dass sich jene pflegenden Angehörigen, welche Gewalt anwendeten, letzten Endes ausweglos überfordert fühlten. Die Täter und Täterinnen waren gleichzeitig Opfer ihrer Überforderungssituation" (Hörl/Spannring 2001: 324 f.).

Abgesehen von pflegerischer Überforderung finde man darüber hinaus in den Gewaltfamilien nicht selten chronifizierte soziale Problemsituationen, meistens im Zusammenhang mit Suchtverhalten. Anetzberger et al. (1994) beispielsweise untersuchten die Beziehung zwischen Alkoholismus und (körperlicher) Misshandlung und fanden, dass Alkoholmissbrauch in der Gruppe der zu körperlichen Gewalttätigkeiten neigenden Pflegepersonen doppelt so häufig anzutreffen war wie in der Kontrollgruppe. Zwei Drittel der Täter tranken Alkohol täglich, verglichen mit 27% der Vergleichsgruppe. Zu ähnlichen Ergebnissen kamen Kivelä et al. (1992), Saveman et al. (1996), sowie O'Malley et al. (1984). Darüber hinaus konnten Homer und Gilleard (1990) belegen, dass familiale Pflegepersonen, die körperliche oder verbale Gewalt anwendeten, häufiger depressive Merkmale aufwiesen als die nicht gewalttätige Kontrollgruppe. Auch bei den von Kurrle et al. (1992) analysierten Misshandlungsfällen wurden bei rund der Hälfte der Täter psychiatrische Veränderungen oder Suchtprobleme festgestellt (Hörl/Spannring 2001: 325).

Aus den Ergebnissen der empirischen Studien lassen sich nach Hörl und Spannring (2001) fünf konkrete Risikokonstellationen herausarbeiten, deren Vorhandensein die Wahrscheinlichkeit von Gewalt gegen alte Menschen erhöht. Die Wahrscheinlichkeit von Gewalt steige, wenn mehrere dieser Konstellationen gleichzeitig bestünden:

- (wechselseitige) Abhängigkeiten zwischen Opfer und Täter,
- fehlende Distanzierungs- bzw. Rückzugsmöglichkeiten,
- soziale Isolation bzw. unzureichende soziale Unterstützung,
- psychische und körperliche Überforderungssituationen,
- biografische Prädispositionen (Hörl/Spannring 2001: 327).

Gemäß Hörl und Spannring (2001) sind Familienbeziehungen grundsätzlich langfristig angelegt und unterliegen einem Wechselspiel von Abhängigkeit und Unabhängigkeit, das je nach Lebens- bzw. Familienzyklusphase unterschiedlich problembehaftet und spannungsgeladen ist. Einerseits bestehe in unserer Gesellschaft nach wie vor die normative Erwartung, dass die Familie, insbesondere aus intergenerationeller Sicht, lebenslang eine solidarische Gemeinschaft bildet, andererseits würden unter den Auspizien der modernen Individualisierung alle Abhängigkeiten mit Zwangscharakter, wie sie z. B. im Falle von finanzieller Abhängigkeit oder von Pflegenotwendigkeit vorlägen, abgelehnt und gefürchtet. Abhängigkeit sei dysfunktional (Betreuungspflichten hemmten beispielsweise unter Umständen das berufliche Fortkommen) und bringe häufig für beide Seiten das negative Erlebnis des Kontrollverlusts und der Hilflosigkeit mit sich. Sowohl die alten Menschen selbst als auch die Familienmitglieder, von denen der alte Angehörige abhängig sei, fühlten sich in solchen Situation ausgeliefert und ratlos. Wegen der Umkehrung der Macht- und Abhängigkeitsverhältnisse sei eine schwierige Veränderung der bestehenden Beziehungsmuster erforderlich. Es sei dann nicht unwahrscheinlich, dass ungelöste latente Konflikte aus früheren Jahren oder Jahrzehnten reaktiviert würden. Wegen der engen emotionalen Beziehungen, etwa zwischen Tochter und Mutter, entstünden ambivalente Gefühle, gespeist aus dem Widerspruch zwischen den verinnerlichten Wertvorstellungen von Dankbarkeit und Liebeszuwendung und den oft dramatischen Einschränkungen in der eigenen Lebensgestaltung.

Diese wechselseitigen emotionalen und praktisch-alltäglichen Abhängigkeiten könnten zu Gewalthandlungen und nachfolgenden Schuldgefühlen führen. Durch die alten Menschen würden die oft ohnedies vorhandenen Schuldgefühle der Angehörigen verstärkt. Gewalt ausübende Angehörige seien somit „Opfer" und „Täter" in einer Person, denn die Abhängigkeit der alten Menschen von den pflegenden Misshandelnden bedeuteten zugleich eine gewisse Macht, nämlich die Macht, die Pflegenden in Schuldgefühle zu binden. Werde der Pflegende durch Vorstellungen von Dankbarkeit oder einer allgemeinen ethischen Verpflichtung motiviert, könnten in der Pflegeperson vom abhängigen alten Menschen leicht Schuldgefühle initiiert werden. Diese könnten die Pflegeperson in tiefe emotionale Abhängigkeiten verstricken, die sie in Grenzsituationen nur noch durch Anwendung von Gewalt bewältigen zu können glaube, was wiederum Schuldgefühle auslöse und dem Pflegenden die Situation letztlich als ausweglos erscheinen lasse (Hörl/Spannring 2001: 327 f.).

Daneben gebe es aber auch Gewaltphänomene in Abhängigkeitsverhältnissen, deren Ursprung eher in den außerfamilialen Konstellationen und in bestimmten Persönlichkeitsmerkmalen oder antisozialen Verhaltensweisen der Täter zu suchen seien. Das betreffe einerseits Verhältnisse, wo der Täter selbst psychisch krank sei. Andererseits seien hier die Fälle von Gewaltausübung im Zusammenhang mit chronischer Erwerbslosigkeit oder Alkohol- und Suchtgiftabhängigkeit oder der Spielleidenschaft von Tätern bzw. der daraus resultierenden Geldnot zu subsumieren (Hörl/Spannring 2001: 328).

Abhängigkeit bedeute in vielen Fällen zudem Distanzlosigkeit. Eine wesentliche strukturelle Gewaltursache sei der enge Kontakt, insbesondere das intergenerationelle zusammen Wohnen. Bei unfreiwilligem und erzwungenem Zusammenleben komme es unausweichlich zu Konflikten. Die Konfliktgefahr sei umso größer, je weniger wirksam die soziale Kontrolle und je stärker die Lebenssituation durch Stress belastet sei. Auch bei Pflegebeziehungen seien die Gelegenheit zum Abstandhalten, die temporäre Distanzierungsmöglichkeit auch und gerade vom geliebten Menschen wichtige Elemente der Lebensqualität. Gerade für pflegende Angehörige sei diese Distanzierungsmöglichkeit meist völlig verloren gegangen. Nicht die konkrete Arbeitstätigkeit sei es, sondern die Notwendigkeit einer Allgegenwart beim Betreuten oder einer Dauerbereitschaft auf Abruf, die belastende Gefühle und damit Aggressionen hervorbringe (Hörl/Spannring 2001: 328).

Auch soziale Isolation stehe in Zusammenhang mit erhöhtem Gewaltvorkommen. Isolation bzw. unzureichende soziale Unterstützung könnten entweder ein Resultat von Gewalt in der Familie oder aber ein indirekter Bedingungsfaktor für die Entstehung von Gewalt sein. Im ersten Fall wird ähnlich wie bei Kindesmisshandlung und Gewalt in der Ehe vermutet, dass Familien, in denen es zu Misshandlungen älterer Angehöriger kommt, ihr Fehlverhalten aus Angst vor möglichen Sanktionen durch Nachbarn oder Behörden zu verbergen suchen und sich deshalb von sich aus isolieren (Pillemer/Suitor 1992; Phillips 1986). Die alten Menschen selbst seien in den meisten Fällen unfähig, die erfahrene Gewalt zu artikulieren und um Hilfe zu bitten. Das Problem werde dadurch verschärft, dass die Täter häufig Familienangehörige seien, die den Zugang zum Opfer kontrollierten. Im zweiten Fall wird unzureichende soziale Unterstützung als indirekter Bedingungsfaktor für die Entstehung von Gewalt in der Pflege gesehen. Vorhandene soziale Unterstützung vermag in einer Puffer-Funktion die Wahrnehmung von Belastungen und Stress in der Pflege zu reduzieren (Erlemeier 1995; Gatz et al. 1990; Thoits 1982), wobei emotionale Unterstützung die zentrale Bedeutung habe. Sekundär seien instrumentelle Hilfen, Ratschläge und Informationsvermittlung. Wenn ein soziales Netz zum Auffangen und Stützen der pflegenden Angehörigen fehle, könne sich bei ihnen das Bewusstsein für die Einhaltung bestimmter sozialer Normen abschwächen und wegen der fehlenden sozialen Kontrolle leichter Gewalt entstehen.

Insgesamt stimmten alle Forschungsergebnisse darin überein, dass die rein physischen Belastungen in der Pflege selten Gewalt auslösen. Weitaus quälender werde die Überforderung bei psychischen Beeinträchtigungen empfunden, insbesondere dann, wenn man aufgrund hirnorganischer Veränderungen zum Beispiel die alte Mutter, den alten Vater oder den Partner nicht mehr als die Menschen erleben kann, die sie einmal waren. Wegen der Persönlichkeitsveränderungen könne es zu einem fast vollständigen Zusammenbruch regulierter Beziehungen kommen. Die positive Resonanz durch die gepflegte Person falle dann weitgehend aus. Wenn zudem Aggression die Antwort auf Zuwendung sei, entstünden bei der Pflege ungewöhnliche Spannungen und Hilflosigkeitsgefühle, die Frustration und Verzweiflung mit der Tendenz zur Gewaltanwendung auslösten. Gerade der Depression, Unzufriedenheit, Nörgelei des alten Menschen stünden viele hilflos gegenüber. Auf diese Weise belastete Beziehungsstrukturen zwischen Täter und Opfer würden in der Literatur als wesentliche Einflussfaktoren auf die Entstehung innerfamilialer Gewalt gegen ältere Menschen beschrieben. Es bestehe allgemeiner Konsens, dass insbesondere negativ besetzte Verhaltensauffälligkeiten der zu pflegenden Angehörigen zur Entstehung von Gewalt in der Pflege beitrügen. So führe etwa Steinmetz (1988) aus, dass insbesondere aggressives Verhalten der pflegebedürftigen Person gewalttätiges Verhalten des Pflegenden fördere (Hörl/Spannring 2001: 328 ff.).

Bei Gewaltverhältnissen kann es sich zudem um eine Weiterführung eines Familienstils handeln, der schon immer durch Aggressionen gekennzeichnet war. Die Formen der Unterwerfung könnten sich wandeln. Beispielsweise könne sich die Familiendominanz zu Gunsten einer Schwiegertochter umkehren, die von ihrer Schwiegermutter über viele Jahre gedemütigt worden sei. Die Schwiegertochter könne sich dann an der nunmehr pflegebedürftigen Schwiegermutter für die erlittenen Beleidigungen und Erniedrigungen rächen. Im Familienbereich sei daher stets der Frage nachzugehen, inwieweit frühere Konflikte, die niemals gelöst worden sind, mit dem Gewaltproblem verbunden seien. Beziehungen zwischen erwachsenen Kindern und ihren (Schwieger-) Eltern seien mehr als andere Beziehungen durch die gesamte Biografie geprägt. Nicht thematisierte und lange schwelende Konflikte zwischen Eltern und Kindern könnten durch die Belastungen in der Pflege und durch die Umkehrung der Macht- und Abhängigkeitsverhältnisse aktualisiert werden und zum Ausbruch kommen. Aber auch die Gewalt zwischen Ehepartnern im Alter müsse vor dem Hintergrund der Fortführung bereits lang bestehender gewalttätiger Beziehungen interpretiert werden (Hörl/Spannring 2001: 330).

Ziemlich häufig nach außen manifest würden darüber hinaus jene Fälle von Problemfamilien, bei denen der Missbrauch von Alkohol, Tabletten oder Suchtgift (z. T. bei allen Generationen) ein entscheidender Faktor ist. Dieser sei vielfach mit Geldmangel verknüpft. Die Pension des alten Menschen sei für einen Suchtkranken oft die einzige permanente Geldquelle. Ähnlich problematisch seien jene Fälle, in denen Beschäftigungslose ohne Erwerbschance und -absicht von den finanziellen Ressourcen des alten Menschen partizipierten, den sie gleichzeitig vernachlässigten. In all diesen Situationen vereinten sich häufig finanzielle Ausbeutung, Drohungen und physische Gewalt. Die allenfalls verständigten Sozialdienste könnten nur aufklärend oder durch das

Angebot von Hilfen wirken. Eine juristische Folge, sei es eine polizeiliche Verfolgung oder gar ein Gerichtsverfahren, sei lediglich bei ganz wenigen extremen Fällen, die in den Bereich des Strafrechts fallen, zu beobachten (Hörl/ Spannring 2001: 336).

Eine tiefere Ursache von Gewalt im weitesten Sinn besteht letztlich darin, dass es vielen jüngeren Menschen an jeglichem Wissen und Einfühlungsvermögen im Umgang mit alten Menschen mangele. Es fehle auch jedes gesellschaftliche Bewusstsein darüber, dass der Umgang mit alten Menschen in gewisser Weise gelernt werden müsse. Niemand kümmere sich darum, ob Menschen, die eine Pflege übernehmen, überhaupt dafür geeignet sind, wie sie mit Stress fertig werden, aus welchen Motiven sie die Pflege übernehmen usw. (Hörl/Spannring 2001: 335 f.). „Wenn die Familie als Institution für Pflege und Fürsorge weiterhin bedenkenlos ausgebeutet wird, werden unweigerlich unerwünschte Nebenfolgen im Sinne von Gewaltphänomenen oder auch vermehrtem Auseinanderbrechen eintreten“ (Hörl/Spannring 2001: 339).

4.4 Gewalt gegen Frauen

Ursprünglich wurde Gewalt gegen Frauen primär als körperliche Gewalt definiert, die Ehemänner oder männliche Intimpartner an „ihren“ Frauen verübten (Gelles 1974; Martin 1976). Erst später wurde die Definition auch auf sexuellen Missbrauch, Vergewaltigung in der Ehe und schließlich emotionale bzw. psychische Gewaltakte ausgedehnt (Gelles 2002: 1.059).

Physische Gewalt an Frauen kann gegen diese, gegen Personen in ihrem Umfeld, gegen Sachen, aber auch gegen Tiere gerichtet sein. Physische Gewalt beinhaltet alle Formen von Misshandlungen: Stoßen, Treten, Schlagen, Boxen, mit Gegenständen werfen, an den Haaren ziehen, mit den Fäusten prügeln, mit dem Kopf gegen die Wand schlagen, mit Zigaretten verbrennen, Prügeln mit Gegenständen, Attacken mit Waffen usw. bis hin zum Mordversuch oder Mord.

Wie bereits erwähnt, wurde in unserer eigenen Befragung u. a. physische Partnergewalt erfasst. Da die Fallzahlen sehr gering ausfallen, ist eine Unterscheidung in leichte und schwere Gewalt nicht angebracht. Die Angabe über das Auftreten von Partnergewalt gegen die Frau setzten sich sowohl aus den Angaben der Männer als Täter als auch aus den Angaben der Frauen als Opfer zusammen.

Es ließ sich feststellen, dass in „nur“ 3,4% der Fälle (42) Gewalt gegen die Frau von den Befragten (Männer und Frauen in Form von Tätern bzw. Opfern) angegeben wurden. Die Mehrheit lebt nach deren Angaben in gewaltfreien Partnerschaften (96,6% (1.194)).

Zur Gewalt gegen Sachen zählen z. B. die Zerstörung von Eigentum wie etwa das Zerschlagen von Möbeln oder das Zerstören von Dingen, die für die

Frau einen besonderen Wert haben (Appelt et al. 2001: 388). Zur psychischen Gewalt „zählen *Isolation und soziale Gewalt.* Es handelt sich um ein Verhalten, das darauf abzielt, die Frau zu isolieren und beinhaltet zum Beispiel das Verbot von Kontakten mit der Familie oder Freunden, das Einsperren zu Hause, das Absperren des Telefons usw. *Drohungen, Nötigungen, und Angstmachen* sind ebenfalls häufig angewandte Formen von psychischer Gewalt. Wiederholte Drohungen bzw. Nötigungen sind: ‚Ich bringe dich um, wenn du mich verlässt', ‚Ich bringe die ganze Familie um', ‚Ich zerschneide dir das Gesicht', ‚Ich nehme dir die Kinder weg', etc. Auch die Androhung von Verletzungen gegenüber Dritten (Verwandte, auch gegen Haustiere, [...]) werden benutzt, um bestimmte Ziele zu erreichen" (Appelt et al. 2001: 388 f.). Sexuelle Gewalt schließlich umfasst alle sexuellen Handlungen, die der Frau aufgedrängt oder aufgezwungen werden (Appelt et al. 2001: 389).

Die meisten Gewalttaten gegen Frauen in Ehe und Familie scheinen mit Konflikten zu beginnen, die das alltägliche Leben betreffen. Nach Dobash und Dobash (1979) kreisen diese z.B. um:

- Besitzansprüche und Eifersucht des Mannes,
- Uneinigkeit bzw. widersprüchliche Erwartungen bezüglich Hausarbeit und hinsichtlich der Verwendung von Ressourcen,
- das angestammte „Recht" des Mannes, die Frau für Fehlverhalten zu bestrafen,
- die Wichtigkeit für den Mann, die Macht und Kontrolle in der Familie zu behalten (Appelt et al. 2001: 395).

„Über Jahrhunderte hinweg wurde dem Ehemann in den westlichen Gesellschaften von den rechtlichen und religiösen Institutionen das Recht zugestanden, seine Frau für ‚Übertretungen' verschiedener Art körperlich zu züchtigen; entsprechende Rechte für Frauen gab es nicht [...] In der ganzen Welt geht es bei Konflikten in heterosexuellen Partnerschaften um eine Reihe immer wieder auftauchender Themen: Hausarbeit, die Einkommensverteilung und das Wirtschaftsgeld, die Fürsorge und Erziehung der Kinder, sexuelle Verfügbarkeit und sexuelle Praktiken, der Grad der emotionalen Investition in die jeweilige Beziehung und die Treue und Besitzansprüche der jeweiligen Partner" (Dobash/Dobash 2002: 926, 928). Auch die österreichischen Forscherinnen Fröschl und Löw (1995) finden in ihrer Befragung gewalttätiger Männer ähnliche Motive und Auslöser, z. B. die Erledigung der Hausarbeit, Erziehung und Betreuung der Kinder, finanzielle Angelegenheiten, Besitzdenken und Eifersucht, soziale Beziehungen bzw. deren Einschränkung und auch sexuelle Ansprüche betreffend (Appelt et al. 2001: 396).

Exemplarisch sei an dieser Stelle der Zusammenhang von Konflikten in der Kindererziehung und der Gewalt gegen die Frau anhand des Datenmateriaus unserer Studie aufgezeigt: Nicht ganz fünf Prozent der befragten Eltern haben nach eigenen Angaben „nie" einen Konflikt bei der Erziehung (vgl. die

Summenzeile in Tab. 10, allerdings waagrecht prozentuiert). Eine Drei-Viertel-Mehrheit gab an, nur „selten" mit ihrem Partner diesbezüglich in Konflikte zu geraten. Ein Fünftel allerdings hat „oft" Meinungsverschiedenheiten in Erziehungsfragen. Die Kindererziehung stellt also in den meisten Fällen ein potenzielles Konfliktfeld dar.

Tab. 10: Gewalt gegen die Frau in Abhängigkeit von Meinungsverschiedenheiten über die Erziehung

Gewalt gegen die Frau	**Meinungsverschiedenheit über die Erziehung**			Summe
	Nie	Selten	Oft	
Keine Gewalt	100,0% (58)	96,8% (886)	95,0% (249)	96,6% (1.193)
Gewalt	– (–)	3,2% (29)	5,0% (13)	3,4% (42)
Summe	100% (58)	100% (915)	100% (262)	100% (1.235)

($Chi^2 = 5{,}8$; $alpha < 0{,}05$)

Auswirkungen solcher Streitigkeiten auf das Gewaltverhalten des Mannes lassen sich aus dem Datenmaterial nur sehr begrenzt belegen. Dennoch ist eine Tendenz erkennbar, nach der mit ansteigender Häufigkeit von Meinungsverschiedenheiten in Erziehungsfragen die Gewalt gegen die Frau zunimmt. Jedoch sind die Unterschiede derart gering, dass kein signifikanter Zusammenhang (0,05 knapp verfehlt) zwischen der Häufigkeit von partnerschaftlichen Konflikten bei der Erziehung und dem Vorliegen von Gewalt gegen die Frau konstatiert werden kann. Zudem ist die Stärke des Zusammenhangs praktisch gleich Null.

Dobash und Dobash (1979) haben in ihrer Studie Tiefeninterviews mit gewalttätigen Männern und auch mit den Partnerinnen, die sie misshandelt hatten, durchgeführt. „Auffällig dabei ist, dass Männer und Frauen die (Gewalt-) Ereignisse unterschiedlich erleben, was Ursache, Schweregrad und Folgen der Gewalt betrifft. Frauen beklagten, dass die Männer nicht bereit waren, auf ihre Anliegen, Bedürfnisse und Sorgen einzugehen oder ihren Standpunkt zu verstehen, während die gewalttätigen Männer sich darüber beschwerten, dass die Frauen darin versagt hätten, ihre Bedürfnisse zu erfüllen und ihren Aufgaben und ihrer Rolle gerecht zu werden, wodurch die Gewalt quasi ‚notwendig' geworden wäre [...] Viele gewalttätige Männer können als Ursache für ihre Gewaltausbrüche keine klaren Gründe angeben, oft bringen sie einfach vor, die Frau hätte sie so gereizt, sie hätte einfach nicht aufgehört zu reden und zu nörgeln, sodass sie dies eben mit Gewalt abstellen mussten. Was die Frauen sagten und was ihre Anliegen waren, scheint nebensächlich zu sein. Es geht darum, die Frau zum Schweigen zu bringen und so die unumschränkte Macht und Autorität (wieder) herzustellen, die durch die ‚Widerrede' der Frau infrage gestellt war. ‚Es muss ihr klar sein, dass ich der Herr im Haus bin', sagte ein Mann als ‚Begründung' für seine Gewaltanwendung – und diese Aussage kann durchaus als typisch gesehen werden" (Appelt et al. 2001: 396 f.). (Eine international übergreifende Zusammenfassung von kulturellen, ökonomischen, rechtlichen und politischen Gründen für Gewalt gegen Frauen findet sich bei UNICEF (2000: 7)).

Nach Appelt et al. (2001) dokumentieren vorliegende Forschungsergebnisse, dass die Art und Weise, wie die Familie strukturiert ist, d. h. ob der Mann dominiere oder ob die Familie partnerschaftlich organisiert sei, eine entscheidende Rolle für das Ausüben oder Unterlassen von Gewalt spiele. Die Misshandlung von Frauen durch ihre Ehemänner erfolge in Familien, in denen der Mann dominiere, weit häufiger als in solchen mit egalitären Strukturen (Coleman/Straus 1990; Yllö/Straus 1990). In diese Richtung zielen auch Ergebnisse aus der vom BMFSFJ geförderte Studie über Gewalt gegen Frauen in Deutschland: In gewaltbelasteten Beziehungen geht die Aufgabenteilung im Haushalt deutlich stärker zu Lasten der Frau als in den Partnerschaften ohne körperliche Gewalt. Diese wiederum betreiben in der Wahrnehmung der Befragten häufiger eine unspezifische, egalitärere Arbeitsteilung (BMFSFJ 2004: 265). Allerdings ermöglichen die Daten nur den Ex-post-Strukturvergleich zwischen gewaltbelasteten und nicht gewaltbelasteten Beziehungen. Sie geben *keine* Auskunft darüber, wie groß die Wahrscheinlichkeit ist, dass es bei Vorliegen von egalitärem bzw. nicht egalitärem Beziehungsverhalten zu Gewalt kommt.

Physische Gewalt werde vom Mann eingesetzt, um seine Vormachtstellung zu untermauern. Kulturelle Normen, die die Machtungleichheit zwischen den Geschlechtern festlegten, und traditionelle Rollenbilder trügen zu männlicher Gewalt an Frauen in Familien bei. Die traditionelle Sozialisation erlaube Männern, physische, psychische oder sexuelle Gewalt anzuwenden, um an der Macht zu bleiben. Aggression und Gewalt könnten auch aus Frustration entstehen, wenn es dem Mann nicht gelinge, die dominante Rolle zu behalten (Fagan/Browne 1994). Je ausgeprägter der Grad der Dominanz, desto stärker sei die Gewaltausübung. Studien, in denen misshandelnde Ehemänner mit nicht gewalttätigen Ehemännern verglichen wurden (Dutton/Strachan 1987), hätten ergeben, dass gewalttätige Ehemänner ein größeres Machtstreben haben als die nicht gewalttätige Gruppe (Appelt et al. 2001: 391).

Jüngere Frauen erleben häufiger Gewalt durch ihre Ehemänner als ältere. Frauen unter 30 werden doppelt so häufig geschlagen wie solche über 30 (Straus et al. 1980). Schwangerschaft schützt eine Frau nicht vor Gewalt, sondern erhöht das Risiko, misshandelt zu werden. Nach Campbell et al. (1992) liegen die Gründe in Motiven wie: Eifersucht des Mannes, sexuelle

Unzufriedenheit, größere Verletzlichkeit und Wehrlosigkeit der Frau, Aggression gegen das Kind bzw. der Versuch, durch Gewalt einen Abortus herbeizuführen (Kaselitz/Lercher 2002: 15).

Eine gängige Annahme über Gewalttaten in Familien lautet nach Appelt et al. (2001), dass sie vor allem in sozioökonomisch schlecht gestellten Schichten vorkommen. Godenzi (1994) weist aber darauf hin, dass dies in der Forschung nicht eindeutig belegt sei. In der Repräsentativuntersuchung von Gelles und Straus (1988) wurde indes ein Zusammenhang zwischen Schicht und Anzeigeverhalten herausgefunden: Je niedriger die Schicht, desto eher würden Gewalttaten in der Familie angezeigt. In diesem Zusammenhang könne vermutet werden, dass Betroffene aus höheren Schichten sich nicht so häufig an öffentliche Hilfseinrichtungen und Institutionen wendeten, da sie andere Möglichkeiten der Unterstützung hätten oder sich leisten könnten, während Betroffene aus niedrigeren Schichten überproportional häufig erfasst würden.

Nach Dobash und Dobash (2002) deuten Umfrageergebnisse aus verschiedenen Ländern darauf hin, dass jüngere, in ärmlichen Verhältnissen lebende und auch in anderer Hinsicht unterprivilegierte Frauen tatsächlich gefährdeter seien als solche aus anderen sozialen Schichten oder ältere Frauen. Auch die Art der Partnerschaft spiele als Risikofaktor eine Rolle: Frauen, die in staatlich nicht sanktionierten De-facto-Beziehungen leben, seien stärker durch Gewalt mit und ohne Todesfolge gefährdet als Frauen in der staatlich sanktionierten Ehe. Das Gewaltrisiko steige auch dann, wenn sich Frauen aus Beziehungen (zu) lösen (versuchen) (Dobash/Dobash 2002: 926).

Erwiesen ist nach Appelt et al. dass Männer eher gewalttätig sind, wenn es eine Statusdifferenz innerhalb des Paares gibt, und zwar sowohl dann, wenn die Frau einen höheren Status (Bildung, Einkommen) hat, als auch dann, wenn sie einen niedrigeren hat (Yllö/Straus 1990). Ungleichheit zwischen den Partnern sei also ein Risikofaktor für Gewalt, während (annähernd) gleicher Status die Gefahr von Gewalt verringere (Appelt et al. 2001: 393).

Fröschl und Löw betonen die strukturelle Verankerung individueller Gewalt: „Gewalt gegen Frauen ist das Verhalten eines Mannes mit dem Ziel, die Frau zu kontrollieren oder Macht über sie auszuüben oder herzustellen" (Fröschl/Löw 1995: 15). Es bestehe ein klarer Zusammenhang zwischen Gewaltanwendung und traditionellen Rollenbildern und -erwartungen. „Die untersuchten Gewaltbeziehungen waren von einer Partnerschaft nach traditionellem Modell geprägt; die Frau wurde als Ergänzung, jedoch nicht als Individuum mit eigenen Wünschen und Ansprüchen wahrgenommen [...] Eigene Gewalterfahrungen in der Kindheit erklären nur bedingt die spätere Gewalt an Frauen. Grundlegende Voraussetzung ist vielmehr, Gewalt als Handlungsmöglichkeit kennen gelernt zu haben, ob nun innerhalb oder außerhalb der Familie. Medien unterstützen die Selbstverständlichkeit der Gewaltanwendung" (Appelt et al. 2001: 424).

Eine Untersuchung von Stadler (1996) ergab, dass mehr als die Hälfte der Frauen, die in Frauenhäuser geflüchtet waren, aus einer zumeist kinderreichen Unterschicht stammten. Ihr Bildungsniveau war unterdurchschnittlich. Anhand unserer Daten konnte kein statistisch gesicherter Zusammenhang zwischen dem Bildungsniveau der Frau und ihrer potenziellen Opferschaft bestätigt werden.

Unserer eigenen Studie ist zu entnehmen, dass Frauen mit einem niedrigen Bildungsniveau in 4,3% der Fälle (20) Gewalt durch ihren Mann erfahren; die Gewaltrate liegt damit um nicht ganz einen Prozentpunkt höher als bei der Randverteilung. Die Rate der Gewalt gegen Frauen ist bei jenen mit einem hohen Bildungsniveau um etwa 2 Prozentpunkte im Vergleich zur Gesamtpopulation niedriger (1,5%, (4)).

Demnach ist in der Tabelle 11 eine leichte Tendenz zu erkennen: Je niedriger das Bildungsniveau der Frau, desto eher wird sie Opfer von Gewalt durch ihren Partner. Jedoch sind die Unterschiede wegen der geringen Fallzahlen derart gering, dass ein statistischer Zusammenhang nicht gesichert werden kann (alpha = 0,10). (In der BMFSFJ-Studie zur Gewalt gegen Frauen ist der Bildungsstatus des gewalttätigen Partners etwas höher als der der Frau BMFSFJ 2004: 242).

Tab. 11: Gewalt gegen die Frau in Abhängigkeit von dem Bildungsniveau der Frau

Gewalt gegen die Frau	**Bildungsniveau der Frau**			Summe
	Niedriges Bildungsniveau	Mittleres Bildungsniveau	Hohes Bildungsniveau	
Keine Gewalt	95,7% (443)	96,4% (488)	98,5% (256)	96,6% (1.187)
Gewalt	4,3% (20)	3,6% (18)	1,5% (4)	3,4% (42)
Summe	100% (463)	100% (506)	100% (260)	100% (1.229)

(Chi^2 = 4,57; alpha = 0,10)

Fast zwei Drittel der Frauen (in Frauenhäusern) hatten nach Stadler (1996) „als Kinder familiäre Gewalt im Elternhaus, Streit und/oder übermäßigen Alkoholkonsum kennen gelernt. Sie wurden als Mädchen eher autoritär und dem traditionellen Rollenbild entsprechend erzogen. Bezüglich der Partnerschaft klafften Ideal und Wirklichkeit auseinander: meist waren die Frauen von ihren Männern abhängig, welche oft aus unterprivilegierten Schichten stammen. Rund 30% der gewalttätigen Männer waren arbeitslos, viele von ihnen hatten einen hohen Alkoholkonsum. Die Männer haben die selbst erlebte Unterdrückung an den nächst Schwächeren – die Partnerin – weitergegeben [...] Zudem wird festgestellt, dass körperliche Gewalt eher in sozial unteren Schichten, subtilere Formen der Gewalt dagegen in sozial höheren Schichten angewendet werden" (Appelt et al. 2001: 428). In Mittelschichtfamilien wird weniger häufig physische Gewalt ausgeübt als in sozial unterprivilegierten Familien (Appelt et al. 2001: 423).

Familiale Gewalt müsse unter dem Aspekt der Machtausübung und des Kampfes der Erhaltung von Machtpositionen gesehen werden. Dafür spreche auch die häufige Nennung von Trennung/Scheidung und Eifersucht als Ursache von Gewalt. Dabei könne Gewaltanwendung Reaktion auf, aber auch Motiv für die Trennung der Frau vom Mann sein. Gewalt gebe es in allen Schichten. In unteren Schichten trete körperliche Gewalt häufiger auf und werde auch öfter gemeldet. Faktoren wie Alkoholsucht und Arbeitslosigkeit erhöhten das Gewaltpotenzial der Männer (Haller et al. 1998; Appelt et al. 2001: 429).

Alkohol kann jedoch nur sehr bedingt als ursächlich angesehen werden. Alkohol steigert aber die Wahrscheinlichkeit, dass es in bestimmten Handlungssituationen zur Gewalt kommt und hat damit eine Auslöserfunktion. Allerdings kann der Alkoholgebrauch auch als Entlastung-, Neutralisierung- und Legitimationsstrategie verwendet werden, sowohl vom Täter als auch vom Opfer: Beide nehmen es als Beleg dafür, dass der, der schlägt, „eigentlich" gar nicht so wäre, wie er ist – nur der Alkohol habe die Steuerung übernommen. Eine Facette, die es vielleicht gerade mit Blick auf den Gewaltprozess zu beachten gilt, ist die männliche „Sprachlosigkeit": Mann sieht sich nicht mehr in der Lage, verbal auf „Frau" zu reagieren, fühlt sich (als „Mann") herausgefordert oder verletzt und wendet körperliche Gewalt an, um die Situation in seinem Sinne zu strukturieren bzw. um Dominanz zu demonstrieren.

Strasser (1998) zeigt den historischen, patriarchalischen und ökonomischen Kontext familialer Gewalt gegen Mütter und Kinder auf. Eine verinnerlichte Familienideologie von Macht und Herrschaft des Mannes über Frauen und Kinder verhindere oft eine frühzeitige Trennung vom Misshandler. Zusätzlich vergrößere die Tabuisierung familialer Gewalt die Macht der Väter (Appelt et al. 2001: 431)

Nach Haller et al. (1998) werden im urbanen Bereich mehr Fälle häuslicher Gewalt bekannt als in ländlichen Gegenden. „Gründe dafür sind der beengtere Wohnraum in Städten, die bessere soziale Einbettung am Land, aber auch die Angst zum Gegenstand des ‚Dorftratsches' zu werden. Familiäre Gewalt wird in erster Linie zurückgeführt auf Ausdruck und Folge der Unfähigkeit, Beziehungskonflikte zu lösen. [...] Im Gegensatz zu feministischen Studienautorinnen sehen die AutorInnen dieser Studie patriarchalisch geprägte Werte nicht als vorrangige Ursache für Gewaltausübung, sondern vertreten die Ansicht, dass die Erosion traditioneller Werte zu Rollenkonflikten und Verhaltensunsicherheiten führe“ (Kaselitz/Lercher 2002: 64).

Untersuchungen zeigen, dass Gewalt gerade in Zeiten von Trennung und Scheidung oft eskaliert. Nach einer kanadischen Studie (Crawford/Gartner 1992) ist die Gefahr für Frauen, in dieser Zeit von ihrem Ehemann/Lebensgefährten umgebracht zu werden, fünfmal höher als während der Beziehung. Zu Gerichtsverhandlungen komme es meist erst, wenn die Partnerschaft bereits in Auflösung begriffen sei. In solchen Krisensituationen eskalierte einerseits offenbar die Gewaltbereitschaft des Mannes. Andererseits seien die Frauen eher bereit, gegen den Mann vorzugehen, weil sie sich endgültig für eine Trennung oder Scheidung entschieden hätten (Appelt et al. 2001: 409).

Körperliche Misshandlungen wurden rascher als gesellschaftliches Problem anerkannt als Vergewaltigung. Die Gründe für die noch stärkere Ausblendung des Problems sexueller Gewalt liegen nach Appelt et al. (2001) in der Verbindung mit dem Tabubereich Sexualität, aber auch darin, dass die sexuelle Verfügungsgewalt des Mannes über die Frau ein lange genossenes Privileg des männlichen Geschlechts war und zum Teil noch sei. „Bis 1989 gab es im österreichischen Strafgesetzbuch das Delikt Vergewaltigung der Ehefrau oder Lebensgefährtin nicht. Vergewaltigung war etwas, das lediglich ein anderer Mann als der Ehe- oder Lebenspartner einer Frau antun konnte; vergewaltigte der Mann in der Ehe, gab es keine gesetzlichen Sanktionsmöglichkeiten. Diese ‚Privilegierung' der Vergewaltigung in der Ehe und die heftige Diskussion, die in Österreich der Änderung des Strafgesetzbuches in diesem Punkt vorausging, zeigt, wie tief verwurzelt männliche Verfügungsrechte über die weibliche Sexualität sind. In vielen Ländern ist die Vergewaltigung in der Ehe noch immer keine strafbare Handlung, in Deutschland wurde die Gesetzesänderung erst 1998 beschlossen. Auch in Österreich gelang es nicht, die Vergewaltigung von Frauen in und außerhalb der Ehe völlig gleichzustellen“ (Appelt et al. 2001: 393 f.). Die Tabuisierung der sexuellen Gewalt bzw. deren Akzeptanz trage dazu bei, dass sexuelle Gewalt an Frauen in der Ehe schwer zu identifizieren und zu erforschen sei. Frauen, die sexuelle Gewalt erleiden, definierten diese oft nicht als Gewalt, sondern sähen sie als ihre eheliche Pflicht und zeigten sie nicht an. Männer, die in der Ehe vergewaltigen, betrachteten ihre Ehefrauen häufig als ihr Eigentum, über das sie nach Belieben verfügen könnten (Finkelhor/Yllö 1985). Die größte Gefahr, vergewaltigt zu werden, bestehe für Frauen in der Zeit der Trennung oder Scheidung. Denn eine Trennung bedeutete für gewalttätige Männer den Verlust der Kontrolle über ihren Besitz. Die Vergewaltigung stelle somit quasi eine Demonstration von Inbesitznahme dar. Abhängigkeit und die sozioökonomische Benachteiligung von Frauen seien ebenfalls Faktoren, die sexuelle Gewalt begünstigten, da Männer, die ihre Ehefrauen vergewaltigen, annehmen könnten, dass abhängige Ehefrauen sie nicht anzeigten. Abhängigkeit und Isolation würden daher oft gezielt herbeigeführt (Appelt et al. 2001: 394 ff.).

Lag der Prozentsatz der Angeklagten, die ihre Lebensgefährtin oder Ehefrau sexuell attackiert hatten, in den Jahren von 1985 bis 1988 noch bei 3%, waren es 1990 bereits 20% (Kaselitz/Lercher 2002: 62)

Elsner und Steffen (2005: 39) belegen für Bayern (PKS) einen Anstieg der angezeigten Vergewaltigungen durch Ehepartner von 2000 auf 2001, danach jedoch praktisch eine Stagnation. Anders jedoch bei den sexuellen Nötigungen: Hier setzt sich der Anstieg seit 2000 jährlich fort.

Eine nicht uninteressante Facette der Bewertung von Zahlen zur sexuellen Gewalt gegen Frauen liefert die gleiche Studie: So wurde für Vergewaltigung und sexuelle Nötigung festgestellt, dass zwar „pro Anzeige mit 3-10 nicht angezeigten Fällen zu rechnen ist" (Elsner/Steffen 2005: 182), dass aber andererseits in 7,4% der Fälle die Vortäuschung einer Straftat bzw. eine falsche Verdächtigung vorlag und nach Auffassung der Ermittler „jeder fünfte Fall sehr zweifelhaft" (Elsner/Steffen 2005: 282) ist. So gesehen, handelt es sich in nicht wenigen Fällen um eine spezifische Form der Gewalt gegen Männer.

Andererseits ist „zu bedenken, dass die Zahl der Anzeigen bezüglich häuslicher Gewalt in den letzten Jahren kontinuierlich zugenommen hat. Das bedeutet nicht unbedingt, dass mehr Gewaltdelikte verübt werden. Die Ergebnisse qualitativer Studien lassen vielmehr vermuten, dass die Anzeigebereitschaft der betroffenen Frauen gestiegen ist" (Kaselitz/Lercher 2002: 18).

4.5 Gewalt gegen Männer

Die meisten Opfer von *Gewaltkriminalität* sind männlich. Gleiches gilt für die Täter. Diese Feststellung trifft auf den außerhäuslichen, weniger oder gar nicht auf den häuslichen Bereich zu. Häusliche Gewalt gegen Männer ist ein Randthema, sowohl die soziale Wahrnehmung, die Forschung als auch den gesellschaftspolitischen Diskurs betreffend. „Während familiäre Gewalt gegen Frauen und Kinder durch die Aktivitäten der Frauen- und Kinderschutzbewegung eine große Öffentlichkeit gefunden hat, haben Männergruppen Gewalt gegen Männer nie in vergleichbarer Weise thematisiert und problematisiert [...] Betrachtet man die (Fach)Diskussion über Gewalt gegen Männer in der Familie, fällt auf, dass sie mitunter sehr emotional geführt wird. Dies hängt nicht zuletzt damit zusammen, dass Gewalt gegen Männer und Gewalt gegen Frauen oftmals gegeneinander ‚ausgespielt' wurde und wird" (Kaselitz/Lercher 2002: 66; vgl. auch Lamnek 2003a).

Die Thematik häuslicher Gewalt gegen Männer erregte erstmals breitere Aufmerksamkeit durch die Veröffentlichungen von Steinmetz. In ihrem Aufsatz „The Battered Husband Syndrome" (Steinmetz 1977/78) zeigt sie auf, dass nicht nur Frauen, sondern auch Männer Opfer von Gewalt innerhalb von Partnerschaften sind. Dabei stellt sie fest, dass die Gewaltraten von Männern und Frauen gegenüber ihrem jeweiligen Partner in beinahe allen Gewaltformen gleich hoch sind.

Folgende Gründe sind ihrer Meinung nach dafür verantwortlich, weshalb Gewalt gegen Männer zum Zeitpunkt der Veröffentlichung ihres Artikels denoch kein Forschungsthema und kein Thema für die Medien war:

- Mangel an entsprechenden empirischen Daten,
- mangelndes Interesse von Forschern und Medien,
- die Tatsache, dass Frauen schwerer verletzt werden, wodurch Gewalt gegen Frauen sichtbarer sei,
- die Tatsache, dass Männer viel eher leugnen, Opfer von Gewalt ihrer Partnerin geworden zu sein als Frauen (Cizek et al. 2001a: 275).

„In den Medien erregte dieser Artikel große Aufmerksamkeit. Ein wesentlicher Grund dafür war, dass es der Frauenbewegung zu diesem Zeitpunkt gerade erst gelungen war, das Thema der misshandelten Frau als soziales Problem in der öffentlichen Diskussion zu verankern [...], weshalb es sogar zu persönlichen Angriffen gegen Steinmetz kam, die von verbalen Verunglimpfungen und scharfer Polemik über Vorlesungsstörungen und Blockaden bis zu nächtlichen Drohanrufen reichten" (Cizek 2001a: 275 f.). Forscher zögerten in der Folge, zu diesem Thema zu veröffentlichen (Gemünden 1996). Die heftigste wissenschaftliche Kritik an der Arbeit von Steinmetz kam von feministisch orientierten Forschern, die grundsätzlich Kritik daran übten, dass diese Thematik für ein soziales Problem gehalten wurde, das öffentliche Aufmerksamkeit verdiene. Vielmehr wurde behauptet, dass Männer dazu neigten, eigene Gewalthandlungen zu verharmlosen, während Frauen eher bereit seien, diese zuzugeben. Nach Ansicht von Pagelow (1985) sei das der Grund, warum etwa bei Anwendung der Conflict Tactics Scale die Häufigkeit von Gewalt bei Männern und Frauen gleich hoch erscheine. Daher sollten nicht einzelne Personen, sondern Paare befragt werden. An der Anwendung der Conflict Tactics Scale wurde darüber hinaus kritisiert, dass schwere und triviale Vorkommnisse nicht ausreichend getrennt würden. Zu diesem Zweck seien Untersuchungen über den Kontext von Gewalt, insbesondere über die subjektive Interpretation der Handelnden, deren Motive, Ziele und Verletzungen notwendig. Bei der Anwendung der Conflict Tactics Scale würde die subjektive Sichtweise des Geschehens durch die Beteiligten selbst nicht erfasst und auch die beinahe ausschließlich von Männern begangenen sexuellen Übergriffe nicht entsprechend berücksichtigt (Cizek et al. 2001a: 275 f.).

Wie auch immer, Straus, Gelles und Steinmetz konnten in ihrer 1976 durchgeführten ersten repräsentativen Studie über die unterschiedlichsten Formen häuslicher Gewalt – von verbalen Gewaltformen wie Fluchen, Beleidigen, Kränken, der Androhung von Schlägen bis hin zu direkter physischer Gewalt, wie dem Werfen mit Gegenständen, Schlägen mit der flachen Hand, Verprügeln, Drohung bzw. Benutzung von Waffen – feststellen, dass 11,6%

der Frauen innerhalb des Jahres vor der Befragung Gewalt gegen ihren jeweiligen Partner anwandten. Im Vergleich dazu übten nach Ergebnissen dieser Untersuchung aber auch 12,1% der Männer Gewalt gegen ihre Frauen aus (Straus et al. 1980). Bereits einige Jahre zuvor hatte Gelles (1972) eine erste, allerdings nicht repräsentative Untersuchung von gewaltauffälligen Ehepaaren durchgeführt. Zu diesen zählte Gelles solche, zu denen die Polizei wegen innerfamiliärer Gewalttätigkeiten gerufen wurde. In 49% der Fälle waren beide Partner gewalttätig, in 24% der Fälle nur die Frau, in 27% der Fälle nur der Mann.

Dass sich dann auch in Deutschland ab Mitte der 90er Jahre die ersten Veröffentlichungen der Frage nach dem geschlagenen (Ehe-) Mann widmeten, bedeutete gleichsam einen Tabubruch bzw. einen Verstoß gegen die „political correctness“ (Gemünden 1995; Lenz 1996; siehe auch die Beiträge in: Lamnek/Boatca 2003). „Der selektive Alltagsmythos, wonach häusliche Gewalt ‚Männergewalt gegen Frauen’ sei, wird von den Medien schulmäßig aufbereitet, von der Politik schulmäßig in die verschiedensten Kampagnen und Gesetzgebungsverfahren eingespeist und ebenso schulmäßig von den Experten und dem Rechtsstaat umgesetzt“ (Bock 2003: 184).

Dennoch wurde Ende 2002 vom BMFSFJ eine Pilotstudie zur Gewalt gegen Männer in Auftrag gegeben (Kavemann 2002: 14). Da jedoch der Schwerpunkt auf der Gewalt von Männern gegen Männer liegt (Kavemann 2002: 14 f.), konstituiert bei Männern die außerhäusliche Gewalt den Objektbereich. Gegenstand sollte aber die häusliche Gewalt sein. Es geht letztlich um die Akzeptanz der Tatsache, dass es in diesem Kontext eben auch männliche Gewaltopfer gibt, denen die Gesellschaft ebenfalls angemessene Aufmerksamkeit widmen muss (Lamnek/Luedtke 2005).

Die „Pilotstudie“ zur Gewalt gegen Männer brachte bei sehr kleiner Datenbasis (190 Fälle) im quantitativen Teil für die Frau-Mann-Gewalt folgende Ergebnisse: Im gesamten Leben hatte bisher gut ein Fünftel der Männer Gewalt in der Partnerschaft erfahren, in den zurückliegenden 12 Monaten waren es 6,9%. Auch hier kam „wütendes Wegschubsen“ mit Abstand am häufigsten vor, gefolgt von der „leichten Ohrfeige“. „Verprügelt“ oder „zusammengeschlagen“ wurde keiner der Befragten (BMFSFJ 2004a: 196). Aufgrund der geringen Fallzahlen ist diese Studie rein explorativ zu bewerten. Ergänzende Hinweise ergeben sich aus den beiden qualitativen Teilen, den Experteninterviews und den qualitativen Interviews mit betroffenen Männern.

Die sehr geringen Fallzahlen lassen es nur sehr begrenzt zu, die angestrebten Ziele, im Wesentlichen „die Beforschbarkeit, das Ausmaß und die Formen der Gewalt gegen Männer“ (BMFSFJ 2004: 16) zu erfassen. Auch der Verweis auf das mögliche Problem mit Verweigerungen wirkt nicht befriedigend: Dies hätte durch eine Vorstudie bzw- einen Pretest zügig geklärt werden können. Von den Fallzahlen her besitzt der quantitative Untersuchungsteil eher einen Pretestcharakter für eine größer angelegte Studie, die sich unmittelbar hätte ansschließen können. Der Verdacht liegt nahe, dass es sich hierbei eher um ein „Feigenblatt" als um ein wirkliches Forschungsinteresse gehandelt hat.

In unserer eigenen Untersuchung zeigte sich bei der Partnergewalt, dass bei knapp zwei Fünfteln die Gewalt von beiden Seiten ausgeht (38,4%, (28)) und gut 60 Prozent der Fälle nur auf einen Akteur zurückzuführen sind (61,6%, (45)), wobei sich die einseitige Gewalt zu 30,1% (22) durch Täterschaft und zu 31,5% (23) durch Opferschaft zusammensetzt (vgl. Abb. 15).

Abb. 15: Einseitige und gegenseitige Täter- und Opferschaft

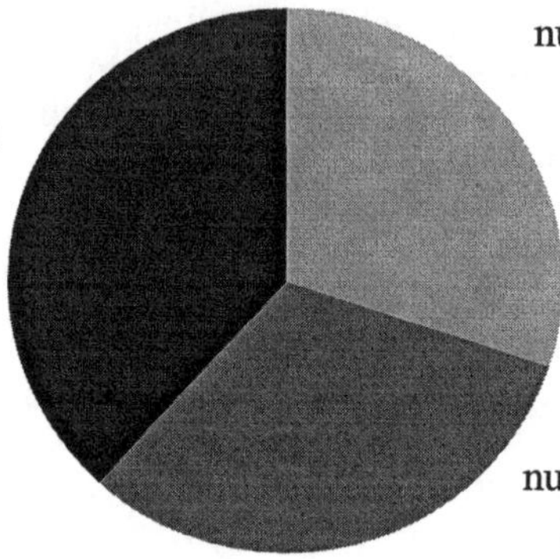

Unterschiede konnten beim Einsatz verschiedener Formen von Gewalt durch Männer und Frauen nachgewiesen werden (Straus et al. 1980). So zeigte sich, dass Frauen etwa doppelt so oft mit Gegenständen nach dem Partner werfen. Darüber hinaus wurde deutlich, dass Frauen häufiger treten oder mit einem Gegenstand schlagen als Männer, die wiederum zu einem höheren Anteil ihre Frau verprügeln sowie Schuss- bzw. Stechwaffen benutzen (Cizek et al. 2001a: 282 f.).

Da die Fallzahlen in unserer eigenen Untersuchung sehr gering ausfallen, ist keine Differenzierung der Gewalt in leichte bzw. schwere möglich. Daher wird Partnergewalt nur in dichotomisierter Form berechnet. Insgesamt gesehen kam es in unserer Studie in 5,9% (73) der Fälle zu physischer Gewalt. Die weit überwiegende Mehrheit (94,1%, (1.167)) gab weder Formen der leichten noch der schweren Gewalt an.

Wird die Verbreitung der verschiedenen Gewaltformen betrachtet, ist zu erkennen, dass die Hälfte aller Gewaltvorkommnisse auf leichte Formen wie zum Beispiel „Schlagen mit der flachen Hand“ zurückzuführen ist. Gut ein Drittel der Partnergewalt beruht auf der schwereren Form des „Tretens“. In einem Sechstel der Fälle wurde mit Gegenständen geschlagen. Dies erscheint recht hoch, da aber keine genauere Spezifikation über Gegenstände gegeben wurde, könnten auch Schläge mit Kissen oder ähnlichem dazu gezählt worden sein. Der „Faustschlag“ gegen den Partner wurde nur in 4,1% (3) der Fälle genannt (vgl. Abb. 16).

Abb. 16: Formen der Partnergewalt

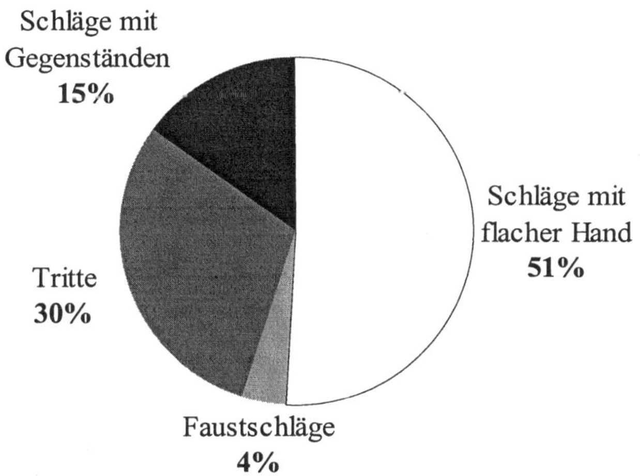

In diesem Zusammenhang ist interessant, wie oft Schläge im letzten Monat vorkamen. Dabei werden sowohl die Angaben der Opfer als auch die der Täter einbezogen. In jeder zwanzigsten der insgesamt einmal gewalttätigen Partnerschaften kam es „im letzten Monat“ zu Gewalt. Die überwältigende Mehrheit der gewalttätigen Partnerschaften war im letzten Monat nicht gewalttätig. Wenn im „letzten Monat“ Gewalt ausgeübt wurde, dann meist nur ein- bis zweimal (vgl. Tab. 12).

Bezüglich psychischer Gewalt fanden Straus und Sweet (1992) unter Verwendung der Conflict Tactics Scale, dass „74% aller im Rahmen des zweiten National Family Violence Survey befragten Männer und 75% aller befragten Frauen angaben, im vorangegangenen Jahr mindestens einmal wenigstens eine Form psychischer Aggression benutzt zu haben“ (Gelles 2002: 1057). Straus et al. (1990) stellten in einer 1985 neuerlich durchgeführten Untersuchung fest, dass das Verhältnis der Gewaltraten zwischen Männern und Frauen ziemlich gleich blieb. Auch andere Untersuchungen (Brush 1990; Meredith et al. 1986; Lupri 1990; Brinkerhoff/Lupri 1988) kamen zu dem Ergebnis, dass die Gewaltraten bei Frauen und Männern vergleichsweise ähnlich sind (Cizek et al. 2001a: 283).

Tab. 12: Häufigkeit von Gewalt gegen den Partner im letzten Monat

Gar nicht	94,5% (69)
Ein- bis zweimal	4,1% (3)
Öfter als zweimal	1,4% (1)
Gesamt	100,0% (73)

In einer bundesdeutschen Untersuchung aus dem Jahr 1990 zeigte sich indessen, dass lediglich 6% aller befragten Frauen gegenüber 9% der Männer ihren Lebenspartner bereits einmal geschlagen oder geohrfeigt hatten (Wahl 1990). Demnach wären hierzulande Männer gewalttätiger als Frauen. Eine andere deutsche Untersuchung (Habermehl 1994), die allerdings hinsichtlich ihrer Repräsentativität umstritten ist, stellt dagegen fest, dass vier von zehn Männern und Frauen bereits von ihren Partnern misshandelt worden sind und dass jeder dritte Mann und jede vierte Frau mit einem Partner zusammenlebt, der ihn/sie bereits einmal misshandelt hat (Kaselitz/Lercher 2002: 66).

Für unsere Untersuchung zeigte sich, dass Gewalt gegen Männer durchaus nicht selten vorkommt. Dabei wurden sowohl die Angaben der Männer als Opfer als auch die Angaben der Frauen als Täterinnen zusammengezählt. Doppelzählungen kommen durch die Summierung nicht vor, da in jedem Haushalt nur eine Person befragt wurde.

In nicht ganz einem Zwanzigstel der befragten Haushalte konnte festgestellt werden, dass der Mann Opfer einer Gewalthandlung durch die Frau geworden ist (vgl. Tab. 13). Aufgrund dieser geringen Fallzahlen ist es nicht angemessen, eine weitere Unterscheidung zwischen schwerer und leichter Gewalt zu machen.

Vergleicht man die Partnergewalt gegen Männer mit der gegen Frauen, so ergibt sich, dass Männer sowohl absolut als auch prozentual eher Opfer von Gewalt durch die Partnerin werden als umgekehrt. Dieses Ergebnis soll nicht überinterpretiert werden, sondern nur darauf aufmerksam machen, dass beide Formen von Partnergewalt in quantitativ ähnlicher Verbreitung aufzutreten scheinen.

Tab. 13: Gewalt gegen den Mann durch die Frau

Keine Gewalt	95,4% (1.178)
Gewaltanwendung	4,6% (57)
Gesamt	100,0% (1.235)

Abb. 17: Absolute Häufigkeit von Frau-Mann-Gewalt und Mann-Frau-Gewalt

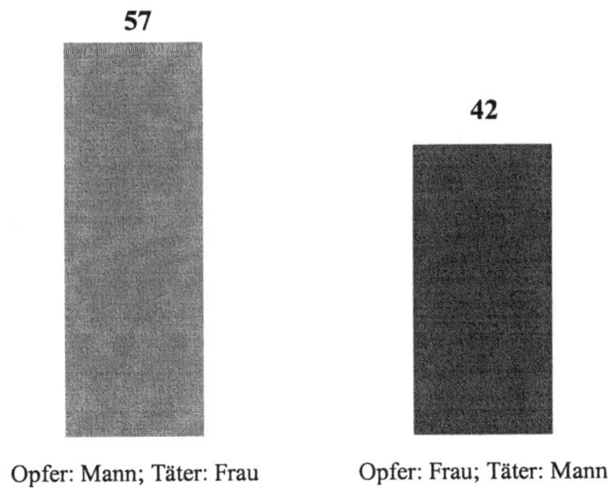

Sexuelle Übergriffe in Paarbeziehungen scheinen indes tatsächlich überwiegend von Männern auszugehen oder Übergriffe von Frauen werden zumindest nicht als mit Vergewaltigung vergleichbarer sexueller Gewalt perzipiert. In heterosexuellen Beziehungen wird jedenfalls „extrem selten von sexuellen Gewalthandlungen seitens der Frauen an Männern berichtet. Vermutlich hat dies neben der Physiologie des Mannes auch mit dem geringen Problembewusstsein in dieser Angelegenheit zu tun. Dies dürfte auch der Grund dafür sein, warum bis dato keine entsprechenden Mess- und Erhebungsverfahren entwickelt wurden, um sexuelle Gewalt durch Frauen an Männern zu erfassen (Harten 1995). Nach Ansicht von Sorensen werden Männer auch im sexuellen Bereich eher psychisch unter Druck gesetzt, indem sie fürchten, die Tatsache, keine Lust auf Sex zu haben, würde von den Frauen in Form von verbalen Abwertungen gegen sie verwendet werden (Harten 1995). Die Angst, dann nicht den internalisierten und gesellschaftlich verbreiteten Normen zur männlichen Potenz und allzeitigen sexuellen Bereitschaft gerecht zu werden, kann Männer unter großen Druck setzen. So berichten Männer von sexuellem Verkehr mit Frauen, den sie im Grunde nicht wünschten, aber aus Angst, andernfalls als ‚unmännlich' oder ‚Versager' zu gelten, trotzdem vollzogen" (Cizek et al. 2001a: 280).

Auch Erfahrungen mit sonstiger von Frauen ausgehender physischer und psychischer Gewalt scheinen mit männlicher Identität unvereinbar zu sein. „Von einer Frau geschlagen zu werden, bedeutet, schwach zu sein. Darüber zu berichten, würde einen Gesichtsverlust mit sich bringen" (Cizek et al. 2001a: 279). Ein Viertel der Männer (25,0%, (7)), die Gewalt durch ihre Frau erfahren haben, gaben in unserer Untersuchung an, aus Scham oder Angst vor Unglaubwürdigkeit keine Hilfe gesucht zu haben. Drei Viertel der männlichen Opfer von Partnergewalt (75,0%, (21)) sahen allerdings in der Scham und der Angst vor Unglaubwürdigkeit keinen Grund, weshalb sie keine Hilfe in Anspruch genommen hatten.

In Interviews mit Männern, die selbst zu Gewalttätern wurden, erhoben Heilmann-Geideck und Schmidt (1996) Daten über Formen von und Empfindungen über psychische Gewalt von Frauen gegenüber ihren Partnern. „Die meisten Männer berichteten über psychische Gewalt in Form von Kränkungen und Demütigungen verbaler Art seitens ihrer Partnerinnen. Sie bedeuten eine Erschütterung ihres eigenen Mannseins und wecken die innere Angst vor einem möglichen Beziehungsabbruch durch die Partnerin" (Cizek et al. 2001a: 280). „Der Mann, der in einer verbalen Auseinandersetzung nicht die Oberhand behält, der Mann, der sich ausgeschlossen fühlt von der Gemeinschaft der Frauen und Kinder, der sich minderwertig fühlt und der sich auf das für ihn unsichere Terrain begibt, Gefühle zu zeigen, sich darüber angreifbar macht und sich tatsächlich angegriffen fühlt, oder der Mann, dessen sexuelle Leistungskraft angezweifelt wird – sie alle können sich spontan nichts Gewalttätigeres vorstellen als die Infragestellung ihrer Männlichkeit" (Heilmann-Geideck/Schmidt 1996: 86).

In der Diskussion über Gewalt von Frauen gegen Männer wird nach Cizek et al. (2001a) häufig die Ansicht vertreten, dass Frauen Gewalt viel häufiger als Männer aus Notwehr oder als Reaktion auf die vorherige Gewaltanwendung ihrer männlichen Partner anwendeten. Männern würde also üblicherweise zugeschrieben, mit Gewalthandlungen begonnen zu haben. Dies bedeute, dass Männer selbst dafür verantwortlich gemacht würden, wenn sie Opfer von Gewalthandlungen ihrer Frauen werden (Gemünden 1996). Hingegen hätten Stets und Straus (1990) den Nachweis erbracht, dass Frauen sowohl nach Angaben der Männer als auch nach ihren eigenen Aussagen sogar häufiger mit Gewalthandlungen beginnen als Männer.

An dieser Stelle sei erwähnt, dass in unserer Studie durchaus ein Zusammenhang zwischen der Gewalt gegen die Frau und der Gewalt gegen den Mann besteht.

Tab. 14: Gewalt gegen den Mann in Abhängigkeit von der Gewalt gegen die Frau

Gewalt gegen den Mann	**Gewalt gegen die Frau**		Summe
	Keine Gewalt	Gewalt	
Keine Gewalt	97,5% (1.164)	34,1% (14)	95,4% (1.178)
Gewalt	2,5% (30)	65,9% (27)	4,6% (57)
Summe	100% (1.194)	100% (41)	100% (1.235)

(Chi^2 = 129,1; alpha = 0,000; Phi = 0,54)

Von den Frauen, die keine Gewalt von ihrem Partner erfahren, ist die überwältigende Mehrheit nicht gewalttätig gegenüber ihrem Partner (vgl. Tab. 14). Nur ein von der Randverteilung um 2 Prozentpunkte abweichender Anteil der Frauen wendet Gewalt gegen ihren Partner an.

Ein etwas anderes Bild zeigt sich bei den Frauen, die Gewalt durch den Partner erfahren. Eine Zwei-Drittel-Mehrheit der Frauen mit einem gewalttätigen Partner wendet Gewalt gegen den Partner an. Gut ein Drittel dagegen enthält sich jeglicher Gewalt, sowohl sie solche durch ihren Mann erlitten haben.

Der größte Teil der Frauen, die keine Gewalt gegen ihren Partner anwenden, hat selbst auch keine Gewalt durch den Partner erlebt. Gegen den Partner gewalttätige Frauen erfahren anteilig auch deutlich häufiger Gewalt durch den Partner. Insgesamt kann konstatiert werden, dass die Wahrscheinlichkeit von Gewalt gegen den Mann mit der Gewalterfahrung der Frau in der Partnerschaft steigt. Auch die statistischen Kennwerte bestätigen diesen Zusammenhang und liefern ein hoch signifikantes Ergebnis (alpha = 0,000). Der Zusammenhang dieser Variablen ist dabei sehr hoch (Phi = 0,54). Jedoch lässt diese Analyse keinen kausalen Rückschluss zu, wer mit der Gewalttätigkeit begonnen hat. Es kann nur die Aussage bestätigt werden: Wenn die Frau Opfer von Gewalt durch den Partner wird, dann wird der Mann ebenfalls eher Opfer von Gewalt von Seiten der Partnerin bzw. umgekehrt.

Straus et al. (1986) haben nachgewiesen, dass die Raten schwerer Gewalt gegen Männer etwa gleich hoch sind wie jene gegen Frauen. Denkbar sei, dass viele Frauen von ihren Müttern dazu erzogen würden, Männer zu ohrfeigen, wenn sich diese schlecht benehmen. In diesem Zusammenhang sprechen Shupe et al. (1987) „von einer Art umgekehrtem Sexismus, der Frauen berechtigt, Männern in bestimmten Situationen Ohrfeigen zu erteilen, die diese bedingt durch ihre körperliche Überlegenheit ohne Gegenwehr einstecken müssen. Ihrer Ansicht nach würden viele Frauen davon Gebrauch machen. Bei einigen Paaren kommt es in der Folge erst dann zu schweren Gewalttätigkeiten, wenn Frauen die Grenzen dieses Rechts überschreiten [...] Gemünden (1996) verweist allerdings darauf, dass mit einer sozialen Norm, die Frauen zum Ohrfeigen von Männern berechtigt, das Initiieren von Gewalt durch Frauen nicht vollständig erklärt werden kann, da Ohrfeigen nicht die häufigste Gewaltform gegen Männer ist. Noch dazu werden Ohrfeigen etwa in der Erhebung mittels Conflict Tactics Scale zu den leichten Gewaltformen gezählt" (Cizek et al. 2001a: 290).

Allerdings zeigten Stets und Straus (1990), dass angegriffene Frauen auch häufiger zurückschlügen als angegriffene Männer, wobei sich Männer eher zurückzögen als Frauen, wenn der Partner gewalttätig wird. Im Zusammenhang mit der Notwehrthese wird zudem darauf verwiesen, dass gerade ein Plädoyer auf Notwehr für Frauen im amerikanischen Geschworenensystem häufig eine Erfolg versprechende Verteidigungsstrategie darstelle. Einem Mann werde eher zugetraut, seine Partnerin infolge eines heftigen Streits zu töten als der Frau, die meist als körperlich schwächer angesehen werde. Er habe es somit schwerer, glaubhaft nachzuweisen, nur aus Notwehr gehandelt zu haben (Cizek et al. 2001a: 289 ff.). „Das Bild der um sich schlagenden Frau und Mutter passt nicht recht zur Opferrolle, die der Frau und zur Täterrolle, die dem Mann zugeschrieben wird. Die Frau ist selbst dann noch Opfer, wenn sie selbst gewalttätig ist – als Opfer der Unterdrückung in der Gesellschaft und in der Familie misshandelt sie ihre Kinder, die eine noch schwächere Position einnehmen als sie selbst [...] Die Tötung des Ehemannes ist entschuldigt, wenn die Frau glaubhaft machen kann, dass er sie wiederholt misshandelt hat. Ein Mann, der seine Frau tötet, um ihren Misshandlungen zu entgehen, wird weniger Verständnis finden" (Habermehl 1994: 53).

Gemäß dem traditionellen Rollenverständnis werde von Männern erwartet, dass sie aktiv und überlegen sind, mit ihren Problemen alleine fertig werden und sich jederzeit und ohne Hilfe von außen gegen Angriffe wehren können. Zudem werde erwartet, dass Männer nicht leiden bzw. ihr Leiden zumindest nach außen hin nicht sichtbar werden lassen. Ein Mann müsse hart erscheinen und seine Verletztheit heldenhaft wegstecken können. Wenn er diesem Bild nicht entspreche, werde er als Weichling („Weichei", „Warmduscher") betrachtet (Lenz 1996; Cizek et al. 2001a: 294). Die Ergebnisse der Studie von Stets und Straus (1990) zeigten, dass Männer eher defensiv reagierten und sich seltener gegen Gewalttätigkeiten ihrer Partnerin mit eigener Gewalt wehrten, als dies umgekehrt bei Frauen der Fall sei. Dies könne auf folgende Gründe zurückgeführt werden (Cizek et al. 2001a: 294):

- Eine nach wie vor gültige soziale Norm der Ritterlichkeit verbiete Gewaltanwendungen gegen Frauen.
- Männer hätten Angst vor möglichen Verletzungsfolgen für die Frau und steckten daher Gewalttätigkeiten eher bewusst ein. So habe Steinmetz

(1977/78) in ihrer Arbeit darauf hingewiesen, dass einige Männer ihrer Angst Ausdruck verliehen, im Falle eines Kontrollverlustes ihre Frau möglicherweise zu töten.
- Dazu komme bei Männern die Angst, öffentlich als Frauenmisshandler dargestellt zu werden. Es habe nicht selten Schuldgefühle zur Folge, wenn sie gegen die Partnerin gewalttätig werden (Langley/Levy 1977).

Gewalt scheint ihren Höhepunkt nicht nur gegen oder nach dem Ende, sondern auch zu Beginn bzw. in der frühen Phase des gemeinsamen Zusammenlebens zu erreichen, wobei die Gewalt von Frauen ab diesem Zeitpunkt stärker zurückgehe als jene der Männer. Dies wird unter anderem darauf zurückgeführt, dass Frauen in der Phase des Kennenlernens und am Beginn einer Beziehung größere Macht hätten (Gemünden 1996). Habermehl (1994) habe nachweisen können, dass Gewalt am häufigsten zwischen jenen Partnern vorkomme, die noch keine fünf Jahre zusammenleben (Cizek et al. 2001a: 286).

Die Gewalt von Frauen gegen ihre Partner ist dabei von ähnlichen Motiven und Hintergrundfaktoren getragen wie die der Männer; dies zeigen international vergleichende Ergebnisse über Partnergewalt in studentischen Kreisen (Straus 2006). Diese einseitige Zuschreibung des Dominanzmotivs an Männer betrachtet Straus als verfehlt. Vielmehr steigert sich allgemein Gewalt in der Partnerschaft, gleich, ob das Dominanz- und Kontrollbestreben vom Mann oder von der Frau ausgeht. "Several other studies have found that dominance or control by women is associated with an increased rate of violence by women" (Straus 2006: 4). (Körperliche) Gewalt von Frauen in Partnerschaften lässt sich daher keinesfalls immer als Gegengewalt verstehen (Straus 2005: 62).

Resümierend lasse sich zeigen, dass die meisten empirischen Untersuchungen insgesamt ungefähr gleich große Raten der Gewaltanwendung von Frauen und Männern in Lebensgemeinschaften nachweisen (Cizek et al. 2001a: 286). „Glaubten Dobash und Dobash mit ihrer Untersuchung einen Beleg für die ausschließliche Täterschaft von Männern an Frauen gefunden zu haben, so weist Gemünden (1996) darauf hin, dass die von ihnen nachgewiesenen Befunde nur zeigen, wie schwer es Männern fällt, gegen ihre eigene Frau Strafanzeigen wegen Körperverletzung zu erstatten [...] Den Ergebnissen der Studie von Makepeace (1981) zufolge scheinen Strafanzeigen eher eine von Frauen gewählte Strategie im Umgang mit partnerschaftlicher Gewalt zu sein. Männer erstatten dieser Studie zufolge meist nur dann Anzeige, wenn sie während eines Angriffes in Lebensgefahr geraten" (Cizek et al. 2001a: 288).

Steinmetz (1977/78) stellte sich die Frage, warum geschlagene Männer denn überhaupt mit ihren Partnerinnen zusammen bleiben, und kam zu dem Schluss, dass die Beweggründe von Frauen und Männern dieselben seien, nämlich: Erfahrungen mit Gewalt in der Herkunftsfamilie, nur leichte und seltene Gewalttätigkeiten sowie mangelnde Alternativen zum Leben mit dem gewalttätigen Partner. Dazu komme, dass sich viele Männer die Finanzierung von zwei Haushalten nicht leisten könnten, gleichzeitig die Stigmatisierung ihrer Umwelt als Geschiedene fürchteten und durch ihren Verbleib die Kinder schützen wollten (Cizek et al. 2001a: 284).

In analoger Weise untersuchten Miller und Simpson (1991) die Bereitschaft männlicher Opfer physischer Gewalt, sich von ihren misshandelnden Partnerinnen zu trennen. Sie fanden heraus, „dass misshandelte Männer signifikant seltener die Beziehung abbrechen als Frauen mit denselben Erfahrungen [...] Der Verlust der Kinder – die im Fall einer Scheidung häufig der Partnerin zugesprochen werden – und der Auszug aus der gemeinsamen Wohnung, reduzieren vor allem für Männer die Wahrscheinlichkeit diesen Weg der Bewältigung einzuschlagen“ (Cizek et al. 2001a: 295).

Auch was die Möglichkeit betrifft, Hilfe in Anspruch zu nehmen, unterscheiden sich Frauen und Männer in ihrem Verhalten trotz objektiv gleicher Ressourcen. Gemünden (1996) unterscheidet diesbezüglich zwischen informellen (z. B. Freunde, Bekannte, Familie) und formellen (Polizei, Justizbehörde) Ressourcenpools. Zum Unterschied zwischen den Geschlechtern komme es deshalb, weil sich Betroffene u. a. erst einmal als Opfer definieren und an Dritte wenden müssten, um Hilfe zu erhalten. Nachteilig sei, dass häusliche Gewalt überhaupt thematisiert werden müsse, weil dies zu einer Beschädigung des sozialen Ansehens führen könne (Cizek et al. 2001a: 296).

In unserer eigenen Studie suchte etwa ein Sechstel der Opfer (17,6%, (9)) von Partnergewalt Hilfe. Die überwiegende Mehrheit der von Gewalt Betroffenen nahm dagegen keine Hilfe in Anspruch (82,4%, (42)).

Abb. 18: Inanspruchnahme von Hilfsangeboten für die Opfer von Partnergewalt

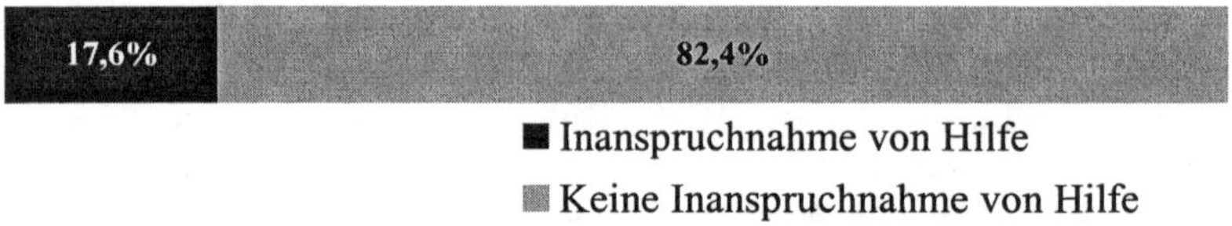

Wegen der geringen Fallzahlen ist eine Unterscheidung der Hilfe in formelle (Beratungsstellen, Frauenhäuser, Polizei) und informelle Ressourcen (Eltern, Freunde) nicht sinnvoll möglich.

Bei der Untersuchung des Zusammenhangs zwischen der Inanspruchnahme von Hilfe und dem Geschlecht ergibt sich, dass ein enger Zusammenhang besteht. Nur ein sehr geringer Anteil der Männer, die Gewalt erfahren haben, nehmen Hilfe in Anspruch (vgl. Tab. 15). Die überwältigende Mehrheit dagegen versucht, die Opfererfahrung allein zu bewältigen. Bei den Frauen mit Opfererfahrung zeigt sich ein anderes Bild: Zwar nehmen Drei-Fünftel der Frauen auch keine Hilfe in Anspruch, jedoch weicht die Häufigkeit der Inanspruchnahme um deutliche 22 Prozentpunkte von der Randverteilung ab.

Tab. 15: Inanspruchnahme von Hilfe nach dem Geschlecht

Inanspruchnahme von Hilfe	**Geschlecht**		Summe
	männlich	weiblich	
Ja	3,3% (1)	40,0% (8)	18,0% (9)
Nein	96,7% (29)	60,0% (12)	82,0% (41)
Summe	100% (30)	100% (20)	100% (50)

(Chi^2 = 11,45; alpha = 0,002; Phi = 0,-47)

Der Anteil der Männer, die Hilfe in Anspruch nehmen, ist mit 3,3% (1) also äußerst gering. Der Anteil der Hilfesuchenden beträgt bei den Frauen in unserer Studie dagegen 40% (8) und ist damit 12 Mal höher als bei den Männern. Wenn also Hilfe gesucht und angenommen wird, dann eher von Frauen. Die statistischen Kennwerte bestätigen mit einer Irrtumswahrscheinlichkeit von 0,2% diesen Zusammenhang. Ansonsten ist ein sehr starker Zusammenhang zwischen dem Geschlecht und der Inanspruchnahme von Hilfe zu erkennen (Phi = –0,47).

Den Stellenwert *informeller sozialer Ressourcen* betont z. B. Habermehl (1989). Sie hat herausgefunden, dass ein großer Freundeskreis negativ mit Gewalt in der Partnerschaft korreliere. Familie und Freunde würden nicht nur in Notsituationen zu Hilfe geholt, ihre Existenz reduziere vielmehr generell das Auftreten familialer Gewalt. Dieses Faktum werde auch indirekt von der Tatsache bestätigt, dass in sozial isolierten Familien sehr viel häufiger Gewalt auftrete als in sozial eingebetteten (Gemünden 1996).

In Bezug auf geschlechtsspezifische Unterschiede von Frauen und Männern als Opfer körperlicher Gewalt und die Mobilisierung von informellen Ressourcen zeige sich indes, dass Männer erheblich seltener bei Freunden und Verwandten Hilfe suchten (Stets/Straus 1990). Als Grund dafür nennen Miller und Simpson (1991) sowie Habermehl (1989) die Bagatellisierung weiblicher Gewalt gegen Männer in unserer Gesellschaft, die es einem Mann erschwere, als Opfer wahr- und ernst genommen zu werden. Zudem werde Männern generell eine geringere soziale Kompetenz als Frauen attestiert, was dazu führe, dass sie weniger Freunde haben, an die sie sich in Fällen körperlicher Gewalt durch ihre Partnerin wenden könnten (Gemünden 1996).

Formelle Kontrollinstanzen (vor allem die Polizei) würden meist in akuten Fällen, also während oder unmittelbar nach einer Gewalttat mobilisiert.

Studien zeigten, dass sie mindestens zu zwei Dritteln von Frauen und hier vor allem von denen der Unterschicht konsultiert werden. Als Gründe für den geringen Anteil männlicher Hilfesuchender nennen Steffen und Polz (1991), dass Polizisten Schwierigkeiten hätten, Frauen als Täterinnen einzustufen, und keine Notwendigkeit sähen, in eine Gewalthandlung einzugreifen, wenn Frauen als Täterinnen angegeben werden. Damit werde den Männern, die sich wegen Misshandlungen durch eine Frau an die Polizei wenden, wenig Glauben geschenkt, was wiederum dazu führe, dass diese sich seltener an die Behörde wendeten, wenn sie im familialen Kontext körperlich misshandelt werden (Langley/Levy 1977). Ergebnisse aus der Evaluation der Umsetzung des österreichischen Gewaltschutzgesetzes scheinen dies zu bestätigen. Danach führte das Einschreiten der Exekutive signifikant seltener zu einer Wegweisung von der Wohnung, wenn die von Gewalt betroffene Person ein Mann war. Auch die Zahl der Festnahmen von Frauen war viel geringer (Cizek et al. 2001a: 296 ff.; Kaselitz/Lercher 2002: 68 ff.).

Nach dem Motto „Ein Indianer kennt keinen Schmerz" müsse ein „echter" Mann in unserer Gesellschaft mit körperlicher Gewalt umgehen, sie aushalten können. Gewalt gehöre zur männlichen Sozialisation in vielen Kulturen (Gilmore 1993) und werde vielleicht auch deshalb innerhalb einer Beziehung von vielen Männern als etwas Normales angesehen (Gemünden 1996). Ohrfeigen oder andere, leichtere Attacken würden meist ohne Kommentar seitens der Männer zugelassen, sie bezeichneten sie häufig nicht einmal als gewalttätige Handlungen (Gaquin 1977/1978). Männer würden sich äußerst selten, meist nur in Fällen höchster Not bzw. Ausweglosigkeit, an Hilfseinrichtungen wenden (Shupe et al. 1987). Vielmehr scheinen sie die Gewalt seitens ihrer Partnerin – wenn überhaupt – als Problem zu definieren, mit dem sie allein fertig werden müssten. Männer bewältigten Gewalt seitens ihrer Partnerinnen am ehesten durch Normalisieren im engeren Sinn (d. h. dass Gewalt als üblich, alltäglich wahrgenommen wird), Bagatellisieren und Entschuldigen. Männer erzählten kaum jemandem von den Übergriffen und wenn, dann nur in extrem bedrohlichen Fällen. Erführen sie Gewalt durch ihre Partnerin, so neigten sie eher dazu, die Gewalttaten zu akzeptieren, und versuchten seltener, den Status quo der Beziehung zu verändern. Über Gewalt, verübt an ihnen von Seiten ihrer Frau, zu sprechen, bedeutete für viele Männer, dem gesellschaftlich verbreiteten Stereotyp von männlicher Stärke nicht gerecht zu werden. Insofern scheuten sie sich eher, über Gewalterfahrungen zu berichten. Scheinbar aber habe das Problembewusstsein in diesem Zusammenhang in den letzten Jahren zugenommen, was sich in der Existenz eigens eingerichteter Männerberatungsstellen widerspiegele (Cizek et al. 2001a: 296 ff.). [1]

---

[1] Dass Gewalt gegen Männer in Partnerschaften immer mehr zum Thema wird, zeigt sich auch an den Internetseiten, die speziell dazu eingerichtet wurden, z. B. "Domestic Violence Against Men In Colorado" (http://www.dvmen.org/), "The Man-

Die wichtigsten Ergebnisse zu häuslicher Gewalt gegen Männer fassen Cizek et al. (2001a: 300) wie folgt zusammen:

- Gewalt gegen Männer sei ein umstrittenes Thema innerhalb der Forschung über Gewalt in der Familie. Es sei eine nach wie vor versteckte Form innerfamiliärer Gewalt und ein Tabuthema innerhalb der öffentlichen Diskussion.

- Ein wesentlicher Grund für die Tabuisierung sei, dass Gewalt gegen Männer mit den ihnen zugedachten gesellschaftlichen Rollenzuschreibungen nicht konform gehe, sondern den ihnen zugeschriebenen Charaktereigenschaften wie Stärke, Überlegenheit und Unabhängigkeit widerspreche. Dies werde etwa daran deutlich, dass Männer ungern zugäben, von der eigenen Partnerin misshandelt worden zu sein. Eher neigten viele dazu, die an ihnen ausgeübte Gewalt zu bagatellisieren. Aus Scham seien sie oftmals nicht bereit, Hilfe Außenstehender anzunehmen. Misshandelte Männer fänden selten Glauben bei Polizei und Gericht.

- Empirische Untersuchungen zeigten jedoch, dass Gewalt gegen Männer existiere. In Befragungen werde deutlich, dass die Raten gewalttätiger Frauen und Männer maximal ein Drittel voneinander abwichen. Einige Untersuchungen konnten dabei eine höhere Rate von Gewalt gegen Männer, andere wiederum eine höhere von Gewalt gegen Frauen nachweisen.
- Frauen seien nicht friedlicher als Männer. Empirische Untersuchungen widersprächen der oftmals biologistisch geprägten Argumentation, dass Frauen „von Natur aus“ friedliebender als Männer seien. So gebe es beispielsweise hinreichend empirische Belege dafür, dass auch Frauen Gewalttaten gegen Männer beginnen, was im Widerspruch zur Notwehrthese stehe.

---

kind Initiative” (http://www.mankind.org.uk/) oder Homepages für “Battered Men“ (http://www.batteredmen.com/ und http://www.survivorsuk.org/) in Großbritannien.

5. Gesellschaftliche Reaktionen auf häusliche Gewalt

Die Gesellschaft reagiert auf das Bild, das sie von familialer bzw. häuslicher Gewalt hat. Das Bild, das sich die Mitglieder dieser Gesellschaft machen, wird entscheidend beeinflusst von primären Definierern bzw. Moralunternehmern. In Deutschland sind dies in erster Linie Frauenhaus- und Kinderschutzbewegung. Deren Wissen stammt aus der Praxis, dem praktischen Umgang mit einer spezifischen Klientel: misshandelten und missbrauchten Frauen und Kindern. Deren Situation, nicht die Situation der Opfer von häuslicher Gewalt überhaupt, zu denen auch Männer, Eltern, alte und pflegebedürftige Menschen gehören, ist Hauptgegenstand der Aufklärungsarbeit und gesellschaftspolitischer Kampagnen der Moralunternehmer.

Gesellschaft und Politik als Adressaten der Aufklärungsarbeit bzw. Kampagnen werden vor allem über die Massenmedien erreicht. Gesellschaftliche Reaktionen und politische Maßnahmen werden von daher immer auch von der Art und Weise der massenmedialen Berichterstattung über familiale und häusliche Gewalt beeinflusst, so wie die Reaktionen auf und die Maßnahmen gegen häusliche Gewalt selbst den Eingang in das gesellschaftliche Bewusstsein bzw. die öffentliche Meinung überwiegend über massenmediale Aufklärungsarbeit und politische Kampagnen finden. Die Informationen, die Massenmedien hinsichtlich häuslicher Gewalt liefern, können dabei „als Ergebnis von Deutungsprozessen verstanden werden, die von publizistischen Institutionen vorgenommen werden und ein Bild der Realität konstruieren, das dem Rezipienten – gebrochen durch seine Wahrnehmungsprozesse – als Material für seine Interpretation der Wirklichkeit dient“ (Schnögl 1983: 41 f.; vgl. auch Lamnek/Luedtke 1995).

Als Interpretationsmasse bestimmt die jeweilige Art und Weise der massenmedialen Präsentation und Deutungsarbeit nicht nur das Bild, das sich die Mitglieder einer Gesellschaft von Ausmaß und Qualität häuslicher Gewalt machen, sondern sie kann zudem – z. B. aufgrund der mehr oder minder ausgeprägten Vergeschlechtlichung häuslicher Gewalt als überwiegend männlich – Einfluss nehmen auf die gesellschaftlichen Vorstellungen und Konzepte von Männlichkeit und Weiblichkeit, Kindheit, Jugend und Alter sowie Ehe und Familie (auch Gesundheit und Krankheit). Diese Vorstellungen und Konzepte haben genommen und nehmen Einfluss auf die gesellschaftlichen Diskurse und kriminal-, familien- bzw. geschlechterpolitischen Praktiken sozialtechnischer und/oder volkspädagogischer Art.

In Form sozialer Kontrolle, gezielter Sozialisation, Sanktion, Intervention oder Prävention, wiederum (re-) definieren bzw. (re-) konstruieren die Kontrollinstanzen das Phänomen und Problem häuslicher Gewalt (ständig neu), so wie es sich aus der Sicht der jeweiligen Praxis darstellt. Die Kontrollagenten werben für die eigene Sache bzw. die Anliegen derer, die sie vertreten, um Aufmerksamkeit und Ressourcen für die eigene Arbeit oder die Lebenschancen ihrer Klientel zu erlangen – sei es nun aus ethischen, politischen, existenziellen oder beruflichen Gründen, im Namen des Rechtsstaats, der Sittlichkeit, der Volksgesundheit, der Gleichberechtigung oder was auch immer. So knapp die Ressourcen an öffentlicher Aufmerksamkeit und Unterstützung dadurch auch scheinen mögen, das „Geschäft" mit der häuslichen Gewalt jedenfalls „blüht", zumindest was die öffentliche, professionelle und wissenschaftliche Beschäftigung mit Gewalt gegen Kinder und Frauen betrifft (Ottermann 2003d).

Ob man sich einer Lösung des Problems häuslicher Gewalt dadurch nähert, ist indessen nicht nur davon abhängig, inwieweit das Phänomen adäquat erfasst und erklärt ist und von daher wohl begründete Gegenmaßnahmen formuliert werden können, sondern auch davon, inwieweit unterschiedliche Interessen berührt sind und gesellschaftlicher Konflikt von daher vorprogrammiert ist. Dies lässt sich mit Godenzi (1994) am Beispiel von Prävention und Intervention veranschaulichen:

Prävention wäre danach ein bevorzugtes theoretisches Argument in Wissenschaft und Forschung, in der Praxis hingegen dominiere die Intervention. Prävention stelle sowohl an Praktiker als auch an Forscher sehr hohe Anforderungen. Sie sei ein langfristiges Unterfangen, dessen Erfolg schwer absehbar und meist auch schwer messbar sei. Hinzu komme, dass präventive Maßnahmen als gesellschaftspolitische Handlungsansätze das Gesellschaftssystem kritisch hinterfragten und auch zu verändern versuchten, was bedeute, dass sie auch Widerstand hervorriefen. Im Vergleich dazu führe Intervention schneller zu konkreten und auch vorzeigbaren Ergebnissen, was Berufspolitiker mitunter eher zur Förderung von Interventions- als von Präventionsvorhaben motiviere. Auch brauche Bewusstseinsbildung, wie sie von der Präventionsarbeit intendiert werde, Zeit. Nur durch präventive Maßnahmen sei es aber langfristig möglich, das Problem häuslicher Gewalt an der Wurzel zu packen. Entsprechende Konzepte und Projekte könnten darüber hinaus nicht nur den Status quo in Frage stellen, sondern zum Teil auch eine Veränderung des Gesellschaftssystems bzw. einiger Institutionen erforderlich machen. Godenzi weist darauf hin, dass dadurch „nichts weniger als die Organisation und der Stil moderner Gesellschaften zur Diskussion" (Godenzi 1994: 327) stünden. Denn die aus sozialwissenschaftlicher Sicht naheliegenden Präventionsstrategien reichten von der Gleichstellung der Geschlechter, über die Auflösung von Gewaltnormen, ökonomischen Ausgleich und die Stärkung des sozialen Netzwerkes bis zu Aufklärung und Erziehung. Neben der Tatsache, dass mit gesellschaftskritischen Projekten die bestehende Ordnung in Frage gestellt werde, finde sich auch aus wahl- und parteipolitischer Orientierung ein Gegenargument zur Prävention. Denn aus politischer Sicht zeigten sich ganz andere als die nach sozialwissenschaftlichen Kriterien sinnvollen Ansätze als zielführend. Oftmals werde zu Gunsten kurzfristiger und medial gut darstellbarer Ansätze und zu Lasten langfristiger, niederschwelliger und auf den ersten Blick wenig spektakulärer Programme entschieden (Cizek/Steck/Gössweiner 2001: 220 f.; Kaselitz/Lercher 2002: 42).

5.1 Empowerment-Strategien

Begriff und Konzept des Empowerment entstammen der Frauenbewegung. Empowerment meint die Stärkung potenzieller Opfer (häuslicher Gewalt). Dieses Konzept hat sich inzwischen auch die Kinderschutzbewegung zu eigen gemacht, vor allem was den Kampf gegen sexuellen Missbrauch betrifft. Von daher soll Empowerment vor allem dazu dienen, sich männlicher Übergriffe zu erwehren bzw. sich vor diesen (in organisierter Form) zu schützen. Sowohl in ihrer frauen- als auch kinderorientierten Ausrichtung ist die Empowerment-Bewegung, zumindest was ihre Grundannahmen und latenten Funktionen betrifft, vorrangig ein transnationales Moralunternehmen gegen männliche Gewalt (Ottermann 2003d).

5.1.1 Frauenpower

Auf Initiative der neuen Frauenbewegung wurden in Europa in den 1970er Jahren Frauenhäuser gegründet. Sie waren die ersten Einrichtungen mit dem Ziel, Zufluchtsmöglichkeiten für misshandelte Frauen und deren Kinder zu schaffen. Die neue Frauenbewegung definierte Gewalt gegen Frauen als gesellschaftspolitisches Problem. Sie sah häusliche Gewalt „als massivste Form der Unterdrückung und Ausbeutung von Frauen und setzte sich daher das Ziel, den betroffenen Frauen und Kindern zu helfen und ihnen eine Möglichkeit zu geben, den gewalttätigen Partner/(Stief-)Vater zu verlassen. Das erste Frauenhaus wurde 1972 in London von Erin Pizzey gegründet. Die Bewegung breitete sich wie ein Lauffeuer aus und schon nach wenigen Jahren gab es zumindest in den nord- und mitteleuropäischen Ländern ein Netz von Frauenhäusern. Im deutschsprachigen Raum entstand das erste Frauenhaus 1976 in Berlin. In Deutschland entwickelte sich in der Folge die aktivste und größte Frauenhausbewegung mit derzeit zirka 400 Frauenhäusern für rund 80 Millionen EinwohnerInnen“ (Appelt et al. 2001: 439).

Mitarbeiterinnen von Frauenhäusern und Frauenberatungsstellen arbeiten parteilich für die Frauen. Ihre Rolle ist ähnlich der einer Anwältin. Diese Parteilichkeit sei sehr wichtig für die Vertrauensbildung. Im Frauenhaus wird keine Beratung gemeinsam mit dem Mann durchgeführt, da dies mit der Parteilichkeit für die Frau nicht vereinbar wäre. Wenn eine Frau mit dem Mann eine Beratung machen möchte, wird sie an eine Ehe- oder Familienberatungsstelle vermittelt. „Ziel der Beratung und Unterstützung ist die Ermächtigung von Frauen; diese besteht darin, wieder Kontrolle und Entscheidungsfreiheit über das eigene Leben zu gewinnen und dieses nach den eigenen Bedürfnissen zu gestalten [...] In Frauenhäusern und Frauenberatungsstellen arbeiten nur Frauen mit Frauen. Dies ist wichtig, da die betroffenen Frauen oft aufgrund der negativen Erfahrungen mit gewalttätigen Männern wenig Vertrauen in Männer haben. Dieses Prinzip ist aber auch wichtig, um Frauen mit Gewalterfahrung zu bestätigen, dass Frauen selbstständig und ‚stark' sind" (Appelt et al. 2001: 441).

Gewalt im Geschlechterverhältnis ist in den letzten Jahren auf nationaler und internationaler Ebene zunehmend zum politischen Thema und zu einem gesamtgesellschaftlichen Problem gemacht geworden. Dies findet Ausdruck in zahlreichen Dokumenten und Vereinbarungen, die von Staatengemeinschaften und internationalen Organisationen zur Bekämpfung von Gewalt an Frauen verabschiedet wurden. Sowohl auf der Ebene der Vereinten Nationen als auch im Bereich des Europarates und der Europäischen Gemeinschaft wurden in den letzten zehn bis fünfzehn Jahren zahlreiche Initiativen gegen Gewalt an Frauen ins Leben gerufen. Bei der UN-Weltkonferenz für Menschenrechte 1993 in Wien wurde Gewalt gegen Frauen als Menschenrechtsverletzung anerkannt. In der Wiener Deklaration, dem Abschlussdokument der Konferenz, betont die Konferenz „die Wichtigkeit, für die Abschaffung von Gewalt gegen Frauen im privaten und öffentlichen Leben, für die Eliminierung aller Formen sexueller Belästigung, Ausbeutung und des Frauenhandels und für die Eliminierung von geschlechtsspezifischen Vorurteilen in der Justizverwaltung [...] zu arbeiten." Hier wird also explizit auf Gewalt in Familien und im öffentlichen Raum eingegangen. Den Staaten wird empfohlen, „nationale Aktionspläne zum Schutz von Frauen vor jeder Form der Gewalt – sowohl in Familien als auch im öffentlichen Leben – zu entwickeln und bereits bestehende Aktionen und Initiativen mit entsprechenden Mitteln auszustatten. In den Budgets der Staaten sollen ausreichende Mittel für die Eliminierung [!] von Gewalt bereitgestellt werden. An mehreren Stellen in der Deklaration wird die wichtige Rolle und Arbeit der Frauenorganisationen betont. Die Staaten werden aufgefordert, die Arbeit der Frauenorganisationen zu unterstützen und mit ihnen auf allen Ebenen zu kooperieren" (Appelt et al. 2001: 418 f.).

Die 1990er Jahre waren gekennzeichnet von zahlreichen internationalen Initiativen zur Sichtbarmachung und Eliminierung von Gewalt an Frauen. Die Verabschiedung der Deklaration gegen Gewalt an Frauen (Declaration on the Elimination of Violence against Women) erfolgte im Dezember 1993. 1999 startete die Europäische Kampagne gegen Gewalt an Frauen in Ehe und Partnerschaft. „Teil dieser Campagne war eine Reihe von EU-ExpertInnenkonferenzen, die unter der Schirmherrschaft der EU-Präsidentschaften stattfanden [...] Unter Beteiligungen von nicht-staatlichen Frauenorganisationen wurde auf diesen Konferenzen eine Reihe von Standards entwickelt, die als Grundlage für gemeinsame europäische Standards für die Beseitigung von Gewalt an Frauen dienen sollen" (Kaselitz/Lercher 2002: 58 ff.).

Darüber hinaus wurden im Verlauf der 1980er und 1990er Jahre Konzepte zur Arbeit mit Tätern für den europäischen Raum entwickelt. „Erste Initiativen, um im deutschsprachigen Raum mit TäterInnen zu arbeiten, waren vorwiegend Männerprojekte, die z. B. in Form von Selbsthilfegruppen organisiert waren. Schwerpunkt der damaligen Interventionshilfen war die Reduktion bzw. Beendigung männlicher Gewalthandlungen an Frauen und in den folgenden Jahren zunehmend auch an Kindern" (Cizek/Steck/Gössweiner 2001: 220). Lokale, nationale und internationale Anstrengungen haben in zahlreichen Ländern zu neuen Gesetzen, Aufklärungsprogrammen für die Öffentlichkeit, einer neuen Politik der Institutionen und zu Verfahren mit dem Ziel geführt, „zunächst einmal Frauen und Kindern zu helfen, aber sich gleichzeitig auch mit den gewalttätigen Männern auseinander zu setzen" (Dobash/Dobash 2002: 933). Die Rollen sind folglich klar verteilt (Männer = Täter, Frauen/Kinder = Opfer) sowie Prävention und Intervention zweigeschlechtlich organisiert (Ottermann 2003d).

Bock (2001a) – einer der wenigen deutschen Sozialwissenschaftler und ganz wenigen Kriminologen, die offen und kritisch gegenüber Forschung und Praxis im Bereich häuslicher Gewalt Stellung beziehen – kann in derartiger Praxis keine nachhaltige Gewaltprävention erblicken, die sich auf die Weitergabe der Muster gewalttätigen Verhaltens über die Generationen hinweg bezieht, da Gewalt in den meisten Partnerschaften wechselseitig ausgeübt werde. Nach einer längeren oder kürzeren Vorgeschichte verbaler und psychischer Demütigungen und Verletzungen werde die Grenze zur Gewalt überschritten, die dann wechselseitig weiter eskaliere. An diesen Verhaltensmustern von Frauen und Männern lasse sich nachhaltig nur etwas verändern, wenn die gemeinsame Geschichte dieser konfliktreichen Beziehung auch gemeinsam bearbeitet werde. Alle Formen von Therapie oder Mediation würden jedoch von vornherein im Keim erstickt oder ganz unmöglich, wenn einem der beiden Konfliktpartner, nämlich der Frau, ein Instrumentarium in die Hand gegeben werde, mittels dessen sie nicht nur völlig risikolos und wirksam den störenden Partner loswerden, sondern vor allem eine einseitige Rollenverteilung zwischen einem bösen Täter und einem guten Opfer rechtlich und sozial verbindlich machen könne. Dies aber bewirke nichts als eine verständliche Verhärtung auf Seiten des zu Unrecht als allein schuldig stigmatisierten Mannes und zu einer Verdrängung oder Verharmlosung des eigenen Anteils an der Gewaltgeschichte auf Seiten der allein als Opfer umsorgten Frau. Wenn in einer konfliktreichen Partnerbeziehung erst einmal das Recht (oder dessen funktionalen Äquivalente) die sonstige Kommunikation ersetzt habe(n), werde die Phantasie der Beteiligten und ihrer Anwälte beflügelt, die insgesamt bestehenden Möglichkeiten auszureizen (Stichwort: „Missbrauch mit dem Missbrauch“). Dabei genüge schon die Drohung, man könne ggf. rechtliche Schritte einleiten, da die abschreckenden Folgen dem Mann bekannt seien. Frauenorientierte Prävention und Intervention gingen von einem Feindbild „Mann“ aus, das empirisch nicht haltbar sei. Das fördere nicht den konstruktiven Dialog der Geschlechter, sondern sei ausschließlich auf Enteignung, Entmachtung, Ausgrenzung und Bestrafung von Männern gerichtet. Ziel sei nicht, häusliche Gewalt zu bekämpfen, sondern Männergewalt. „Geschützt werden sollen nicht alle in häuslicher Gemeinschaft lebenden Menschen oder gar Ehe und Familie, sondern nur Frauen“ (Bock 2001a: 16). Straus sieht als Folge dieser ideologischen Einseitigkeit einen tragischen Verlust an Glaubwürdigkeit der feministischen Position und Interessen sowohl unter Forschern als auch in der Öffentlichkeit (Straus 2005: 73).

Mit dieser Einschätzung, dass sich die Maßnahmen nicht gegen jegliche Form häuslicher Gewalt, sondern zumindest implizit und eventuell unbeabsichtigt in erster Linie gegen Männer(herrschaft) richten, steht Bock keineswegs allein (s. u.), auch wenn dessen Position im kriminalsoziologischen Diskurs (aufgrund kultureller, geschlechtsstereotyper Deutungsmuster?) eher belächelt bzw. ignoriert und im gesellschaftlichen Diskurs von interessierter Seite eher bedauert und skandalisiert wird. Hinzu kommt, dass die entsprechenden Interessen nicht nur normativer, sondern auch materieller Art sind und dadurch die Gegner von Männergewalt selbst zu entzweien vermögen. „Auch in Deutschland wird über die Einführung einen solchen Gesetzes (‚Wegweisungsrecht’) diskutiert, das einen Verweis aus der gemeinsamen Wohnung für männliche Gewalttäter vorsieht. Dabei äußerten Mitarbeiterinnen von Frauenhäusern die Bedenken, dass mit dem In-Kraft-Treten eines solchen Gesetzes die Frauenhäuser keine weitere finanzielle Unterstützung mehr von öffentlicher Seite erfahren würden. So werde bereits jetzt auf den Sozialämtern, die die Kosten für die Unterbringung einer Frau im Frauenhaus tragen müssen, häufig versucht, die von Gewalt betroffenen Frauen mit dem Argument ‚abzuwimmeln’, eine solche Unterbringung sei zu teuer. So werde den betroffenen Frauen geraten, den gewalttätigen Partner doch mit Hilfe der Polizei der gemeinsamen Wohnung zu verweisen. Damit ist also nicht auszuschließen, dass die gesetzliche Einführung eines Wegweisungsrechts den *unerwünschten* Nebeneffekt hätte, dass die Unterbringung von misshandelten Frauen in Frauenhäusern zunehmend erschwert oder sogar verhindert wird“ (Lüdemann/Ohlemacher 2002: 181), einige Frauenhäuser vielleicht aus finanziellen Gründen geschlossen werden und zumindest einige Mitarbeiterinnen sich nach einer neuen Stelle umsehen müssen. Diese Aussage galt noch für die erste Auflage dieses Bandes. Inzwischen haben wir auch in Deutschland ein entsprechendes Gesetz (siehe 5.3), das von Seiten der Wissenschaft und der Praxis diskutiert wird (Kury/Obergfell-Fuchs 2005; Lamnek/Luedtke 2005).

Müller (2003) verweist anhand des Beispiels der kriminalpolitischen Kampagne „Rote Karte für Männergewalt" und unter Berücksichtigung der unterschiedlichen Aussagekraft von Hellfeld- und Dunkelfeldzahlen auf die teils unbeabsichtigten, teils intendierten, teils unbedachten und teils kontraproduktiven Folgen geschlechtsspezifischer Kriminalpolitik: „Die vom Baden-Württembergischen Innenministerium veröffentlichten Zahlen zeigen, dass sich in den nur 5 Jahren seit Beginn der Gewaltschutzpolitik das Anzeigeverhalten von Frauen drastisch geändert hat. Bei einem Anstieg um 40 Prozent wird der Staat inzwischen in ca. 10.000 Fällen pro Jahr zur Intervention herangezogen. Das Anzeigeverhalten von Männern bei häuslicher Gewalt ist dagegen nach wie vor so gering, dass es in dieser Pressemitteilung keine Erwähnung findet.

Wie also sehen die Maßnahmen aus, die eine solche gleicherart drastische wie einseitige Verhaltensänderung bewirkt haben? Ein wesentlicher Auslöser für das geänderte Anzeigeverhalten in Baden-Württemberg war die Öffentlichkeitsarbeit [...]: Die mit dem Präventionspreis des LKA (Landeskriminalamt) ausgezeichnete Kampagne *‚Rote Karte für Männergewalt'* bewirkte in ihrer Einseitigkeit genau das in den polizeilichen Daten sichtbar werdende Verhalten: Frauen benennen sich als Opfer und rufen zum Schutz den Staat. Männer werden einem Bereich potenzieller Krimineller zugeordnet, der weder Schutz noch Hilfe verdient" (Müller 2003: 518). Die geschlechtsspezifische Gewaltschutzpolitik produziere auf diese Weise reale Hellfeldzahlen. Die neuen Hellfeldzahlen rechtfertigten wiederum den geschlechtsspezifischen Ansatz und die Aufrechterhaltung der einseitigen Maßnahmen. (Solche Kreislauf-Verstärkereffekte sind in der Kriminologie auch in anderen Bereichen bekannt: Verstärkung des Einsatzes der Strafverfolgungsbehörden bei der Drogenkriminalität führt natürlich zu einer Ausweitung des Hellfeldes, also zu höheren Kriminalitätszahlen, was die Maßnahmen bestätigt. Reduziert man die Verfolgungsintensität, so gehen die Drogendelikte in der Statistik wieder zurück, was die Reduktion der Strafverfolgung ebenfalls ex post legitimiert.) Die Gewaltschutzpolitik baue nicht auf einem hinreichenden Verständnis des Dunkelfeldes und seines Zusammenhanges mit dem Hellfeld auf und könne daher nicht problemgerecht wirken. Die Gewaltschutzziele seien politisch auf bestimmte Opfer- und Tätergruppen eingeengt; unter Außerachtlassung der Rechtsstaatsprinzipien der Unschuldsvermutung und des Gleichstellungsgrundsatzes würden einseitig Männer haftbar gemacht. Der Schutz vor Missbrauch des Gewaltschutzgesetzes sei nicht ausreichend. Die Erfahrungen in den neunziger Jahren mit dem „Missbrauch mit dem Missbrauch" zeigten, dass eine an sich wünschenswerte Verstärkung des Verfolgungsdrucks mit einer Verbesserung der Rechtssicherheit einhergehen müsse, da bis zu 40 % der Missbrauchsvorwürfe falsch seien (vgl. zum Vortäuschen und der falschen Verdächtigung wegen Vergewaltigung und sexueller Nötigung [Elsner/Steffen 2005: 176 ff.]).

Ein weiterer fataler Effekt sei, dass bei Paaren nur einer der Kontrahenten verantwortlich gemacht werde. Hier werde, statt den Weg in die Konfliktbewältigung zu gehen, eine völlig vereinfachende Schwarz-weiß- bzw. Täter-Opfer-Einteilung vorgenommen. Folge sei eine Projektion aller Schuld auf eine Partei und einhergehend damit Verantwortungsverdrängung. An den eigentlichen Ursachen ansetzende präventive Ansätze fehlten; Kontakt- und Näherungsverbote seien lediglich Interventionen nach geschehener Gewalt. Des Weiteren dürfe psychische Gewalt keine neue „zivilisierte" Form der Aggressionsausübung gegen Partner werden. Es bestehe sonst die Gefahr, dass aggressives Verhalten auf eine höhere Ebene verlagert werde und dort den gleichen oder noch mehr Schaden anrichte. Externe Konfliktprofiteure und Experten in den Reihen der Justiz und der Hilfseinrichtungen, die ihr Geld damit verdienten, dass familiäre Beziehungen durch Eskalation zerstört werden, müssten geächtet werden. Auffangeinrichtungen müssten auch für Kinder und Männer da sein. Auch ein Vater mit seinen Kindern müsse einer aggressiven Partnerin ohne körperliche Gegenwehr entgehen können (Müller 2003).

5.1.2 Sag nein! Lauf weg! Sprich darüber!

Maßnahmen im Bereich der Prävention von Gewalt gegen Kinder waren und sind nicht nur rechtlicher Art, sondern auch Aufklärungs- und Erziehungsprogramme, die sich direkt an Kinder als potenzielle Opfer männlicher Gewalt wenden. Inhalt der meisten an Kinder gerichteten Präventionsprogramme stellt die Vorbeugung vor sexueller Gewalt dar (Godenzi 1996). Als älteste Formen, Kinder vor den sexuellen Übergriffen Erwachsener zu schützen, gelten Warnungen vor dem „fremden", „bösen", „schwarzen Mann" (Ulonska/Koch 1997; Lercher et al. 1997; Kroiß 1996). „Diese werden z. B. in Form von Warnungen, mit fremden Männern mitzugehen, Geschenke von diesen anzunehmen oder die Tür zu öffnen, wenn sie alleine zu Hause sind, seit Generationen an Kinder herangetragen [...] Als Beispiel sei an dieser Stelle das Märchen Rotkäppchen angeführt, in dem die Hauptfigur mit der Warnung zur Großmutter geschickt wird, auf dem Weg durch den Wald mit niemanden zu reden. Aufgrund ihres ‚Fehlverhaltens' – Rotkäppchen spricht trotz Warnung der Mutter mit dem Wolf – wird das Mädchen bestraft, indem es vom Wolf gefressen wird" (Cizek/Steck/Gössweiner 2001: 213).

In den letzten Jahren distanzierte sich die Fachliteratur zunehmend von gefahrenpädagogischen Konzepten dieser Art, weil Studienergebnisse zu sexueller Gewalt zeigten, dass die Täter häufig eben nicht fremde Personen sind, sondern in vielen Fällen in einem Naheverhältnis zum Kind stehen (Baurmann 1985). Insofern zeichnen gefahrenpädagogische Konzepte in Form von Warnungen vor Fremden ein Bild vom Täter, das sich kaum mit der Realität sexueller Gewalt deckt. Zudem erkannte man, dass Abschreckungsprävention die Schuld für sexuelle Gewalttaten häufig auf die Opferseite verlagert, indem den Kindern suggeriert wird, dass die sexuelle Gewalttat nicht passiert wäre, hätten sie sich korrekt verhalten (Cizek/Steck/Gössweiner 2001: 213 f.).

Die Erkenntnis über die pädagogischen Mängel abschreckungspräventiver Konzepte sowie die Nachfrage nach standardisierten Techniken, mit denen möglichst viele Kinder flächendeckend vor sexueller Gewalt geschützt werden können, führte durch die Organisation Women Against Rape – kurz, W.A.R.! – 1978 in den USA zur Entwicklung des ersten Präventionsprogramms für Kinder. Dieses wurde unter dem Namen Child Assault Prevention Project (CAPP) bekannt (Berrick/Gilbert 1995). CAPP orientierte sich am Konzept des Empowerment. Die Idee des Empowerments von Kindern wurde aus der feministischen Grundannahme abgeleitet, dass die Ursache von Gewalt gegen Frauen und Kinder in der ungleichen Verteilung von Macht liege (Hirsch 1999). Eine emanzipatorische, die Kinder stärkende Erziehung wurde deshalb als wirkungsvoller Ansatzpunkt zur Prävention sexueller Gewalt an Kindern gesehen (Braecker/Wirtz-Weinreich 1991). Es wurden verschiedene Methoden und Techniken für die Arbeit mit Kindern entwickelt, die diese z. B. dazu bringen sollten, unbedingten Gehorsam gegenüber Erwachsenen zu vermeiden und im Sinne eigener Interessen zu agieren (Hirsch 1999). Die Kernkompetenzen, die Kindern im Rahmen von CAPP vermittelt wurden, enthielten die drei Grundregeln (Yawney 1995; Cizek/Steck/Gössweiner 2001: 214):

- „Sag nein!“
- „Lauf weg!“
- „Sprich darüber!“

Die Einführung von CAPP gilt als Geburtsstunde der amerikanischen Präventionsbewegung gegen sexuelle Gewalt an Kindern. Zunächst wurde CAPP von ehrenamtlichen Helfern mithilfe privater Geldgeber initiiert. Im Verlauf der folgenden Jahre etablierte sich das Programm und wurde zu einem Bereich der öffentlich geförderten Pädagogik (Amann/Wipplinger 1998). Seit 1980 steuern staatliche Stellen Gelder zur Entwicklung und Durchführung verschiedener präventiver Programme für den amerikanische Raum bei (Nelson 1993). „In den 80er-Jahren brach eine regelrechte ‚Präventionseuphorie’ (Ulonska & Koch 1997) in den USA aus [...] Seit der Geburtsstunde präventiver Programme in den 70er-Jahren, hat sich aus der amerikanischen Präventionsbewegung eine wahre ‚Industrie’ entwickelt, die eine Vielzahl von Präventionsmaterialien hervorgebracht hat [...] Einige davon [...] werden national und international vermarktet“ (Cizek/Steck/Gössweiner 2001: 214 ff.).

Weniger die Tatsache, dass die Präventionsmaterialien in den meisten Fällen keinen expliziten Hinweis darauf enthalten, dass sexuelle Gewalt gegen Kinder bisweilen – wenn auch selten – von Frauen/Müttern ausgeht und sich das simple Täter-Opfer-Schema bzw. das „Feindbild ‚Mann’“ (Bock

2001a: 16) aus dem Bereich häuslicher Gewalt gegen Frauen wiederholt, ist hierbei problematisch, als vielmehr die Institutionalisierung von Forschungsbereichen und Professionen, die Feminismus zu einem einträglichen Geschäft bzw. zum Beruf machen und empirisch nicht hinreichend abgesicherte Grundannahmen zu gesellschaftspraktisch relevanten „Wahrheiten" erheben, an denen zu rütteln, allein schon deshalb gefährlich, weil „politisch inkorrekt" ist. Zudem gibt es „Status, Geld und Stellen zu verteilen im Kampf gegen die häusliche Gewalt, einschließlich der notwendigen Begleitforschung. Männer sind hierfür offensichtlich ungeeignet" (Bock 2001b: 12). Hinsichtlich der von Männern ausgehenden sexuellen Gewalt an Kindern mögen die entsprechenden Präventionen und Interventionen durchaus erfolgreich sein, ob sie aber auch auf von Frauen/Müttern ausgehenden sexuellen Missbrauch bezogen Erfolg versprechen, bleibt durch Ausklammerung dieses Bereiches häuslicher Gewalt aus wissenschaftlicher Forschung und gesellschaftspolitischer Praxis ungewiss.

5.2 Die Rolle der Massenmedien

Wird eine Gesellschaft als Informationsgesellschaft bezeichnet, so liegt der Schluss nahe, dass die Prozessstrukturen, über die Informationen überwiegend vermittelt werden, – die Massenmedien – von großer Bedeutung für die gesellschaftliche Konstruktion des Problems und dessen Wahrnehmung sind. „Medien verfügen über ein gewisses Machtpotenzial, das missbräuchlich angewendet oder beschnitten werden kann. Missbrauch geschieht dabei nicht zwingend durch Zensur oder andere staatliche Eingriffe, sondern primär durch die selbst auferlegten und sich selber verstärkenden Regeln und Gesetzmäßigkeiten der Massenmedien. Damit ist im Bereich der tagesaktuellen Medien der Zwang zur Aktualität gemeint – aber auch die vereinfachende Kürze von Meldungen. Unter JournalistInnen existiert ein Konsens darüber, welche Ereignisse zu Nachrichten werden und welche nicht. Dadurch kommt es zu einer großen Homogenität bei der Beurteilung von sozialen Problemen, die zu einer gewissen Konsonanz der publizierten Meinungen führt" (Appelt et al. 2001: 467). Berichtet wird nach Funk und Schmitt (2001), was „nachrichtenwertig" ist. Nachrichtenwert hat das Sensationelle im weitesten Sinn, d. h. dasjenige aus dem Komplex häuslicher Gewalt, was konkret und unmittelbar sei, anschaulich dargestellt werden könne und nachhaltige oder gar tödliche Folgen habe. Vernachlässigung und psychische Gewalt könnten diese medialen Anforderungen nur bedingt erfüllen. „In beiden Fällen sind die Handlungen nur schwer plakativ darzustellen, sie bestehen meistens aus oft wiederholten Unterlassungen [...] Die Folgen sind zwar mitunter schwer und nachhaltig, aber sie treten oft nicht sofort ein und – was vielleicht noch wichtiger ist – sie sind wenig sichtbar [...] Sexuelle und physische Misshandlung sind demgegenüber einfacher in das Reduktionsschema der Medien einzupassen" (Funk/Schmitt 2001: 538).

Ein weiterer wichtiger Faktor für die Überlegungen zur Gewaltberichterstattung ist der Umstand, dass Meldungen über Gewalt gegen Frauen und Kinder meist im Rahmen der Kriminalberichterstattung erfolgen. Die Massenmedien sind generell die wichtigsten Vermittler von Wissen über Kriminalität. Kriminalitätsberichterstattung ist ein bedeutender Bestandteil von Tageszeitungen und Boulevardsendungen. Das hängt zum Teil damit zusammen, dass kriminelle Ereignisse eine Reihe von Merkmalen aufweisen, die dem Medium bzw. den Nachrichtenwertigkeitskriterien besonders entgegenkommen. Massenmediale Informationen bekommen dann besonders große Bedeutung, wenn sie über Ereignisse berichten, die sich der unmittelbaren Erfahrung entziehen (Appelt et al. 2001: 467 ff.). „So gaben im Rahmen einer deutschen Studie 1993 96% der Befragten (Eltern) an, ihre ersten Informationen über sexuelle Gewalt aus Zeitungsberichten bezogen zu haben" (Kaselitz/Lercher 2002: 24).

Die Zahl der Artikel und Fernsehberichte zu sexueller Gewalt an Kindern hat in den letzten Jahren zugenommen, wobei Ursachen und Hintergründe jedoch kaum thematisiert werden. „Die Bedeutung der Massenmedien wird noch dadurch verstärkt, dass die meisten Menschen nur vereinzelt konkrete Erfahrungen mit Kriminalität machen und ihre Auffassungen über Kriminalität daher in erster Linie auf den Aussagen der Massenmedien beruhen" (Schnögl 1983: 80). Die Informationen, die die Polizeipressestelle den Massenmedien liefert, sind bereits selektiert (Schwind 2002). Die Massenmedien greifen (aus diesen Informationen) in überproportionalem Maß auf skandalträchtige, schockierende oder sonstige Teilaspekte mit emotional-moralischem Tiefgang zurück, sei es aus Gesinnungs-, Platz- oder Verkaufsgründen (Ottermann 2000; Lamnek 1983 und 1990).

Die irgendwie verzerrte massenmediale Berichterstattung über häusliche Gewalt ist gleichwohl die wichtigste Bezugsquelle für den gesellschaftlichen Gewaltdiskurs, gewissermaßen die Interpretationsmasse, die von den unterschiedlichen Rezipienten gemäß den jeweiligen milieuspezifischen Eigenlogiken bzw. standortgebundenen Deutungsmustern verarbeitet wird (Ottermann 2003b, 2003c). „Was für die Medien vor allem marktwerte Information ist, wird von Politikern, Verwaltungen, der Polizei oder in der allgemeinen Öffentlichkeit als faktischer Anhaltspunkt für politischen und administrativen Handlungsbedarf und entsprechende Programme aufgefasst. Solche Programme haben dann wiederum einen Medienwert in der nächsten Runde des Diskurses, der mit der Schlagzeile überschrieben ist: Was tun unsere Politiker gegen die Kriminalitätswelle?" (Boers 2002: 1411). (Man vergleiche hierzu den politisch-publizistischen Verstärkerkreislauf, wie in Scheerer (1978) nachgezeichnet hat.)

„Kind zu Tode gequält", „Tochter gefesselt und ertränkt", „Opa missbrauchte Achtjährigen" sind Schlagzeilen, die heute zum medialen Alltag gehören. Das Interesse an der Thematik ist allerdings noch relativ neu. Den Massenmedien kommt bei der Entdeckung des Problems eine ambivalente Rolle zu. „Es ist sogar eine Situation eingetreten, bei der man mitunter von medialem Missbrauch mit dem Missbrauch sprechen kann. Die wachsende Sensibilisierung der Medien für das Thema Kindesmisshandlung ging mit einem gesellschaftlichen Gesinnungswandel einher, der Kinder und Jugendliche zunehmend als schützenswerte und eigenständige Wesen in den Mittelpunkt rückte. Die Medien können dabei entweder als *Auslöser* für die kollektive ‚Entdeckung' der Gewalt gegen Kinder gesehen werden oder als *Spiegel* eines gesellschaftlichen Bewusstwerdungsprozesses – für welche Sichtweise man sich auch entscheidet, in beiden Fällen kommt ihnen eine zentrale Funktion in der privaten, sozialen und öffentlichen Konstruktion und Problematisierung der Gewaltwirklichkeiten zu" (Funk/Schmitt 2001: 506).

Das Problem der massenmedialen Berichterstattung liegt in der Bevorzugung des Negativen und Außeralltäglichen zu Ungunsten des Positiven und Alltäglichen, was Denkfehler auf Seiten der Rezipienten provoziert. „Zusammenfassend kann man festhalten, dass heute – 1999 – 10 bis 15% aller Kinder in Österreich in einer Familie leben, wo sie schwerere (d. h. wiederholte und lang dauernde) körperliche, sexuelle und/oder psychische Gewalterfahrungen machen und/oder von Vernachlässigung betroffen sind [...] Das heißt auch, und dies sei betont, dass 85-90% aller Kinder ohne besondere innerfamiliäre Gewalterfahrungen aufwachsen [...] Innerfamiliäre Gewalterfahrungen sind transgenerational wirksam: Solche Kinder werden etwa zu einem Viertel selbst wieder zu TäterInnen. Das zeigt aber auch, und dies muss betont werden, dass etwa drei Viertel der Betroffenen sich aus der Spirale befreien können" (Funk/Schmitt 2001: 506 ff.). Die unaufgeregte und erfreuliche Seite bleibt aber innerhalb der massenmedialen Berichterstattung für gewöhnlich unterbelichtet, wenn nicht gänzlich ausgeblendet. Dies gilt mit Einschränkungen sogar für die wissenschaftliche Literatur zum Themenkomplex häuslicher Gewalt.

Hinsichtlich der massenmedialen Berichterstattung zu häuslicher Gewalt (gegen Kinder) ist nach Funk und Schmitt (2001) allerdings festzustellen, dass in Bezug auf das Geschlechterverhältnis sich die Darstellung in den Medien *nicht* wesentlich von den tatsächlichen Verhältnissen unterscheidet. „Bei sexueller Gewalt sind 92% der Täter Männer; bei körperlicher und psychischer Misshandlung hingegen werden zu etwa gleichen Teilen Frauen und Männer als TäterInnen gezeigt. Damit unterscheidet sich die Medienrealität nicht maßgeblich von den realen Verhältnissen: Väter und Mütter schlagen ihre Kinder in etwa gleich oft und bei sexueller Gewalt sind die Täter fast ausschließlich Männer [...] Auch bei den Opfern entspricht das dargestellte Geschlechterverhältnis weitgehend den realen Zahlen. In den Artikeln werden bei sexueller Gewalt zu 75% Mädchen als Opfer dargestellt, bei physischer und psychischer Gewalt dominieren männliche Opfer. Tatsächlich werden bis zur Pubertät Buben öfter geschlagen als Mädchen, während bei sexueller Gewalt etwa 80% der Opfer Mädchen sind“ (Funk/Schmitt 2001: 524). Lediglich im Hinblick auf die Darstellung häuslicher Gewalt von Frauen an Männern scheint sich die massenmediale Berichterstattung zumindest von den Befunden der nicht-feministischen Literatur zu entfernen. Sie wird weiterhin als die große und damit sensationelle Ausnahme dargestellt. Diese Darstellung wird dann möglicherweise von den Rezipienten zum Anlass genommen, die betroffenen Männer zu ridikülisieren. Hier wären Massenmedien und Wissenschaft (auf-) gefordert, sich der Sache ernsthaft, intensiv und empirisch anzunehmen.

5.3 *Gesetzliche Regelungen (und andere Maßnahmen) und ihre Wirkungen*

Es ist eine soziologische Binsenweisheit, dass gesellschaftliche Verhältnisse – vor allen Dingen aber gerade die Vorstellungen von diesen – die subjektiven Handlungsoptionen und faktischen Handlungen bestimmen. Die so genannte „normative Kraft des Faktischen“ verweist darauf, dass staatliche Instanzen auf gesellschaftliche Bedingungen u. a. durch Gesetzgebung, also normative Kodifizierungen, reagieren: Bestimmte Handlungen werden pönalisiert, andere möglicherweise entkriminalisiert. Die gesellschaftlichen Bedingungen determinieren (mindestens teilweise) die gesetzlichen Regelungen des menschlichen Zusammenlebens. Diese wirken als normative Bestimmungen auf die Verhaltenserwartungen und -weisen und mithin auf die gesellschaftlichen Verhältnisse zurück. Deshalb erscheint es angemessen, im Bereich familialer Gewalt die gesetzlichen Regelungen zu thematisieren.

5.3.1 Gewalt in Ehe und Partnerschaft

Das Meinungsbild zur häuslichen Gewalt wird nicht nur bottom up beeinflusst – also z. B. durch die erstarkende Frauen(haus)bewegung, sondern auch top down, wenn der Inhalt der Moral- bzw. Gewaltdiskurse sich auch rechtlich materialisiert, d. h. in kodifizierte Normen bzw. rechtlich verankerte Straftatbestände mündet. Voraussetzung ist, dass genügend Verfechter des Diskurses in Positionen gelangt sind, über die sie die Normsetzung beeinflussen können. Die veränderten Normen bilden dann den formalen Rahmen für einen sozialen Wandel, der sich über die Institutionen in den Rollen(mustern) und den biografischen Möglichkeiten niederschlagen soll.

Das Bestreben, körperliche Aggression gegen Frauen nicht mehr länger als Gewohnheitsrecht (im Sinne der bei Koselleck (1989) beschriebenen

„hausherrlichen Gewalt"), sondern als strafrechtlich sanktionierbare Gewalt zu behandeln, schlug sich in den 90er Jahren in Gesetzesänderungen nieder. Zu nennen ist hier die Betonung des Rechts auf sexuelle Selbstbestimmung in der Ehe, die nach ersten (nicht erfolgreichen) Bemühungen Anfang der 70er Jahre erst 1997 gesetzlich festgehalten wurde; seither sind Vergewaltigung in und außerhalb der Ehe als Straftatbestand gleichgestellt (StGB § 177). (Zum Vergleich: Schweden stellte die Vergewaltigung in der Ehe bereits 1965 unter Strafe.)

1999 wurde die Initiative der Bundesregierung zum besseren Schutz der Frauen vor häuslicher Gewalt mit dem Ziel einer „gesamtgesellschaftlichen Prävention" gestartet, die Frauen wirksam vor Männergewalt schützen soll (BMFSFJ 1999: 11).

Die jüngste Entwicklung zur Kontrolle des körperlichen Zwangs in Partnerschaften bildet das sog. „Gewaltschutzgesetz" (Gesetz zum zivilrechtlichen Schutz vor Gewalttaten und Nachstellungen) von 2002, das es geschlagenen bzw. verletzten Partnern ermöglichen soll, zumindest für eine begrenzte Zeit ohne den schlagenden Partner in der gemeinsamen Wohnung weiter leben zu können.

- BGB § 1361b: „Hat der Ehegatte, gegen den sich der Antrag richtet, den anderen Ehegatten widerrechtlich und vorsätzlich am Körper, der Gesundheit oder der Freiheit verletzt oder mit einer solchen Verletzung oder der Verletzung des Lebens widerrechtlich gedroht, ist in der Regel die gesamte Wohnung zur alleinigen Benutzung zu überlassen."

- GewSchG § 2 (1): „Hat die verletzte Person zum Zeitpunkt einer Tat nach § 1 Abs. 1 Satz 1, auch in Verbindung mit Abs. 3, mit dem Täter einen auf Dauer angelegten gemeinsamen Haushalt geführt, so kann sie von diesem verlangen, ihr die gemeinsam genutzte Wohnung zur alleinigen Benutzung zu überlassen."

Die gesetzlichen Instrumente bieten die Möglichkeit, gegen gewaltaktive Partner einen polizeilichen Wohnungsverweis auszusprechen, um diese aus der gemeinsamen Wohnung zu entfernen. (Der „Platzverweis" führte wegen seiner möglichen negativen Folgen auch zur Kritik, so z. B. von Bock in einer gutachterlichen Stellungnahme, in der er zur Ablehnung des Entwurfes riet (Bock 2001a: 16). Dieser Wohnungsverweis lässt sich bei Widerstand auch mit Gewalt (Mitnahme oder Inhaftierung) durchsetzen. Außerdem kann ein Kontaktverbot verhängt werden. Der Entwurf und die erste Umsetzung waren geschlechtsbezogen formuliert und die Täter-Opfer-Rollen damit eindeutig definiert. Inzwischen ist die Formulierung geschlechtsneutral und auch die Antragsformulare stehen z. B. auf der BMFSFJ-Homepage mittlerweile für Frauen und Männer gleichermaßen zu Verfügung.

Deutschland folgte damit Initiativen in anderen europäischen Ländern, wobei das österreichische Modell als Vorbild diente. In Österreich gilt seit 1997 das „Bundesgesetz zum Schutz bei Gewalt in Familien“. In Großbritannien gilt seit 1997 der „Criminal Harassment Act“; auch Nachstellungen und Bedrohungen im privaten Bereich sind seitdem Straftaten. Luxemburg erließ 2003 das Gesetz gegen häusliche Gewalt, das sich ebenfalls am österreichischen Modell orientierte, Tschechien 2004 ein Gesetz gegen körperliche Gewalt in gemeinsamen Haushalten, zunächst ohne die Möglichkeit der Wohnungsverweisung. In den USA, in Schweden und in Bangladesch werden dabei die Täter- und Opferrollen gesetzlich fixiert und damit normativ definiert: Der Mann ist Täter, die Frau Opfer. In den USA gilt der „Violence against Women Act“, Schweden führte 1998 ein Gesetz gegen „Frauenfriedensbruch“ ein. Das Europäische Parlament verabschiedete Anfang Februar 2006 eine Resolution zur Bekämpfung von Gewalt gegen Frauen.

Deutschland hat mit dem Gewaltschutzgesetz vergleichsweise spät eine (im Vorfeld nicht unkritisierte) Regelung geschaffen, mit der Opfer von Gewalt in Partnerschaften besser geschützt werden sollen. In den einzelnen Bundesländern wurden spätestens nach Einführung des Gewaltschutzgesetzes, z. T. auch merklich davor, Maßnahmen verabschiedet und politisch gefördert Projekte initiiert bzw. auf den Weg gebracht. Dazu gehören u. a.

- das Hannover'sche Interventionsprojekt gegen häusliche Gewalt (seit 1994),
- die „Niedersächsischen Aktionswochen“ (1999),
- in Schleswig-Holstein das Kooperations- und Interventionskonzept (KIK) seit 1999,
- die „Neuen Interventionsmodelle gegen Gewalt im häuslichen Bereich“ im Saarland (Landtagsbeschluss, Januar 2000),
- der „Aktionsplan des Landes Hessen zur Bekämpfung der Gewalt im häuslichen Bereich“ (2004),
- der „Aktionsplan des Landes Niedersachsen zur Bekämpfung der Gewalt gegen Frauen im häuslichen Bereich“ (seit 2001),
- das „Interventionsprojekt ‚Häusliche Gewalt'“ in Sachsen-Anhalt (seit 2001/02),
- das Modellprojekt „Beratungs- und Interventionsstellen (BISS) für Opfer häuslicher Gewalt“ in Niedersachsen (seit 2002),
- das „Hannoversche Interventionsprojekt gegen Männergewalt“ (HAIP).

Beim Gewaltschutzgesetz sind als Institutionen involviert: Die Polizei für die Erstintervention, dann bei pro-aktivem Verfahren die Beratungsstellen (für Opfer und Täter) sowie die Gerichte für die Erledigung von Strafanzeigen bzw. Strafanträgen. Mit der Regelung soll für das Opfer ein größeres Maß an Schutz und Sicherheit erzielt werden, indem der Täter, wenn nötig, der Wohnung verwiesen und auch strafrechtlich sanktioniert werden kann. In einem nächsten Schritt kann das Gericht anschließend (auf Antrag des Opfers) die Überlassung der Wohnung anordnen. Außerdem kann das Gericht Schutzanordnungen wie Kontakt- oder Näherungsverbote aussprechen.

Nach dem Gewaltschutzgesetz hat die Polizei die Möglichkeit, zeitlich befristete Wohnungs- bzw. Platzverweise auszusprechen, wobei jede Wegweisung im Einzelfall geprüft wird; es besteht kein Automatismus. Widersetzt sich die gewalttätige Person, kann ein Gewahrsam angeordnet werden. Weiter besteht die Möglichkeit, ein Kontaktverbot des Täters zum Opfer auszusprechen. Bei einem gravierenden Delikt kann auch eine vorläufige Festnahme erfolgen. Die Maßnahmen werden von der Polizei kontrolliert, wobei aber das Opfer mitwirken muss. Bei Verstößen kann der Täter in Gewahrsam genommen werden. Wie häufig kommen diese Instrumentarien zum Einsatz? Für das Land Brandenburg ergibt sich folgendes Bild (vgl. Tabelle 16):

Tab. 16: Polizeiliche Interventionsmaßnahmen bei häuslicher Gewalt 2004 in Brandenburg

Polizei-präsidium	**Platzver-weise**	**1 Tag**	**1-3 Ta-ge**	**über 3 Tage**	**Aufent.-Verbote**	**Ingewahr-samnahmen**
Frankfurt/ Oder 937 Einsätze	186 davon gegen weibl. TV:7	89	36	61	2	219 davon gegen weibl. TV:16
Potsdam 856 Einsätze	214 davon gegen weibl. TV:4	110	35	72	27	263 davon gegen weibl. TV:10
Gesamt: 1.793 Einsätze	400 davon gegen weibl. TV:11	199	71	133	29	482 davon gegen weibl. TV:26

Quelle: Land Brandenburg, Ministerium des Inneren (2005: 12)

Bei den meisten Einsätzen, die im Land Brandenburg wegen „häuslicher Gewalt“ stattfanden, nämlich der Hälfte, mussten die Beamten keine weiteren Maßnahmen ergreifen. Insgesamt wurde nur bei gut einem Fünftel aller Einsätze ein Platzverweis ausgesprochen, in etwa der Hälfte der Fälle befristet auf einen Tag. Dass es auch schwerwiegendere Vorfälle gab, sieht man daran, dass ein Drittel der Verweise mehr als drei Tage dauerte. Dies ist noch mehr an den Ingewahrsamnahmen abzulesen, die ein Viertel bis drei Zehntel der Maßnahmen ausmachten. Nur bezogen auf die hier angeführten Reaktionen machen Platzverweise etwa 45% aus; der große Anteil an Ingewahrsamnahmen fällt hier auf. Dies kann entweder auf ein problematisches Verhalten der

Täter/innen zurückzuführen sein – alkoholisiert, widersetzen sich der polizeilichen Weisung, wirken weiterhin gewalttätig –, das moderatere Maßnahmen so häufig nicht ratsam erscheinen ließ oder auf eine härtere Strategie der Polizei.

Die Zahlen für Hessen bieten ein etwas anderes Bild: Platzverweise machen ein Siebentel, Wohnungsverweisungen 41,8% der Maßnahmen aus; mit fast drei Fünfteln Verweisen liegt der Anteil vergleichsweise höher als in Brandenburg. Bei einem Sechstel der Interventionen wurde ein Kontaktaufnahmeverbot ausgesprochen. Freiheitsentziehende Maßnahmen – der Ingewahrsam (11,9%) und sonstige Maßnahmen (wie U-Haft) (14,9%) fallen dagegen etwas geringer aus als in Brandenburg (LKA Hessen 2004: 10).

Die Quoten der Platzverweise können aber nicht die Qualität der polizeilichen Arbeit bei der Bekämpfung von Gewalt in der Partnerschaft belegen (Grieger et al. 2005). Dazu sind die Hintergründe ihres Zustandekommens zu heterogen: Es bestehen regionale Unterschiede, was als relevante Gewalt in Partnerschaften dokumentiert wird und damit für die Gefahrenabwehr in Frage kommt. Werden leichte Fälle und sehr schwere Fälle, bei denen es zu Inhaftierungen kam, nicht erfasst, steigt der Anteil an Platzverweisen an den Maßnahmen an (Grieger et al. 2005: 134). Allerdings dürfen alle diese von der Polizei erhobenen Daten nicht als Abbild der (Gewalt-) Wirklichkeit in Familien verstanden werden, weil sie grundsätzlich das Problem der Verzerrung durch die Anzeigebereitschaft aufweisen.

In einem ersten Überblick bleibt als Positivum zum Gesetz festzuhalten (Lamnek/Luedtke 2005: 65):

- Es wird nach dem Verursacher- und damit Schuldprinzip verfahren: Nicht mehr das Opfer, sondern der Täter muss gehen. Für geschlagene Frauen wird die „Flucht“ ins Frauenhaus damit weitestgehend überflüssig.
- Es ist eine bessere Prävention möglich, da Platzverweis und Wohnungsverweisung bereits bei Androhung von Gewalt ausgesprochen werden können.
- Erfreulich ist, dass auch das Stalking einbezogen wurde.
- Positiv ist die Möglichkeit, schnell Entscheidungen treffen zu können: Das Gewaltopfer hat damit ein geringeres Risiko, dass es weiter der Gewalt ausgesetzt ist.
- Für die Person, die Gewalt anwendet, erfolgt die Sanktionierung relativ ereignisnah und damit in Zusammenhang mit der vorausgegangenen Gewalthandlung. Dies zeigt lerntheoretisch den größten Effekt und kann bei möglichen Verhaltensänderungen unterstützend wirken.
- Positiv ist die Befristung der Anordnung mit der Verlängerungsmöglichkeit. Dadurch hat der Täter die Möglichkeit, sein Verhalten zu überdenken und das Gericht kann entsprechend reagieren.

- Gut ist, dass auch das Wohl evtl. Kinder bei der Entscheidung zu berücksichtigen ist. Das kann einen Platzverweis unbedingt erforderlich machen, ihn aber auch ausschließen.

Kritisch wäre zu erwähnen:

- Der Ruf nach dem Strafrecht mag in Teilen sehr wohl berechtigt sein. Nicht vergessen werden darf, dass mit dem Gewaltschutzgesetz ein Missbrauchsrisiko verbunden sein kann: Ein unliebsamer Partner wird mit dem Gewaltvorwurf entfernt. Nach Ansicht von befragten Experten sollte dies aber eher weniger gegeben sein (Rupp 2005).
- Eine Expertenbefragung im Rahmen einer Evaluation ergab, dass die Situation für Opfer mit Migrationshintergrund noch unbefriedigend ist: „Ein ungesicherter Aufenthaltsstatus oder auch die Residenzpflicht stehen [...] einem adäquaten Schutz im Wege" (Rupp 2005: 310).
- Täter und Opfer werden in ihren Rollen amtlich fixiert.
- Aus einer sozial wirksamen Stigmatisierung des Täters durch Platzverweis und anschließendes Verfahren kann eine Exklusion resultieren, die für die Gesellschaft mit deutlichen Folgekosten (Arbeitslosigkeit, Delinquenz) verbunden sein kann (Lamnek/Luedtke 2005: 65).

Gegen „unzumutbare Belästigungen", welche die Lebensführung der Betroffenen schwerwiegend beeinträchtigen, besteht seit Mai 2006 (Kompromiss zwischen Bundestag und Bundesrat) die Möglichkeit, strafrechtlich (mit dem § 238 StGB, „Schwere Belästigung") vorzugehen.

5.3.2 „Krisenintervention" als neues Feld polizeilicher Betätigung

Wegen der geänderten Haltung in der Politik und der modifizierten Rechtslage befasst sich mittlerweile auch die Polizei mit Gewalt in Partnerschaften. Mit dem Erlassen des Gewaltschutzgesetzes dehnte der Staat sein Gewaltmonopol auch auf den familialen Bereich bzw. den der Partnerschaften aus, ein Bereich der bis dahin unter dem Schutz des Grundgesetzes (Privatsphäre) stand und der Öffentlichkeit weitestgehend entzogen war. In diesem Rahmen hat die Polizei als Bestandteil der Exekutive ein neues Betätigungsfeld übernommen: Sie betreibt Krisenintervention und sieht sich inzwischen selbst als eine Institution, die dann die Erstintervention betreibt bzw. betreiben muss, wenn sie zu einem Vorfall von „häuslicher Gewalt" gerufen wird.

Dies war bei weitem nicht immer so: Ende der 70er Jahre fühlten sich Polizeibeamte bei so genannten „Familienstreitigkeiten" nicht zu Sanktionen verpflichtet, inzwischen hat z. B. die bayerische Polizei sich die Verhinderung weiterer Gewalttaten in diesem Bereich auf die Fahnen geschrieben (Steffen 2005: 18). Bis Anfang der 90er Jahre hielt sich die Polizei noch aus

„häuslichen Streitigkeiten“ mehr oder weniger zurück, mit der Argumentation, sie könne auch aufgrund der Ausbildung wenig zur Lösung dieser Art von Problemen beitragen. Wie Steffen (2005) festhält, hat sich die Haltung seitdem grundlegend geändert, nicht zuletzt auf Basis der Ergebnisse kriminologischer Untersuchungen (Steffen 2005: 23).

Dies liest sich ähnlich in anderen Bundesländern: „Die Polizei ist als einzige Institution gleichermaßen für Gefahrenabwehr, Strafverfolgung und Opferschutz zuständig und flächendeckend Tag und Nacht für die Bürgerinnen und Bürger erreichbar. Durch die professionelle Arbeit leistet die Polizei damit einen maßgeblichen Beitrag im Rahmen eines Gesamtpaketes aus gefahrenabwehrrechtlichen und zivilrechtlichen Möglichkeiten, um die Opfer umfassend vor Gewalt zu schützen. Sie schaffen damit die Voraussetzung für weitere nachhaltige Beratungs- und Interventionsmaßnahmen durch andere Stellen, vornehmlich den eingerichteten Beratungs- und Interventionsstellen“ (Niedersächsisches Ministerium für Inneres und Sport). Dafür wird eine entsprechende Anpassung der Aus- und Fortbildung von Polizeibeamten gefordert (Grieger et al. 2005: 121).

Meist erfolgt ein vernetztes Arbeiten der Polizei mit Betreuungs- und Beratungseinrichtungen. In Niedersachsen wurde dazu bereits in den 80er Jahren das Projekt Polizei-Sozialarbeit eingerichtet: Sozialarbeiter begleiteten die Polizei bei Einsätzen, in denen es um häusliche Gewalt ging. Dies führte aber z. T. zu Problemen für das jeweilige professionelle Arbeiten. Inzwischen wird häufig der „pro-aktive“ Ansatz angewendet. D. h. die Beratungseinrichtungen erhalten von der Polizei eine Mitteilung, wenn ein Fall von häuslicher Gewalt vorliegt und wenden sich dann ihrerseits selbst an die Opfer (Löbmann/ Herbers 2004: 178).

Löbmann/Herbers halten als Kriterien für ein effektives Vorgehen von Beratungseinrichtungen fest: zentrale Lage der Beratungseinrichtungen, die Angliederung an bestehende Hilfesysteme, feste Telefon- und Beratungszeiten, ein fachlicher Austausch der Berater/innen, die intensive Vernetzung mit anderen Institutionen (Behörden, Ämter, Beratungseinrichtungen, Rechtsanwälten, Polizei – nach festen Regeln!), sowohl zentrale als auch dezentrale Organisationsformen, kontinuierliche Öffentlichkeitsarbeit (Löbmann/Herbers 2004: 189 f.).

Festzuhalten bleibt, dass sich damit die Gewichte der verschiedenen Institutionen, die mit dem Phänomen häusliche Gewalt umgehen, verschoben haben zugunsten der Polizei, die eine zunehmend wichtigere Rolle eingenommen hat. Es ist zu vermuten, dass sich die Melde- und Anzeigebereitschaft geschlechtstypisch verändern wird; Hinweise darauf gibt die Expertenbefragung von Rupp (2005), in der die Befragten mehrheitlich von einer gestiegenen Arbeitsbelastung nach der Gesetzenänderung berichteten. Vermutlich werden dabei mehr geschlagene Frauen die Polizei rufen, wogegen die Ausschöpfung unter den geschlagenen Männern entweder stagnieren oder möglicherweise sogar sinken wird. Folge: Das bereits bestehende Bild von der Täter-Opfer-Verteilung verfestigt sich weiter.

Eine weitere Konsequenz soll nicht unerwähnt bleiben: So sehr der Schutz vor Gewalt normativ und faktisch einzufordern ist, so klar ist aber auch, dass mit den neuen gesetzlichen Regelungen ein Stück dessen aufgegeben – mindestens tangiert – wird, das als Privatheit, Intimität etc. in besonderer Weise für die Familie reklamiert wurde. Die „Veröffentlichung" der familialen Verhältnisse kann hinsichtlich der Folgewirkungen durch Einschreiten offizieller Instanzen im Zuge von Etikettierungen und Stigmatisierung zu einer Verfestigung und Verschärfung der Situation führen, die man eigentlich verändern wollte. Hier sind langjährige Erfahrungen und Evaluationen notwendig, um erwünschte und nicht intendierte Nebenfolgen definitiv abschätzen zu können.

5.3.3 Erfahrungen mit dem Gewaltschutzgesetz

In Bayern wurde ein wissenschaftlich begleitetes Modellprojekt im Auftrag des Bayerischen Staatsministeriums für Arbeit und Sozialordnung, Familie und Frauen durchgeführt (Smolka/Rupp 2005). Dabei wurden neu eingerichtete (Modell-) Beratungsstellen und Frauenhäuser miteinander verglichen. Einbezogen wurden dazu sechs Modellberatungsstellen sowie die jeweiligen Frauenhäuser in diesen Städten, außerdem vier nicht geförderte Frauenhäuser als Vergleichgruppe.

Zur Anwendung kam ein multimethodisches Design, das Leitfadeninterviews mit den Leiterinnen und Mitarbeiterinnen der Modellberatungsstellen, eine Gruppendiskussion mit den Leiterinnen der Frauenhäuser, qualitative Interviews mit Schwerpunktsachbearbeitern bzw. Beauftragten der Polizei für Frauen und Kinder sowie einen einfachen Auswertungsbogen für die Frauenhäuser in Bayern umfasste. Mit Letzterem sollte die Zahl der Beratungsfälle (mit bzw. ohne Anwendung des Gewaltschutzgesetzes) erhoben werden. Als eine „starke Einschränkung in der Reichweite der wissenschaftlichen Begleitung des Modellprojekts i. S. einer Evaluation ist der Umstand zu sehen, dass die Perspektive der beratenen Opfer von häuslicher Gewalt und deren Bewertung des Beratungsprozesses nicht einbezogen werden konnte" (Smolka/Rupp 2005: 18). Die Klientele sind eindeutig: fast ausschließlich Frauen. „Gemäß dem Konzept sollten die Beratungsstellen im Rahmen des Modellprojekts prinzipiell auch für männliche Gewaltopfer zugänglich sein. An allen Standorten wurden Beratungen von männlichen Opfern dokumentiert, zahlenmäßig fallen sie jedoch kaum ins Gewicht" (Smolka/Rupp 2005: 22).

Modellberatungsstellen und Frauenhäuser haben nach Ansicht der befragten Beraterinnen unterschiedliche Klientele: „Von den Beratungsstellen würden verstärkt Frauen aus der Mittelschicht, die über mehr ökonomische wie soziale Ressourcen verfügen, erreicht. Viele von ihnen hätten eine abgeschlossene Ausbildung, verfügten über ein soziales Netzwerk und seien materiell gut gestellt" (Smolka/Rupp 2005: 33). In den Frauenhäusern sind eher statusniedrigere Frauen ohne ausreichende Netzwerkkontakte, die zudem die Gewalt ihres Partners deutlich ausgeprägter erfahren haben. Nach den Ergebnissen scheint eine Differenzierung der Beratungsangebote bzw. Anlaufstellen notwendig zu sein, damit Gewaltopfer aus den unterschiedlichen sozialen Statusgruppen erreicht werden können.

Eine Auswertung der ersten Erfahrungen in der Praxis mit dem Gewaltschutzgesetz unternahm Rupp (2005) mittels einer Aktenanalyse (2.216 Fälle aus 2002 und 2003) und auf Basis qualitativer Interviews mit Experten (Justiz, Familienberatung) sowie mit Opfern (n = 234) und Tätern (n = 19) von häuslicher Gewalt. Die Analyse erfolgte „zehn Monate nach dem Inkrafttreten der Neuregelungen und (hat) damit zu einem relativ frühen Zeitpunkt begonnen, um den Einführungsprozess zu begleiten" (Rupp 2005: 302).

Die einbezogenen Verfahren wurden wie folgt beendet: „Zu 6% mit Ablehnungen, 22% mit Bewilligungen und zu 29% mit Vereinbarungen. 23% der Verfahren enden mit einer Rücknahme, 12% mit einer Erledigung und bei 8% ruht das Verfahren" (Rupp 2005: 308). Die Bewertung durch Experten aus den unterschiedlichen Beteiligtengruppen ergab, dass der Gesetzesrahmen für gut und ausreichend befunden wird, Skepsis besteht jedoch bei der Umsetzung, denn vorhandene Regelungen würden nicht ausgeschöpft. Das Missbrauchsrisiko des Gesetzes wird von den befragten Experten als gering eingeschätzt.

Einschränkend muss auf die Reichweite des Projekts hingewiesen werden. Methodisch handelt es sich eher um eine klärende Evaluation (Holthusen/Lüders 2003) – die in der Implementationsphase eines Programms mit dem Ziel zur Anwendung kommt, ein Programm zu konkretisieren und zu verfeinern – oder um eine interaktive Evaluation, die der Programmverbesserung während der Umsetzung dient. Es sind damit aber keine Aussagen über die Wirksamkeit der „Gewaltschutzgesetzes" möglich (Wirkungsevaluation), u. a. deshalb, weil kein Vorher-Nachher-Vergleich durchgeführt wurde. Erfasst wurde bei dem Projekt nur die subjektive Zufriedenheit von Mitgliedern der relevanten Akteursgruppen mit der neuen Gesetzeslage. Dies legt die Vermutung nahe, dass eine regelgerechte Wirksamkeitsprüfung der neuen gesetzlichen Regelung nicht von vorneherein eingeplant war. Weitere Forschung tut not!

5.3.4 Gesetzliche Maßnahmen gegen Gewalt in der Erziehung

Gegenüber dem „Verweisungsgesetz" etwas verzögerter waren die gesetzgeberischen Reaktionen bei der (körperlichen) Gewalt in der Erziehung. Frehsee (1992) mahnte bereits vor längerer Zeit, dass der Gesetzgeber den Eltern durch die zugesicherte „Privatheit" (ungewollt) einen letztlich nicht verantwortbaren Freiraum für private Gewalt zubilligen würde. Auch hier zeigt sich, dass Deutschland zumindest im internationalen Vergleich seine Gesetzgebung etwas spät modifizierte, nämlich erst im Jahr 2000: „Kinder haben ein Recht auf gewaltfreie Erziehung. Körperliche Bestrafung, seelische Verletzungen und andere entwürdigende Maßnahmen sind unzulässig“ (BGB § 1631, Abs. 2); in Schweden gelten entsprechende Bestimmungen bereits seit 1979 (Bussmann 2001). Mit der Kampagne „Mehr Respekt vor Kindern“ (2000-2002), die in 36 Städten lief und bei der Seminare und Workshops mit den Zielgruppen Eltern sowie Multiplikatoren aus der Familienbildung und -beratung durchgeführt wurden, sollte die neue Regelung unter den Normadressaten verbreitet werden. Zuletzt forderte der „Nationale Aktionsplan für ein kindergerechtes Deutschland 2005 bis 2010“ (Drucksache 15/4970, 15.02.2005) ein „Aufwachsen ohne Gewalt“ ein. Auch in die Regelungen des Gewaltschutzgesetzes wurden Kinder einbezogen, um damit gewaltärmere Bedingungen zu schaffen: „Durch das Gesetz zur weiteren Verbesserung von Kinderrechten in § 1666 a BGB ist nunmehr klar gestellt worden, dass auch auf der Grundlage der § 1666, 1666 a BGB eine Wohnungszuweisung zum Schutz des Kindes vor Gewalt möglich ist“ (Landespräventionsrat Hessen 2003: 6).

Dennoch bietet die Familie ihren Akteuren, allen voran den Kindern, nicht unbedingt eine friedliche Lebenswelt (Fuchs et al. 2001: 186; Fuchs et al. 2005; Lamnek/Luedtke 2006), denn zum Erziehungsverhalten gehört in weiten Teilen trotz des gesetzlich niedergelegten elterlichen Züchtigungsverbots immer noch ein mehr oder minder intensiver Einsatz physischer Gewalt, wie sich in empirischen Studien immer wieder bestätigt; diese Untersuchungen sind aber fast alle entweder wegen der Stichprobe her von begrenzter Aussagekraft oder weil sie häufig an bestehende Schüler- bzw. Schulgewaltuntersuchungen „angehängt“ wurden, wobei Gewalt in der Erziehung hier als einer der mit verantwortlichen Faktoren für Schülergewalt gesehen wird.

Deutschlandweit hat Bussmann (2005; 2001) die Entwicklung der Gewalt in der Erziehung, aber auch die Wirkung des Gesetzes mit einer Längsschnittanalyse (1992 (Jugendliche) 1996 (Eltern), 2001; 2005) mit quasi-experimentellem Charakter unter Eltern und Jugendlichen durchgeführt. Die 2001er Studie umfasste eine bundesweite Befragung von 3.000 Eltern von Kindern unter 18 Jahren, 2.000 Jugendlichen (12-18 Jahren) (Anfang 2002) sowie (schriftlich) 1.074 (nicht-) staatliche Beratungs- und Hilfeeinrichtungen (Ende 2001) zuzüglich 30 Intensivinterviews mit Mitarbeitern der Einrichtungen. 2005 wurden jeweils 1.000 Eltern und Jugendliche sowie 350 Mitarbeiter von Beratungs- und Hilfeeinrichtungen befragt (Bussmann 2005; BMFSFJ/BMJ 2003). Der Vergleich 1996 mit 2001 bzw. 2002 erfolgte im Auftrag von BMFSFJ und BMJ gleichsam als Wirkungsstudie, deren zentrale Ergebnisse in einer gemeinsam von beiden Ministerien herausgegebenen Broschüre veröffentlicht wurden (BMFSFJ/BMJ 2003). Dabei wirkte das elterliche Züchtigungsverbot, das innerhalb des Untersuchungszeitraums erlassen wurde, als

Stimulus und lässt einen Ex-ante-/ex-post-Vergleich zu (vgl. dazu auch: Behnke et al. 2006). Um die Annahme vom Einfluss der Auseinandersetzung mit dem Gesetz und seinem Inhalt zu prüfen, trennte Bussman weiter ex post in „Kenner" und Nicht-Kenner" des Gesetzes.

Nach den Aussagen der Jugendlichen lässt sich festhalten, dass vor allem schwere Körperstrafen (schallende Ohrfeige im Vergleich 1992 mit 2002 (also nach Einführung des Gesetzes) stark rückläufig waren und auf ein Viertel bis ein Zehntel des 1992er Wertes zurückgingen. Auch wurden weniger Jugendliche „leicht" geohrfeigt. Dafür nahmen aber alle (Verbots-) Strafen (Fernseh- und Ausgehverbot, Taschengeldkürzung) sowie die Formen verbal-psychischer Gewalt (niederbrüllen, nicht mehr mit dem Kind sprechen) um jeweils 4-5%-Punkte zu (BMFSFJ/BMJ 2003: 9). Selbst in gewaltbelasteten Familien zeigte sich die gleiche Tendenz: Ein sehr deutlicher Rückgang bei den schweren Formen körperlicher Gewalt (Schläge, die zu Blutergüssen führen, starke Stockschläge auf den Po), dafür nahmen auch in gewaltaktiven Familien das Niederbrüllen und (Verbots-) Strafen (Taschengeldkürzungen, Ausgehverbot) leicht zu. Dieser Befund wird als Bestandteil eines Wertewandels interpretiert, der als Folge des gesellschaftlichen Diskurses um gewaltfreie Erziehung eingesetzt habe (BMFSFJ/BMJ 2003: 10). In anderer Lesart: Wir haben es in Teilen mit einer Gewaltverlagerung auf die Verbots-Bestrafungen und verbal-psychischen Formen von Gewalt zu tun. Methodisch ist hier das Problem, dass der Zeitraum so lang ist, dass zwischen 1992 und dem Erlass des Gesetzes andere, nicht erfasste Formen eines zwischenzeitlichen Geschehens eingewirkt haben können.

Ein wichtiger Ansatz im Rahmen des Gesetzes und der Begleitforschung war, dass die Normadressaten (Eltern), die potenziell Betroffenen (Kinder und Jugendliche) und die Professionellen (Berater) auch erreicht wurden. Dazu wurde zwar in der Begleitforschung die „Bekanntheit der Werbekampagne und der Rechtsreform" erfasst (BMFSFJ 2003: 9 f.), jedoch wird nicht weiter ausgeführt, wie diese Begriffe operationalisiert wurden. Insofern bleibt die Trennung in „Kenner" und „Nichtkenner" (Bussmann 2005) unscharf.

Ca. zwei Fünftel der Eltern wissen nach den 2005er Ergebnissen um das Gewaltverbot in der Erziehung, insgesamt etwa 10%-Punkte mehr als noch 2001. Dabei haben gerade Eltern, die eine gewaltbelastete Erziehung praktizieren, „aufgeholt" (Bussmann 2005: 4). Zwischen „Kennern" und „Nichtkennern" des Gewaltverbotes machen sich z. T. auch deutlichere Unterschiede in Einstellung und berichtetem Verhalten bemerkbar. Allerdings werden mit großer Wahrscheinlichkeit diejenigen, die um das Gesetz wissen, auch vorher bereits einen weniger gewaltbelasteten Erziehungsstil gepflegt haben. D. h. das Gesetzt verstärkt hier eher die Position der ohnehin bereits gegenüber Gewalthandlungen Sensibleren.

Was ist nach Ansicht der Eltern (noch) erlaubt? Merkliche Unterschiede bestehen beim „Klaps auf den Po" und der leichten Ohrfeige": Hier meinen deutlich mehr „Nichtkenner“ als „Kenner“, dies sei erlaubt. Bei den gravierenderen und schweren Formen von Körperstrafen treten dagegen 2005 (anders als noch 2001) keine großen Unterschiede mehr auf. Eine hohe (und seit 2001 gestiegene) Übereinstimmung der Eltern aller Erziehungsstile besteht mit den wertebezogenen Zielen des Gesetzes: Gewaltfreiheit in der Erziehung gilt als Ideal, sollte angestrebt werden (je um die neun Zehntel), gut vier Fünftel wollen auch darüber nachdenken. Für fast neun Zehntel der Eltern sollen Körperstrafen die Ausnahme bleiben.

Wirkt sich das Gesetz und die Sensibilisierung auch auf die Interventionsbereitschaft auf? Die mit Abstand meisten Eltern, die von Misshandlungsfällen wussten bzw. sie stark vermuteten, suchten das Gespräch mit ihrem sozialen Umfeld oder mit den Betroffenen (Eltern, Kind) und schalteten nur selten Beratungseinrichtungen und die Polizei ein. Dies spräche tendenziell dafür, dass die „Diskussion unter Normadressaten“, die Bussmann (2001) als relevant für eine Verhaltensänderung ansah, zumindest partiell gegeben ist. Und: „Die Ergebnisse dieser Dunkelfeldstudie sprechen somit eindeutig gegen die oft vorgetragene Vermutung, ein absolutes Verbot von Körperstrafen würde zu einer verstärkten Kriminalisierung schlagender Eltern führen“ (Bussmann 2005: 14). Dabei gilt wieder die bereits erwähnte Trennung in „Kenner“ und „Nichtkenner“: Erstere wären eher zur Intervention bereit und würden seltener die Gewaltaktionen ignorieren.

6. Zusammenfassung und Ausblick

Sowohl die Massenmedien als auch die Politik haben sich des Themas Gewalt in der Familie bereitwillig an- sowie vorliegende Forschungsergebnisse zum Anlass genommen, auf gesellschaftspolitische Missstände hinzuweisen und entsprechende Maßnahmen einzuleiten. Sowohl Forschungsvorhaben als auch Einrichtungen zum Schutz von Frauen und Kindern werden gefördert, während es männliche Opfer von weiblichen Übergriffen beispielsweise im öffentlichen Bewusstsein nicht zu geben scheint oder zu geben hat. Für weite Teile der (medialen) Öffentlichkeit stellt Gewalt von Frauen an (ihren) Männern entweder ein Tabuthema, die große Ausnahme oder einen willkommenen Anlass zur Schadenfreude, aber kein sozialer Kontrolle bedürftiges soziales Problem dar. Die Sorge etwa um Political Correctness, Wählerstimmen, Einschaltquoten, soziales Ansehen und wissenschaftliche Reputation kann womöglich zu einseitiger Gesetzgebung und Forschung(sförderung) geführt haben, die im Widerspruch zu Gleichheits- bzw. Gleichbehandlungsgrundsätzen stehen. Wir hätten es dann mit sozial unerwünschter (wenn auch teils unbewusster oder unbeabsichtigter) Diskriminierung statt ausgleichender Gerechtigkeit zu tun, also einem (noch relativ unbekannten) sozialen Problem auf gesellschafts- und wissenschaftspolitischer Ebene (Bock 2001a, 2001b).

Laut Thomas-Theorem ist es für unser Handeln nicht so wichtig, wie die Verhältnisse in Wirklichkeit sind, sondern wie wir glauben, dass sie sind. Zu den in diesem Sinne „unumstrittensten Ergebnissen“ bisheriger Gewaltforschung gehört die Vergeschlechtlichung von Tätern und Opfern häuslicher Gewalt. Wissenschaftliche Studien wie auch Zeitungsberichte sprechen überwiegend von männlichen Tätern und weiblichen, respektive kindlichen Opfern. Dementsprechend wird familiale Gewalt als Gewalt von Männern gegen ihre Frauen und Kinder gesehen. Regionale Initiativen, Frauenhäuser, Reportagen, Pressemeldungen und sogar Gesetzesentwürfe stützen sich dabei auf „Schätzungen“, „Studien“ und „Forschungsergebnisse“. Einseitige Aussagen wie „in jeder dritten Partnerschaft kommt es zu Gewalthandlungen gegen die Frau“, „Gewalt gehört für viele Frauen und ihre Kinder in der Bundesrepublik auch heute noch zum Alltag“, „in 97% aller Fälle ist der Ehemann oder der Lebenspartner der Täter“, „Der Tatort ist oft die eigene Wohnung, Gewalt findet also statt im vermeintlichen Schutzraum der eigenen vier Wände“ prägen sich dem öffentlichen Bewusstsein kraft Wiederholung wirksam ein. Es ist dieses, auf selektiver Forschung(sförderung) und Berichterstattung beruhende Bild von der geschlechtsspezifischen Verteilung der Gewalt in unserer Gesellschaft, das in familienpolitischen Forderungen und Entscheidungen entsprechend wirksam wird. Häusliche Gewalt wird tendenziell reduziert auf

Männergewalt gegen Frauen und Kinder, jene gerät in den Fokus polizeilich-rechtlicher Kontrolle, die Schutzwürdigkeit wird überwiegend auf Frauen und Kinder beschränkt. Die damit vorgenommene Selektion wird zur self-fulfilling prophecy, weil Frauen als Täter und Männer als Opfer ausgeklammert werden, so dass ausschließlich Männer als Täter verbleiben.

„Wenn es um häusliche Gewalt geht, scheint die Gesellschaft ein Regelwerk für Männer und ein anderes für Frauen zu haben. Vielleicht hängt das damit zusammen, dass wir dahingehend sozialisiert wurden, Frauengewalt als etwas weniger ‚real' anzusehen (und entsprechend eher zu billigen) denn Männergewalt" (Brott 1994; Übers. d. Verf.).

Häusliche Gewalt scheint tendenziell und tendenziös entweder eher bagatellisiert oder aber skandalisiert zu werden, je nach dem, ob sie von Frauen oder Männern ausgeht und ob sie an Männern oder Frauen begangen und ob sie von Journalisten oder Journalistinnen berichtet oder von Wissenschaftlern oder Wissenschaftlerinnen analysiert wird. Wenn durch das Verfestigen dieser und ähnlicher Geschlechterstereotype verhindert wird, zu erkennen, dass Frauen in ähnlicher Weise wie Männer gewalttätig sein können, werden die Prävention und die Sanktionierung häuslicher Gewalt sowie Hilfsangebote unzureichend bleiben. „Die Behauptung, häusliche Gewalt ginge fast ausschließlich von Männern aus, ist sowohl bezüglich der Gewalt zwischen Partnern als auch bezüglich der Gewalt gegen Kinder und Senioren grob falsch. Im Bereich des Schutzes von Kindern, Senioren und Männern sind dagegen die eigentlichen Defizite bei der Bekämpfung häuslicher Gewalt zu verorten, während für Frauen wegen der bisher [...] ausschließlichen Beachtung dieser Opfergruppe bereits eine Vielzahl von Hilfs- und Beratungsstellen mit nicht unerheblichen finanziellen Mitteln zur Verfügung steht" (Bock 2001a: 16). So gibt es wohl kaum ein funktionales Äquivalent für Frauenhäuser, in das sich Männer mit ihren Kindern zurückziehen könnten. In Berlin wurden zur Zeit der 1. Auflage Anstrengungen unternommen, ein Männerhaus zu gründen. Unseres Wissens ist dies immer noch nicht gelungen, da die Unterstützung durch die entsprechenden Ministerien bzw. Senate fehlt.

Die Aussage „Wenn man ein soziales Problem skandalisieren will, muss man es in den Rang von Gewalt erheben" (Tillmann et al. 2000: 28) macht deutlich, dass Gewalt keine Eigenschaft ist, die einem Verhalten innewohnt, sondern dass sie sozial konstruiert wird. Sie ist auch, aber nicht nur „das Wort, mit dem wir das Handeln anderer benennen" (Peters 1995b: 29); die Verwendung des Begriffs Gewalt impliziert vielmehr in zivilisierten Gesellschaften eine Bewertung, Verurteilung, soziale Ächtung (Honig 1990: 346), sieht man einmal – sarkastisch formuliert – vom „Gewaltmonopol des strafenden Erziehers Vater Staat" ab, der im Kampf gegen männliche Gewalt bereits vor Jahren mit der „Furie Feminismus" eine in frauenpolitischer Hinsicht fruchtbare Verbindung eingegangen ist (Honig 1990: 359; Bock 2001a). Wer sich auf die heute herrschende Definition von Gewalt als primär männlichem Problem einlässt, kann mit öffentlicher Unterstützung, Geldern und sozialem Ansehen rechnen (wer dies nicht tut, muss sich zumindest auf informelle negative Sanktionen gefasst machen). Politiker, Juristen, Polizisten, Sozialarbeiter und Wissenschaftler sind unter anderem auch deshalb „auf den fahrenden Zug aufgesprungen". Ziel kann *nicht* sein, in analoger Weise das „Gespenst des Maskulismus" (Dieser Begriff wird als Antagonismus zum Feminismus bewusst so gewählt, schließlich heiß die entsprechende Bewegung ja nicht Feminismus.) auf den Plan zu rufen, um die „Geschichte des Kampfes der Geschlechter" mittels der „Vereinigung der Männer aller Länder" fortzuschreiben. Vielmehr geht es darum, diesen geschlechterpolitischen Kontext im Streit um das „wahre" Etikett oder Problem mit zum Gegenstand der Untersuchung häuslicher Gewalt zu machen (Ottermann 2003d). Der geschlechterpolitische Bias ist forschungs- und gesellschaftspolitisch zu überwinden.

Was Gewalt ist, ist stets eine Frage sozialer Wahrnehmung und Definitionsmacht. Aggressivem bzw. gewaltförmigem Verhalten als solchem haftet keine normative Qualität an. Die Definition der Situation ist vielmehr entscheidend und diese wird beeinflusst von im Sozialisations- bzw. Enkulturationsprozess vermittelten Deutungsmustern (Ottermann 2003a). Daher variiert Gewalt auch zeit- bzw. (teil-/sub-) kulturabhängig. In der Moderne stieg die normative Ablehnung von gewaltförmigen Verhaltensweisen bzw. die Bereitschaft, Verhaltensweisen als illegitime Gewaltform zu etikettieren, im Rahmen des Zivilisationsprozesses (Elias 1992) stetig an. Dadurch entstanden neue, als illegitim und illegal definierte Gewaltvariationen. Hinter einem zunehmenden Gewaltvolumen kann sich demnach ein einflussreicher Perspektivenwechsel verbergen, der mehr Verhaltensweisen als Gewalt wahrnehmen lässt als zu früheren Zeiten. Dieser Sensibilisierungsprozess setzte hinsichtlich vor allem männlicher Gewalt in der Familie in Deutschland in den 80er Jahren ein und hatte in jüngster Zeit eine Reihe von Gesetzesentwürfen zur Folge (Fuchs/Lamnek/Luedtke 2001: 186). Erst seit kurzem und sehr vereinzelt wird der tendenziöse, auf männliche Gewalt ausgerichtete Charakter dieser Gesetze thematisiert, im öffentlichen, politischen und sogar im wissenschaftlichen Diskurs aber weitgehend ignoriert, tabuisiert oder bagatellisiert (Bock 2001a, 2001b; Kury/Obergfell-Fuchs 2005).

Die Vergeschlechtlichung häuslicher Gewalt als überwiegend männlich hat sich trotz gegenläufiger wissenschaftlicher Ergebnisse als erstaunlich resistent erwiesen, als gesellschaftliches *Vorurteil*, worunter ein besonders informationsresistentes Stereotyp zu verstehen ist (Elwert 2001: 258 f.), mit diskriminierenden Wirkungen nicht nur auf geschlechter- und familienpolitischer Ebene, sondern auch in Form der selektiven Wahrnehmung und Sanktion häuslicher Gewalt durch Medien, Öffentlichkeit, Polizei, Justiz und sogar durch die im Gewaltdrama involvierten Personen selbst. „Gewichtiger erscheint es, dass über das Strafrecht und die im Strafjustizsystem agierenden

Akteure klassische Vorstellungen von typischen Verhaltensweisen bei Männern und Frauen reproduziert und verfestigt werden. Sofern Männer und Frauen diese Verhaltensweisen in ihr Selbstbild aufnehmen und sich im Alltagshandeln davon leiten lassen, trägt das Strafrecht letztendlich zur Rekonstruktion von Geschlechtlichkeit bei" (Mansel 2003: 404). Art und Ausmaß der Vergeschlechtlichung, der Anwendung sowie der Wahrnehmung von Gewalt, die sozialen Reaktionen auf Gewalt sowie das Ergreifen entsprechender politischer und polizeilich-rechtlicher Maßnahmen sind deshalb nicht nur im je spezifischen situativ-motivationalen, sondern auch im gesamtgesellschaftlichen Kontext zu sehen und im Hinblick auf sozialen Wandel, soziokulturelle sowie milieutypische Bedingungen und Orientierungsmuster zu deuten.

Sieht man von den widersprüchlichen Forschungsergebnissen ab, die zumindest auch auf method(olog)ische und ideologische Faktoren zurückzuführen sind, dann lassen sich die vorangegangenen Ausführungen zu folgendem Gesamtbefund verdichten:

- Es gibt keinen einheitlichen, allgemein akzeptierten Gewaltbegriff. Gewalt als Handeln lässt sich indes (wertneutral) definieren als (Versuch der) Beeinflussung des Verhaltens (Denkens, Fühlens, Handelns) anderer mittels der Anwendung oder Androhung von physischem oder psychischem Zwang. Dieser richtet sich im Falle häuslicher bzw. familialer Gewalt gegen Personen, die ständig oder zyklisch zusammen leb(t)en und miteinander intim oder verwandt sind: Lebens-/Ehepartner, Geschwister, (Stief-, Pflege-) Kinder und (Groß-) Eltern. Häusliche Gewalt kann ihren Anwendern, Zielobjekten oder Beobachtern als legitim (normkonformes Verhalten) und sozial nützlich (sozialintegrative negative Sanktion) oder als illegitim (abweichendes Verhalten) und sozial schädlich (desintegrative soziale Aggression) erscheinen. Die Reaktion auf häusliche Gewalt ist eine Frage ihrer Interpretation und die jeweilige Interpretation (als legitim/nützlich versus illegitim/schädlich) ist abhängig von kollektiven Deutungsmustern sozialhistorischer, soziokultureller, geschlechtsstereotyper oder milieutypischer Art.

- Schwere Formen häuslicher Gewalt („körperliche Misshandlungen", „seelische Grausamkeiten", „sexueller Missbrauch" etc.) werden in modernen Gesellschaften weitgehend konsensuell als illegitim und schädlich und damit als sozialer Kontrolle bedürftiges soziales Problem begriffen. Dies war keineswegs immer schon so; vielmehr wurden selbst schwere Formen physischer, psychischer und sexueller Gewalt in der Familie bis ins letzte Jahrhundert hinein gebilligt. Der Einstellungswandel bezüglich familialer Gewalt (als Ergebnis ihrer Enttabuisierung und Problematisierung) ist vor allem auf das Engagement von Kinderschutz- und Frauen(haus)bewegung zurückzuführen. Häusliche Gewalt gegenüber Kindern und Frauen wird heute (international verbindlich) als Menschenrechtsverletzung definiert. Diese Problemdefinition hat(te) entscheidenden Einfluss auf die deutschsprachige Gewaltforschung, die (ver)öffentlich(t)e Meinung und den kriminal-, familien- sowie frauenpolitischen Diskurs über häusliche Gewalt.

- Die Ursachen von (illegitimer) Gewalt in der Familie sind vielfältig. Ihr können impulsive oder instrumentelle Beweggründe zugrunde liegen bzw. affektuelle, zweckrationale, wertrationale und/oder traditionale Bestimmungsgründe voraus gehen. Welche Motive den unterschiedlichen Formen physischer, psychischer und sexueller Gewalt in der Familie mit welcher Plausibilität zugrunde gelegt werden, ist abhängig von den jeweiligen (sub- und teil-) kulturellen Deutungsmustern der Anwender, Zielobjekte und Beobachter häuslicher Gewalt. Diese widerspricht vor allem bildungsbürgerlichen Norm- und Wertvorstellungen und den Mittelschichtstandards offizieller Kontrollagenten sowie der sozialen Fiktion von einer zivilisierten Welt. Als mehr oder weniger taugliche (Problembewältigungs-) Ressource ist sie zwar jedermann verfügbar, also vor allem auch jenen, denen es an alternativen Ressourcen fehlt; sie ist aber nicht für jedermann akzeptabel, vor allem für jene nicht, die auch ohne sie auskommen (zu können glauben).

- Häusliche Gewalt als empirisch erfassbares Verhalten ist weder ein geschlechts- noch milieu*spezifisches* Phänomen, wenn auch bestimmte Ausdrucksformen geschlechts-, milieu- und auch alters*typisch* variieren mögen. Physische, psychische und selbst sexuelle Gewalt (auch wenn diese überwiegend männlich zu sein scheint und vermutlich auch ist) kann sowohl von männlichen als auch weiblichen, sowohl von erwachsenen als auch minderjährigen Mitgliedern einer Lebensgemeinschaft ausgehen und in allen gesellschaftlichen Schichten vorkommen. (Klein-) Kinder scheinen am meisten von häuslicher Gewalt betroffen, sowohl von Seiten ihrer Eltern als auch ihrer Geschwister. Sowohl Frauen als auch Männer werden (vor allem zu Beginn und am Ende ihrer Beziehung) Opfer der Gewalt ihres Partners, aber auch (als Erziehungsberechtigte oder Senioren) Opfer der Gewalt ihrer Kinder beiderlei (wenn auch etwas häufiger des gleichen) Geschlechts.

- Dennoch ist die (Institution der) Familie heute kein Hort der Gewalt (mehr). Schwere (zumal sexuelle) Gewalt ist eher selten. Häusliche Gewalt ist vor allem keine ausschließliche Domäne von sozial unterprivilegierten Männern. Gleichwohl wird auf häusliche Gewalt geschlechterstereotyp und milieutypisch bzw. -typisierend reagiert, und dies aufgrund weithin geteilter kultureller Deutungsmuster, sowohl die Selbst- als auch Fremdwahrnehmung, also Gewaltanwender, Zielobjekte und Beobachter betreffend. Frauen fallen aus ihrer Geschlechtsrolle, nicht wenn sie für sich den Opferstatus reklamieren, sondern wenn sie sich gewaltförmig verhalten, weil Gewaltbereitschaft und -tätigkeit ein Attribut für Männlichkeit ist. Für das „unweibliche“ Verhalten gewalttätiger Frauen ergibt sich aufgrund dieser kognitiven Dissonanz ein besonderer Erklärungsbedarf. Männer fallen aus ihrer Geschlechtsrolle, wenn sie Opfer der Gewalt ihrer Frauen werden, nicht aber, wenn sie sich diesen gegenüber gewaltförmig verhalten. Für das „männliche“ Verhalten gewalttätiger Männer ergibt sich aufgrund kognitiver Konsonanz kein besonderer Erklärungsbedarf, zumal dann, wenn sie aus gewaltaffinen Milieus stammen.

- Gleiches bzw. vergleichbares gewaltförmiges Verhalten kann schon allein wegen seiner geschlechterstereotypen Wahrnehmung – der *Vergeschlechtlichung von Gewalt* als typisch männlich bzw. unweiblich – im Falle männlicher Täter leichter kriminalisiert und skandalisiert sowie im Falle weiblicher Täter leichter psychiatrisiert und bagatellisiert werden. Wer häusliche Gewalt gegen Männer zu einem sozialen Problem machen will, hat deshalb nicht nur das Ensemble etablierter Kontrollinstanzen (Massenmedien, Kriminal-, Familien- und Frauenpolitik) gegen sich, sondern auch die gesamte Kultur der Zweigeschlechtlichkeit (Geschlechterstereotype, Geschlechtsrollenerwartungen). Einer soziologischen Rekonstruktion häuslicher Gewalt muss folglich die Dekonstruktion der geschlechterstereotypen Wahrnehmungen und Reaktionen vorausgehen, damit nicht nur die soziale Konstruktion der Gewaltrealität in Familien, sondern auch die überkommenen Geschlechtsrollenerwartungen sichtbar werden, die keineswegs ausschließlich Frauen, sondern bisweilen eben auch Männern zum Nachteil gereichen.

- Die soziologische Rekonstruktion häuslicher Gewalt im gesellschaftlichen Kontext legt freilich lediglich einen Ausschnitt des Gesamtphänomens frei. Zudem haben wir Aspekte hervorgehoben, die unseres Erachtens bei der Erforschung häuslicher Gewalt noch nicht hinreichend berücksichtigt werden, dafür aber andere Punkte, von denen wir glauben, dass sie in der einschlägigen Literatur bereits hinreichend behandelt werden, vernachlässigt. Im Hinblick auf möglichst effiziente Prävention und Intervention, jene soziale Aggressionen betreffend, über deren Unerwünschtheit in unserer Gesellschaft weitgehend Konsens besteht, ist ein Dialog zwischen denjenigen wissenschaftlichen Disziplinen und sonstigen Praktikern bzw. Experten, die mit Gewalt in der Familie befasst sind, unverzichtbar. Denn eins wollen wir trotz soziologischer Abstraktion und gesellschaftskritischer Analyse nicht vergessen haben: die Leidtragenden häuslicher Gewalt, von denen jeder einer zu viel ist – unabhängig davon, ob es sich nun um Frauen, Kinder oder Männer handelt.

Literatur:

Abramovitch, R./Corter, C./Lando, B. (1979): Sibling Interaction in the Home. In: Child Development, 50, S. 997-1003.

Agnew, R./Huguley, S. (1989): Adolescent Violence Toward Parents. In: Journal of Marriage and the Family, 51 (3), S. 699-711.

Albrecht, G. (2002): Soziologische Erklärungsansätze individueller Gewalt und ihre empirische Bewährung. In: Heitmeyer W./Hagan J. (Hrsg.): Internationales Handbuch der Gewaltforschung. Wiesbaden, S. 763-818.

Allen, C. M. (1991): Women and Men who sexually abuse children. A comparative Study. Safer Society Program. Orwell.

Amann, G./Wipplinger, R. (Hrsg.) (1998): Sexueller Missbrauch. Überblick zu Forschung, Beratung und Therapie. Ein Handbuch. Tübingen.

Amelang, M./Krüger, C. (1995): Mißhandlung von Kindern. Gewalt in einem sensiblen Bereich. Darmstadt.

Ammon, G. (1979): Kindesmißhandlung. München.

Anderson, E. (1999): Code of the street: decency, violence, and the moral life of the inner city. New York.

Anetzberger, Y. J./Korbin, J. E./Austin, C. (1994): Alcoholism and elder abuse. In: Journal of Interpersonal Violence, 9, S. 184-193.

Appelt, B./Höllriegl, A./Logar, R. (2001): Gewalt gegen Frauen und ihre Kinder. In: Bundesministerium für Soziale Sicherheit und Generationen (Hrsg.): Gewalt in der Familie. Gewaltbericht 2001. Von der Enttabuisierung zur Professionalisierung. Wien, S. 377-502.

Archer, J. (2000): Sex Differences in Aggression Between Heterosexual Partners. A Meta-analytic Review. In: Psychological Bulletin, Vol. 126, No. 5, S. 651-680.

Arendt, H. (1970): Macht und Gewalt. München.

Auer, U./Schnorr, K./König, C./Rebernig, E./Schläfke, D./Fegert, J. M. (2003): Qualitative und quantitative Untersuchung von forensischen Gutachten bei Sexualstraftaten. In: Lamnek, S./Boatcă, M. (Hrsg.): Geschlecht – Gewalt – Gesellschaft. Opladen, S. 498-506.

Bach, H. (1993): Gewalt in der Erziehung. Formen, Wirkungen, Hintergründe, Überwindung. In: Egli, J. (Hrsg.): Gewalt und Gegengewalt im Umgang mit geistig behinderten Menschen. Luzern.

Badgley, R. F. et al. (1984): Sexual offences against children. Ottawa.

Bange, D./Deegener, G. (1996): Sexueller Mißbrauch an Kindern. Ausmaß, Hintergründe, Folgen. Weinheim.

Bank, S.P./Kahn, M.D. (1991): Geschwisterbindung. 2. Aufl., Paderborn.

Baron, S./Welty, A. (1996): Elder abuse. In: Journal of Gerontological Social Work, 25, S. 33-58.

Baumeister, R. F./Bushman, B. J. (2002): Emotionen und Aggressivität. In: W. Heitmeyer/J. Hagan (Hrsg.): Internationales Handbuch der Gewaltforschung. Wiesbaden, S. 598-618.

Baurmann, M. (1985): Sexualität, Gewalt und die Folgen für das Opfer. Zusammengefaßte Ergebnisse aus einer Längsschnittuntersuchung bei Opfern von angezeigten Sexualkontakten. Wiesbaden.

Bauman, Z. (2000): Alte und neue Gewalt. In: Journal für Konflikt- und Gewaltforschung. Jg. 2, H. 1, S. 28-42.
Behnke, J./Baur, N./Behnke, N. (2005): Empirische Methoden der Politikwissenschaft. Paderborn.
Beitchman, J. H./Zucker, K. J./Hood, J. E./da Costa, G. A./Akman, D./Cassavia, E. (1992): A review of the long-term effects of child sexual abuse. In: Child Abuse & Neglect, 16, S. 101-118.
Belsky, J./Vondra, J. (1989): Lessons from child abuse: the determinants of parenting. In: Cicchetti, D./Carlson, V. (eds.): Child maltreatment. Theory and research on the causes and consequences of child abuse and neglect. New York, S. 153-202.
Benard, C./Schlaffer, E./Mühlbach, B./Sapik, G. (1991): Gewalt gegen Frauen. Über die Ausmaße eines gesellschaftlichen Problems und die Notwendigkeit konsequenter Maßnahmen. In: Bundesministerium für Umwelt, Jugend und Familie (Hrsg.): Gewalt in der Familie, Wien.
Bender, D./Lösel, F. (1996): Risiko- und Schutzfaktoren in der Genese und Bewältigung von Mißhandlung und Vernachlässigung. In: Egle, U. T./Hoffmann, S. O./-Joraschky, P. (Hrsg.): Sexueller Mißbrauch, Mißhandlung, Vernachlässigung. Stuttgart, S. 35-53.
Bendixen, M./Muus, K. M./Schei, B. (1994): The impact of child sexual abuse – a study of a random sample of Norwegian students. In: Child Abuse & Neglect, 18, S. 837-847.
Berger, P./Luckmann, T. (1971): Die gesellschaftliche Konstruktion der Wirklichkeit. Eine Theorie der Wissenssoziologie. Frankfurt am Main.
Berrick, J. D./Gilbert, N. (1995): Prävention gegen sexuelle Kindesmißhandlung in amerikanischen Grundschulen. In: Marquardt-Mau, B. (Hrsg.): Schulische Prävention gegen sexuelle Kindesmisshandlung. Weinheim, S. 71-86.
Besahrov, D. J. (1990): Family violence: Research and public policy issues. Washington.
Beste, H. (1986): Schadenswiedergutmachung – ein Fall für zwei? In: Kriminologisches Journal, 3, S. 161-181.
Bierhoff, H. W. (1998): Aggression und Gewalt. Phänomene, Ursachen und Interventionen. Stuttgart.
Bilden, H. (2002): Geschlechtsspezifische Sozialisation. In: K. Hurrelmann/D. Ulich (Hrsg.): Handbuch der Sozialisationsforschung. Weinheim, Basel, S. 279-301.
Blum-Maurice, R. (1996): In Bewegung bleiben – Perspektiven oder Kinderschutzarbeit zwischen Therapie und Politik. Vortragsmanuskript der Tagung der Dachorganisation Österreichischer Kinderschutz-Zentren am 23.4.1996.
BMFSFJ (1999): Aktionsplan der Bundesregierung zur Bekämpfung von Geswalt gegen Frauen. Berlin.
BMFSFJ (2004): Lebenssituation, Sicherheit und Gesundheit von Frauen in Deutschland. Berlin.
BMFSFJ/BMJ (Hrsg.) (2003): Bundesministerium für Familie, Senioren, Frauen und Jugend/Bundesministerium der Justiz: Gewaltfreie Erziehung. Eine Bilanz nach Einführung des Rechts auf gewaltfreie Erziehung (wissenschaftliche Beratung: Bussmann, Kai-D.). Berlin. Unter: http://www.bmfsfj.de/Redaktion BMFSFJ/Broschuerenstelle/Pdf-Anlagen/gewaltfreie-erziehung-bussmann-deutsch,property=pdf,bereich=,rwb=true.pdf (download am 21.04.2004)

Boatcă, M./Lamnek, S. (2003): Gewalt als Phänomen unserer Zeit. In: Sozialwissenschaften und Berufspraxis 2/2003, S. 123-134.

Bock, M. (2000): Kriminologie. Für Studium und Praxis. 2. Aufl. München.

Bock, M. (2001a): Gutachten zum Entwurf eines Gesetzes zur Verbesserung des zivilgerichtlichen Schutzes bei Gewalttaten und Nachstellungen sowie zur Erleichterung der Überlassung der Ehewohnung bei Trennung. Mainz.

Bock, M. (2001b): Wider die Nudelholzwitze. In: Frankfurter Allgemeine Zeitung, 17.02.2001, S. 12.

Bock, M. (2003): „Natürlich nehmen wir den Mann mit". Über Faktenresistenz und Immunisierungsstrategien bei häuslicher Gewalt. In: Lamnek, S./Boatcă, M. (Hrsg.): Geschlecht – Gewalt – Gesellschaft. Opladen, S. 179-194.

Böhnisch, L. (2001): Abweichendes Verhalten. Eine pädagogisch-soziologische Einführung. 2. Aufl. Weinheim, München.

Boers, K. (2002): Furcht vor Gewaltkriminalität. In: Heitmeyer, W./Hagan, J. (Hrsg.): Internationales Handbuch der Gewaltforschung. Wiesbaden, S. 1399-1422.

Böttger, A. (1998): Gewalt und Biographie. Eine qualitative Analyse rekonstruierter Lebensgeschichten von 100 Jugendlichen. Baden-Baden.

Böttger, A./Strobl, R. (2002): Möglichkeiten und Grenzen qualitativer Erhebungs- und Auswertungsverfahren in der Gewaltforschung. In: Heitmeyer, W./Hagan, J. (Hrsg.): Internationales Handbuch der Gewaltforschung. Wiesbaden, S. 1483-1502.

Bousha, D. M./Twentyman, C. T. (1984): Mother-child interactional style in abuse, neglect an control groups. Naturalistic observations in the home. In: Journal of Abnormal Psychology, 93, S. 106-114.

Braecker, S./Wirtz-Weinreich, W. (1991): Sexueller Missbrauch von Mädchen und Jungen. Handbuch für Interventions- und Präventionsmöglichkeiten. Weinheim.

Braith, E. et al. (1988): Der sexuelle Mißbrauch von Kindern. In: Innerhofer, P./Weber, G./Klicpera, C./Rotering-Steinberg, S. (Hrsg.): Psychische Auffälligkeiten und Probleme im Schulalter. Wien.

Breiter, M. (1994): Vergewaltigung in Österreich – Ein Verbrechen ohne Folgen? Täter und Opfer im Spiegel der Justiz. Wien.

Brendebach, C./Hirsch, R. D. (1999): Gewalt gegen alte Menschen in der Familie. In: Hirsch, R. D./Kranzhoff, E. U./Schiffhorst, G. (Hrsg.): Untersuchungen zur Gewalt gegen alte Menschen. Bonn, S. 53-82.

Brinkerhoff, M. B./Lupri, E. (1988): Interspousal Violence. In: Canadian Journal of Sociology, 13(4), S. 407-434.

Brockhaus, U./Kolshorn, M. (1993): Sexuelle Gewalt gegen Mädchen und Jungen: Mythen, Fakten, Theorien. Frankfurt/Main, New York.

Brott, A. (1994): Men. The Secret Victims of Domestic Violence, unter: http://www.vix.com/men/folks/brott.html

Bruhns, K. (2003): Mädchen in gewaltbereiten Jugendgruppen. Gewaltbereitschaft als Geschlechterkonstruktion. In: Lamnek, S./Boatcă, M. (Hrsg.): Geschlecht – Gewalt – Gesellschaft. Opladen, S. 215-230.

Bruhns, K./Wittmann, S. (1999): Mädchendelinquenz. In: Recht der Jugend und des Bildungswesens, Heft 3/99, S. 355-371.

Bruhns, K./Wittmann, S. (2002): „Ich meine, mit Gewalt kannst du dir Respekt verschaffen." Mädchen und junge Frauen in gewaltbereiten Jugendgruppen. Opladen.

Bründel, H./Hurrelmann, K. (1994): Gewalt macht Schule. München.
Brush, L. D. (1990): Violent acts and injurous outcomes in married couples. In: Gender and Society, 4 (1), S. 56-67.
Buchebner-Ferstl, S. (2000): Gewalt gegen Kinder und Jugendliche in familiären Systemen. Eine Analyse der Berichterstattung österreichischer Tageszeitungen 1989-1999. Wien.
Buchner, G./Cizek, B. (2001a): Ein kurzer historischer Abriss über Gewalt gegen Kinder. In: Bundesministerium für Soziale Sicherheit und Generationen (Hrsg.): Gewalt in der Familie. Gewaltbericht 2001. Von der Enttabuisierung zur Professionalisierung. Wien, S. 91-96.
Buchner, G./Cizek, B. (2001b): Kinder als Opfer. In: Bundesministerium für Soziale Sicherheit und Generationen (Hrsg.): Gewalt in der Familie. Gewaltbericht 2001. Von der Enttabuisierung zur Professionalisierung. Wien, S. 129-138.
Buchner, G./Cizek, B. (2001c): Täter und Täterinnen. In: Bundesministerium für Soziale Sicherheit und Generationen (Hrsg.): Gewalt in der Familie. Gewaltbericht 2001. Von der Enttabuisierung zur Professionalisierung. Wien, S. 139-172.
Bundesministerium für Soziale Sicherheit und Generationen (Hrsg.): Gewalt in der Familie. Gewaltbericht 2001. Von der Enttabuisierung zur Professionalisierung. Wien.
Buskotte, A. (1999): Gewalt – (k)eine reine Männersache. Geschlechtstypische Aspekte von Gewalt und Perspektiven für die Prävention. In: Böttger, A. (Hrsg.): Jugendgewalt – und kein Ende? Hintergründe – Perspektiven – Strategien. Hannover, S. 87- 96.
Bussmann, K.-D. (1995): Familiale Gewalt gegen Kinder und das Recht. Erste Ergebnisse aus einer Studie zur Beeinflussung von Gewalt in der Erziehung durch Rechtsnormen. In: Gerhardt, U./Hradil, S. /Lucke, D./Nauck, B. (Hrsg.): Familie der Zukunft. Opladen, S. 261-279.
Bussmann, K.-D. (1996): Changes in family sanctioning styles and the impact of abolishing corporal punishment. In: Frehsee, D./Horn, W./Bussmann, K.-D. (eds.): Family violence against children a challenge for society. Berlin, S. 39-61.
Bussmann, K.-D. (2001): Recht und Praxis gewaltfreier Erziehung - Zu den Chancen eines rechtlichen Gewaltverbots in der Familie aus internationaler und kriminologischer Perspektive. In: BMFSFJ (Hrsg.): Gewaltfreies Erziehen in Familien. Materialien zur Familienpolitik Nr. 8. Berlin, S. 30-46.
Bussmann, K.-D. (2005): Report über die Auswirkungen des Gesetzes zur Ächtung der Gewalt in der Erziehung. Vergleich der Studien von 2001/02 und 2005 – Eltern-, Jugend- und Expertenbefragung (Ms.).
Butler, J. (2002): Zwischen den Geschlechtern. Eine Kritik der Gendernormen. In: Aus Politik und Zeitgeschichte, B33/34, S. 6-8.
Campbell, J./Poland, M./Walder, J./Ager, J. (1992): Correlates of battering during pregnancy. In: Research in Nursing and Health, 15 (3), S. 219-266.
Carell, A. (1999). Gewalt gegen ältere Menschen im sozialen Nah- und Fernraum. In: Hirsch, R. D./Kranzhoff, E. U./Schiffhorst, G. (Hrsg.): Untersuchungen zur Gewalt gegen alte Menschen. Bonn, S. 31-52.
Carlin, A. S./Kemper, K./Ward, N. G./Sowell, H./Gustafson, B./Stevens, N. (1994): The effect of differences in objective and subjective definitions of childhood physical abuse on estimates of its incidence and relationship to psychopathology. In: Child Abuse & Neglect, 18, S. 393-399.

Carlin, A. S./Kemper, K./Ward, N. G./Sowell, H./Gustafson, B./Stevens, N. (1994): The effect of differences in objective and subjective definitions of childhood physical abuse on estimates of its incidence and relationship to psychopathology. In: Child Abuse & Neglect, 18, S. 393-399.
Charles, A.V. (1986): Physically Abused Parents. In: Journal of Family Violence, 1 (4), S. 343-355.
Cizek, B. (2001): Vorwort und Einleitung für die Teile I-V. In: Bundesministerium für Soziale Sicherheit und Generationen (Hrsg.): Gewalt in der Familie. Gewaltbericht 2001. Von der Enttabuisierung zur Professionalisierung. Wien, S. 10-12.
Cizek, B./Buchner, G. (2001): Entwicklung des Gewaltverständnisses. In: Bundesministerium für Soziale Sicherheit und Generationen (Hrsg.): Gewalt in der Familie. Gewaltbericht 2001. Von der Enttabuisierung zur Professionalisierung. Wien, S. 20-35.
Cizek, B./Kapella, O./Pflegerl, J./Steck, M. (2001a): Gewalt gegen Männer. Bundesministerium für Soziale Sicherheit und Generationen (Hrsg.): Gewalt in der Familie. Gewaltbericht 2001. Von der Enttabuisierung zur Professionalisierung. Wien, S. 271-303.
Cizek, B./Kapella, O./Steck, M. (2001): Signale und Folgen gewaltsamer Handlungen an Kindern. In: Bundesministerium für Soziale Sicherheit und Generationen (Hrsg.): Gewalt in der Familie. Gewaltbericht 2001. Von der Enttabuisierung zur Professionalisierung. Wien, S. 189-210.
Cizek, B./Steck, M./Gössweiner, V. (2001): Prävention und Intervention. In: Bundesministerium für Soziale Sicherheit und Generationen (Hrsg.): Gewalt in der Familie. Gewaltbericht 2001. Von der Enttabuisierung zur Professionalisierung. Wien, S. 211-258.
Coleman, J. S. (1995): Grundlagen der Sozialtheorie. Bd. 1. München, Wien.
Coleman, D. H./Straus, M. A. (1990): Marital power, conflict, and violence in a nationally representative sample of American couples. In: Straus, M./Gelles, R. (Hrsg.): Physical violence in American families: Risk factors and adaptations to violence in 8.145 families. New Brunswick, S. 287-304.
Connell, R. W. (1999): Der gemachte Mann. Konstruktion und Krise von Männlichkeiten. Opladen.
Conger, R. D. (1992): Child abuse and self-esteem in latency aged children. In: American Journal of Forensic Psychology, 10, S. 41-45.
Crawford, M./Gartner, R. (1992): Woman Killing. Intimate femicide in Ontario 1974-1990. Bericht für das 'Women We Honour Action Committee', Ontario.
Creighton, S. J. (1979): An epidemiological study of child abuse. In: Child Abuse & Neglect, 9 (4), S. 441-448.
Creighton, S. J. (1984): Trends in child abuse. 1977-1982. The forth report on the children placed on the NSPCC special unit's registers. London, National Society for the Prevention of Cruelty to Children.
Cremer-Schäfer, H. (1992): Skandalisierungsfallen. Einige Anmerkungen dazu, welche Folgen es hat, wenn wir das Vokabular „der Gewalt" benutzen, um auf gesellschaftliche Probleme und Konflikte aufmerksam zu machen. In: Kriminologisches Journal, 24, S. 23-36.
Crutchfield, R. D./Wadsworth, T. (2002): Armut und Gewalt. In: Heitmeyer, W./Hagan, J. (Hrsg.): Internationales Handbuch der Gewaltforschung. Wiesbaden, S. 83-103.

Davenport, C./Browne, K./Palmer, R. (1994): Opinions on the traumatizing effects of child sexual abuse: Evidence for consensus. In: Child Abuse & Neglect, 18, S. 725-738.
de Beauvoir, S. (1977): Das Alter. Reinbek bei Hamburg.
Decalmer, P./Glendenning, F. (Hg.) (1997). The Mistreatment of Elderly People. London.
Diekmann, A. (1975): Bedingungen für die Befolgung von Gesetzen. Eine empirische Überprüfung der rechtssoziologischen Theorie von Opp. In: Kriminologisches Journal, Jg. 7, S. 182-202.
Dobash, R. E./ Dobash, R. P. (1979): Violence against wives. New York.
Dobash, R. E./Dobash, R. P. (1992): Women, violence and social change. London.
Dobash, R. P./Dobash, R. E. (2002): Gewalt in heterosexuellen Partnerschaften. In: Heitmeyer, W./Hagan, J. (Hrsg.): Internationales Handbuch der Gewaltforschung. Wiesbaden, S. 921-941.
Döge, P. (2000): Geschlechterdemokratie als Männlichkeitskritik. Männerforschung, Männerpolitik und der "neue Mann". In: Aus Politik und Zeitgeschichte, B 31-32/2000. (herunterladen unter: http://www.bpb.de/publikationen/7P25JR.html).
Dollase, R./Ulbrich-Herrmann, M. (2002): Quantifizierungsstrategien und Probleme in der Aggressions- und Gewaltforschung. In: Heitmeyer, W./Hagan, J. (Hrsg.): Internationales Handbuch der Gewaltforschung. Wiesbaden, S. 1503-1526.
Dubet, F. (2002): Jugendgewalt und Stadt. In: Heitmeyer, Wilhelm/Hagan, John (Hrsg.): Internationales Handbuch der Gewaltforschung. Wiesbaden, S. 1171-1192.
Dutton, D. G./Strachan, C. E. (1987): Motivational needs for power and spouse specific assertiveness in assaultive and nonassaultive men. In: Violence and Victims, 2 (3), S. 145-156.
Eastman, M. (1985): Gewalt gegen alte Menschen. Freiburg i. Br.
Eckert, R./Reis, C./Wetzstein, Th. (2001): Lust an der Gewalt. In: Journal für Konflikt- und Gewaltforschung, Jg. 3, H. 1, S. 28-43.
Eckes, Th. (2004): Geschlechterstereotype: Von Rollen, Identitäten und Vorurteilen. In: Becker, Ruth/Kortendiek, Beate (Hrsg): Handbuch Frauen- und Geschlechterforschung. Wiesbaden, S. 165-176.
Eder-Rieder, M. (1998): Juristische Aspekte des sexuellen Mißbrauchs an Kindern. In: G. Amann/R. Wipplinger (Hrsg.): Sexueller Mißbrauch. Überblick zu Forschung, Beratung und Therapie. Tübingen, S. 798-822.
Eifler, S. (2002): Kriminalsoziologie. Bielefeld.
Eitel, K./König, I./Fröschl, E./Vana-Kowarzik, G. (1998): Arbeit mit Gewalttätern. Literaturrecherche und Analyse über internationale Modelle in der Täterarbeit. Wien (Bundesministerium für Umwelt, Jugend und Familie).
Elias, N. (1992): Über den Prozeß der Zivilisation. Soziogenetische und psychogenetische Untersuchungen. Frankfurt/Main.
Elliott, M. (1992): Frauen als Täterinnen. Sexueller Mißbrauch an Mädchen und Jungen. Ruhnmark.
Elmer, E./Gregg, D. (1967): Developmental characteristics of abused children. In: Pediatrics, 50, S. 596-602.
Elmer, E. (1967): The Family's Cry for Help. In: Journal of Psychiatric Nursing, 5, S. 332-341.

Elsner, E./Steffen, W. (2005): Vergewaltigung und sexuelle Nötigung in Bayern. München.
Elwert, G. (1992). Alter im interkulturellen Vergleich. In: Baltes P. B./Mittelstraß, J. (Hrsg.): Zukunft des Alterns und gesellschaftliche Entwicklung. Berlin, S. 260-282.
Elwert, G. (2001): Ethnizität und Nation. In: Joas, H. (Hrsg.): Lehrbuch der Soziologie. Frankfurt am Main, S. 245-263.
Engfer, A. (1986): Kindesmißhandlung. Stuttgart.
Engfer, A. (1997): Gewalt gegen Kinder in der Familie. In: Egle, U. T./Hoffmann, S. O./P. Joraschky (Hrsg.): Sexueller Mißbrauch, Mißhandlung, Vernachlässigung. Stuttgart, S. 21-34.
Erlemeier, N. (1995): Soziale Unterstützung bei der Auseinandersetzung älterer Menschen mit Belastungen. In: Kruse, A./Schmitz-Scherzer, R. (Hrsg.): Psychologie der Lebensalter, S. 253-261.
Esser, H. (1993): Soziologie. Allgemeine Grundlagen. Frankfurt, New York.
Fagan, J./Browne, A. (1994): Violence between spouses and intimates: Physical aggression between women and men in intimate relationships. In: Reiss, A. J./-Roth, J. A. (eds.): Understanding and preventing violence. Vol. 3. Washington DC, National Research Council, S. 115-292.
Farber, E. D./Joseph, J. A. (1985): The Maltreated Adolescent: Patterns of Physical Abuse. In: CAN, 9 (2), S. 201-206.
Farrington, K. M. (1980): Stress and Family Violence. In: Straus, M. A./Hotaling, G. T. (eds.): The Social Causes of Husband-Wife Violence. Minneapolis, S. 94-114.
Ferraro, K. J. (1983): Rationalizing Violence: How Battered Women Stay. In: Victimology, 8, S. 203-212.
Findeisen, H.-V./Kersten, J. (1999): Der Kick und die Lehre. Vom Sinn jugendlicher Gewalt. München.
Finkelhor, D. (1979): Sexually Victimized Children. New York.
Finkelhor, D. (1984): Child sexual abuse. New theory and research. New York.
Finkelhor, D. (1986): Designing new studies. In: D. Finkelhor (ed.): A sourcebook on child sexual abuse. Beverly Hills, S. 224-254.
Finkelhor, D. (1988): The trauma of child sexual abuse. Two models. In: Wyatt, G. E./Powell, G. J. (Hrsg.): Lasting effects of child sexual abuse. Newbury Park.
Finkelhor, D. (1990): Sexual abuse in a national survey of adult men and women: Prevalence, characteristics and risk factors. In: Child Sexual Abuse & Neglect, 14, S. 19-28.
Finkelohr, D. (1990): New ideas for child sexual abuse prevention. In: Oates, R. K. (eds.): Understanding and managing child sexual abuse. Philadelphia, S. 385-396.
Finkelhor, D./Yllö, K. (1985): License to rape. Sexual abuse of wives. New York.
Fleischmann, P. (1999): Gewalt an Frauen und Kindern. In: Sozialpädagogische Impulse, 4, S. 6-9.
Foster, H./Hagan J. (2002): Muster und Erklärungen der direkten physischen und indirekten nicht-physischen Aggression im Kindesalter. In: Heitmeyer, W./Hagan, J. (Hrsg.): Internationales Handbuch der Gewaltforschung. Wiesbaden, S. 676-706.
Frehsee, D. (1992): Die staatliche Förderung familiärer Gewalt an Kindern. In: KrimJ, Jg. 24, H. 1, S. 37-49.

Friedrich, M. H. (1998): Tatort Kinderseele. Sexueller Mißbrauch und die Folgen. Wien.
Fröschl, E./Löw, S. (1992): Ursachen und Folgen von Gewaltanwendungen gegenüber Frauen und Kindern. Wien.
Fröschl, E./Löw, S. (1995): Über Liebe, Macht und Gewalt. Wien.
Fuchs, M./Lamnek, S./Luedtke, J. (1996): Schule und Gewalt. Realität und Wahrnehmung eines sozialen Phänomens. Opladen.
Fuchs, M./Lamnek, S./Luedtke, J. (2001): Tatort Schule. Gewalt an Schulen 1994–1999. Opladen.
Fuchs, M./Lamnek, S./Luedtke, J./Baur, N. (2005): Gewalt an Schulen 1994 – 1999 – 2004. Opladen.
Fulmer, T./O'Malley, T. (1990): Inadequate Care of the Elderly. New York
Funk, S./Schmitt, A. (2001): Zwischen Alltäglichkeit und Sensation – die Darstellung innerfamiliärer Gewalt gegen Kinder und Jugendliche in den österreichischen Printmedien. In: Bundesministerium für Soziale Sicherheit und Generationen (Hrsg.): Gewalt in der Familie. Gewaltbericht 2001. Von der Enttabuisierung zur Professionalisierung. Wien, S. 503-545.
Fürniss, T. (1992): Sexueller Mißbrauch von Kindern. Ein multidisziplinäres Handbuch. Stuttgart.
Gadd, D./Farrall, S./Dallimore, D./Lombard, N. (2002): Domestic Abuse against Men in Scotland. (unter: http://www.scotland.gov.uk/cru/kd01/green/dvam.pdf).
Galtung, J. (1975): Strukturelle Gewalt. Beiträge zur Friedens- und Konfliktforschung. Reinbek bei Hamburg.
Gaquin, D. A. (1977/1978): Spouse abuse. Data from the National Crime Survey. In: Victimology, 2, S. 632-643.
Garbarino, J./Bradshaw, C. P. (2002): Gewalt gegen Kinder. In: Heitmeyer, W./Hagan, J. (Hrsg.): Internationales Handbuch der Gewaltforschung. Wiesbaden, S. 899-920.
Gatz, M./Bengtson, V. L./Blum, M. J. (1990): Caregiving families. In: Birren, J. E./-Schaie, K. W. (eds.): Handbook of the Psychology of Aging. San Diego, California, S. 405-426.
Gautsch, R. (1997): Vernetzung und Kooperation sozialer Dienste – untersucht am Beispiel der Zusammenarbeit zwischen Kinderschutz-Zentrum Graz und ausgewählten Jugendämtern in der Steiermark. Graz.
Gelles, R. (1975): Kindesmißhandlung als Psychopathologie. Eine soziologische Kritik und Neuformulierung des Problems. In: Bast, H./Bernecker, A./Kastien, I./Schmitt, G./Wolff, R. (Hrsg.): Gewalt gegen Kinder. Kindesmißhandlungen und ihre Ursachen. Reinbek, S. 263-277.
Gelles, R. J. (1979): Family Violence. Beverly Hills.
Gelles, R. J. (2001): Die übersehenen Personen bei häuslicher Gewalt: männliche Opfer, unter: http://home.t-online.de/home/Joachim.Mueller-1/extdoc/Jm_rg-4.htm
Gelles, R. J. (2002): Gewalt in der Familie. In: Heitmeyer, W./Hagan, J. (Hrsg.): Internationales Handbuch der Gewaltforschung. Wiesbaden, S. 1043-1077.
Gelles, R. J./Cornell, C. P. (1986): Intimate violence in families. Beverly Hills.
Gelles, R./Straus, M. A. (1979): Determinants of violence in the family. Toward a theoretical integration. In: Burr, W. R./Hill, R./Nye, F. I./Reiss, I. L. (eds.): Contemporary theories about the family. New York, S. 549-581.

Gelles, R. J./Straus, M. A. (1988): Intimate violence. The causes and consequences of abuse in the American Family. New York.
Gemünden, J. (1996): Gewalt gegen Männer in heterosexuellen Intimpartnerschaften. Marburg.
Gemünden, J. (2003): Gewalt in Partnerschaften im Hell- und Dunkelfeld. Zur empirischen Relevanz der Gewalt gegen Männer. In: Lamnek, S./Boatcă, M. (Hrsg.): Geschlecht – Gewalt – Gesellschaft. Opladen, S. 333-353.
Giardino, A. P./Christian, C. W./Giardino, E. R. (1997): A Practical Guide to the Evaluation of Child Physical Abuse and Neglect. London.
Gil, D. (1970): Violence against children. Physical child abuse in the United States. Cambridge.
Gil, D. G. (1974): A Sociocultural Perspective on Physical Child Abuse. In: Leavitt, J. E. (Hrsg.): The Battered Child. Morristown, New York, S. 164-169.
Gil, D. G. (1975): Unraveling Child Abuse. In: American Journal of Orthopsychiatry, 45(5), S. 346-356.
Gilmore, D. G. (1993): Sociostructural aspects of domestic violence. In: Lystad, M. (eds.): Violence in the Home. Interdisciplinary Perspectives. New York, S. 124-149.
Godenzi, A. (1994): Gewalt im sozialen Nahraum. Basel; Frankfurt/Main.
Godenzi, A. (1996): Gewalt im sozialen Nahraum. Basel.
Goffman, E. (1973): Asyle. Über die soziale Situation psychiatrischer Patienten und anderer Insassen. Frankfurt a. M.
Goffman, E. (1994): Interaktion und Geschlecht. Frankfurt am Main, New York.
Goode, W. (1971): Force and violence in the family. In: Journal of Marriage and the Family, 33, S. 624-636.
Gorey, K. M./Leslie, D. R. (1997): The prevalence of child sexual abuse: Integrative review adjustment for potential response and measurement bias. In: Child Abuse & Neglect, 21, S. 391-398.
Gottschalch, W. (1997): Männlichkeit und Gewalt. Eine psychoanalytisch und historisch-soziologische Reise in die Abgründe der Männlichkeit. Weinheim, München.
Grandt, M./Grandt, G./van der Let, P. (1999): Ware Kind. Düsseldorf.
Grieger, K./Kavemann, B./Rabe, H. (2005): Täterorientierter Opferschutz durch Platzverweis – erste Erfahrungen aus Deutschland. In: : Kury, Helmut/Obergfell-Fuchs, Joachim (Hrsg): Gewalt in der Familie. Für und wider den Platzverweis. Freiburg i. Br., S. 121-142.
Groenemeyer, A. (1999a): Die Politik sozialer Probleme. In: Albrecht, G./Groenemeyer, A./Stallberg, F. W. (Hrsg.): Handbuch soziale Probleme, Opladen, Wiesbaden, S. 111-136.
Groenemeyer, A. (1999b): Soziale Probleme, soziologische Theorie und moderne Gesellschaften. In: Albrecht, G./Groenemeyer, A./Stallberg F. W. (Hrsg.): Handbuch soziale Probleme. Opladen, Wiesbaden, S. 13-72.
Gröller G. (1998) Gewalterfahrungen von Kindern. In: Kränzl-Nagl, R./Riepl, B./Wintersberger, M. (Hrsg.): Kindheit in Gesellschaft und Politik. Eine multidisziplinäre Analyse am Beispiel Österreich. Frankfurt, S. 387-414.
Habermehl, A. (1994): Gewalt in der Familie. Ausmaß und Ursachen körperlicher Gewalt. Hamburg.

Habermehl, A. (1999): Gewalt in der Familie. In: Albrecht, G./Groenemeyer, A./Stallberg, F. W. (Hrsg.): Handbuch soziale Probleme. Opladen, Wiesbaden, S. 419-433.
Hagemann-White, C. (1995): Sozialisation: weiblich – männlich? Opladen.
Hagemann-White, C. (2002): Gender-Perspektiven auf Gewalt in vergleichender Sicht. In: Heitmeyer, W./Hagan, J. (Hrsg.): Internationales Handbuch der Gewaltforschung. Wiesbaden, S. 124-149.
Haller, M./Höllinger, F./Pinter, A./Rainer, B. (1998): Gewalt in der Familie. Ergebnisse einer soziologischen Studie in Zusammenarbeit mit Sozialeinrichtungen, Polizei und Gericht. Graz.
Hanak, G./Stehr, J./Steinert, H. (1989): Ärgernisse und Lebenskatastrophen. Über den Umgang mit Kriminalität. Bielefeld.
Hanson R. (1990): Medical complication. In: R. Kim Oates (Hrsg.): Understanding and managing child sexual abuse. Sydney, S. 277-292.
Harten, H.-C. (1995): Sexualität, Mißbauch, Gewalt. Das Geschlechterverhältnis und die Sexualisierung von Aggressionen. Opladen.
Hartfiel, G./Hillmann, K.-H. (1982): Wörterbuch der Soziologie. 3. Aufl., Stuttgart.
Hege, M. (1999): Kinder und häusliche Gewalt – Konflikte und Kooperation. In: H.-W. Carol (Hrsg.): Workshop „Kinder und häusliche Gewalt". Osnabrück.
Heiland, H.-G. (2003): Aktionsmächtige Girls. In: Lamnek, S./Boatcă, M. (Hrsg.): Geschlecht – Gewalt – Gesellschaft. Opladen, S. 231-245.
Heilmann-Geideck, U./Schmidt, H. (1996): Betretenes Schweigen. Über den Zusammenhang von Männlichkeit und Gewalt. Mainz.
Heitmeyer, W./Hagan, J. (2002): Gewalt. Zu den Schwierigkeiten einer systematischen internationalen Bestandsaufnahme. In: Heitmeyer,W./Hagan, J. (Hrsg.): Internationales Handbuch der Gewaltforschung. Wiesbaden, S. 15-25.
Helfer, R. E./Kempe, C. H. (1978): Das geschlagene Kind. Frankfurt am Main.
Hemenway, D./Solnick, S./Carter, J. (1994): Child-rearing violence. In: Child Abuse & Neglect, 18, S. 1011-1020.
Hess, H./Scheerer, S. (1997): Was ist Kriminalität? Skizze einer konstruktivistischen Kriminalitätstheorie. In: Kriminologisches Journal, Jg. 29, Heft 2, S. 83-155.
Hilpert, K. (1996): Gewalt im Alltag: Wahrnehmung und Komplexität eines Phänomens. In: Eckert, R./Hilpert, K. (Hrsg.): Die ganz alltägliche Gewalt: eine interdisziplinäre Annäherung. Opladen, S. 7-17.
Hirsch, N. (1990): Realer Inzest. Berlin.
Hirsch, M. (1999): Realer Inzest. Psychodynamik des sexuellen Mißbrauchs in der Familie. Gießen.
Hoffmann, A. (2000): Häusliche Gewalt ist weiblich, unter: http://www.novo-magazin.de/45/novo4522.htm
Holthusen, B./Lüders, C. (2003): Evaluation von Kriminalitätsprävention – Eine thematische Einleitung. In: Arbeitsstelle Kinder- und Jugendkriminalitätsprävention (Hrsg.): Evaluierte Kriminalitätsprävention in der Kinder- und Jugendhilfe. Erfahrungen und Ergebnisse aus fünf Modellprojekten. München, S. 9-30.
Homer, A. C./Gilleard, C. (1990): Abuse of elderly by their carers. In: British Medical Journal, 301, S. 1362-1365.
Honig, M.-S. (1986): Verhäuslichte Gewalt. Sozialer Konflikt, wissenschaftliche Konstrukte, Alltagswissen, Handlungssituation. Eine Explorativstudie über Gewalthandeln von Familien. Frankfurt am Main.

Honig, M.-S. (1990): Gewalt in der Familie. In: Schwind, H.-D./Baumann, J. et al. (Hrsg.): Ursachen, Prävention und Kontrolle von Gewalt. Analysen und Vorschläge der unabhängigen Regierungskommission zur Verhinderung und Bekämpfung von Gewalt (Gewaltkommission), Berlin, S. 343-361.
Hörl, J. (1986): Betreuungserfahrungen und Sozialbeziehungen älterer Menschen. In: Zeitschrift für Gerontologie, 19, S. 348-354.
Hörl, J./Spannring, R. (2001): Gewalt gegen alte Menschen. In: Bundesministerium für Soziale Sicherheit und Generationen (Hrsg.): Gewalt in der Familie. Gewaltbericht 2001. Von der Enttabuisierung zur Professionalisierung. Wien, S. 305-344.
Hornung, C. A. (1981): Status relationships in marriage. Risk factors in spouse Abuse. In: Journal of Marriage and the Family, 43, S. 675-692.
Hurrelmann, K. (1998): Einführung in die Sozialisationstheorie. Über den Zusammenhang von Sozialstruktur und Persönlichkeit. Weinheim, Basel.
Ikels, C. (1980): The coming of age in Chinese society: Traditional patterns and contemporary Hong Kong. In: Fry, C. L. (ed.): Aging in Culture and Society: Comparative Perspectives and Strategies. New York, S. 80-100.
Imbusch, P. (2002): Der Gewaltbegriff. In: Heitmeyer, W./Hagan, J. (Hrsg.): Internationales Handbuch der Gewaltforschung. Wiesbaden, S. 26-57.
Inglehart, Ronald (1977): The silent Revolution. Changing Values and Political Styles among Western Publics. Princeton, N.J.
Janssen-Jurreit, M. (1976): Sexismus. Reinbeck.
Jasinski, L. J./Williams, M. L. (1998): Partner Violence. A Comprehensive Review of 20 Years of Research. Thousand Oaks, London, New Dehli.
Jumper, S. A. (1995): A meta-analysis of the relationship of child sexual abuse to adult psychological adjustment. In: Child Abuse & Neglect, 19, S. 715-728.
Justice, B./Calvert, A. (1985): Factors mediating child abuse as a response to stress. In: Child Abuse & Neglect, 9 (3), S. 359-363.
Kalmar, R. (1977): Child abuse: Perspectives on diagnosis, treatment, and prevention. Dubuque, Iowa.
Kammerer, D. (1993): Aggression und Gewalt bei Jungen. Warum sie auf Waffen und Raufen stehen und wie Eltern damit umgehen können. München.
Kapella, O./Cizek, B. (2001a): Definition von Gewalt. In: Bundesministerium für Soziale Sicherheit und Generationen (Hrsg.): Gewalt in der Familie. Gewaltbericht 2001. Von der Enttabuisierung zur Professionalisierung. Wien, S. 16-19.
Kapella, O./Cizek, B. (2001b): Definition von Gewalt gegen Kinder. In: Bundesministerium für Soziale Sicherheit und Generationen (Hrsg.): Gewalt in der Familie. Gewaltbericht 2001. Von der Enttabuisierung zur Professionalisierung. Wien, S. 82-90.
Karstedt, S. (1999): Soziale Probleme und soziale Bewegungen. In: Albrecht, G./-Groenemeyer, A. /F. W. Stallberg (Hrsg.): Handbuch soziale Probleme. Opladen, Wiesbaden, S. 73-110.
Kaselitz, V./Lercher, L. (2002): Gewalt in der Familie – Rückblick und neue Herausforderungen. Wien.
Kaufman, J. /Zigler, E. (1989): The intergenerational transmission of child abuse. In: D. Cicchetti/V. Carlson (eds.): Child maltreatment. Theory and research on the causes and consequences of child abuse and neglect. London, S. 129-150.

Kaufman, J. /Zigler, E. (1993): The intergenerational transmission of abuse is overstated. In: Gelles, R. J./Loseke, D. R. (eds.): Current controversies on family violence. London, S. 209-221.
Kavemann, B. (2002): Gewalt gegen Männer – ein vernachlässigtes Problem? Vortrag zur Fachveranstaltung der FHVR Berlin 18.11.2002 (Manuskript).
Kendall-Tackett, K. A./Williams, M. L. /Finkelhor, D. (1993): Impact of sexual abuse on children. A review and synthesis of recent empirical studies. In: Psychological Bulletin, 113, S. 164-180.
Kepplinger, H. M. (2002): Öffentliche Meinung und Gewalt. In: Heitmeyer, W./Hagan, J. (Hrsg.): Internationales Handbuch der Gewaltforschung. Wiesbaden, S. 1423-1440.
Kersten J. (2003): „Gender and Crime". Die Tragweite kulturübergreifender Ansätze. In: Lamnek, S./Boatcă, M. (Hrsg.): Geschlecht – Gewalt – Gesellschaft. Opladen, S. 71-84.
Keupp, H. (1990): Identitäten im Umbruch: Das Subjekt in der „Postmoderne". In: Initial Jg. 7, S. 698-710.
Kiefl, W./Lamnek, S. (1986): Soziologie des Opfers. Theorie, Methoden und Empirie. München.
Kinard, E. M. (1980): Emotional Development in Physically Abused Children. In: American Journal of Orthopsychiatry, 50 (4), S. 686-696.
Kinzl, J. F./Mangweth, B./Traweger, C./Biebl, W. (1997): Sexuelle Funktionsstörungen bei Männern und Frauen: Bedeutung eines dysfunktionalen Familienklimas und sexuellen Missbrauchs. Psychotherapie, Psychosomatik, Medizinische Psychologie, 47, S. 41-45.
Kivelä, S.-L./Köngäs-Saviaro, P./Kesti, E./Pahkala, K./Ijäs, M.-L. (1992): Abuse in old age – epidemiological data from Finland. In: Journal of Elder Abuse and Neglect, 4, S. 1-18.
Klages, Helmut (1984): Werteorientierungen im Wandel. Frankfurt a. M.
Klages, Helmut (1992): Werte und Wandel. Frankfurt a. M.
Klages, Helmut (2001): Werte und Wertewandel. In: Schäfers, Bernhard/Zapf, Wolfgang (Hrsg.): Handwörterbuch zur Gesellschaft Deutschlands. 2. erw. u. akt. Aufl.. Bonn, S. 726-737.
Klonovsky, M./Scherer, M. (2003): Das privilegierte Geschlecht. In: Focus, 15, S. 118-124.
Kolk, B. A. v. d./Streeck-Fischer, A. (2002): Trauma und Gewalt bei Kindern und Heranwachsenden. Eine entwicklungspsychologische Perspektive. In: Heitmeyer, W./Hagan, J. (Hrsg.): Internationales Handbuch der Gewaltforschung. Wiesbaden, S. 1020-1040.
Koselleck, R. (1989): Vergangene Zukunft. Zur Semantik geschichtlicher Zeiten. Frankfurt a. M.
Krahé, B. (2003): Aggression von Männern und Frauen in Partnerschaften: Unterschiede und Parallelen. In: Lamnek, S./Boatcă, M. (Hrsg.): Geschlecht – Gewalt – Gesellschaft. Opladen, S. 369-383.
Kretz, I./Reichel, R./Zöchling, M. (1996): Sexueller Mißbrauch von Kindern in Österreich. In: Bundesministerium für Umwelt, Jugend und Familie (Hrsg.): Sexueller Mißbrauch von Kindern in Österreich. Wien.
Kroiß, B. (1996): Prävention von innerfamiliärem Missbrauch an Mädchen in der Schule. Wien.

Kurrle, S. E./Sadler, P. M./Cameron, I. D. (1992): Patterns of elder abuse. In: Medical Journal of Australia, 157, S. 673-676.
Kury, H./Obergfell-Fuchs, J. (Hrsg.) (2005): Gewalt in der Familie. Für und Wider den Platzverweis. Freiburg.
Lachs, M. S./Williams, C. W./O'Brien, S. et al. (1997): Risk factors for reported elder abuse and neglect. A nine-year observational cohort study. In: The Gerontologist, 37, S. 469-474.
Lamnek, S. (1983): Jugendkriminalität im Zerrbild der Presse? – Eine Inhaltsanalyse massenmedialer Reaktionen. In: Kerner, H.-J./Kury, H./Sessar, K. (Hrsg.): Deutsche Forschungen zur Kriminalitätsentstehung und Kriminalitätskontrolle, Interdisziplinäre Beiträge zur kriminologischen Forschung, Köln, S. 137-168.
Lamnek S. (1990): Kriminalitätsberichterstattung in den Massenmedien als Problem. In: Monatsschrift für Kriminologie und Strafrechtsreform 3, S. 163-176.
Lamnek, S. (1995): Qualitative Sozialforschung, Bd. 1 Methodologie. Weinheim. 3. Aufl.
Lamnek, S. (1997): Neue Theorien abweichenden Verhaltens. München.
Lamnek, S. (2002): Individuelle Rechtfertigungsstrategien von Gewalt. In: Heitmeyer, W./Hagan, J. (Hrsg.): Internationales Handbuch der Gewaltforschung. Wiesbaden, S. 1379-1396.
Lamnek, S. (2003a): "Das Wort, mit dem wir das Handeln anderer benennen". Zur (Nicht-) Konstruktion von weiblicher Gewalt. In: Mentzel, B./Ratzke, K. (Hrsg.): Grenzenlose Konstruktivität? Opladen, S. 109-124.
Lamnek, S. (2003b): Sex and Crime: Prostitution und Menschenhandel. In: Lamnek, S./Boatcă, M. (Hrsg.): Geschlecht – Gewalt – Gesellschaft. Opladen, S. 475-497.
Lamnek, S. (2005): Prostitution, Frauenhandel und Sextourismus. In: Funk, H./Lenz, K. (Hrsg.): Sexualitäten, Diskurse und Handlungsmuster im Wandel. Weinheim und München, S. 275-297.
Lamnek, S. (2005): Qualitative Sozialforschung. Lehrbuch. Weinheim, Basel. 4. Aufl.
Lamnek, S./Boatcă, M. (2003): Geschlecht – Gewalt – Gesellschaft. Opladen.
Lamnek S./Luedtke J. (1995): Kriminalpolitik im Sog von Öffentlichkeit und Massenmedien. In: Bundesministerium der Justiz (Hrsg.): Das Jugendkriminalrecht als Erfüllungsgehilfe gesellschaftlicher Erwartungen. Godesberg, S. 45-68.
Lamnek, S./Luedtke, J. (Hrsg.) (2003): „Schlagende Argumente." Verbreitung, Ursachen, Folgen von Eltern-Kind-Gewalt. In: Public Health Forum, S. 7-8.
Lamnek, S./Luedtke, J. (2005): Gewalt in der Partnerschaft. Wer ist Täter, wer ist Opfer? In: Kury, H./Obergfell-Fuchs, J. (Hrsg.): Gewalt in der Familie. Für und Wider den Platzverweis. Freiburg, S. 37-69.
Lamnek, S./Luedtke, J. (2006): Opfer elterlicher Gewalt – Opfer von Gewalt in der Schule? (im Erscheinen).
Lamott, F. (1995): Konstruktionen von Weiblichkeit und die ‚male stream' Kriminologie. In: Neue Kriminalpolitik, 1, S. 29-32.
Landespräventionsrat Hessen (2003): Gewalt gegen Kinder im Zusammenhang mit häuslicher Gewalt. Empfehlungskatalog. (Arbeitsgruppe II „Gewalt im häuslichen Bereich" der Sachverständigenkommission für Kriminalprävention der Hessischen Landesregierung. Wiesbaden.
Langley, R./Levy, R. C. (1977): Wife beating. The silent crisis. New York.
Larzelere, R. E. (1986): Moderate Spanking: Model or Deterrent of Children's Aggression in the Family? In: Journal of Family Violence, 1, S. 27-36.

Lenz, H.-J. (1996): Spirale der Gewalt. Jungen und Männer als Opfer von Gewalt. Berlin.
Lenz, H.-J. (2000): Männer als Opfer. In: Mabuse – Zeitschrift im Gesundheitswesen, Mai/Juni, S. 46-49.
Lercher, L./Derler, B./Höbel, U. (1997): Missbrauch verhindern. Handbuch zu präventivem Handeln in der Schule. Wien.
Light, R. (1974): Abused and neglected children in America: A study of alternative policies. In: Harvard Educational Review, 43, S. 556-598.
LKA Hessen (2004): Jahresbericht häusliche Gewalt für Hessen 2004. Wiesbaden.
Löbmann, R./Herbers, K. (2004): Mit BISS gegen häusliche Gewalt. Evaluation des Modellprojekts „Beratungs- und Interventionsstellen (BISS) für Opfer häuslicher Gewalt“ in Niedersachsen. Hannover.
Ludmann, O. (1996): Gewalt gegen Kinder. Philosophische und psychologische Betrachtung der Ursachen für Gewalt gegen Kinder. Gießen.
Lüdemann, C./Ohlemacher, T. (2002): Soziologie der Kriminalität. Theoretische und empirische Perspektiven. Weinheim, München.
Luedtke, J. (2003): Strafen und Gewalt bei der Erziehung Jugendlicher. Vorkommen und Hintergründe. In: Sozialwissenschaften und Berufspraxis, Jg. 26, H. 2, S. 165-180.
Luedtke, J. (2003a): Zur "besonderen" Illegitimität von Jugendgewalt. In: Griese, Hartmut/ Mansel, Jürgen/Scherr, Albert (Hrsg.) (2003): Theoriedefizite der Jugendforschung. Standortbestimmung und Perspektiven. Weinheim, S. 157-173.
Luedtke, J./Lamnek, S. (2002): Studie: Schläge in jeder dritten Familie. In: Agora, 1, S. 8-9, www.ku-eichstaett.de/presse/agora/artikel/familie.
Lupri, E. (1990): Harmonie und Aggression. Über die Dialektik ehelicher Gewalt. In: Kölner Zeitschrift für Soziologie und Sozialpsychologie, 42 (3), S. 474-501.
Lynch, M. A./Roberts, J. (1982): Consequences of Child Abuse. London.
Makepeace, J. M. (1981): Courtship violence among college students. In: Family Relations, 30, S. 97-102.
Mansel, J. (2003): Die Selektivität strafrechtlicher Sozialkontrolle. Frauen und Delinquenz im Hell- und Dunkelfeld, als Opfer und Täter, als Anzeigende und Angezeigte. In: Lamnek, S./Boatcă, M. (Hrsg.): Geschlecht – Gewalt – Gesellschaft. Opladen, S. 384-406.
Markefka, M./Nauck, B. (1993): Handbuch der Kindheitsforschung. Neuwied, Kriftel, Berlin.
Martin, D. (1976): Battered wives. San Francisco.
Martin, H. P./Breezley, P. (1976): Personality of children. In: Martin, H. P. (ed.): The abused child. A multidisciplinary approach to developmental issues and treatment. Cambridge, S. 105-111.
Mathis, J. (1972): Clear thinking about sexual deviations: A new look at old problems. Chicago.
Matlaw, J. R./Spence, D. M. (1994): The hospital elder assessment team. A protocol for suspected cases of elder abuse and neglect. In: Journal of Elder Abuse and Neglect, 6, S. 23-37.
McCord, J. (1983): A forty year perspective on effects of child abuse and neglect. In: Child Abuse & Neglect, 7, S. 265-270.

McLeod, M. (1984): Women against Men. An Examination of Domestic Violence Based on an Analysis of Offical Data and National Victimization Data. In: Justice Quarterly, 1, S. 171-193.
Meredith, W. H./Abbott, D. A./Adams, S. L. (1986): Family violence. It's relation to marital and parental satisfaction and family strengths. In: Journal of Family Violence, 1 (4), S. 299-305.
Meuser, M. (2003): Gewalt als Modus von Distinktion und Vergemeinschaftung. Zur ordnungsbildenden Funktion männlicher Gewalt. In: Lamnek, S./Boatcă, M. (Hrsg.): Geschlecht – Gewalt – Gesellschaft. Opladen, S. 37-54.
Meuser, M./Löschper, G. (2002, Januar). Einleitung: Qualitative Forschung in der Kriminologie [26 Absätze]. Forum Qualitative Sozialforschung / Forum: Qualitative Social Research [Online-Journal], 3 (1). Verfügbar über: http:// www. qualitative-research.net/fqs/fqs.htm
Miller A. (1980): Am Anfang war Erziehung. Frankfurt am Main.
Miller, S. L./Simpson, S. S. (1991): Courtship violence and social control. Does gender matter? In: Law & Society Review, 25 (2), S. 335-365.
Mitterauer, M./Sieder, R. (1991). Vom Patriarchat zur Partnerschaft: Zum Strukturwandel der Familie. 4. Aufl., München.
Müller, J. (2003): Kinder, Frauen, Männer – Gewaltschutz ohne Tabus. In: Lamnek, S./Boatcă, M. (Hrsg.): Geschlecht – Gewalt – Gesellschaft. Opladen, S. 507-529.
Mullen, P. E./Martin, J. L./Anderson, J. C./Romans S. E./Herbison, G. P. (1996): The long-term impact of the physical, emotional, and sexual abuse of children: a community study. In: Child Abuse & Neglect, 20, S. 7-21.
Mummendey, A. (1992): Aggressives Verhalten. In: Stroebe, W./Hewstone, M./Codol, J.-P./Stephenson, G. M. (Hrsg.): Sozialpsychologie. Eine Einführung. 2. Aufl., Berlin usw., S. 275-304.
Mummendey, A. (1994): Aggression. In: Frey, D./Greif, S. (Hrsg.): Sozialpsychologie. Ein Handbuch in Schlüsselbegriffen. 3. Aufl., Weinheim, S. 105-110.
National Center on Elder Abuse (1997): Trends in Elder Abuse in Domestic Settings. Elder Abuse Information Series No. 2.
Nave-Herz, R. (2001): Familie und Verwandtschaft. In: Schäfers, B./Zapf, W. (Hrsg.): Handwörterbuch zur Gesellschaft Deutschlands. 2. Aufl., Opladen, S. 207-216.
Nave-Herz, R./Onnen-Isemann, C. (2001): Familie. In: Joas, H. (Hrsg.): Lehrbuch der Soziologie. Frankfurt am Main, S. 289-310.
Nedelmann, B. (1997): Gewaltsoziologie am Scheideweg. Die Auseinandersetzungen in der gegenwärtigen und Wege der künftigen Gewaltforschung. In: Kölner Zeitschrift für Soziologie und Sozialpsychologie, Sonderausgabe 37/97, S. 59-85.
Neidhardt, F. (1997): Gewalt, Gewaltdiskussion, Gewaltforschung. In: Bielefelder Universitätsgespräche und Vorträge, 7, S. 19-28.
Nelson, M. (1993): Gut, daß ich es gesagt habe. München.
Newson, E./Newson, J. (1976): Seven Years Old in the Home Environment. London.
Nisonoff, L./Bitman, I. (1979): Spouse abuse. Incidence and relationship to selected demographic variables. In: Victimology, 4, S. 131-140.
Norberg, A./Saveman, B.-I. (1996). Worüber keiner spricht. Der Mißbrauch älterer Menschen in den eigenen vier Wänden. Altenpflege-Forum, 4, S. 84-92.
O'Brien, J. E. (1971): Violence in divorce prone families. In: Journal of Marriage and the Family, 33, S. 692-698.

O'Brien, M. (1991): Taking sibling incest seriously. In: Patton, M. (ed.): Family sexual abuse: Frontline research and evaluation. Newbury Park, S. 75-92.
O'Malley, T. O./O'Malley, H. C./Everitt, D. E./Sarson, D. (1984): Categories of family-mediated abuse and neglect of elderly persons. In: Journal of American Geriatrics Society, 32, S. 362-369.
Oates, R. K. (1986): Child Abuse und Neglect. What happens eventually? New York.
Oberwittler, D. (2003): Geschlecht, Ethnizität und sozialräumliche Benachteiligung. Überraschende Interaktionen bei sozialen Bedingungsfaktoren von Gewalt und schwerer Eigentumsdelinquenz von Jugendlichen. In: Lamnek, S./Boatcă, M. (Hrsg.): Geschlecht – Gewalt – Gesellschaft. Opladen, S. 269-294.
Ohlin, L./Tonry, M. (1989): Family violence. Chicago.
Ottermann, R. (2000): Soziologie des Betrugs. Hamburg.
Ottermann, R. (2003a): Grenzen politischer Willensbildung und kollektiver Denkstile im Globalisierungsprozess: Zum kommunikativen Umgang mit sozialer Ungleichheit und politischer Gewalt in der Weltgesellschaft. In: Bieswanger, M./Boatcă, M./Grzega, J./Neudecker, C./Rinke, S./Strobl, C. (Hrsg.): Abgrenzen oder Entgrenzen: Zur Produktivität von Grenzen. Frankfurt am Main, S. 87-105.
Ottermann, R. (2003b): Kriminalität als Kulturprodukt. Zur sozialen Konstruktion abweichenden Verhaltens. In: Fuchs, M./Luedtke, J. (Hrsg.): Devianz und andere gesellschaftliche Probleme. Opladen, S. 131-145.
Ottermann, R. (2003c): Was ist Kriminalsoziologie? Disziplinäre Auffälligkeiten und qualitative Bezüge. Rezensionsaufsatz zu: Stefanie Eifler (2002). Kriminalsoziologie [66 Absätze]. Forum Qualitative Sozialforschung / Forum: Qualitative Social Research [Online-Journal], 4(2). Verfügbar über: http://www.qualitative-research.net/fqs-texte/2-03/2-03review-ottermann-d.htm
Ottermann, R. (2003d): Geschlechterdividenden in Gewaltdiskursen. In: Lamnek, S./Boatcă, M. (Hrsg.): Geschlecht – Gewalt – Gesellschaft. Opladen, S. 163-178.
Owens, D./Straus, M. A. (1975): The social structure of violence in childhood and approval of violence as an adult. In: Aggressive Behavior, 1, S. 193-211.
Pagelow, M. D. (1984): Family violence. New York.
Pagelow, M. D. (1985): The battered husband syndrome. Social problem or much ado about little. In: N. Johnson (ed.): Marital Violence. London, S. 172-195.
Pagelow, M. D. (1989): The incidence and prevalence of criminal abuse of other family members. In: Ohlin, L./Tonry, M. (eds.): Family Violence. Chicago, S. 263-313.
Parsons, T. (1980): Theorie der sozialen Interaktionsmedien. (Hrsg. v. S. Jensen). Opladen.
Paveza, G. J./Cohen, D./Eisdorfer, C. et al. (1992): Severe Family Violence and Alzheimer's Disease. Prevalence and Risk Factors. In: The Gerontologist, 32, S. 493-497.
Pelton, L. H. (1981): Child Abuse and Neglect: The Myth of Classlessness. In: Pelton, L. H. (ed.): The Social Context of Child Abuse and Neglect. New York, S. 23-38.
Peters, H. (1995a): Devianz und soziale Kontrolle. Eine Einführung in die Soziologie abweichenden Verhaltens. 2. Aufl. Weinheim, München.
Peters, H. (1995b): Da werden wir empfindlich. Zur Soziologie der Gewalt. In: Lamnek, S. (Hrsg.): Jugend und Gewalt. Devianz und Kriminalität in Ost und West. Opladen, S. 277-290.

Pflegerl, J./Cizek, B. (2001a): Erklärungsansätze für das Phänomen Gewalt in der Familie. In: Bundesministerium für Soziale Sicherheit und Generationen (Hrsg.): Gewalt in der Familie. Gewaltbericht 2001. Von der Enttabuisierung zur Professionalisierung. Wien, S. 36-55.

Pflegerl, J./Cizek, B. (2001b): Problemstellungen der Forschung. In: Bundesministerium für Soziale Sicherheit und Generationen (Hrsg.): Gewalt in der Familie. Gewaltbericht 2001. Von der Enttabuisierung zur Professionalisierung. Wien, S. 56-68.

Pflegerl, J./Cizek, B. (2001c): Ursachen von Gewalt gegen Kinder. In: Bundesministerium für Soziale Sicherheit und Generationen (Hrsg.): Gewalt in der Familie. Gewaltbericht 2001. Von der Enttabuisierung zur Professionalisierung. Wien, S. 97-127.

Phillips, L. D. (1986): Theoretical explanations of elder abuse. Competing hypotheses and unresolved issues. In: Pillemer, K./Wolf, R. (eds.): Elder Abuse – Conflict in the Family. Dover, MA., S. 86-93.

Pillemer, K./Finkelhor, D. (1988): The prevalence of elder abuse. A random sample survey. In: The Gerontologist, 28, S. 51-57.

Pillemer, K./Suitor, J. J. (1992): Violence and violent feelings. What causes them among family caregivers? Journal of Gerontology: Social Sciences, 47, S. 165-172.

Pitsious-Darrough, E. N./Spinellis, C. D. (1995): Mistreatment of the elderly in Greece. In: Kosberg, J. I./Garcia, J. L. (Hrsg.): Elder Abuse. International and Cross-Cultural Perspectives. New York, S. 45-64.

Plaute, W. (2001): Gewalt gegen Menschen mit Behinderung. In: Bundesministerium für Soziale Sicherheit und Generationen (Hrsg.): Gewalt in der Familie. Gewaltbericht 2001. Von der Enttabuisierung zur Professionalisierung. Wien, S. 345-375.

Plummer, C. (1988): Prevention Education in Perspective. In: Nelson, M./Clark, K. (eds.): The Educators's Guide to Preventing Child Sexual Abuse. Santa Cruz.

Popitz, H. (1992): Phänomene der Macht. Tübingen.

Popp, U. (2003): Das Ignorieren „weiblicher“ Gewalt als „Strategie“ zur Aufrechterhaltung der sozialen Konstruktion vom männlichen Täter. In: Lamnek, S./Boatcă, M. (Hrsg.): Geschlecht – Gewalt – Gesellschaft. Opladen, S. 195-211.

Radbill, S. X. (1978): Mißhandlung und Kindestötung in der Geschichte. In: R. E. Helfer/C. H. Kempe (Hrsg.): Das geschlagene Kind. Frankfurt am Main, S. 37-65.

Raupp, U./Eggers, C. (1993): Sexueller Mißbrauch von Kindern. Eine regionale Studie über Prävalenz und Charakteristik. In: Monatsschrift für Kinderheilkunde, 141, S. 316-322.

Reinhold, G. (1992): Soziologie-Lexikon. 2. Aufl., München, Wien.

Rensen, B. (1992): Fürs Leben geschädigt. Sexueller Missbrauch und seelische Verwahrlosung von Kindern. Stuttgart.

Richter-Appelt, H./Tiefensee, J. (1996): Soziale und familiäre Gegebenheiten bei körperlichen Misshandlungen und sexuellen Mißbrauchserfahrungen in der Kindheit aus der Sicht junger Erwachsener. In: Psychotherapie, Psychosomatik, medizinische Psychologie, 46 (11), S. 367-378.

Ruback, B. R. (1993): Comment to Bachman (1993): The victim-offender relationship does affect vitctims decision to report sexual assaults. In: Criminal Justice and Behavior, 20, S. 271-279.
Rupp, M. (2005): Rechtstatsächliche Untersuchung zum Gewaltschutzgesetz. Bundesanzeiger.
Russell, D. E. H. (1986): The Secret Trauma. Incest in the Lives of Girls and Women. New York.
Rutschky, K. (1993): Schwarze Pädagogik. Berlin.
Sack, F./Eidmann, D. (1985): Gewalt in der Familie (Hannover, Univ. Projektbericht (Kurzfassung)).
Saveman, B.-I./Hallberg, I.-R./Norberg, A. (1996): Narratives by district nurses about elder abuse within families. In: Clinical Nursing Research, 5, S. 220-236.
Scheerer, S. (1988): Der politisch-publizistische Verstärkerkreislauf. Zur Beeinflussung der Massenmedien im Prozeß strafrechtlicher Normgenese. In: Kriminologisches Journal, S. 223-227.
Schlesinger, P./Dobash, R. et al. (1992) : Women Viewing Violence, London.
Schmerl (1998): Wenn Frauen zu Hyänen werden. In: Psychologie Heute Compact, Heft 2.
Schmidt, T. (1996) „Auf das Opfer darf keiner sich berufen." Opferdiskurse in der öffentlichen Diskussion zu sexueller Gewalt gegen Mädchen. Bielefeld.
Smolka A./Rupp, M. (2005): Wege aus der häuslichen Gewalt. Beratung zue Flankierung des Gewaltschutzgesetzes. München (unter: www. Sozialministerium. bayern.de).
Schneider, U. (1990): Gewalt in der Familie. In: H.-D. Schwind et al. (Hrsg.): Ursachen, Prävention und Kontrolle von Gewalt. Analysen und Vorschläge der unabhängigen Regierungskommission zur Verhinderung und Bekämpfung von Gewalt (Gewaltkommission). Bd. III. Berlin, S. 502-573.
Schneider, M. (1994): Liebe und Betrug. Die Sprachen des Verlangens. München.
Schneider, U. (1995): Gewalt in der Familie. In: Gruppendynamik. Zeitschrift für angewandte Sozialpsychologie, Jg. 26, H. 1, S. 41-62.
Schnell, R./Hill, P. B./Esser, E. (1999): Methoden der empirischen Sozialforschung. 6. Aufl., München, Wien.
Schnögl, S. (1983): Gewalt gegen Frauen. Körperliche und seelische Mißhandlungen in der Ehe. Eine Analyse der Berichterstattung in den österreichischen Tageszeitungen. Wien.
Schwind, H.-D. (2002): Kriminologie. Eine praxisorientierte Einführung mit Beispielen. 12. Aufl. Heidelberg. 16. Aufl. 2006.
Sewell, S./Sewell, B. (1999): Family Violence. A report from: Family Resources & Research, unter: http://www.naplesfl.net/~bestself/1999editionjuly.htm
Shupe, A./Stacy, W. A./Hazelwood, C. R. (1987): Violent men, violent couples. The dynamics of domestic violence. Lexington.
Silkenbeumer, M. (1999): Mädchen ziehen an den Haaren, Jungen nehmen die Fäuste – oder? Ergebnisse einer qualitativen Studie zu Biografien gewalttätiger junger Frauen und Männer. In: Böttger, A. (Hrsg.): Jugendgewalt – und kein Ende? Hintergründe – Perspektiven – Strategien. Hannover, S. 67-86.
Skidmore P. (1995): Telling Tales: Media Power, Ideology and the Reporting of Child Sexual Abuse in Britain. In: Kidd-Hewitt, D./Osborne, R. (eds.): Crime and the Media. The post-modern spectacle. London, S. 78-106.

Smaus, G. (2003): Die Mann-von-Mann-Vergewaltigung als Mittel zur Herstellung von Ordnungen. In: Lamnek, S./Boatcă, M. (Hrsg.): Geschlecht – Gewalt – Gesellschaft. Opladen, S. 100-122.

Sommer, B. (1995): Zum Bedeutungswandel von Gewalt gegen Kinder. Aspekte qualitativen Wandels des Phänomens Gewalt gegen Kinder als Problem sozialer Wirklichkeit. Marburg/Lahn.

Stadler, M. (1996): Frauenhaus: Schicksal oder Chance? Eine Studie zur Entstehungsweise von Gewaltbeziehungen und die Rolle von Frauenhäusern bei ihrer Überwindung. Graz.

Stammermann, U./Gransee, C. (1997): Zur Reproduktion von Normalitätsvorstellungen von Weiblichkeit durch Kriminalisierungsprozesse. Eine Rekonstruktion von Medienwirklichkeiten. In: Frehsee, D./Löschper, G./Smaus, G. (Hrsg.): Konstruktion der Wirklichkeit durch Kriminalität und Strafe. Baden-Baden, S. 435-455.

Statistisches Bundesamt (2005): Leben und Arbeiten in Deutschland. Ergebnisse des Mikrozensus 2004. Wiesbaden.

Steck, M./Cizek, B. (2001a): Exkurs: Geschwisterliche Gewalt. In: Bundesministerium für Soziale Sicherheit und Generationen (Hrsg.): Gewalt in der Familie. Gewaltbericht 2001. Von der Enttabuisierung zur Professionalisierung. Wien, S. 173-183.

Steck, M./Cizek, B. (2001b): Exkurs: Gewalt von Kindern gegen Eltern. In: Bundesministerium für Soziale Sicherheit und Generationen (Hrsg.): Gewalt in der Familie. Gewaltbericht 2001. Von der Enttabuisierung zur Professionalisierung. Wien, S. 184-188.

Steele, B. F./Pollock, C. B. (1978): Eine psychiatrische Untersuchung von Eltern, die Säuglinge und Kleinkinder mißhandelt haben. In: Helfer, R. E./Kempe, H. C. (Hrsg.): Das geschlagene Kind. Frankfurt/Main, S. 161-243.

Steffen, W. (2005): Gesetze bestimmen die Taktik: Von der Reaktion auf Familienstreitigkeiten zur Umsetzung des Gewaltschutzgesetzes. Veränderungen im polizeilichen Umgang mit häuslicher Gewalt - zugleich ein Beispiel für die Praxisrelevanz kriminologischer Forschung. In: Kury, Helmut/Obergfell-Fuchs, Joachim (Hrsg): Gewalt in der Familie. Für und wider den Platzverweis. Freiburg i. Br., S. 17-36.

Steffen, W./Polz, S. (1991): Familienstreitigkeiten und Polizei. Befunde und Vorschläge zur polizeilichen Reaktion auf Konflikte im sozialen Nahraum. München.

Steinhage, R. (1999): Sexueller Missbrauch von Kindern. In: G. Albrecht/A. Groenemeyer/F. W. Stallberg (Hrsg.): Handbuch soziale Probleme. Opladen, Wiesbaden, S. 650-666.

Steinhausen, H.-C. (1996): Psychische Störungen bei Kindern und Jugendlichen. Lehrbuch der Kinder- und Jugendpsychiatrie. 3. Auflage, München.

Steinhausen, H.-C. (1975): Sozialmedizinische Aspekte der körperlichen Kindesmißhandlung. In: H. Bast et al. (Hrsg.): Gewalt gegen Kinder. Kindesmisshandlungen und ihre Ursachen. Reinbek, S. 277-287.

Steinmetz, S. K. (1977/78): The battered husband syndrome. In: Victimology, (2), S. 499-509.

Steinmetz, S. K. (1988). Duty Bound. Elder Abuse and Family Care. Newbury Park.

Steinmetz, S. K./Straus, M. A. (1973): The Family as Cradle of Violence. In: Society, Sept./Oct., S. 50-56.
Steinmetz, S. K./Straus, M. A. (1974): Violence in the family. New York. California.
Stets, J. E./Straus, M. A. (1990): Gender differences in reporting martial violence and its medical and psychological consequences. In: Straus, M. A./Gelles, R. J. (eds.): Physical violence in American families. New Brunswick, London, S. 227-244.
Stets, J./Straus, M. (1990): Gender differences in reporting marital violence and its medical and psychological consequences. In: Straus, M. A./Gelles, R. J. (eds.): Physical violence in American families: Risk factors and adaptations to violence in 8.145 families, New Brunswick, S. 151-165.
Stolley, K. S./Szinovacz, M. (1997): Caregiving responsibilities and child spanking. In: Journal of Family Violence, 12, S. 99-112.
Strasser, P. (1998): Kinder legen Zeugnis ab. Gespräche über familiäre Gewalt mit Kindern und Müttern aus österreichischen Frauenhäusern. Salzburg.
Straus, M. A. (1973): A general systems theory approach to a theory of violence between family members. In: Social Science Information, 12 (3), S. 105-125.
Straus, M. A. (1974): Leveling, civility and violence in the family. In: Journal of Marriage and the Family, 36, S. 13-29.
Straus, M. A. (1980): The marriage license as a hitting license: Evidence from popular culture law and Social Sciences. In: Straus, M. A./Hotaling, G. T. (eds.): The social causes of husband-wife violence. Minneapolis, S. 39-50.
Straus, M. A. (1990): Measuring intrafamily conflict and violence. The Conflict Tactic (CT) Scales. In: Straus, M. A./Gelles, R. J. (eds.): Physical violence in American families. New Brunswick, S. 29-47.
Straus, M. A. (2005): Womens Violence against men is a Serious Social Problem. In: Loserke, D./Gelles, R./Cavanaugh, M. (Eds.): Current Controversies over Family Violence.2nd. Ed., Newbury Park, pp. 55-77.
Straus, M. A. (2006): Dominance and Symmetry in Partner Violence by male and female University Students in 32 Nations. (unter: http:// pubpages. unh. edu/~mas2/ID41H.pdf).
Straus, M. A./Gelles, R. J. (1986): Societal change and change in family violence from 1975 to 1985 as revealed by two national surveys. In: Journal of Marriage and the Family, 48, S. 465-479.
Straus, M./Gelles, R. (1988): How violent are American families? Estimates from the national family violence resurvey and other studies. In: G. Hotaling et al. (eds.): Family abuse and ist consequences. Newbury Park, S. 14-36.
Straus, M. A./Gelles, R. J. (1990): Physical violence in American Families. New Brunswick, London.
Straus, M./Gelles, R. (Hrsg.) (1990): Physical violence in American families: Risk factors and adaptations to violence in 8.145 families. New Brunswick.
Straus, M. A./Gelles, R. J./Steinmetz, S. K. (1980): Behind closed doors. Violence in the American family. Garden City, New York.
Straus, M.A./Gelles, R. J./Steinmetz, S. K. (1981): Behind Closed Doors. Violence in the American Family. New York.
Straus, M. A./Hotaling, G. T. (1980): The social causes of husband-wife violence. Minneapolis.

Straus, M. A./Sweet, S. (1992): Verbal aggression in couples: incidence rates and relationships to personal characteristics. In: Journal of Marriage and the Family, 54, S. 346-357.
Sutterlüty, F. (2004): Ist Gewalt rational? In: Westend. Neue Zeitschrift für Sozialforschung: Jg. 1, H. 1, S. 101- 115.
Taylor, S. E./Peplau, L. A./Sears, D. O. (1994): Social Psychology. 8. Aufl., Englewood Cliffs, N. J.
Tedeschi, J. T. (2002): Die Sozialpsychologie von Aggression und Gewalt. In: W. Heitmeyer/J. Hagan (Hrsg.): Internationales Handbuch der Gewaltforschung. Wiesbaden, S. 573-597.
Thoits, P. A. (1982): Conceptual, methodological, and theoretical problems in studying social support as a buffer against life stress. In: Journal of Health and Social Behavior, 23, S. 145-149.
Tillmann, K.-J./Holler-Nowitzki, B./Holtappels, H. G./Meier, U./Popp, U. (2000), Schülergewalt als Schulproblem. Verursachende Bedingungen, Erscheinungsformen und pädagogische Handlungsperspektiven. Weinheim, München.
Trotha, T. v. (1997): Zur Soziologie der Gewalt. In: Trotha, T. v. (Hrsg.): Soziologie der Gewalt. KZfSS Sonderheft 37, Opladen, S. 9-51.
Trotha, T. v. (2000): Gewaltforschung auf Popitzschen Wegen. Antireduktionismus, Zweckhaftigkeit und Körperlichkeit der Gewalt, Gewalt und Herrschaft. In: Mittelweg 25, Jg. 9, H. 6, S. 26-36.
Trube-Becker, E. (1983): Zum sexuellen Mißbrauch von Kindern und seinen Folgen. In: Ärztin, 5, S. 2-4.
Trube-Becker, E. (1998): Historische Perspektive sexueller Kontakte zwischen Erwachsenen und Kindern bzw. Jugendlichen und die soziale Akzeptanz dieses Phänomens von der Zeit der Römer und Griechen bis heute. In: Amann, G./-Wipplinger, R. (Hrsg.): Sexueller Mißbrauch. Überblick zu Forschung, Beratung und Therapie. Ein Handbuch, Vol. 2. Tübingen, S. 39-51.
Ullrich, W. (1964): Die Kindesmißhandlung in strafrechtlicher, kriminologischer und gerichtsmedizinischer Sicht. Berlin.
Ulonska, H./Koch, H. (1997): Sexuelle Gewalt gegen Mädchen und Jungen. Ein Thema der Grundschule. Bad Heilbrunn.
Unicef (2000): Domestic Violence against Women and Girls. In: Innocenti Digest, No. 6/2000. (unter: http://www.unicef-icdc.org/publications/pdf/digest6e.pdf).
United Nations (1996) (Hrsg.): The Beijing Declaration and the Platform for Action, Fourth World Conference on Women Beijing, China 4-15 September 1995, New York.
Van Hasselt, V. B. (1988): Handbook of family violence. New York.
Wahl, K. (1990): Studien über Gewalt in Familien. München.
Weber, M. (1980): Wirtschaft und Gesellschaft. Tübingen.
Wegner, W. (1997): Mißhandelte Kinder. Grundwissen und Arbeitshilfen für pädagogische Berufe. Weinheim.
Werneck, H. (1999): „Also sprach in ernstem Ton der Papa zu seinem Sohn" – Väter im Erziehungsalltag „Wehe, wehe, wenn ich an das Ende sehe" – Psychische Gewalt am Kind (Wien, Bundesministerium für Umwelt, Jugend und Familie).
Weston, J. T. (1978): Die Pathologie von Kindesmißhandlungen. In: Helfer, R. E./-Kempe, H. C. (Hrsg.): Das geschlagene Kind. Frankfurt am Main.

Wetzels, P. (1997): Gewalterfahrungen in der Kindheit. Sexueller Mißbrauch, körperliche Mißhandlung und deren langfristige Konsequenzen. Baden-Baden.
Wetzels, P./Greve, W./Mecklenburg, E./Blisky, W./Pfeiffer, C. (1995): Kriminalität im Leben alter Menschen. Stuttgart.
Widom, C. S. (1989): Does violence beget violence? A critical examination of the literature. In: Psychological Bulletin, 106, S. 3-28.
Widom, C. S. (1989): The intergenerational transmission of violence. In: N. Weiner/M. Wolfgang (Hrsg.): Pathways to criminal violence. Newbury Park, S. 137-201
Wimmer-Puchinger, B./Reisel, B./Lehner, M.-L./Zeug, M./Grimm, M. (1991): Gewalt gegen Kinder. In: BMf Umwelt, Jugend und Familie (Hrsg): Gewalt in der Familie. Wien, S. 242-451.
Wimmer-Puchinger, R./Lackner, R. (1997): Sexueller Mißbrauch in Kindheit und Jugend und seine gynäkologischen und sexuellen Kurz- und Langzeitfolgen. Wien.
Wolf, R. S./Li, D. L. (1999): Factors affecting the rate of elder abuse reporting to a state protective services program. In: The Gerontologist, 39, S. 222-228.
Wolfe, D. A. (1985): Child-abusive parents. An empirical review and analysis. In: Psychological Bulletin, 97 (3), S. 462-482.
Wolff, R. (1982): Kindesmißhandlung als ethnopsychische Störung. In: Bernecker, A./Merten W./Wolff, R. (Hrsg.): Ohnmächtige Gewalt. Kindesmißhandlung: Folgen der Gewalt – Erfahrungen und Hilfen. Reinbek, S. 69-80.
Yawney, D. (1995): Prävention gegen sexuelle Kindesmisshandlung in kanadischen Grundschulen. In: B. Marquardt-Mau (Hrsg.): Schulische Prävention gegen sexuelle Kindesmißhandlung. Weinheim, S. 113-134.
Yllö, K./Straus, M. A. (1990): Patriarchy and violence against wives: The impact of structural and normative factors. In: Straus, M./Gelles, R. (eds.): Physical violence in American families: Risk factors and adaptations to violence in 8.145 families. New Brunswick, S. 383-399.
Zemp, A./Pircher, P. (1996): Weil das weh tut mit Gewalt. Sexuelle Ausbeutung von Mädchen und Frauen mit Behinderung. Wien.
Zenz, G. (1981): Kindesmißhandlung und Kindesrechte.
Zenz, W. (1992): Kinderschutz-Zentrum Köln – zwischen Projektmentalität und etablierter Institution. In: Kürner, P./Zenz, W. (Hrsg.): Entwicklung und Perspektiven neuer Formen von Kinderschutz. Materialen zur Kinderschutzarbeit. Wuppertal.
Ziegler, F. (1994): Kinder als Opfer von Gewalt: Ursachen und Interventionsmöglichkeiten. Freiburg.
Zillmann, D. (1979): Hostility and Aggression. Hillsdale, NJ.
Zimmermann, P. (2000): Grundwissen Sozialisation. Opladen.

Abbildungsverzeichnis

Tabellenverzeichnis